基金的逻辑

私募投资基金
制度规则与实战攻略

陈卓 王贺 / 编著

北京理工大学出版社
BEIJING INSTITUTE OF TECHNOLOGY PRESS

版权专有　侵权必究

图书在版编目（CIP）数据

基金的逻辑：私募投资基金制度规则与实战攻略 / 陈卓，王贺编著. -- 北京：北京理工大学出版社，2024.8.

ISBN 978-7-5763-4444-8

Ⅰ. F830.59

中国国家版本馆 CIP 数据核字第 20242PM081 号

责任编辑：王梦春　　**文案编辑**：何颖佳　邓　洁
责任校对：刘亚男　　**责任印制**：李志强

出版发行 / 北京理工大学出版社有限责任公司
社　　址 / 北京市丰台区四合庄路 6 号
邮　　编 / 100070
电　　话 / （010）68944439（学术售后服务热线）
网　　址 / http：//www.bitpress.com.cn

版 印 次 / 2024 年 8 月第 1 版第 1 次印刷
印　　刷 / 三河市华骏印务包装有限公司
开　　本 / 787 mm×1092 mm　1/16
印　　张 / 25.25
字　　数 / 493 千字
定　　价 / 68.00 元

图书出现印装质量问题，请拨打售后服务热线，负责调换

前言

2024年初热播的电视剧《繁花》记录了20世纪90年代我国股票市场早期的"萌芽生长"阶段。随着股票市场的萌芽，我国基金行业也开始登上历史舞台。1993年我国第一只投资基金——"淄博乡镇企业投资基金"经中国人民银行批准设立并在上海证券交易所上市交易。"若白驹过隙，忽然而已。"转眼之间中国基金行业已走过了30多年。

随着我国经济的持续增长和资本市场的快速发展，我国私募基金行业跑出了"举世瞩目的发展速度"，已成为我国资本市场的重要组成部分，在服务实体经济、促进科技创新、推动资本市场变革等方面做出了重要贡献。根据中国证券投资基金业协会的统计数据：截至2024年10月末，我国私募基金产品存续规模约为19.93万亿元，占同期我国资管市场比重约为28.23%；截至2024年10月末，存续的私募投资基金管理人有2 0411家，同比减少6%。其中，存续的私募证券投资基金管理人有8 059家，存续的私募股权和创业投资基金管理人有12 138家，存续的私募资产配置类基金管理人7家，其他存续的私募投资基金管理人207家。

但随着我国私募基金行业的"快速奔跑"，"野蛮生长"现象日益突出，尤其是近年来假借"私募基金"名义行非法集资之实的违法违规现象日益增多，不仅严重侵害了广大投资者的利益，也对我国金融市场的健康发展造成了严重的破坏。因此，"到底什么是私募基金"，如何辨别"真私募"与"伪私募"，如何看待私募基金行业当下所遇到的"寒冬"，如何理解私募基金行业的发展逻辑等问题，便成为我国私募基金行业关注的热点话题。

作为私募基金行业的"老兵"，我们既为私募基金行业过去发展壮大的历程而欣慰和鼓舞，也为私募基金行业近些年"鱼龙混杂"和"野蛮生长"而忧心忡忡，更为"伪私募"泛滥、P2P平台爆雷、非法集资现象频发而义愤填膺。随着私募基金行业的社会形象越来越"负面"，私募基金行业的可持续发展已经受到严重冲击，"募、投、管、退"各环节均出现问题和困难，加之国内外经济和金融环境的变化，使当下的私募基金行业遭遇史无前例的"寒冬"，仅2023年就有2 000多家私募基金机构被注销。回首过去中国私募基金行业发展历程，在和广大私募基金行业同仁接触交流中，我们发现很多同仁对私募基金行业今后如何发展感到迷茫，对私募基金行业新出台的一系列监管政策感到困惑，对私募基金行业如何转型升级感到焦虑，因此有必要结合私募基金行业自身发展逻辑来思考上述问题，通过系统性梳理来回答这些问题，以期推动私募基金行业重回可持续发展的轨道。

一、私募基金相关概念辨析

为了使读者更好地理解全书内容，在此首先对有关"私募基金"的相关概念进行简要辨析。基金是一种金融产品，也是一种资产管理方式，是指投资人基于信任，将财产权（货币资产）委托给管理人（受托人），由管理人按投资人的意愿以管理人的名义，投资于上市公司股票或非上市公司股权等，管理人收取约定报酬，投资收益和风险归投资人所有。基金的本质就是"受人之托，代人理财"。

为什么会出现基金产品？诺贝尔经济学奖得主——尤金·法玛（Eugene Fama）在《证券市场价格行为》一文中提出"有效市场假说"，即在证券市场上，如果证券价格能够充分而准确地反映全部相关信息，那么称其为有效市场。但在投资实践中，单个投资者想进行投资，如果需要自己进行信息收集和研究分析，那么相对于其自有的投资规模而言，其边际成本非常高，而将分散的、海量的投资信息进行集中收集和研究，并交由一个专门机构进行处理将会降低边际成本。同时，一个基金产品往往不只有一个投资者，而是由许多投资者所组成，具有集合投资的特点，因此基金产品可以汇聚更多资金以期实现更高收益。

基金产品按照募集方式和运作方式等方面的差别，可以分为私募基金和公募基金，区别见表0-1所示。

表0-1 私募基金和公募基金的区别

区别	私募基金	公募基金
募集方式	非公开方式	公开方式
募集对象	少数特定投资者，多为有一定风险承受能力、资产规模较大的个人或机构投资者	不确定的社会公众投资者
信息披露要求	相关信息公开披露较少，且披露频率较低，投资更具隐蔽性	要求定期披露详细的投资目标、投资组合等
服务方式	"量体裁衣"式，投资决策主要体现投资者的意图和要求	"批发"式，投资决策主要基于基金管理人的风格和策略
监管原则和标准	监管相对宽松，基金运作上有相当高的自由度，较少受监管部门的限制或约束，投资更灵活	对基金管理人有严格的要求，对基金投资活动有严格的限制
对投资者的要求	具有一定的投资资金规模以及理性的投资理念	相对较低
风险	相对较大	相对较小
双方关系	投资者可以与基金管理人协商并共同确定基金的投资方向及目标，具有协议性质	由基金管理人单方面确定有关事项，投资者被动接受

按照投资产品种类的不同，私募基金可以分为私募证券基金和私募股权基金。私募证券基金主要投资股票、债券以及金融衍生品等；私募股权基金主要投资非上市企业的股权等。

按照组织形式的不同，私募基金又可以分为公司型私募基金、合伙型私募基金和契约型私募基金，后续在正文第二部分第六章中将会详细介绍。其中，合伙型私募基金是目前绝大多数私募基金所采用的产品样式和法律架构。合伙型私募基金由两类合伙人组成，即普通合伙人（general partener, GP）和有限合伙人（limited partener, LP）。普通合伙人（GP）是基金产品的管理人，对外代表基金产品，收取约定比例的管理费用和附带超额收益

(carried interests)① 并对基金产品的债务承担无限责任；有限合伙人（LP）是基金产品的投资人，以出资额为限对基金产品的债务承担有限责任。

二、如何辨别"真私募"和"伪私募"

"私募基金是以非公开方式向合格投资者募集资金，由基金管理人进行管理，为投资者的利益进行投资活动的投资基金。"② 募资环节是"真私募"和"伪私募"的显著区别所在，即是否严格遵守"非公开募集"和"合格投资者"这两个关键标准，是判断"真私募"和"伪私募"的关键所在。

"真私募"在这个环节包含3个步骤，且每个步骤之间都是层层递进的关系。第一个步骤是虽然可以针对不特定对象进行宣传，但宣传内容仅限于基金管理人的品牌、投资策略、管理团队情况等；第二个步骤是对潜在意向投资者进行尽职调查，对其进行"风险识别能力"和"风险承担能力"的问卷调查和测评，并制作风险确认书，进而筛选出匹配私募基金产品风险程度的"合格投资者"③；第三个步骤是通过设置"投资者冷静期"等程序环节来完成投资协议签署和出资到位等环节。

"伪私募"在募资环节"想方设法"地将"非公开募资"变成"公开募资"，且显性宣传方式"五花八门"；同时，"伪私募"还"千方百计"地将"普通老百姓"变成"合格投资者"，省略"投资者风险匹配度测试环节"，对普通老百姓进行虚假性陈述或欺诈利诱，这就导致"非法集资"问题的出现。

根据2021年5月1日正式实施的《防范和处置非法集资条例》[中华人民共和国国务院令（第737号）]的定义，"非法集资"是指未经国务院金融管理部门依法许可或者违反国家金融管理规定，以许诺还本付息或者给予其他投资回报等方式，向不特定对象吸收资金的行为。除国家另有规定外，任何单位和个人不得发布包含集资内容的广告或者以其他方式向社会公众进行集资宣传。该定义明确了非法集资的3个要件：一是"未经国

---

① 附带超额收益是指普通合伙人根据基金产品清算时总投资收益所获得的提成，其提成比例的确定是普通合伙人和有限合伙人事先协商确定的。
② 曹泉伟，陈卓，等.2021年中国私募基金研究报告[M].北京：经济科学出版社，2021：2.
③ 各国对私募基金产品的"合格投资者"认定标准不完全一致，我国目前主要是从投资者的个人资产规模和收入规模等方面来衡量。

务院金融管理部门依法许可或者违反国家金融管理规定",即非法性;二是"许诺还本付息或者给予其他投资回报",即利诱性;三是"向不特定对象吸收资金",即社会性。概而言之,"合法的集资行为必须具备以下4个条件:一是集资的主体合法;二是集资的目的合法;三是集资的方式合法;四是集资的行为合法。"①

纵观全球私募基金行业的发展历程,其本身就是一部不断创新和不断适应风险防范需要,加强和改进监管的历史。创新是金融发展的重要动力,而创新和风险也是"形影相随"的。违背经济金融本质规律的"伪创新"就是风险隐患,尤其是"伪私募"和"伪金交所"等各种乱象频发,不仅严重影响了私募基金行业的健康发展,而且成为当下金融风险的重要隐患。鉴于此,近年来《私募投资基金登记备案办法》《私募投资基金监督管理条例》《私募投资基金管理人登记申请材料清单》《私募投资基金管理人登记指引(第1~3号)》以及《私募投资基金管理人登记业务指南》系列文件、《私募投资基金备案业务指南》系列文件等新的一系列规范性文件陆续颁布,中国证券监督管理委员会(以下简称"中国证监会")、中国证券投资基金业协会等监管机构对私募基金行业的监管日趋完善和体系化。

2023年9月《私募投资基金监督管理条例》开始实施,这是我国私募投资基金行业的首部行政法规。这部法规从首次被纳入国务院立法计划至正式实施已有十年时间,其是对近年来各项私募投资基金行业监管规章制度的总结,对指导私募投资基金机构合法合规运营和促进我国私募投资基金行业发展具有重要指导意义。

2024年1月《私募投资基金监督管理办法》开始实施。本书主要是结合中国私募投资基金行业的发展逻辑来解读《私募投资基金监督管理条例》《私募投资基金监督管理办法》及其相关实施细则等最新规范性文件,可作为私募基金行业从业人员以及准备进入私募基金行业人员的工具书。在当今中国私募基金行业发生重要变革的时刻,如何能通过一本书来快速、全面、系统、实时地把握相关最新制度规定,并以此指导实践,成为私募基金行业刻不容缓的现实需求,也是本书写作的现实意义所在。

---

① 赵秉志. 防治金融欺诈——基于刑事一体化的研究 [M]. 北京:中国法制出版社,2014:215.

本书的亮点可以概括为体例系统性、全面丰富性、指导实用性、与时俱进性。

（一）体例系统性

本书正文共分为 3 部分，分别为基金管理人、基金备案和基金运营。在每一部分下面又形成了章节，其中第一部分共 5 章 19 节，第二部分共 3 章 11 节，第三部分共 5 章 24 节。本书以章节形式体现，大体例中包含着小体例，每节里又包括若干知识点，将数量繁多且散落的知识点按照私募基金行业的逻辑关系无缝连接起来，体例清晰，脉络清楚。

（二）全面丰富性

本书堪称私募基金领域的一本案头工具书，内容全面丰富，汇集了目前私募投资领域的核心内容和热点问题。

第一部分"基金管理人"从基金管理人概述以及基金管理人的设立、登记、重大事项变更、注销方面予以梳理。

其中，所涉及的知识点包括但不限于私募投资基金管理人的基本要求，私募投资基金管理人的基础知识，私募投资基金管理人的架构安排，信息报送和信息披露，私募投资基金管理人的基本信息，私募投资基金管理人的内部控制，机构持牌及关联方，私募投资基金管理人的依法运营，财务信息，出资人，私募投资基金管理人的控股股东、实际控制人、普通合伙人，私募投资基金管理人的法定代表人、高级管理人员、执行事务合伙人或其委派代表，法律意见书，私募投资基金管理人登记的审核，私募投资基金管理人登记的流程，私募投资基金管理人的重大事项变更，私募投资基金管理人重大事项变更的法律意见书，私募投资基金管理人的注销，私募投资基金管理人注销的程序。

第二部分"基金备案"从基金合同、基金备案、私募投资基金产品重大事项的变更方面予以梳理。

其中，所涉及的知识点包括但不限于基金合同的基本含义，基金合同的内容，基金合同的条款，基金合同的效力，基金备案的基本要求，私募证券投资基金备案，私募股权、创业投资基金备案，基金备案典型案例，私募投资基金产品重大事项的变更，私募投资基金产品重大事项变更的办理流程，私募投资基金变更管理人。

第三部分"基金运营"从募集资金、基金投资、私募基金管理、私募基金退出、专项基金方面予以梳理。

其中，所涉及的知识点包括但不限于募集资金的基本要求，募集资金的方式，募集资金的推介，募集资金的程序，募集资金的对象（合格投资者），基金业务外包，自律管理，投资者投资注意事项，私募基金投资的基本要求，私募基金的投资架构，私募基金投资产品类型，私募基金的投资流程，私募基金管理概述，私募基金投后管理，私募基金托管，私募基金退出概述，私募基金清算，创业投资基金退出的特别注意事项，创业投资基金，合格境外有限合伙人（QFLP）境内投资基金，国有私募股权基金，上市公司并购基金，不动产基金，合格境内有限合伙人（QDLP）境外投资基金。

此外，本书每节都会列举所涉内容参考的主要法律法规等规范性文件名称，便于读者找到相关的法律法规依据；同时，本书也汇集了现有的实务做法、经验总结、经典案例，内容丰富、性价比高。

（三）指导实用性

本书最大的特点之一是根据私募基金行业的发展逻辑，从实践中来，到实践中去。本书作者均为在私募基金行业工作十年以上的"老兵"，在私募基金行业有着丰富的实践经验，亲身经历过私募基金行业的潮起潮落，对私募基金行业发展逻辑有深刻思考，有感于私募基金行业当下的种种问题和困境，故尝试将所思、所想、所悟编写成一本书，供私募基金行业同仁参考学习。因此，本书在编写上将相关内容进行系统全面的梳理，力求对现实工作具有指导性，努力做到全面系统、内容丰富、理论与实践相结合。

（四）与时俱进性

本书编写的背景之一就是2021年以来我国私募基金行业监管导向有了重要调整，私募基金行业发展由此将面临新情况和新问题。本书针对这些新情况和新问题进行了认真梳理与分析，并提出建议，以期更好适应时代的变化，更好地为中国私募基金行业发展提供有力的理论及实践指导。

目 录
CONTENTS

第一部分　私募投资基金管理人

第一章　私募投资基金管理人概述 …………………………………………… 3
- 第一节　主要规范性文件 ………………………………………………… 3
- 第二节　私募投资基金管理人的概述 …………………………………… 4
- 第三节　私募投资基金管理人的架构安排 …………………………… 14
- 第四节　信息报送和信息披露 ………………………………………… 16

第二章　私募投资基金管理人的设立 ……………………………………… 20
- 第一节　私募投资基金管理人的基本信息 …………………………… 20
- 第二节　私募投资基金管理人的内部控制 …………………………… 26
- 第三节　机构持牌及关联方 …………………………………………… 34
- 第四节　私募投资基金管理人的依法运营 …………………………… 36
- 第五节　财务信息 ……………………………………………………… 43
- 第六节　出资人 ………………………………………………………… 45
- 第七节　私募投资基金管理人的控股股东、实际控制人、普通合伙人 ……… 50
- 第八节　私募投资基金管理人的法定代表人、高级管理人员、执行事务合伙人或其委派代表 ………………………………………………… 65
- 第九节　法律意见书 …………………………………………………… 86

第三章　私募投资基金管理人的登记 ……………………………………… 94
- 第一节　私募投资基金管理人登记的审核 …………………………… 94

第二节　私募投资基金管理人登记的流程 ……………………………… 105

第四章　私募投资基金管理人的重大事项变更 ……………………………… 109
　　第一节　私募投资基金管理人的重大事项变更概述 …………………… 109
　　第二节　私募投资基金管理人重大事项变更的法律意见 ……………… 120

第五章　私募投资基金管理人的注销 ………………………………………… 127
　　第一节　私募投资基金管理人的注销 …………………………………… 127
　　第二节　私募投资基金管理人注销的程序 ……………………………… 128

第二部分　基金备案

第六章　基金合同 ……………………………………………………………… 133
　　第一节　基金合同的基本含义 …………………………………………… 133
　　第二节　基金合同的内容 ………………………………………………… 138
　　第三节　基金合同的条款 ………………………………………………… 143
　　第四节　基金合同的效力 ………………………………………………… 151

第七章　基金备案 ……………………………………………………………… 155
　　第一节　基金备案的基本要求 …………………………………………… 155
　　第二节　私募证券投资基金备案 ………………………………………… 173
　　第三节　私募股权、创业投资基金备案 ………………………………… 185
　　第四节　基金备案典型案例 ……………………………………………… 212

第八章　私募投资基金产品重大事项的变更 ………………………………… 216
　　第一节　私募投资基金产品重大事项的变更概述 ……………………… 216
　　第二节　私募投资基金产品重大事项变更的办理流程 ………………… 225
　　第三节　私募投资基金变更基金管理人 ………………………………… 228

第三部分　基金运营

第九章　募集资金 ……………………………………………………………… 241
　　第一节　募集资金的基本要求 …………………………………………… 241

目　录

  第二节　募集资金的方式 …………………………………………………… 246

  第三节　募集资金的推介 …………………………………………………… 247

  第四节　募集资金的程序 …………………………………………………… 249

  第五节　募集资金的对象（合格投资者）………………………………… 256

  第六节　基金业务外包 ……………………………………………………… 259

  第七节　自律管理 …………………………………………………………… 262

  第八节　投资者投资注意事项 ……………………………………………… 263

第十章　私募基金投资 … 270

  第一节　私募基金投资的基本要求 ………………………………………… 270

  第二节　私募基金的投资架构 ……………………………………………… 274

  第三节　私募基金投资产品类型 …………………………………………… 285

  第四节　私募基金的投资流程 ……………………………………………… 287

第十一章　私募基金管理 … 297

  第一节　私募基金监管概述 ………………………………………………… 297

  第二节　私募基金投后管理 ………………………………………………… 300

  第三节　私募基金托管 ……………………………………………………… 305

第十二章　私募基金退出 … 313

  第一节　私募基金退出概述 ………………………………………………… 313

  第二节　私募基金清算 ……………………………………………………… 323

  第三节　创业投资基金退出的特别注意事项 ……………………………… 334

第十三章　专项基金 … 337

  第一节　创业投资基金 ……………………………………………………… 337

  第二节　合格境外有限合伙人（QFLP）境内投资基金 ………………… 343

  第三节　国有私募股权基金 ………………………………………………… 354

  第四节　上市公司并购基金 ………………………………………………… 370

  第五节　不动产基金 ………………………………………………………… 384

  第六节　合格境内有限合伙人（QDLP）境外投资基金 ………………… 386

致谢 ……………………………………………………………………………… 389

第一部分　私募投资基金管理人

本部分为与私募投资基金管理人有关的专题，包括5章，分别为私募投资基金管理人概述、私募投资基金管理人的设立、私募投资基金管理人的登记、私募投资基金管理人的重大事项变更、私募投资基金管理人的注销。

第一章　私募投资基金管理人概述

本章介绍了基金管理人的基本知识，主要内容包括：主要规范性文件、私募投资基金管理人、私募投资基金管理人的架构安排、信息报送和信息披露。

第一节　主要规范性文件

与私募基金有关的法律法规等规范性文件可以分为以下几类：①基础类；②基金管理人登记及基金备案类；③基金运营类；④加强监管类；⑤其他类。

一、基础类

相关规范性文件主要包括《中华人民共和国证券投资基金法》《私募投资基金监督管理暂行办法》。

二、基金管理人登记及基金备案类

（一）基本规定

《私募投资基金登记备案办法》。

（二）私募基金登记备案相关问题解答

《私募基金登记备案相关问题解答（一）~（十五）》。

（注：《私募基金登记备案相关问题解答（四）、（十三）、（十四）》已废止）

（三）基金合同指引

1号《契约型私募投资基金合同内容与格式指引》、2号《公司章程必备条款指引》以及3号《合伙协议必备条款指引》。

（四）法律意见书

《私募投资基金管理人登记法律意见书指引》《私募投资基金管理人在异常经营情形下提交专项法律意见书的公告》《关于进一步规范异常经营专项法律意见书出具行为的通知》（包括《异常经营专项法律意见书出具指引》）。

（五）私募投资基金管理人登记指引

《私募投资基金管理人登记指引第1号——基本经营要求》《私募投资基金管理人

登记指引第 2 号——股东、合伙人、实际控制人》《私募投资基金管理人登记指引第 3 号——法定代表人、高级管理人员、执行事务合伙人或其委派代表》。

（六）基金备案

《关于公布私募投资基金备案申请材料清单的通知》。

三、基金运营类

（一）信息披露

《私募投资基金信息披露管理办法》《私募投资基金信息披露内容与格式指引 1 号》。

（二）基金服务业务

《私募投资基金服务业务管理办法》。

（三）募资行为

《私募投资基金募集行为管理办法》。

（四）内部控制

《私募投资基金管理人内部控制指引》。

（五）托管业务

《证券投资基金托管业务管理办法》。

（六）人员管理

《基金从业人员管理规则》《关于实施〈基金从业人员管理规则〉有关事项的规定》。

（七）运行指引

《私募证券投资基金运作指引》。

四、加强监管类

《关于加强私募投资基金监管的若干规定》。

五、其他类

《有限合伙企业国有权益登记暂行规定》。

第二节 私募投资基金管理人的概述

本节从整体上较为全面地概述了私募投资基金管理人的相关要求，主要内容包括私募投资基金管理人的基本要求、私募投资基金管理人的分类、基本运作模式、私募投资基金管理人运营原则、私募投资基金管理人的职责、不得成为私募投资基金管理人的情形、从业人员要求、投资运作、登记备案、私募投资基金管理人注销的情形、股权清晰。

本节参考的法律法规等规范性文件主要包括《中华人民共和国证券投资基金法》《私募投资基金监督管理条例》《私募投资基金监督管理办法》《私募投资基金登记备案办法》《私募基金登记备案相关问题解答（二）》《私募基金登记备案相关问题解答（十）》《私募基金登记备案相关问题解答（十五）》《律师办理私募投资基金合规法律业务操作指引（试行）（2023）》《登记材料清单（2023修订）》。

一、私募投资基金管理人的基本要求

私募投资基金管理人是指接受私募基金或其有权代表（如合伙型基金的GP）的委托，为基金投资者之利益，负责管理、运营私募基金的法人或非法人组织。

（一）基本要求

私募投资基金管理人应当是在中华人民共和国境内依法设立的公司或者合伙企业，并持续符合下列要求：

（1）财务状况良好，实缴货币资本不低于1 000万元或者等值可自由兑换货币，对专门管理创业投资基金的私募投资基金管理人另有规定的，从其规定。

（2）出资架构清晰、稳定，股东、合伙人和实际控制人具有良好的信用记录，控股股东、实际控制人、普通合伙人具有符合要求的相关经验。

（3）法定代表人、执行事务合伙人或其委派代表、负责投资管理的高级管理人员直接或者间接合计持有私募投资基金管理人一定比例的股权或者财产份额。

（4）高级管理人员具有良好的信用记录，具备与所任职务相适应的专业胜任能力和符合要求的相关工作经验；专职员工不少于5人，法规对私募投资基金管理人另有规定的，从其规定。

（5）内部治理结构健全，风控合规制度和利益冲突防范机制等完善。

（6）有符合要求的名称、经营范围、经营场所和基金管理业务相关设施。

（7）法律行政法规、中国证监会和中国证券投资基金业协会规定的其他情形。

商业银行、证券公司、基金管理公司、期货公司、信托公司、保险公司等金融机构控制的私募投资基金管理人，政府及其授权机构控制的私募投资基金管理人，受境外金融监管部门监管的机构控制的私募投资基金管理人以及其他符合规定的私募投资基金管理人，不适用前款第（3）项的规定。

（二）实操要点

私募投资基金管理人由依法设立的公司或者合伙企业担任。自然人不能登记为私募投资基金管理人。

二、私募投资基金管理人的分类

私募投资基金管理人可以分为私募证券投资基金管理人和私募股权基金管理人。此外，私募投资基金管理人还存在一些特殊的类别，下面将予以简要梳理。

（一）外商投资私募投资基金管理人

1. 基本含义

在境内开展私募证券基金业务且外资持股比例合计不低于25%的私募投资基金管理人，还应当持续符合下列要求：

（1）私募证券投资基金管理人为在中国境内设立的公司。

（2）境外股东为所在国家或者地区金融监管部门批准或者许可的金融机构，且所在国家或者地区的证券监管机构已与中国证监会或者中国证监会认可的其他机构签订证券监管合作谅解备忘录。

（3）私募证券投资基金管理人及其境外股东最近3年没有受到监管机构和司法机关的重大处罚。

（4）资本金及其结汇所得人民币资金的使用，应当符合国家外汇管理部门的相关规定。

（5）在境内从事证券及期货交易，应当独立进行投资决策，不得通过境外机构或者境外系统下达交易指令，中国证监会另有规定的除外。

（6）法律行政法规、中国证监会和中国证券投资基金业协会规定的其他要求。

有境外实际控制人的私募证券投资基金管理人，该境外实际控制人应当符合前款第（1）项和第（2）项的要求。

2. 详细解读

私募投资基金管理人有外资成分的，可依法在中国证券投资基金业协会办理管理人登记后开展业务。若涉及 QFLP 等试点制度，还应当按照 QFLP 试点制度的相关规定确定注册资本、人员等具体要求。上海、北京、天津、深圳、重庆、青岛等开展 QDLP 试点制度的城市对从事 QDLP 的外商投资基金管理人另有更为具体的特别规定。

外商独资和合资私募证券投资基金管理人的股东和实际控制人应当符合以下特别要求：

（1）境外股东为所在国家或者地区金融监管当局批准或者许可的金融机构，且境外股东所在国家或者地区的证券监管机构已与中国证监会或者中国证监会认可的其他机构签订证券监管合作谅解备忘录。

（2）该私募证券基金管理机构及其境外股东最近3年没有受到监管机构和司法机构的重大处罚。

有境外实际控制人的私募证券基金管理机构，该境外实际控制人也应当符合上述两项条件。

3. 实操要点

1）外商独资和合资私募证券基金管理机构申请登记成为私募证券投资基金管理人。

外商独资和合资私募证券基金管理机构在中国境内开展私募证券基金管理业务，应当在中国证券投资基金业协会登记为私募证券投资基金管理人，并应当符合以下条件：①该私募证券基金管理机构为在中国境内设立的公司；②该私募证券基金管理机构的境外股东为所在国家或者地区金融监管当局批准或者许可的金融机构，且境外股东所在国家或者地区的证券监管机构已与中国证监会或者中国证监会认可的其他机构签订证券监管合作谅解备忘录；③该私募证券基金管理机构及其境外股东最近3年没有受到监管机构和司法机构的重大处罚。

有境外实际控制人的私募证券基金管理机构，该境外实际控制人也应当符合上述第②项和第③项的条件。

外商独资和合资私募证券基金管理机构开展私募证券投资基金业务，除应当符合《证券投资基金法》《私募投资基金监督管理暂行办法》及其他法律法规规定外，还应当遵守以下规定：①资本金及其结汇所得人民币资金的使用，应当符合国家外汇管理部门的相关规定；②在境内从事证券及期货交易，应当独立进行投资决策，不得通过境外机构或者境外系统下达交易指令；③中国证监会另有规定的除外。

2）外商独资和合资私募证券基金管理机构如何进行私募证券投资基金管理人登记。

外商独资和合资私募证券基金管理机构申请私募投资基金管理人登记，应当通过私募基金登记备案系统官方网站（https://pf.amac.org.cn），如实填报以下信息：①相关法律法规及中国证券投资基金业协会已出台的相关规定所要求的私募证券投资基金管理人相关登记信息；②私募基金登记备案承诺函，承诺所提交的信息和材料真实、准确、完整，不存在任何虚假记载、误导性陈述或重大遗漏，承诺遵守中国法律法规及私募基金相关自律规则；③中国律师事务所及其经办律师出具的《私募投资基金管理人登记法律意见书》。

除《私募投资基金管理人登记法律意见书指引》的要求以外，相关律师事务所及其经办律师在法律意见书中，还应对该申请机构是否符合登记条件和要求发表结论性意见。

外商独资和合资私募证券基金管理机构提供的登记申请材料完备的，中国证券投资基金业协会将自收齐材料之日起20个工作日内，以通过中国证券投资基金业协会官方网站（http://www.amac.org.cn）公示私募投资基金管理人基本情况的方式，为其办理登记手续。

外商独资和合资私募证券基金管理机构登记后，应当依法及时展业。其设立的私募证券投资基金募集完毕后，应当根据有关规定在中国证券投资基金业协会通过私募基金登记备案系统及时履行备案手续，按时履行私募投资基金管理人及其管理的私募基金的季度、年度和重大事项信息报送更新等信息报送义务。

（二）同一控股股东、实际控制人控制两家以上私募投资基金管理人

1. 基本含义及基本要求

同一控股股东、实际控制人控制两家以上私募投资基金管理人的，应当符合中国证监会和中国证券投资基金业协会的规定，具备充分的合理性与必要性；其控制的私募投资基金管理人应当持续、合规、有效展业。控股股东、实际控制人应当合理区分各私募投资基金管理人的业务范围，并就业务风险隔离、避免同业化竞争、关联交易管理和防范利益冲突等内控制度作出合理有效的安排。

同一控股股东、实际控制人控制两家以上私募投资基金管理人的，应当建立与所控制的私募投资基金管理人的管理规模、业务情况相适应的持续合规和风险管理体系；在保障私募投资基金管理人自主经营的前提下，加强对私募投资基金管理人的合规监督、检查。中国证券投资基金业协会根据私募投资基金管理人的业务开展情况、投资管理能力、内部治理情况和合规风控水平，对私募投资基金管理人实施分类管理和差异化自律管理。

2. 实操要点

1）提供资料。

同一控股股东、实际控制人控制两家及以上私募投资基金管理人的，应当符合相关行政法规及有关指引的规定，并提交材料说明以下情况：是否具备新设合理性与必要性，集团控制的私募投资基金管理人是否符合持续、合规、有效展业等相关要求，并说明集团控制的私募投资基金管理人的管理规模、运营情况、诚信情况以及集团的财务状况、诚信情况等；是否已合理区分各私募投资基金管理人的业务范围，并提交业务风险隔离、避免同业化竞争、关联交易管理和防范利益冲突等内控制度安排；是否已建立与所控制的私募投资基金管理人的管理规模、业务情况相适应的持续合规和风险管理体系，并说明在保障私募投资基金管理人自主经营的前提下，对私募投资基金管理人合规监督、检查的具体安排。

2）私募投资基金管理人名下不可以设立一家同类型私募投资基金管理人。

同一实际控制人名下设 2 家不同类型的私募投资基金管理人是可以的，但设 2 家及以上同类型的私募投资基金管理人基本是行不通的。对于同一控股股东、实际控制人控制 2 家以上私募投资基金管理人的，有以下几点要求：①具备充分的合理性与必要性；②控制的私募投资基金管理人应当持续、合规、有效展业；③合理区分各私募投资基金管理人的业务范围，合理安排业务风险隔离、避免同业化竞争、关联交易管理和防范利益冲突等；④建立与所控制的私募投资基金管理人的管理规模、业务情况

相适应的持续合规和风险管理体系。

(三) 私募资产配置基金管理人

1. 私募资产配置基金

私募资产配置基金主要采用"基金中基金"（fund of funds，"FoF"）的投资方式，可以跨越多种底层资产，实现大类资产配置；80%以上的已投基金资产应当投资于已备案的私募基金、公募基金或者其他依法设立的资产管理产品，投资于单一资产管理产品或标的的比例不得超过该基金资产规模的20%。

2. 开展跨资产类别配置的投资业务需求，申请私募投资基金管理人登记时的注意事项

申请机构应当符合下列要求：

（1）实际控制人要求。受同一实际控制人控制的机构中至少一家已经成为中国证券投资基金业协会的普通会员；或者受同一实际控制人控制的机构中至少包括一家在中国证券投资基金业协会登记3年以上的私募投资基金管理人，该管理人最近3年私募基金管理规模年均不低于5亿元，且已经成为中国证券投资基金业协会观察会员。

（2）"一控"要求。同一实际控制人仅可控制或控股一家私募资产配置基金管理人。

（3）股权稳定性要求。申请机构的第一大股东及实际控制人应当秉承长期投资理念，书面承诺在完成私募资产配置基金管理人登记后，继续持有申请机构股权或实际控制不少于3年。

（4）高级管理人员要求。申请机构应具有不少于2名3年以上资产配置工作经历的全职高级管理人员，或者具有不少于2名5年以上境内外资产管理相关经验（如投资研究、市场营销、运营、合规风控或者资产管理监管机构或者自律组织工作经历等）的全职高级管理人员。

针对符合上述要求的已登记私募投资基金管理人，申请变更登记为私募资产配置基金管理人的，中国证券投资基金业协会在办理通过后将变更公示该机构管理人类型。针对此类私募投资基金管理人此前所管理的已备案且正在运作的存量私募基金，在基金合同、公司章程或者合伙协议（以下统称基金合同）到期前仍可以继续投资运作，但不得在基金合同到期前开放申购或增加募集规模，基金合同到期后应予以清盘或清算；如有续期的，应符合基金合同约定。中国证券投资基金业协会将在相关私募基金公示信息中，对此情形予以特别提示。此类私募投资基金管理人应就此事项向相关私募基金投资者及时做好信息披露，维护投资者的合法权益。

三、基本运作模式

在中华人民共和国境内，公开或者非公开募集资金设立投资基金（以下简称基金），由基金管理人管理，基金托管人托管，应依法为基金份额持有人的利益进行投资活动。

基金管理人、基金托管人和基金份额持有人的权利、义务，依法在基金合同中约定。基金管理人、基金托管人依照和基金合同的约定，履行受托职责。通过非公开募集方式设立的基金的收益分配和风险承担由基金合同约定，不一定按照其持有的基金份额享受收益和承担风险，要取决于基金合同的约定。

四、私募投资基金管理人运营原则

私募投资基金管理人、私募投资基金托管人和私募投资基金服务机构从事私募投资基金业务活动，应当遵循投资者利益优先原则，恪尽职守，履行诚实信用、谨慎勤勉的义务，防范利益输送和利益冲突。

中国证券投资基金业协会按照分类管理、扶优限劣的原则，对私募投资基金管理人和私募基金实施差异化自律管理和行业服务。中国证券投资基金业协会支持治理结构健全、运营合规稳健、专业能力突出、诚信记录良好的私募投资基金管理人规范发展，对其办理登记备案业务提供便利。

五、私募投资基金管理人的职责

（一）基本要求

私募投资基金管理人应当履行下列职责：①依法募集资金，办理私募基金备案；②对所管理的不同私募基金财产分别管理、分别记账，进行投资；③按照基金合同约定管理私募基金并进行投资，建立有效的风险控制制度；④按照基金合同约定确定私募基金收益分配方案，向投资者分配收益；⑤按照基金合同约定向投资者提供与私募基金管理业务活动相关的信息；⑥保存私募基金财产管理业务活动的记录、账册、报表和其他有关资料；⑦国务院证券监督管理机构规定和基金合同约定的其他职责。

私募投资基金管理人还应当以自己的名义，为私募基金财产利益行使诉讼权利或者实施其他法律行为。

（二）实操要点

私募投资基金管理人的职能可以分为核心职能和非核心职能。核心职能至少包括：投资组合的管理；基金的风险管理；投资决策职能；非核心职能包括：行政事务的管理；基金的销售；与基金资产相关的必要服务和活动，如投资建议、会计核算、材料保存等。

中国证券投资基金业协会制定了《基金业务外包服务指引（试行）》，要求承担基金非核心职能的基金服务机构到协会进行备案。基金管理的非核心职能可以委托给基金服务机构予以负责，并且要求基金服务机构进行备案具有相应的资质，基金管理人的责任并不因委托而免除。

六、不得成为私募投资基金管理人的情形

有下列情形之一的，不得担任私募投资基金管理人：①《私募投资基金监督

管理条例》第九条规定的情形①；②因《私募投资基金监督管理条例》第十四条第一款第三项所列情形②被注销登记，自被注销登记之日起未逾3年的私募投资基金管理人，或者为该私募投资基金管理人的控股股东、实际控制人、普通合伙人；③从事的业务与私募基金管理存在利益冲突；④有严重不良信用记录尚未修复。

七、从业人员要求

私募基金从业人员应当遵守法律、行政法规和有关规定，恪守职业道德和行为规范，具备从事基金业务所需的专业能力。

八、投资运作

（一）基本要求

除基金合同另有约定外，私募基金应当由基金托管人托管。基金合同约定私募基金不进行托管的，应当在基金合同中明确保障私募基金财产安全的制度措施和纠纷解决机制。

同一私募投资基金管理人管理不同类别私募基金的，应当坚持专业化管理原则；管理可能导致利益输送或者利益冲突的不同私募基金的，应当建立防范利益输送和利益冲突的机制。

私募投资基金管理人、私募基金托管人、私募基金销售机构及其他私募服务机构及其从业人员从事私募基金业务，不得有以下行为：①将其固有财产或者他人财产混同于基金财产从事投资活动；②不公平地对待其管理的不同基金财产；③利用基金财产或者职务之便，为本人或者投资者以外的人牟取利益，进行利益输送；④侵占、挪

---

① 《私募投资基金监督管理条例》第九条 有下列情形之一的，不得担任私募投资基金管理人的董事、监事、高级管理人员、执行事务合伙人或者委派代表：

（一）因犯有贪污贿赂、渎职、侵犯财产罪或者破坏社会主义市场经济秩序罪，被判处刑罚；

（二）最近3年因重大违法违规行为被金融管理部门处以行政处罚；

（三）对所任职的公司、企业因经营不善破产清算或者因违法被吊销营业执照负有个人责任的董事、监事、厂长、高级管理人员、执行事务合伙人或者委派代表，自该公司、企业破产清算终结或者被吊销营业执照之日起未逾5年；

（四）所负债务数额较大，到期未清偿或者被纳入失信被执行人名单；

（五）因违法行为被开除的基金管理人、基金托管人、证券期货交易场所、证券公司、证券登记结算机构、期货公司以及其他机构的从业人员和国家机关工作人员；

（六）因违法行为被吊销执业证书或者被取消资格的律师、注册会计师和资产评估机构、验证机构的从业人员、投资咨询从业人员，自被吊销执业证书或者被取消资格之日起未逾5年；

（七）担任因本条例第十四条第一款第三项所列情形被注销登记的私募投资基金管理人的法定代表人、执行事务合伙人或者委派代表，或者负有责任的高级管理人员，自该私募投资基金管理人被注销登记之日起未逾3年。

② 《私募投资基金监督管理条例》第十四条第一款第三项因非法集资、非法经营等重大违法行为被追究法律责任。

用基金财产；⑤泄露因职务便利获取的未公开信息，利用该信息从事或者明示、暗示他人从事相关的交易活动；⑥从事损害基金财产和投资者利益的投资活动；⑦玩忽职守，不按照规定履行职责；⑧从事内幕交易、操纵交易价格及其他不正当交易活动；⑨法律、行政法规和中国证监会规定禁止的其他行为。

（二）自有资金投资

私募投资基金管理人应当完善防火墙等隔离机制，有效隔离自有资金投资与私募基金业务，与从事冲突业务的关联方采取办公场所、人员、财务、业务等方面的隔离措施，切实防范内幕交易、利用未公开信息交易、利益冲突和利益输送。

九、登记备案

（一）基本要求

1. 基金管理人报送信息

各类私募投资基金管理人应当根据中国证券投资基金业协会的规定，向中国证券投资基金业协会申请登记，报送以下基本信息：①工商登记和营业执照正副本复印件；②公司章程或者合伙协议；③主要股东或者合伙人名单；④高级管理人员的基本信息；⑤中国证券投资基金业协会规定的其他信息。

私募投资基金管理人应当按照规定，向中国证券投资基金业协会履行登记备案手续，持续报送相关信息。

私募投资基金管理人应当诚实守信，保证提交的信息及材料真实、准确、完整，不得有虚假记载、误导性陈述或者重大遗漏。

2. 中国证券投资基金业协会审核

中国证券投资基金业协会按照依法合规、公开透明、便捷高效的原则办理登记备案，对私募投资基金管理人及其管理的私募基金进行穿透核查。

中国证券投资基金业协会应当在私募投资基金管理人登记材料齐备后的 20 个工作日内，通过网站公告私募投资基金管理人名单及其基本情况的方式，为私募投资基金管理人办结登记手续。

中国证券投资基金业协会应当在私募基金备案材料齐备后的 20 个工作日内，通过网站公告私募基金名单及其基本情况的方式，为私募基金办结备案手续。

3. 基金备案报送信息

各类私募基金募集完毕，私募投资基金管理人应当根据中国证券投资基金业协会的规定，办理基金备案手续，报送以下基本信息：①主要投资方向及根据主要投资方向注明的基金类别。②基金合同、公司章程或者合伙协议；资金募集过程中向投资者提供基金招募说明书的，应当报送基金招募说明书；以公司、有限合伙等企业形式设立的私募基金，还应当报送工商登记和营业执照正副本复印件。③采取委托管理方式的，应当报送委托管理协议；委托托管机构托管基金财产的，还应当报送托管协议。④中国证券投资基金业协会规定的其他信息。

私募投资基金管理人的控股股东、实际控制人、普通合伙人、执行事务合伙人或者委派代表等重大事项发生变更的，应当按照规定向登记备案机构履行变更登记手续。登记备案机构应当公示已办理登记的私募投资基金管理人相关信息；未经登记，任何单位或者个人不得使用"基金"或者"基金管理"字样或者近似名称进行投资活动，但法律、行政法规和国家另有规定的除外。

有关基金备案的信息详见"第二部分　基金备案"。

（二）没有管理过基金的机构可否在中国证券投资基金业协会登记

中国证券投资基金业协会优先登记有管理基金经验的私募投资基金管理机构的申请。对于没有管理过基金的申请机构，中国证券投资基金业协会除核对其是否如实填报申请材料、申请机构及其实际控制人、高级管理人员的诚信信息外，还将通过约谈高级管理人员、实地核查等方式进行核查。对于符合以下条件的此类机构，中国证券投资基金业协会予以办理登记：①高级管理人员具有相应的投资管理从业经历；②基金管理人具备适当资本，以能够支持其基本运营；③机构具备满足业务运营需要的场所、设施和基本管理制度。

十、私募投资基金管理人注销的情形

私募投资基金管理人有下列情形之一的，登记备案机构应当及时注销私募投资基金管理人登记并予以公示：①自行申请注销登记；②依法解散、被依法撤销或者被依法宣告破产；③因非法集资、非法经营等重大违法行为被追究法律责任；④登记之日起12个月内未备案首只私募基金产品；⑤所管理的私募基金全部清算后，自清算完毕之日起12个月内未备案新的私募基金；⑥国务院证券监督管理机构规定的其他情形。

登记备案机构注销私募投资基金管理人登记前，应当通知私募投资基金管理人清算私募基金财产或者依法将私募基金管理职责转移给其他经登记的私募投资基金管理人。

有关信息详见"第五章　私募投资基金管理人的注销"。

十一、股权清晰

对于规避私募投资基金管理人实际控制人及关联方相关规定而进行特殊股权设计的，中国证券投资基金业协会将根据实质重于形式原则，审慎核查。申请机构应当根据实际控制人认定规则如实准确地披露其实际控制人，并应当保持清晰稳定的股权架构。

在既往的基金管理人登记实践中，股权代持行为的主要目的：①为规避上市公司信息披露或者便于未来进行关联交易，隐瞒其与上市公司的实际关联关系。②因真实股东、实际控制人存在既往违规行为或者旗下有冲突业务机构等原因，通过股权代持等方式隐藏冲突业务关联方或股东不适格身份。在实践中，中国证券投资基金业协会通过查验出资人履历及出资能力等机构基本信息，并结合大数据核查方式识别机构关联关系，发现股权代持及规避关联关系等行为。对于通过一致行动协议等方式规避实际控制人或关联方披露的申请机构，中国证券投资基金业协会将加大核查力度。

第三节　私募投资基金管理人的架构安排

私募投资基金管理人的架构设计需谨慎且周全，不但要符合监管的规定，而且应满足企业长期发展需要，且应尽量减少或避免多次的登记事项变更。

本节的主要内容包括重点考虑因素、实操要点、典型案例。

一、重点考虑因素

（一）组织形式

申请机构组织形式包括股份有限公司、有限责任公司、有限合伙企业。不同组织形式不仅影响公司治理结构，而且影响公司所对应的财税政策。从财税政策的角度考虑，有限合伙企业形式会更有优势，没有企业所得税；从稳定性的角度来看，有限公司形式优势突出。

（二）注册地

为了将公司员工与公司利益绑定，从公司长远发展考虑，部分私募投资基金管理人的股权结构中会安排一个或多个员工持股平台对核心人员实施股权激励。员工持股平台的注册地通常选择在财政奖励政策较好的基金小镇，而申请登记的主体公司注册地除了从税收筹划角度考虑外，还要考虑对公司品牌、实际展业、人才招聘和人才落户等方面的影响。

（三）架构简明清晰

中国证券投资基金业协会审查私募投资基金管理人登记时强调公司的股权架构简明清晰，不应该出现股权结构层级过多、循环出资、交叉持股等情形。

（四）股权架构稳定

私募投资基金管理人的架构确定之后不要轻易变更，尤其要谨慎对待涉及控股股东、实际控制人等重大事项变更。

私募投资基金管理人登记通过后，备案完成首只基金产品前不得进行基金管理人重大事项变更。对于申请登记前一年内发生股权变更的，申请机构应详细说明变更原因。如申请机构存在为规避出资人相关规定而进行特殊股权设计的情形，监管机构根据实质重于形式原则，审慎核查。

针对涉及实际控制人、控股股东、法定代表人/执行事务合伙人（委派代表）等基金管理人重大事项变更也有严格限制，应谨慎对待。控股股东及实际控制人变更的尽调审核要求比照新申请登记的要求，且此类变更需要出具法律意见书，如首次提交后6个月内仍未办理通过或退回补正次数超过5次的，中国证券投资基金业协会将暂停申请机构新增产品备案直至办理通过。

二、实操要点

在实操中，有限责任公司的组织形式在私募投资基金管理人中占多数。采用有限合伙企业形式的私募投资基金管理人中，约一半为直接由自然人出资，而从剩余管理人的股权结构看，则可以观察到有股权激励和税收筹划的结构安排。私募投资基金管理人的股权结构不是一成不变的。随着公司不断发展壮大，以及各地层出不穷的招商优惠政策，私募投资基金管理人的股权架构也在不断调整优化。

三、典型案例

案例1　组织形式为有限合伙企业且GP为有限公司的私募投资基金管理人（图1-1）

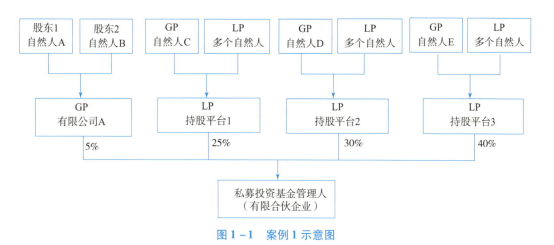

图1-1　案例1示意图

私募投资基金管理人的组织形式采用有限合伙企业形式，GP为有限责任公司，将原本GP承担的无限连带责任转变为有限责任。LP为设立在有财政奖励政策各地基金小镇的1个或多个员工持股平台，较常见的采用有限合伙企业形式。案例1的组织形式中，私募投资基金管理人出于对核心高级管理人员、投资人员、销售人员不同的激励政策，分别设立员工持股平台。

有限合伙企业无企业所得税，合伙企业生产经营所得和其他所得采取"先分后税"原则。有限合伙企业的收益分配原则也较灵活，可以按照合伙协议约定的分配比例确定，这也有利于私募投资基金管理人结合各地招商优惠政策来通盘考虑关于人员工资、绩效奖励等方面的税收筹划。

案例 2　组织形式为有限公司的私募投资基金管理人（图 1 - 2）

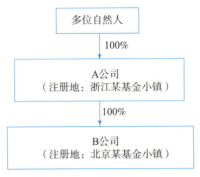

图 1 - 2　案例 2 示意图

私募投资基金管理人的组织采用有限公司形式，上层由有限公司 100% 控股。若该机构股东并非单纯的员工持股平台，需要注意该机构股东的主营业务不能从事冲突类业务，并且在申请私募投资基金管理人登记时需要向中国证券投资基金业协会披露经营情况。

案例 3　组织形式为有限公司且控股股东为有限合伙企业的私募投资基金管理人（图 1 - 3）

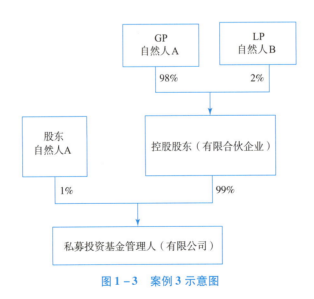

图 1 - 3　案例 3 示意图

第四节　信息报送和信息披露

私募投资基金管理人存在着向中国证券投资基金业协会 AMBERS 平台持续履行信息报送以及信息披露的义务。本节的主要内容包括信息报送和信息披露。

本节参考的规范性文件主要是《律师办理私募投资基金合规法律业务操作指引（试行）（2023）》。

一、信息报送

私募投资基金管理人信息报送是指私募投资基金管理人在协会 AMBERS 平台持续履行信息报送义务，包括定期信息报送和重大事项变更信息报送。定期信息报送目前主要包括：①私募基金投资者、投资运作（含投资项目）信息的季度定期更新；②经会计师事务所审计的管理人年度财务报告；③经审计的私募股权投资基金、创业投资基金以及私募资产配置基金（含同类 FoF 基金）的年度财务报告。另外，就私募投资基金管理人的控股股东、实际控制人、法定代表人/执行事务合伙人（委派代表）变更，以及私募基金到期日变更等重大事项，需要及时向中国证券投资基金业协会报告，办理变更手续。

关于 AMBERS 平台中进行信息报送的时限要求，需要区分符合基金合同和信息披露规则的要求，并注意 AMBERS 平台和信息披露备份系统的差异化要求。私募投资基金管理人应当于每年度结束之日起 20 个工作日内，在 AMBERS 平台更新私募投资基金管理人、股东或合伙人、高级管理人员及其他从业人员、所管理的私募基金等基本信息。私募投资基金管理人应当于每年度 4 月底之前，通过 AMBERS 平台填报经会计师事务所审计的上一年度财务报告（注：包含基金管理公司和每支基金产品）；每季度结束之日起 10 个工作日内，更新所管理的私募股权投资基金等非证券类私募基金的相关信息，包括认缴规模、实缴规模、投资者数量、主要投资方向等；每月结束之日起 5 个工作日内，更新所管理的私募证券投资基金相关信息，包括基金规模、单位净值、投资者数量等。私募投资基金管理人发生重大事项变更，应当在 10 个工作日内向中国证券投资基金业协会报告；私募基金运行期间发生的重大事项，私募投资基金管理人应在 5 个工作日内向中国证券投资基金业协会报告。

需要注意的是，在基金完成基金清算备案之前，即私募投资基金管理人单击"清算结束"按钮前，该产品在 AMBERS 平台中仍是一只正常运作的基金，私募投资基金管理人需要按照中国证券投资基金业协会的要求履行季度更新与定期报告的义务，私募投资基金管理人不按期披露可能会导致被纳入异常名单的后果。

二、信息披露

私募投资基金管理人的信息披露义务是向私募基金投资者来履行的。在私募投资基金的募集和投资运作中，基金合同中应当约定信息披露的内容、披露频度、披露方式、披露责任以及信息披露渠道等事项，并向投资者依法依规持续披露基金募集信息、投资架构、特殊目的载体（如有）的具体信息、杠杆水平、收益分配、托管安排（如有）、资金账户信息、主要投资风险以及影响投资者合法权益的其他重大信息等。该等披露的持续投资运作信息应在私募投资基金信息披露备份系统进行备份。目前，私募证券投资基金的信息报送需要报送月报、季报和年报，而私募股权投资基金应当报送季报、半年报和年报，月报暂不做强制要求。

（一）信息披露义务人

信息披露义务人主要为私募投资基金管理人和私募基金托管人，另外包含法律、行政法规、中国证监会和中国证券投资基金业协会规定的具有信息披露义务的法人和其他组织。同一私募基金存在多个信息披露义务人时，应在相关协议中约定信息披露相关事项和责任义务。信息披露义务人委托第三方机构代为披露信息的，不得免除信息披露义务人法定应承担的信息披露义务。

（二）信息披露事务管理

信息披露义务人应当指定专人负责管理信息披露事务，并按要求在私募基金登记备案系统中上传信息披露相关制度文件。

（三）信息披露内容要求

除基金合同、主要权利义务条款、基金的财务情况等基金信息外，还需向投资者披露可能存在的利益冲突和涉及基金管理、基金财产及基金托管业务的重大诉讼仲裁等影响投资者合法权益的重大信息。信息披露义务人应当依法依约披露基金信息，并保证所披露信息的真实性、准确性、完整性，不得有以下行为：①虚假记载、误导性陈述或者重大遗漏；②对基金投资业绩进行预测；③违规承诺收益或承担损失；④诋毁其他基金管理人、基金托管人或者基金销售机构；⑤公开披露、变相公开披露；⑥登载任何自然人、法人或者其他组织的祝贺性、恭维性或推荐性文字内容；⑦采用不具有可比性、公平性、准确性、权威性的数据来源和方法进行业绩比较，任意使用"业绩最佳""规模最大"等相关措辞；⑧其他法律法规、中国证监会、中国证券投资基金业协会禁止的行为。

（四）信息披露途径

私募投资基金管理人应当按照规定通过中国证券投资基金业协会指定的私募基金信息披露备份平台报送信息。

（五）募集期信息披露

私募基金的宣传推介材料（如招募说明书）内容应当如实披露基金产品的基本信息，与基金合同保持一致；如有不一致情况，应当向投资者特别说明。

（六）运行期信息披露

私募基金运行期间，信息披露义务人需按要求进行季度披露、大规模基金月度披露、年度披露及重大事项变更及时披露。证券投资基金的基金合同中可以约定，基金管理人应参照公募基金履行与基金估值相关的披露义务。关于向投资者进行信息披露的时限，应符合基金合同和《私募投资基金信息披露管理办法》及后附指引的要求，通过私募基金信息披露备份系统进行信息披露文件的备份。私募证券投资基金的月度报告于每月结束后 5 个工作日内报送，季度报告可于每季度结束后下月月底前报送，年度报告不晚于次年 4 月底报送。私募股权投资基金管理人的年度报告应在次年 4 月底之前完成，信息披露半年度报告应在当年 9 月底之前完成。

（七）信息披露文本标准

向境内投资者募集的基金信息披露文件应当采用中文文本，同时采用外文文本的，信息披露义务人应当保证两种文本内容一致。当两种文本发生歧义时，以中文文本为准。

（八）信息披露文件保管

信息披露义务人应当妥善保管私募基金信息披露的相关文件资料，保存期限自基金清算终止之日起不得少于 10 年。

第二章　私募投资基金管理人的设立

本章包括9节，分别为私募投资基金管理人的基本信息，私募投资基金管理人的内部控制，机构持牌及关联方，私募投资基金管理人的依法运营，财务信息，出资人，私募投资基金管理人的控股股东、实际控制人、普通合伙人，私募投资基金管理人的法定代表人、高级管理人员、执行事务合伙人或其委派代表，法律意见书。

第一节　私募投资基金管理人的基本信息

本节主要内容包括组织形式、名称及经营范围、实收资本/实缴资本、经营场所、专职员工、登记申请材料及其要求。

本节参考的法律法规等规范性文件主要包括《私募投资基金登记备案办法》《私募投资基金管理人登记指引第1号——基本经营要求》《私募投资基金管理人登记申请材料清单（2023年修订)》《律师办理私募投资基金合规法律业务操作指引（试行）（2023）》。

一、组织形式

私募投资基金管理人应当是在中华人民共和国境内依法设立的公司或者合伙企业。私募投资基金管理人可以由依法设立的公司或合伙企业担任，设立要求参照《中华人民共和国公司法》《中华人民共和国合伙企业法》以及《中华人民共和国市场主体登记管理条例》等有关法律和行政法规的相关规定。

此外，目前新设私募基金管理机构在办理市场主体设立登记前，往往需要经地方金融管理部门进行前置的审核并批准，且需要出具法律意见书。

二、名称及经营范围

（一）名称

私募投资基金管理人应当在名称中标明"私募基金""私募基金管理""创业投资"字样，不得包含"金融""理财""财富管理"等字样，法律、行政法规和中国证监会另有规定的除外。未经批准，不得在名称中使用"金融控股""金融集团""中证"等字样，不得在名称中使用与国家重大发展战略、金融机构、知名私募投资基金管理人相同或者近似等可能误导投资者的字样，不得在名称中使用违背公序良俗或者造成不良社会影响的字样。

（二）经营范围

私募投资基金管理人应当在经营范围中标明"私募投资基金管理""私募证券投资基金管理""私募股权投资基金管理""创业投资基金管理"等体现受托管理私募基金特点的字样，不得包含与私募基金管理业务相冲突或者无关的业务。私募投资基金管理人应当遵循专业化运营原则，其经营范围应当与管理业务类型一致。申请登记为私募证券投资基金管理人的，其经营范围不得包含"投资咨询"等咨询类字样。

（三）详细解读

2021年之前对私募投资基金管理人名称和经营范围的要求是包含"基金管理""投资管理""资产管理""股权投资""创业投资"等相关字样。2021年之后私募投资基金管理人应当在名称中标明"私募基金""私募基金管理""创业投资"字样，并在经营范围中标明"私募投资基金管理""私募证券投资基金管理""私募股权投资基金管理""创业投资基金管理"等体现受托管理私募基金特点的字样。对于2021年之前登记且存续的私募投资基金管理人，如果不符合新的监管要求，不需要主动变更，而是在发生名称或经营范围变更，或者发生实际控制人变更时，根据新的名称和经营范围要求进行变更。

私募投资基金管理人应当遵循专业化运营原则，主营业务清晰，不得曾经或正在兼营与私募基金管理无关或者存在利益冲突的其他业务。对于设立时间距离申请登记时间较长的机构，律师需要注意核查机构设立后的实际经营情况，确认是否曾经从事或者正在从事民间借贷、担保、保理、典当、融资租赁、网络信贷信息中介、众筹、场外配资、民间融资、小额理财、小额借贷、P2P、P2B、房地产开发、交易平台等冲突业务。由于这些业务与私募基金的属性相冲突，机构将无法登记为私募投资基金管理人。

对于经营范围中含有"投资咨询""财务咨询"等相关字样的，并非绝对不可能办理登记，律师需结合申请机构的具体业务开展情况甄别其该经营范围是否与买方业务冲突。此外，应核查申请机构是否建立了不同业务板块之间的人员隔离、场所隔离以及业务隔离制度，确保不同业务板块之间不会发生利益输送和内幕交易。

三、实收资本/实缴资本

（一）基本要求

私募投资基金管理人应当财务状况良好，实缴货币资本不低于1 000万元或者等值可自由兑换货币；对专门管理创业投资基金的私募投资基金管理人另有规定的，从其规定。

私募投资基金管理人注册资本及实缴资本均应当符合法律法规的规定，确保有足够的资本金保证机构有效运转。私募投资基金管理人的资本金应当以货币出资，不得以实物、知识产权、土地使用权等非货币财产出资。境外出资人应当以可自由兑换的货币出资。

（二）有关法定代表人、执行事务合伙人或其委派代表、负责投资管理的高级管理人员出资的特别要求

法定代表人、执行事务合伙人或其委派代表、负责投资管理的高级管理人员直接或者间接合计持有私募投资基金管理人一定比例的股权或者财产份额。

法定代表人、执行事务合伙人或其委派代表、负责投资管理的高级管理人员均直接或者间接持有私募投资基金管理人一定比例的股权或者财产份额，且合计实缴出资不低于私募投资基金管理人实缴或最低实缴资本的20%。

（三）详细解读

私募投资基金管理人应根据自身运营情况和业务发展方向，确保有足够的实缴资本金保证机构有效运转。相关资本金应覆盖一段时间内机构的合理人工薪酬、房屋租金等日常运营开支。申请机构需要提供未来半年以上的开支预算情况以证明目前的实缴能够负担申请机构未来一段时间的持续运营。针对私募投资基金管理人的实收资本/实缴资本不足200万元或实收/实缴比例未达到注册资本/认缴资本的25%的情况，中国证券投资基金业协会将在私募投资基金管理人公示信息中进行特别提示，并在私募投资基金管理人分类公示中予以公示。

另外，如果按照最新规定标准来实缴，则一家私募投资基金管理人高管团队的最低实缴金额应该不低于200万元。在当前私募基金行业步入"寒冬"之际，这或将对部分私募投资基金管理人的高管团队形成不小的出资实缴压力。

四、经营场所

（一）基本要求

私募投资基金管理人应当具有独立、稳定的经营场所，不得使用共享空间等稳定性不足的场地作为经营场所，不得存在与其股东、合伙人、实际控制人、关联方等混同办公的情形。经营场所为租赁的，自提请办理登记之日起，剩余租赁期应当不少于12个月，但有合理理由的除外。

私募投资基金管理人注册地与经营场所分离的，应当具有合理性并说明理由。

（二）详细解读

申请机构的经营场所应当具备独立性。申请机构注册地和经营场所不在同一个行政区域的，应充分说明分离的合理性。申请机构应对有关事项如实填报，律师事务所需对相关事实做出核查和陈述，说明申请机构的经营场所、注册地分别所在地点，是否在经营场所经营等事项。对于跨区经营的企业，律师需要提示申请机构遵守市场监管、税务机关关于异地经营的相关规定，并处理为员工异地缴纳社保和公积金等事宜。

五、专职员工

专职员工不少于5人。对于集团化运营的私募机构，在员工人数上可有所放宽；

相关规范性文件另有规定的,从其规定。针对同一控股股东、实际控制人控制两家以上私募投资基金管理人的情形,原则上不允许。为管理私募基金财产必须设立子公司的,私募投资基金管理人应当将子公司纳入统一合规风控管理,并及时向中国证券投资基金业协会和注册地、设立机构所在地中国证监会派出机构报告。

专职员工是指与私募投资基金管理人签订劳动合同并缴纳社保的正式员工,签订劳动合同或者劳务合同的外籍员工、退休返聘员工,以及国家机关、事业单位、政府及其授权机构控制的企业委派的高级管理人员。

在实际操作层面,员工跟投时需要提供劳动合同、社保缴费记录等材料,但退休返聘员工是无法提供社保缴费记录的,因此目前在实际操作层面,退休返聘员工跟投是存在困难的。

六、登记申请材料及其要求

根据《私募投资基金管理人登记申请材料清单(2023年修订)》,私募投资基金管理人的基本信息准备材料及其要求如表2-1所示。

表2-1 私募投资基金管理人的基本信息准备材料及其要求

序号	材料名称	内容要求	特殊说明	是否必填	签章要求
1	组织机构代码证/税务登记证/营业执照	应当提交组织机构代码证、营业执照、税务登记证,如申请机构实现了三证合一,可提交三证合一后的营业执照		必填	复印件应当加盖申请机构公章
2	公司章程/合伙协议	应当提交申请机构公司章程/合伙协议;如公司章程/合伙协议的约定事项发生变更,应当将章程修正案/补充合伙协议一并提交,或提交最新修订的章程/合伙协议		必填	复印件应当加盖申请机构公章,多页加盖骑缝章
3	实收资本/实缴出资证明	应当提交验资报告或银行回单,记载的出资人、认缴资本额、实缴资本额与市场主体登记信息一致;如实缴出资后发生出资人变更,应当将原出资证明(验资报告或银行回单)、转让协议、转让款银行转账回单一并提交,或重新出具验资报告	实缴比例未达注册资本25%,中国证券投资基金业协会将在私募投资基金管理人公示信息中予以特别提示	必填	银行回单应当加盖银行业务章,验资报告应当加盖会计师事务所公章
4	全体员工简历、社保缴费记录、劳动合同或劳务合同	申请机构专职员工总人数不得少于5人,并提交全体员工简历、社保缴费记录、劳动合同或劳务合同等材料: 1. 全体员工简历应当涵盖员工基本信息、学习经历(从高中阶段开始填写)、工作经历等。		必填	社保缴费记录应当加盖社保主管部门章

续表

序号	材料名称	内容要求	特殊说明	是否必填	签章要求
4		2. 社保缴费记录应当显示员工姓名及申请机构名称；新参保无缴费记录的应当提交社保增员记录等材料；第三方人力资源服务机构代缴的应当提交申请机构签署的代缴协议、人力资源服务资质文件、代缴记录等。 3. 外籍员工、退休返聘员工可按要求提交劳务合同；退休返聘的员工应当提交退休证；国家机关、事业单位、政府及其授权机构控制的企业委派的高级管理人员应当按要求提交劳动合同或劳务合同、委派文件等材料			
5	经营场所使用证明	1. 经营场所应当符合相关规定，并提交经营场所产权证书等产权文件；如为租赁经营场所，还应当提交剩余租赁期不少于12个月的租赁协议（自申请办理登记之日起计算）；如为转租经营场所，还应当提交原租赁协议、转租协议、产权人或物业管理人同意转租的确认文件；如由股东、关联方等无偿提供的经营场所，还应当提交原租赁协议、无偿使用说明、产权人或物业管理人同意使用的确认文件。 2. 注册地与经营场所不在中国证监会同一派出机构辖区的，应当提交合理性说明材料		必填	复印件应当加盖申请机构公章，多页加盖骑缝章
6	商业计划书	商业计划书应当清晰合理、具有可行性，与申请机构的业务方向、发展规划、人员配备等相匹配；商业计划书应当对未来发展方向和运作规划作出详细说明，具体包括核心团队情况、资金募集计划、投资方向、投资计划等内容，不得套用模板		必填	加盖申请机构公章，多页加盖骑缝章
7	集团化新设合理性及集团各私募投资基金管理人合规风控安排	同一控股股东、实际控制人控制两家及以上私募投资基金管理人的，原则上不允许。为管理私募基金财产必须设立子公司的，应当符合相关行政规定及有关指引的规定，并提交材料说明以下情况：		如有	由实际控制人签字或加盖公章，多页加盖骑缝章

续表

序号	材料名称	内容要求	特殊说明	是否必填	签章要求
7		是否具备新设合理性与必要性，集团控制的私募投资基金管理人是否符合持续、合规、有效展业等相关要求，并说明集团控制的私募投资基金管理人的管理规模、运营情况、诚信情况以及集团的财务状况、诚信情况等；是否已合理区分各私募投资基金管理人的业务范围，并提交业务风险隔离、避免同业化竞争、关联交易管理和防范利益冲突等内控制度安排；是否已建立与所控制的私募投资基金管理人的管理规模、业务情况相适应的持续合规和风险管理体系，并说明在保障私募投资基金管理人自主经营的前提下，对私募投资基金管理人的合规监督、检查的具体安排			
8	相关承诺函	申请机构应当在AMBERS系统中下载使用最新登记承诺函模板，承诺函中机构名称、注册地、经营场所均应当完整准确填写	相关承诺主体发生变更的，应当更新登记承诺函签章	必填	落款处加盖申请机构公章，多页加盖骑缝章；控股股东、实际控制人、普通合伙人应当签字或加盖公章；法定代表人、执行事务合伙人或其委派代表、合规风控负责人应当在承诺函上签字
		私募证券投资基金管理人主要投资方向为债券投资，或出资人、法定代表人、执行事务合伙人或其委派代表、高级管理人员曾从事债券投资或提交债券投资业绩的，应当提交未来展业后不违规从事结构化发债的承诺函		如有	加盖申请机构公章，多页加盖骑缝章；相关承诺主体应当在落款处签字

续表

序号	材料名称	内容要求	特殊说明	是否必填	签章要求
9	相关登记信息变更材料	1. 已登记私募投资基金管理人提交办理登记信息变更的，应当按照关于信息变更和报送的要求提交相关材料；控股股东、实际控制人、普通合伙人等发生变更的，应当提交专项法律意见书。 2. 存在《私募投资基金登记备案办法》第四十九条、第五十四条规定情形的，应当提交已履行相关内部决策程序、信息披露、风险揭示等要求的相关材料		如有	复印件应当加盖申请机构公章，多页加盖骑缝章
10	其他材料	1. 申请机构的设立或后续展业有政府支持性文件、招投标文件、引导基金相关批复等相关支持文件的，可一并提交。 2. 私募股权、创业投资基金管理人如存在拟投项目并已和相关企业签订项目协议的，可提交拟投资项目投资协议或合作意向书、拟担任政府引导基金管理人的相关政府文件等。 3. 申请机构的股东、合伙人、实际控制人或董事、监事、高级管理人员及从业人员存在《私募投资基金管理人登记指引第1号——基本经营要求》第十七条规定情形①的，应当说明有关情况，并提交相关材料（如有）		如有	复印件应当加盖申请机构公章，多页加盖骑缝章；投资协议或合作意向书应当加盖申请机构与合作方的公章，政府公文无须加盖申请机构公章

第二节 私募投资基金管理人的内部控制

本节的主要内容包括基本含义、目标和原则、基本要求、实操要点、登记申请材料及其要求。

本节参考的法律法规等规范性文件主要包括《私募投资基金登记备案办法》《私募投资基金管理人内部控制指引》《私募投资基金管理人登记指引第1号——基本经营要

---

① 《私募投资基金管理人登记指引第1号——基本经营要求》第十七条　法律、行政法规、国家有关部门对相关人员出资或者执业有限制的，相关人员在限制期限内不得成为私募投资基金管理人的股东、合伙人、实际控制人，或者担任私募投资基金管理人的董事、监事、高级管理人员及从业人员。

求》《私募基金登记备案相关问题解答（八）》《私募投资基金管理人登记申请材料清单（2023年修订)》 《律师办理私募投资基金合规法律业务操作指引（试行）(2023)》。

一、基本含义

私募投资基金管理人应当按照中国证监会和中国证券投资基金业协会相关要求，建立健全风险控制机制，完善风险控制措施，保持经营运作合法、合规，保证内部控制健全、有效。私募投资基金管理人应当建立科学合理、运转有效的内部控制、风险控制和合规管理制度，包括运营风险控制、信息披露、机构内部交易记录、关联交易管理、防范内幕交易及利益输送、业务隔离和从业人员买卖证券申报等制度，以及私募基金宣传推介及募集、合格投资者适当性、保障资金安全、投资业务控制、公平交易、外包控制等制度。

私募投资基金管理人应当建立突发事件处理预案，对严重损害投资者利益、影响正常经营或者可能引发系统性风险的突发事件的处理机制作出明确安排。发生前述突发事件时，私募投资基金管理人应当按照预案妥善处理，并及时向注册地所在的中国证监会派出机构和中国证券投资基金业协会报告。

二、目标和原则

（一）总体目标

私募投资基金管理人内部控制总体目标是：①保证遵守私募基金相关法律法规和自律规则；②防范经营风险，确保经营业务的稳健运行；③保障私募基金财产的安全、完整；④确保私募基金、私募投资基金管理人财务和其他信息真实、准确、完整、及时。

（二）原则

私募投资基金管理人内部控制应当遵循以下原则：

（1）全面性原则。内部控制应当覆盖包括各项业务、各个部门和各级人员，并涵盖资金募集、投资研究、投资运作、运营保障和信息披露等主要环节。

（2）相互制约原则。组织结构应当权责分明、相互制约。

（3）执行有效原则。通过科学的内控手段和方法，建立合理的内控程序，维护内控制度的有效执行。

（4）独立性原则。各部门和岗位职责应当保持相对独立，基金财产、基金管理人固有财产、其他财产的运作应当分离。

（5）成本效益原则。以合理的成本控制达到最佳的内部控制效果，内部控制与私募投资基金管理人的管理规模和员工人数等方面相匹配，契合自身实际情况。

(6)适时性原则。私募投资基金管理人应当定期评价内部控制的有效性,并随着有关法律法规的调整和经营战略、方针、理念等内外部环境的变化同步适时修改或完善。

三、基本要求

(一) 基本要求概述

私募投资基金管理人应当建立健全内部控制、风险控制和合规管理等制度,保持经营运作合法、合规,保证内部控制健全、有效。私募投资基金管理人应当完善防火墙等隔离机制,有效隔离自有资金投资与私募基金业务,与从事冲突业务的关联方采取办公场所、人员、财务、业务等方面的隔离措施,切实防范内幕交易、利用未公开信息交易、利益冲突和利益输送。

(二) 基本要素

私募投资基金管理人建立与实施有效的内部控制,应当包括下列要素:

(1)内部环境。其包括经营理念和内控文化、治理结构、组织结构、人力资源政策和员工道德素质等;内部环境是实施内部控制的基础。

(2)风险评估。及时识别、系统分析经营活动中与内部控制目标相关的风险,合理确定风险应对策略。

(3)控制活动。根据风险评估结果,采用相应的控制措施,将风险控制在可承受范围之内。

(4)信息与沟通。及时、准确地收集、传递与内部控制相关的信息,确保信息在内部、企业与外部之间进行有效沟通。

(5)内部监督。对内部控制建设与实施情况进行周期性监督检查,评价内部控制的有效性;发现内部控制缺陷或因业务变化导致内控需求有变化的,应当及时加以改进、更新。

(三) 合规与风险意识

私募投资基金管理人应当牢固树立合法合规经营的理念和风险控制优先的意识,培养从业人员的合规与风险意识,营造合规经营的制度文化环境,保证管理人员及其从业人员诚实信用、勤勉尽责、恪尽职守。

(四) 专业运营

私募投资基金管理人应当遵循专业化运营原则,主营业务清晰,不得兼营与私募基金管理无关或存在利益冲突的其他业务。

(五) 健全治理结构

私募投资基金管理人应当健全治理结构,防范不正当关联交易、利益输送和内部人控制风险，保护投资者利益和自身合法权益。

（六）内控制度

1. 必备制度

（1）运营风险控制制度。包含建立防火墙制度与业务隔离制度、建立人力资源管理制度（应具备至少2名高级管理人员）、设置负责合规风控的高级管理人员并落实岗位职责、建立风险评估体系、明确业务操作流程、建立健全授权标准和程序、建立完善的财产分离制度、建立健全私募基金托管人遴选制度（基金合同约定私募基金不进行托管的，私募投资基金管理人应建立保障私募基金财产安全的制度措施和纠纷解决机制。另外，资产配置基金必须托管；通过SPV投资的基金必须托管；除基金合同约定设置能够切实履行安全保管基金财产职责的日常机构等制度安排外，契约基金必须托管。）、建立业务外包风险管理框架及制度（如适用），以及明确对各项内部控制制度进行周期性的评估和调整。

（2）信息披露制度。明确信息披露的内容，维护信息沟通渠道的畅通，保证向投资者、监管机构及中国证券投资基金业协会所披露信息的真实性、准确性、完整性和及时性，不存在虚假记载、误导性陈述或重大遗漏。

（3）机构内部交易记录制度。落实有关保存私募基金内部控制活动等方面的信息及相关资料的具体方式，要求确保信息的完整、连续、准确和可追溯，并且保存期限自私募基金清算终止之日起不得少于10年。

（4）防范内幕交易、利益冲突的投资交易制度。确保私募投资基金管理人主营业务清晰，不兼营与私募基金管理无关或存在利益冲突的其他业务。健全私募投资基金管理人的内部治理结构，防范不正当关联交易、利益输送和内部人控制风险。另外，建立健全制度防范由同一管理人管理的各私募基金之间的利益输送和利益冲突。

（5）合格投资者风险揭示制度。要求采取合理方式向投资者披露私募基金信息，揭示投资风险，确保推介材料中的相关内容清晰、醒目，明确风险揭示书等风险揭示材料的内容和执行要求。

（6）合格投资者内部审核流程及相关制度。结合私募投资基金管理人的组织架构，明确关于投资冷静期、回访确认等要求的具体流程和负责岗位。

（7）私募基金宣传推介、募集相关规范制度。私募基金推介材料由私募投资基金管理人制作并使用。私募投资基金管理人对私募基金推介材料内容的真实性、完整性、准确性负责。宣传推介不得有法律、行政法规、中国证监会或中国证券投资基金业协会禁止的行为和措辞。私募投资基金管理人自行募集私募基金的，应设置有效机制，切实保障募集结算资金安全；私募投资基金管理人委托募集的，应当委托获得中国证监会基金销售业务资格且成为中国证券投资基金业协会会员的机构募集私募基金，并制定募集机构遴选制度。

（8）投资者适当性内部管理制度及相关配套制度。适当性内部管理制度需要明确投资者分类、产品或者服务分级、适当性匹配的具体依据、方法、流程等。配套制度需要涵盖适当性风控（不匹配销售行为限制、回访、评估与销售隔离等）、培训考核、执业规范、监督问责、投资者投诉处理、档案管理等。

2. 除上述必要制度外，私募证券投资基金管理人还需制定以下两项制度

（1）公平交易制度。规范的范围至少应包括境内上市股票、债券的一级市场申购、二级市场交易等投资管理活动，同时应包括授权、研究分析、投资决策、交易执行、业绩评估等投资管理活动相关的各个环节，确保各投资组合享有公平的交易机会。

（2）从业人员买卖证券申报制度。要求有关人员遵守有关法律法规及任职单位管理制度的规定，禁止利用内幕信息及其他未公开信息违规买卖证券或明示、暗示他人从事内幕交易活动；不得利用职务便利向任何机构和个人输送利益、损害基金持有人利益和损害证券市场秩序；不得利用资金优势、持股优势和信息优势，单独或者合谋串通，影响证券交易价格或交易量，误导和干扰市场等。

3. 根据监管要求和实际运营需要设计的其他制度

（1）财务制度。要求私募投资基金管理人应建立健全财务制度，以确保财务清晰、财务独立。对于存在从事冲突业务关联方、存在私募投资基金管理人关联方的管理人而言，财务制度确保财务的独立性更为重要。

（2）估值管理制度。明确基金估值的程序和技术等相关事项。

（3）关联交易制度。明确关联交易的审核流程、表决方式、信息披露要求。

4. 中国证券投资基金业协会及各属地证监局会通过现场检查及非现场检查等方式对私募投资基金管理人内部控制的建立及执行情况进行监督

律师应当提示私募投资基金管理人持续开展内控制度评价与监督，并根据业务类型建立或调整与之相适应的制度，做到与现有组织架构和人员配置相匹配。

四、实操要点

（一）律师事务所及其经办律师对私募投资基金管理人风险管理和内部控制制度进行尽职调查

律师事务所及其经办律师在对申请机构的风险管理和内部控制制度开展尽职调查时，应当核查和验证包括但不限于以下内容：

（1）申请机构是否已制定完整的涉及机构运营关键环节的风险管理和内部控制制度。

（2）判断相关风险管理和内部控制制度是否符合中国证券投资基金业协会《私募投资基金管理人内部控制指引》的规定。

（3）评估上述制度是否具备有效执行的现实基础和条件。例如，相关制度的建立是否与机构现有组织架构和人员配置相匹配，是否满足机构运营的实际需求等。

考虑到我国私募基金行业的发展现状，为支持私募投资基金管理人特色化、差异化发展，保障私募投资基金管理人风险管理和内部控制制度的有效执行，中国证券投资基金业协会鼓励私募投资基金管理人结合自身经营实际情况，通过选择在中国证券投资基金业协会备案的私募基金外包服务机构的专业外包服务，实现本机构风险管理和内部控制制度目标，降低运营成本，提升核心竞争力。

（二）内控问题

1. 遵守一般性治理要求问题

私募投资基金管理人如果采用公司的组织形式，必须符合《中华人民共和国公司法》的相关规定；私募投资基金管理人如果采用有限合伙企业的组织形式，必须符合《中华人民共和国合伙企业法》的相关规定。由于私募投资基金管理人的人员规模相对较小，容易在遵守《中华人民共和国公司法》和《中华人民共和国合伙企业法》方面忽视内部治理架构方面的问题，如《中华人民共和国公司法》项下股东（大）会、董事会的构成和《中华人民共和国合伙企业法》项下合伙事务的执行，以及与之相关的制度、文件、协议等。

2. 内部制度和流程问题

私募投资基金管理人应当根据法律法规及中国证监会的其他规定、中国证券投资基金业协会的相关自律规则，制定系统的管理制度和业务流程。这些管理制度和业务流程应当符合法律法规要求，同时符合私募投资基金管理人的实际情况。

在监管部门的检查中，私募投资基金管理人或其员工行为是否符合私募投资基金管理人的制度也是其中一项内容。私募投资基金管理人应当定期对管理制度和业务流程进行检查，法律法规、自律规则发生变化导致管理制度和业务流程不适用的，应当及时修订。管理制度和业务流程与实践不一致的，如果是实践的问题，应当及时检查管理制度、业务流程的执行情况，做到管理制度、业务流程的确实落地；如果是管理制度和业务流程的问题，则应当及时修订。

3. 机构和岗位设置问题

私募投资基金管理人的机构设置应当平衡规模、业务类别、监管要求等各方面的情况，既能相互制衡，又能相互配合。

私募投资基金管理人的机构通常包括投资部门、合规风控部门、财务运营部门等。在投资方面，私募投资基金管理人内部可以考虑设立投资决策委员会，有利于控制投资决策方面的风险；在合规风控方面，应当对投资、市场等前台业务有一定制衡，合规风控负责人应当具有相当的地位和胜任能力。

4. 合规风控的职责地位问题

私募投资基金管理人应当设立 1 名合规风控负责人和独立的合规部门。合规风控负责人应当负责私募投资基金管理人的日常合规和风控，包括制定完善的内部管理制度、业务流程，监督业务合规运作，控制业务风险。合规风控负责人应当具备基金从业资格，具有较强的专业水平，坚持原则、独立客观，在私募投资基金管理人中具有一定的权威性和相对的独立性。私募投资基金管理人的出资人和主要负责人，特别是投资部门的负责人，应当正确认识合规风控的必要性、重要性，支持合规风控工作，为合规风控工作创造有利条件，不能将合规风控负责人放在对立位置。

5. 关联交易和利益输送问题

私募投资基金管理人应该规范关联交易，防止利益冲突，禁止利益输送。关联交易并非禁止，关键是要规范、透明，需要向投资者进行披露，能够有效防止利益冲突，坚决禁止利用基金资产进行利益输送。

6. 公平对待问题

公平对待问题涉及以下3个方面：

（1）公平对待不同私募投资基金管理人的出资人。按照《中华人民共和国公司法》和《中华人民共和国合伙企业法》相关规定保障出资人的合法权益。

（2）公平对待管理的不同基金。私募投资基金管理人在投资决策中应当能够公平对待其所管理的不同基金，并注意相关管理制度和业务流程，尽可能做到程序上的公平。

（3）公平对待同一基金的不同投资者。在信息披露等不同方面，要公平对待同一基金、同一类型的不同投资者。

（三）建立财产分离制度

私募投资基金管理人应当建立完善的财产分离制度。私募基金财产与私募投资基金管理人固有财产之间、不同私募基金财产之间、私募基金财产和其他财产之间要实行独立运作、分别核算。

私募投资基金管理人应当完善防火墙等隔离机制，有效隔离自有资金投资与私募基金业务。私募投资基金管理人存在大额长期股权投资的，应当建立有效隔离制度，保证私募基金财产与私募投资基金管理人固有财产独立运作、分别核算。

（四）外包制度

申请登记机构现有组织架构和人员配置难以完全自主有效执行相关制度的，该机构可考虑采购外包服务机构的专业服务，包括但不限于律师事务所、会计师事务所等的专业服务。中国证券投资基金业协会鼓励私募投资基金管理人结合自身经营实际情况，通过选择在中国证券投资基金业协会备案的私募基金外包服务机构的专业外包服务，实现本机构风险管理和内部控制制度目标，降低运营成本，提升核心竞争力。若存在上述情况，需在申请私募投资基金管理人登记时，同时提交外包服务协议或外包服务协议意向书。

（五）完善内控制度的措施

1. 坚持专业化经营

私募投资基金管理人遵循专业化运营原则，主营业务清晰，不得兼营与私募基金管理无关或存在利益冲突的其他业务。例如，从专业化经营和防范利益冲突角度出发，经营范围应该突出主营业务"私募基金管理"，不应包含以下业务类型：①参与私募基金可能冲突的相关业务；②兼营与买方"投资管理"业务无关的卖方业务；③兼营其他非金融相关业务。

2. 明确的组织架构

对于私募投资基金管理人来说，一个完善的组织架构应该能够满足专业化经营的需求，机构及岗位设置应当围绕主营业务来合理安排。

在以上组织架构中，股东会为最高权力机构，决定公司的经营及投资方针等重大事项。董事会则对股东负责，根据《公司法》及公司章程，执行股东会的相关决议。总经理以及副总经理为代表的高级管理人员为经营管理团队，负责公司的日常运营、投资管理等相关事务，私募投资基金管理人应至少具备 2 名高级管理人员。风险控制委员会主要负责公司风控相关机制的制定及实施，监督评估各项制度的执行情况，对投资项目或者产品的合规性进行审核。投资决策委员会主要负责审议基金产品的投资或者退出相关事项，并作出决策，监督投资部门的行为。其他各部门在相关职责范围内行事。

3. 完善内控制度

根据中国证券投资基金业协会发布的登记清单，私募投资基金管理人需要具备的基本制度包括以下内容：①运营风险控制制度；②信息披露制度；③机构内部交易记录制度；④防范内幕交易、利益冲突的投资交易制度；⑤合格投资者风险揭示制度；⑥合格投资者内部审核流程及相关制度；⑦私募基金宣传推介、募集相关规范制度；⑧其他制度（如防范关联交易、利益输送等制度）。

如果是证券类私募投资基金管理人，还应该具备的制度有：①公平交易制度；②从业人员买卖证券申报制度；③奖金递延发放制度。

除以上的制度之外，根据日常业务的实际需求，申请机构还可以建立以下制度：①基金托管与外包业务管理制度；②风险隔离制度；③财产隔离制度；④投资决策委员会议事规则；⑤投资者适当性管理制度；⑥投资者评级及分类制度（含投资者转化）；⑦产品分类及管理制度；⑧销售募集机构遴选制度；⑨培训考核及执行规范制度；⑩投诉及纠纷解决制度；⑪廉洁从业管理制度；⑫授权管理制度；⑬员工管理制度（含员工激励及违纪处理）；⑭非居民金融账户涉税信息尽职调查和信息报送制度；⑮档案管理制度；⑯信息技术管理制度。

五、登记申请材料及其要求

根据《私募投资基金管理人登记申请材料清单（2023年修订）》，私募投资基金管理人的相关制度准备材料及其要求如表2-2所示。

表2-2 私募投资基金管理人的相关制度准备材料及其要求

内容要求	特殊说明	是否必填	签章要求
申请机构应根据拟申请的私募基金管理业务建立与之相适应的制度并提交相关制度文件，制度应当根据申请机构自身实际情况制定，不得照搬照抄。 1. 内部控制制度和合规管理制度包括运营风险控制、信息披露、机构内部交易记录、关联交易管理、防范内幕交易及利益输送、业务隔离、从业人员买卖证券申报（仅私募证券投资基金管理人提交）等制度。 2. 私募基金运作制度包括私募基金宣传推介及募集、合格投资者适当性、保障资金安全、投资业务控制、公平交易、外包控制等制度。 3. 应急预案制度。申请机构应当建立突发事件处理预案，对严重损害投资者利益、影响正常经营或者可能引发系统性风险的突发事件的处理机制作出明确安排		必填	复印件应当加盖申请机构公章

第三节 机构持牌及关联方

本节的主要内容包括私募投资基金管理人的关联方、冲突业务、登记申请材料及其要求。

本节参考的法律法规等规范性文件主要包括《私募投资基金登记备案办法》《私募投资基金管理人登记指引第1号——基本经营要求》《私募投资基金管理人登记指引第2号——股东、合伙人、实际控制人》《私募投资基金管理人登记申请材料清单（2023年修订）》。

一、私募投资基金管理人的关联方

（一）提供关联方的信息

私募投资基金管理人应当在开展基金募集、投资管理等私募基金业务活动前，向中国证券投资基金业协会报送分支机构、子公司以及其他关联方的基本信息和材料，履行登记手续。

（二）关联方的认定

私募投资基金管理人应当按照以下情形，如实向中国证券投资基金业协会披露关联方市场主体登记信息、业务开展情况等基本信息：①私募投资基金管理人的分支机构；②私募投资基金管理人持股5%以上的金融机构、上市公司及持股30%以上或者担任普通合伙人的其他企业，已在中国证券投资基金业协会备案的私募基金除外；③受同一控股股东、实际控制人、普通合伙人直接控制的金融机构、私募投资基金管理人、上市公司、全国中小企业股份转让系统挂牌公司、投资类企业、冲突业务机构、投资咨询企业及金融服务企业等；④其他与私募投资基金管理人有特殊关系，可能影响私募投资基金管理人利益的法人或者其他组织。因人员、股权、协议安排、业务合作等实际可能存在关联关系的相关方，应当按照实质重于形式原则进行披露。

二、冲突业务

（一）基本含义

冲突业务是指民间借贷、民间融资、小额理财、小额借贷、担保、保理、典当、融资租赁、网络借贷信息中介、众筹、场外配资、房地产开发、交易平台等与私募基金管理相冲突的业务；中国证监会、中国证券投资基金业协会另有规定的除外。

私募投资基金管理人的商业计划书应当清晰合理、具有可行性，与私募投资基金管理人的业务方向、发展规划、人员配备等相匹配。

（二）监管态度

私募投资基金管理人不得直接或者间接从事冲突业务，不得通过设立子公司、合伙企业或者担任投资顾问等形式，变相开展冲突业务。

私募投资基金管理人从事小额贷款、融资租赁、商业保理、融资担保、互联网金融、典当等冲突业务的关联方，应当提供相关主管部门的批复文件。

三、登记申请材料及其要求

根据《私募投资基金管理人登记申请材料清单（2023年修订）》，私募投资基金管理人的机构持牌及关联方信息的准备材料及其要求如表2-3所示。

表2-3　私募投资基金管理人的机构持牌及关联方信息的准备材料及其要求

材料名称	内容要求	特殊说明	是否必填	签章要求
冲突业务许可文件	1. 申请机构应当披露分支机构、子公司以及其他关联方的市场主体登记信息、业务开展情况等基本信息。 2. 申请机构自身应当符合《关于加强私募投资基金监管的若干规定》及《私募投资基金登记备案办法》等相关要求，不得直接或者间接从事冲突业务。申请机构的关联方从事小额贷款、融资租赁、商业保理、融资担保、互联网金融、典当等冲突业务的，应当提交相关主管部门的批复文件	关联方经营范围含冲突业务	如有	冲突业务的批复文件应当由相关主管部门盖章

第四节 私募投资基金管理人的依法运营

本节的主要内容有谨慎合法经营，私募投资基金管理人持续运营的要求，鼓励诚信良好的私募投资基金管理人登记，对申请机构、控股股东、实际控制人、普通合伙人或主要出资人、董事、监事、高级管理人员、执行事务合伙人或其委派代表的核查，经营异常，登记申请材料及其要求。

本节参考的法律法规等规范性文件主要包括《中华人民共和国证券投资基金法》《私募投资基金监督管理条例》《私募投资基金登记备案办法》《私募投资基金管理人登记指引第 2 号——股东、合伙人、实际控制人》《私募投资基金管理人登记指引第 3 号——法定代表人、高级管理人员、执行事务合伙人或其委派代表》《关于加强经营异常机构自律管理相关事项的通知》《私募投资基金管理人登记申请材料清单（2023 年修订）》。

一、谨慎合法经营

基金管理人和基金托管人管理、运用基金财产，基金服务机构从事基金服务活动，应当恪尽职守，履行诚实信用、谨慎勤勉的义务；基金管理人运用基金财产进行投资，应当遵守审慎经营规则，制定科学合理的投资策略和风险管理制度，有效防范和控制风险；基金从业人员应当具备规定的基金从业资格，遵守法律、行政法规，恪守职业道德和行为规范。

私募投资基金管理人应当保持资本充足，满足持续运营、业务发展和风险防范需要。私募投资基金管理人的股东、合伙人不得虚假出资或者抽逃出资。

二、私募投资基金管理人持续运营的要求

私募投资基金管理人持续运营应当符合下列要求：①财务状况良好，具有与业务类型和管理资产规模相适应的运营资金；②法定代表人、执行事务合伙人或者委派代表、负责投资管理的高级管理人员按照国务院证券监督管理机构规定持有一定比例的私募投资基金管理人的股权或者财产份额，但国家另有规定的除外；③国务院证券监督管理机构规定的其他要求。

三、鼓励诚信良好的私募投资基金管理人登记

中国证券投资基金业协会按照分类管理、扶优限劣的原则，对私募投资基金管理

人和私募基金实施差异化自律管理和行业服务。中国证券投资基金业协会支持治理结构健全、运营合规稳健、专业能力突出、诚信记录良好的私募投资基金管理人规范发展，为其办理登记备案业务提供便利。

四、对申请机构、控股股东、实际控制人、普通合伙人或主要出资人、董事、监事、高级管理人员、执行事务合伙人或其委派代表的核查

（一）核查是否存在负面情形

1. 申请机构、控股股东、实际控制人、普通合伙人或主要出资人

有下列情形之一的，不得担任私募投资基金管理人，不得成为私募投资基金管理人的控股股东、实际控制人、普通合伙人或主要出资人：①有《私募投资基金登记备案办法》第十六条规定情形①；②被中国证券投资基金业协会采取撤销私募投资基金管理人登记的纪律处分措施，自被撤销之日起未逾 3 年；③因《私募投资基金登记备案

---

① 《私募投资基金登记备案办法》第十六条　有下列情形之一的，不得担任私募投资基金管理人的董事、监事、高级管理人员、执行事务合伙人或其委派代表：

（一）因犯有贪污贿赂、渎职、侵犯财产罪或者破坏社会主义市场经济秩序罪，被判处刑罚；

（二）最近 3 年因重大违法违规行为被金融管理部门处以行政处罚；

（三）被中国证监会采取市场禁入措施，执行期尚未届满；

（四）最近 3 年被中国证监会采取行政监管措施或者被协会采取纪律处分措施，情节严重；

（五）对所任职的公司、企业因经营不善破产清算或者因违法被吊销营业执照负有个人责任的董事、监事、高级管理人员、执行事务合伙人或其委派代表，自该公司、企业破产清算终结或者被吊销营业执照之日起未逾 5 年；

（六）因违法行为或者违纪行为被开除的基金管理人、基金托管人、证券期货交易场所、证券公司、证券登记结算机构、期货公司等机构的从业人员和国家机关工作人员，自被开除之日起未逾 5 年；

（七）因违法行为被吊销执业证书或者被取消资格的律师、注册会计师和资产评估等机构的从业人员、投资咨询从业人员，自被吊销执业证书或者被取消资格之日起未逾 5 年；

（八）因违反诚实信用、公序良俗等职业道德或者存在重大违法违规行为，引发社会重大质疑或者产生严重社会负面影响且尚未消除；对所任职企业的重大违规行为或者重大风险负有主要责任未逾 3 年；

（九）因本办法第二十五条第一款第六项、第八项所列情形被终止私募投资基金管理人登记的机构的控股股东、实际控制人、普通合伙人、法定代表人、执行事务合伙人或其委派代表、负有责任的高级管理人员和直接责任人员，自该机构被终止私募投资基金管理人登记之日起未逾 3 年；

（十）因本办法第七十七条所列情形被注销登记的私募投资基金管理人的控股股东、实际控制人、普通合伙人、法定代表人、执行事务合伙人或其委派代表、负有责任的高级管理人员和直接责任人员，自该私募投资基金管理人被注销登记之日起未逾 3 年；

（十一）所负债务数额较大且到期未清偿，或者被列为严重失信人或者被纳入失信被执行人名单；

（十二）法律、行政法规、中国证监会和协会规定的其他情形。

办法》第二十五条第一款第六项、第八项所列情形①被终止办理私募投资基金管理人登记的机构及其控股股东、实际控制人、普通合伙人，自被终止登记之日起未逾3年；④因《私募投资基金登记备案办法》第七十七条所列情形②被注销登记的私募投资基金管理人及其控股股东、实际控制人、普通合伙人，自被注销登记之日起未逾3年；⑤存在重大经营风险或者出现重大风险事件；⑥从事的业务与私募基金管理存在利益冲突；⑦有重大不良信用记录尚未修复；⑧法律、行政法规、中国证监会和中国证券投资基金业协会规定的其他情形。

2. 董事、监事、高级管理人员、执行事务合伙人或其委派代表

有下列情形之一的，不得担任私募投资基金管理人的董事、监事、高级管理人员、执行事务合伙人或其委派代表：①因犯有贪污贿赂、渎职、侵犯财产罪或者破坏社会主义市场经济秩序罪，被判处刑罚；②最近3年因重大违法违规行为被金融管理部门处以行政处罚；③被中国证监会采取市场禁入措施，执行期尚未届满；④最近3年被中国证监会采取行政监管措施或者被协会采取纪律处分措施，情节严重；⑤对所任职

---

① 《私募投资基金登记备案办法》第二十五条 有下列情形之一的，协会终止办理私募投资基金管理人登记，退回登记材料并说明理由：
（一）主动申请撤回登记；
（二）依法解散、注销，依法被撤销、吊销营业执照、责令关闭或者被依法宣告破产；
（三）自协会退回之日起超过6个月未对登记材料进行补正，或者未根据协会的反馈意见作出解释说明或者补充、修改；
（四）被中止办理超过12个月仍未恢复；
（五）中国证监会及其派出机构要求协会终止办理；
（六）提供有虚假记载、误导性陈述或者重大遗漏的信息、材料，通过欺骗、贿赂或者以规避监管、自律管理为目的与中介机构违规合作等不正当手段办理相关业务；
（七）拟登记机构及其控股股东、实际控制人、普通合伙人、主要出资人、关联私募投资基金管理人出现重大经营风险；
（八）未经登记开展基金募集、投资管理等私募基金业务活动，法律、行政法规另有规定的除外；
（九）不符合本办法第八条至第二十一条规定的登记要求；
（十）法律、行政法规、中国证监会和协会规定的其他情形。
拟登记机构因前款第九项规定的情形被终止办理私募投资基金管理人登记的，再次提请办理登记又因前款第九项规定的情形被终止办理的，自被再次终止办理之日起6个月内不得再提请办理私募投资基金管理人登记。
② 《私募投资基金登记备案办法》第七十七条 私募投资基金管理人有下列情形之一的，协会注销其私募投资基金管理人登记：
（一）因非法集资、非法经营等重大违法犯罪行为被追究法律责任；
（二）存在本办法第二十五条第一款第六项规定的情形；
（三）金融管理部门要求协会注销登记；
（四）因失联状态被协会公示，公示期限届满未与协会取得有效联系；
（五）采取拒绝、阻碍中国证监会及其派出机构、协会及其工作人员依法行使检查、调查职权等方式，不配合行政监管或者自律管理，情节严重；
（六）未按照本办法第七十三条、第七十四条的规定提交专项法律意见书，或者提交的法律意见书不符合要求或者出具否定性结论；
（七）中国证监会、协会规定的其他情形。

的公司、企业因经营不善破产清算或者因违法被吊销营业执照负有个人责任的董事、监事、高级管理人员、执行事务合伙人或其委派代表，自该公司、企业破产清算终结或者被吊销营业执照之日起未逾5年；⑥因违法行为或者违纪行为被开除的基金管理人、基金托管人、证券期货交易场所、证券公司、证券登记结算机构、期货公司等机构的从业人员和国家机关工作人员，自被开除之日起未逾5年；⑦因违法行为被吊销执业证书或者被取消资格的律师、注册会计师和资产评估等机构的从业人员、投资咨询从业人员，自被吊销执业证书或者被取消资格之日起未逾5年；⑧因违反诚实信用、公序良俗等职业道德或者存在重大违法违规行为，引发社会重大质疑或者产生严重社会负面影响且尚未消除；对所任职企业的重大违规行为或者重大风险负有主要责任未逾3年；⑨因《私募投资基金登记备案办法》第二十五条第一款第六项、第八项所列情形被终止私募投资基金管理人登记的机构的控股股东、实际控制人、普通合伙人、法定代表人、执行事务合伙人或其委派代表、负有责任的高级管理人员和直接责任人员，自该机构被终止私募投资基金管理人登记之日起未逾3年；⑩因《私募投资基金登记备案办法》第七十七条所列情形①被注销登记的私募投资基金管理人的控股股东、实际控制人、普通合伙人、法定代表人、执行事务合伙人或其委派代表、负有责任的高级管理人员和直接责任人员，自该私募投资基金管理人被注销登记之日起未逾3年；⑪所负债务数额较大且到期未清偿，或者被列为严重失信人或者被纳入失信被执行人名单；⑫法律、行政法规、中国证监会和中国证券投资基金业协会规定的其他情形。

（二）加强核查的情形

私募投资基金管理人及其控股股东、实际控制人、普通合伙人、主要出资人最近3年有下列情形之一的，中国证券投资基金业协会将加强核查，并可以视情况征询相关部门意见：①被中国证监会及其派出机构采取公开谴责、限制业务活动、责令处分有关人员等行政监管措施；②被中国证券投资基金业协会采取公开谴责、限制相关业务活动、不得从事相关业务等纪律处分措施；③在因《私募投资基金登记备案办法》第二十五条第一款第六项、第八项所列情形被终止登记的私募投资基金管理人担任主要

---

① 《私募投资基金登记备案办法》第七十七条　私募投资基金管理人有下列情形之一的，协会注销其私募投资基金管理人登记：

（一）因非法集资、非法经营等重大违法犯罪行为被追究法律责任；

（二）存在本办法第二十五条第一款第六项规定的情形；

（三）金融管理部门要求协会注销登记；

（四）因失联状态被协会公示，公示期限届满未与协会取得有效联系；

（五）采取拒绝、阻碍中国证监会及其派出机构、协会及其工作人员依法行使检查、调查职权等方式，不配合行政监管或者自律管理，情节严重；

（六）未按照本办法第七十三条、第七十四条的规定提交专项法律意见书，或者提交的法律意见书不符合要求或者出具否定性结论；

（七）中国证监会、协会规定的其他情形。

出资人、未明确负有责任的高级管理人员；④在因《私募投资基金登记备案办法》第七十七条所列情形被注销登记的私募投资基金管理人担任主要出资人、未明确负有责任的高级管理人员；⑤在存在重大风险或者严重负面舆情的机构、被中国证券投资基金业协会注销登记的机构任职；⑥需要加强核查的其他情形。

（三）核查是否存在中止办理登记的情形

有下列情形之一的，中国证券投资基金业协会中止办理私募投资基金管理人登记，并说明理由：①拟登记机构及其控股股东、实际控制人、普通合伙人、主要出资人因涉嫌违法违规被公安、检察、监察机关立案调查，或者正在接受金融管理部门、自律组织的调查、检查，尚未结案；②拟登记机构及其控股股东、实际控制人、普通合伙人、主要出资人出现可能影响正常经营的重大诉讼、仲裁等法律风险，或者可能影响办理私募投资基金管理人登记的重大内部纠纷，尚未消除或者解决；③拟登记机构及其控股股东、实际控制人、普通合伙人、主要出资人、关联私募投资基金管理人出现重大负面舆情，尚未消除；④中国证监会及其派出机构要求中国证券投资基金业协会中止办理；⑤涉嫌提供有虚假记载、误导性陈述或者重大遗漏的信息、材料，通过欺骗、贿赂或者以规避监管、自律管理为目的与中介机构违规合作等不正当手段办理相关业务，相关情况尚在核实；⑥法律、行政法规、中国证监会和中国证券投资基金业协会规定的其他情形。

前款所列情形消失后，拟登记机构可以提请恢复办理私募投资基金管理人登记，办理时限自恢复之日起继续计算。

（四）"情节严重"行为的认定

控股股东、实际控制人、普通合伙人、主要出资人、董事、监事、高级管理人员、执行事务合伙人或其委派代表不得有《私募投资基金登记备案办法》规定的"最近3年被中国证监会采取行政监管措施或者被中国证券投资基金业协会采取纪律处分措施，情节严重"，是指有下列情形之一：①被中国证监会及其派出机构认定为不适当人选或者被中国证券投资基金业协会采取加入黑名单的纪律处分措施，期限尚未届满；②被中国证监会撤销基金从业资格或者被中国证券投资基金业协会取消基金从业资格；③其他社会危害性大，严重损害投资者合法权益和社会公共利益的情形。

五、经营异常

（一）经营异常的情形

中国证券投资基金业协会提出了7大类经营异常机构的情形，主要体现在以下几个方面：

（1）按照《关于私募投资基金管理人在异常经营情形下提交专项法律意见书的公告》应当提交专项法律意见书的异常经营情形。

（2）被列入信息报送异常机构，且超过12个月仍未完成整改的情形。

（3）其他类私募投资基金管理人（不含 QDLP 等试点机构）无在管私募基金的情形。

（4）除第（3）类情形外，在管私募基金全部清算后，超过12个月持续无在管私募基金的情形。

（5）被金融监管部门、司法机关、其他行政机关认定为不能持续符合登记备案条件，或被认定为经营异常，且建议中国证券投资基金业协会启动自律处置程序的情形。

（6）法律法规和中国证券投资基金业协会自律规则规定的其他不能持续符合登记备案条件的情形。

（二）专项法律意见书

1. 专项法律意见书

在实操中，针对前述（3）、（4）、（5）等几种异常情形的私募投资基金管理人，中国证券投资基金业协会已经发布通知要求其出具专项法律意见书。

2. 律师事务所要求

出具经营异常专项法律意见书的律师事务所和签字律师应当符合《关于私募投资基金管理人在异常经营情形下提交专项法律意见书的公告》的相关要求，并且律师事务所应当为经中国证监会备案的从事证券法律业务的律师事务所；不可以聘请给该私募投资基金管理人出具过登记法律意见书的律师事务所。

（三）主动注销

私募投资基金管理人也可以选择主动注销。

自收到《关于限期提交专项法律意见书的通知》之日起，私募投资基金管理人在3个月内主动注销的，中国证券投资基金业协会将中止相关程序，私募投资基金管理人的法定代表人、高级管理人员及其他从业人员不会被记入诚信档案，且不影响后续在私募基金行业任职。如果未按时提交符合要求的专项法律意见书从而被中国证券投资基金业协会注销的，私募投资基金管理人的法定代表人、高级管理人员及其他从业人员按照不配合自律管理予以纪律处分，情节严重的取消基金从业资格，加入黑名单。

自主动注销申请通过之日起6个月内不得重新申请登记，期满后重新申请登记并且符合登记条件的予以登记。

主动注销前需要提前自查以下几点：①所有基金产品全部清算。如果有短期内无法清算的产品，也可以考虑变更给其他的私募投资基金管理人。②如果是中国证券投资基金业协会会员，或者已经提交了入会申请，需要办理退会或者申请撤回入会申请。③系统其他待办事项全部完成。

（四）实操要点

1. 被列入"异常机构"的原因

（1）未按时履行季度、半年度、年度和重大事项信息报送更新义务累计达2次的，中国证券投资基金业协会将其列入异常机构名单,并通过私募投资基金管理人公示平台官方网站(http://gs.amac.org.cn)对外公示,具体的信息报送更新义务包括:①季度报送。私募投资基金管理人应当在每季度结束之日起的规定期限内,更新所管理的私募股权投资基金相关信息,包括认缴规模、实缴规模、投资者数量、主要投资方向等。②年度报送。私募投资基金管理人应当于每年度结束之日起,更新私募投资基金管理人、股东或合伙人、高级管理人员及其他从业人员以及所管理的私募基金等基本信息,以及私募投资基金管理人经审计的财务信息。③重大事项变更报送。私募投资基金管理人的名称、高级管理人员发生变更,私募投资基金管理人的控股股东、实际控制人或者执行事务合伙人发生变更,私募投资基金管理人分立或者合并等,应当在一定日期内向中国证券投资基金业协会报告。

(2)私募投资基金管理人未按要求提交经审计的年度财务报告。私募投资基金管理人应当于每年度4月底之前,通过私募基金登记备案系统填报经会计师事务所审计的上一年度财务报告相关数据。

(3)私募投资基金管理人未按时在私募基金信息披露备份系统中备份私募证券投资基金季度及以后各期季报和年报、私募股权(含创业)投资基金年报及以后各期半年报和年报等信息披露报告累计达2次。

2. 不利后果

主要存在以下两大方面的影响:

(1)中国证券投资基金业协会将通过私募投资基金管理人公示平台官方网站(http://gs.amac.org.cn)对外公示管理人的异常情况。同时,即使私募投资基金管理人进行了整改且已整改完毕,至少也需要6个月后才能恢复正常机构公示状态。

(2)在私募投资基金管理人完成整改之前,中国证券投资基金业协会将暂停受理该机构的私募基金产品备案申请。

3. 应对措施

(1)核查列入异常机构事实。登陆"私募投资基金管理人综合查询平台"官方网站(http://gs.amac.org.cn/),输入要查询的私募机构名称,在"公示信息"-"机构诚信信息"中,如果显示"异常机构"标签的则为异常。或者,登陆"私募投资基金管理人分类公示平台"官方网站(http://gs.amac.org.cn/)筛选"异常机构"标签,可查看所有异常机构的清单。

(2)分析被列为"异常机构"的主要原因,一般有以下3种情况:①私募投资基金管理人未通过私募基金登记备案系统按时履行私募投资基金管理人及其管理的私募基金季度、年度和重大事项信息报送更新义务累计达2次;②已登记的私募投资基金管理人因违反《企业信息公示暂行条例》相关规定,被列入企业信用信息公示系统严重违法企业公示名单;③已登记的私募投资基金管理人未在每年度4月底之前,通过私募基金登记备案系统填报经会计师事务所审计的年度财务报告数据。

（3）查看中国证券投资基金业协会整改意见。登录协会 AMBERS 系统，分别进入管理人登记模块和产品备案模块中，排查出现异常的具体原因。

（4）及时整改补正。在排查确认异常的具体原因之后，私募投资基金管理人应立即进行信息报送的补正工作，同时积极联系中国证券投资基金业协会工作人员咨询相关操作细节。一般情况下，私募投资基金管理人按照中国证券投资基金业协会整改的相关要求完成相关操作之后，经过 6 个月基本都会恢复正常经营状态。

六、登记申请材料及其要求

根据《私募投资基金管理人登记申请材料清单（2023 年修订）》，私募投资基金管理人的诚信信息准备材料及其要求如表 2-4 所示。

表 2-4　私募投资基金管理人的诚信信息准备材料及其要求

材料名称	内容要求	是否必填	签章要求
相关主体诚信记录	应当说明申请机构、控股股东、实际控制人、普通合伙人或主要出资人是否存在《私募投资基金登记备案办法》第十五条、《私募投资基金管理人登记指引第 2 号——股东、合伙人、实际控制人》第七条规定的负面情形；申请机构的董事、监事、高级管理人员、执行事务合伙人或其委派代表是否存在《私募投资基金登记备案办法》第十六条、《私募投资基金管理人登记指引第 3 号——法定代表人、高级管理人员、执行事务合伙人或其委派代表》第二条规定的负面情形，如有涉及，请提交相关司法裁判、行政处罚、行政措施或自律管理措施等相关文书、文件或公示信息等材料，并说明负有何种责任	必填	复印件应当加盖申请机构公章，多页加盖骑缝章
	应当说明申请机构、控股股东、实际控制人、普通合伙人或主要出资人是否存在《私募投资基金管理人登记指引第 2 号——股东、合伙人、实际控制人》第八条规定的协会加强核查的情形；申请机构的法定代表人、高级管理人员、执行事务合伙人或其委派代表是否存在《私募投资基金管理人登记指引第 3 号——法定代表人、高级管理人员、执行事务合伙人或其委派代表》第三条规定的中国证券投资基金业协会加强核查的情形，如有涉及，请说明具体情况，并提交相关部门的文书、文件或公示信息等材料		
	应当说明申请机构、控股股东、实际控制人、普通合伙人、主要出资人或关联私募投资基金管理人是否存在《私募投资基金登记备案办法》第二十四条规定的情形，如有涉及，请说明具体情况，并提交相关部门的文书、文件或公示信息等材料		

第五节　财务信息

本节的主要内容包括财务基本要求、审记报告、登记申请材料及其要求。

本节参考的规范性文件主要包括《私募投资基金管理人登记指引第 1 号——基本经营要求》《私募投资基金管理人登记申请材料清单（2023 年修订）》。

一、财务基本要求

私募投资基金管理人应当具有良好的财务状况，不存在大额应收应付、大额未清偿负债或者不能清偿到期债务等可能影响正常经营的情形。

私募投资基金管理人存在大额长期股权投资的，应当建立有效隔离制度，保证私募基金财产与私募投资基金管理人固有财产独立运作、分别核算。

私募投资基金管理人与关联方存在资金往来的，应当就是否存在不正当关联交易进行说明。

二、审计报告

申请机构应当提交会计师事务所在中国证监会备案的相关材料。对于成立不满一年的，应当提交最近一个季度经审计的财务报告；成立满一年的，应当提交审计报告。原件应当加盖会计师事务所公章，复印件应当加盖申请机构公章，多页加盖骑缝章。

在境内开展私募证券基金业务且外资持股比例合计不低于 25% 的私募投资基金管理人，除上述要求外，资本金及其结汇所得人民币资金的使用，应当符合国家外汇管理部门的相关规定。

针对私募投资基金管理人实缴比例未达到注册资本 25% 的，中国证券投资基金业协会将在私募投资基金管理人公示信息中予以特别提示。

三、登记申请材料及其要求

根据《私募投资基金管理人登记申请材料清单（2023 年修订）》，私募投资基金管理人的财务信息准备材料及其要求如表 2-5 所示。

表 2-5 私募投资基金管理人的财务信息准备材料及其要求

材料名称	内容要求	特殊说明	是否必填	签章要求
审计报告或经审计的财务报告（含资产负债表、利润表、现金流量表等）	1. 根据《私募投资基金登记备案办法》第二十二条第一款第八项规定，应当提交经中国证监会备案的会计师事务所出具的审计报告或经审计的财务报告。 2. 应当提交会计师事务所在中国证监会备案的相关材料	成立不满一年的，应当提交最近一个季度经审计的财务报告；成立满一年的，应当提交审计报告	必填	原件应当加盖会计师事务所公章，复印件应当加盖申请机构公章，多页加盖骑缝章

第六节　出资人

出资人出资后，通常成为私募投资基金管理人的股东或合伙人，为了便于理解，本部分采用了股东及合伙人的部分规定。本节的主要内容包括基本要求、私募投资基金管理人的股东、私募投资基金管理人的合伙人、私募投资基金管理人的主要出资人、登记申请材料及其要求、典型案例。

本节参考的法律法规等规范性文件主要包括《私募投资基金登记备案办法》《私募投资基金管理人登记指引第 1 号——基本经营要求》《私募投资基金管理人登记指引第 2 号——股东、合伙人、实际控制人》《私募投资基金管理人登记申请材料清单（2023 年修订）》。

一、基本要求

法律、行政法规、国家有关部门对相关人员出资或者执业有限制的，相关人员在限制期限内不得成为私募投资基金管理人的股东、合伙人。

私募投资基金管理人的出资架构应当简明、清晰、稳定，不存在层级过多、结构复杂等情形，无合理理由不得通过特殊目的载体设立两层以上的嵌套架构，不得通过设立特殊目的载体等方式规避对股东、合伙人、实际控制人的财务、诚信和专业能力等相关要求。

私募投资基金管理人出资行为涉及金融管理部门、国有资产管理部门等其他主管部门职责的，应当符合相关部门的规定。私募投资基金管理人的股东、合伙人在金融机构任职的，应当出具该金融机构知悉相关情况的说明材料，并符合相关竞业禁止要求。

资产管理产品不得作为私募投资基金管理人的主要出资人，对私募投资基金管理人直接或者间接出资比例合计不得高于 25%，但省级以上政府及其授权机构出资设立的私募投资基金管理人除外。

私募投资基金管理人的出资人从事冲突业务的，其直接或者间接持有的私募投资基金管理人的股权或者财产份额合计不得高于 25%。

二、私募投资基金管理人的股东

（一）股东的适用范围

有下列情形之一的，不得担任私募投资基金管理人的股东：①未以合法自有资金出资，以委托资金、债务资金等非自有资金出资，违规通过委托他人或者接受他人委托方式持有股权、财产份额，存在循环出资、交叉持股、结构复杂等情形，隐瞒关联关系；②治理结构不健全，运作不规范、不稳定，不具备良好的财务状况，资产负债和杠杆比例不适当，不具有与私募投资基金管理人经营状况相匹配的持续资本补充能力；③控股股东、实际控制人、普通合伙人没有经营、管理或者从事资产管理、投资、相关产业等相关经验，或者相关经验不足5年；④控股股东、实际控制人、普通合伙人、主要出资人在非关联私募投资基金管理人任职，或者最近5年从事过冲突业务；⑤法律、行政法规、中国证监会和中国证券投资基金业协会规定的其他情形。

（二）实操要点

（1）股东认缴、实缴比例及其出资能力，如提供出资款的合法来源以及证明材料，包括但不限于工资流水、投资收益的对账单或者金融机构出具的盖章文件、房产证明、纳税证明等；如果是法人机构，可以提供纳税证明、审计报告等。

（2）股东名下是否有从事私募基金冲突业务；如果有冲突业务，一定要进行剥离，包括民间借贷、担保、保理、典当、融资租赁、网络借贷信息中介、众筹、场外配资等。另外，私募投资基金管理人本身也不能持有冲突业务机构的股份。

（3）认真核实关联方，向中国证券投资基金业协会如实披露，关联方包括受同一控股股东/实际控制人控制的金融机构、私募投资基金管理人、投资类企业、冲突业务企业、投资咨询及金融服务企业等。

（4）实际控制人的选择要谨慎。根据目前的实务经验，中国证券投资基金业协会更加关注实际控制人的任职要求。

三、私募投资基金管理人的合伙人

一般规定

有下列情形之一的，不得担任私募投资基金管理人的合伙人：①未以合法自有资金出资，以委托资金、债务资金等非自有资金出资，违规通过委托他人或者接受他人委托方式持有股权、财产份额，存在循环出资、交叉持股、结构复杂等情形，隐瞒关联关系；②治理结构不健全，运作不规范、不稳定，不具备良好的财务状况，资产负债和杠杆比例不适当，不具有与私募投资基金管理人经营状况相匹配的持续资本补充能力；③控股股东、实际控制人、普通合伙人没有经营、管理或者从事资产管理、投资、相关产业等相关经验，或者相关经验不足5年；④控股股东、实际控制人、普通合伙人、主要出资人在非关联私募投资基金管理人任职，或者最近5年从事过冲突业务；⑤法律、行政法规、中国证监会和中国证券投资基金业协会规定的其他情形。

四、私募投资基金管理人的主要出资人

（一）基本含义

私募投资基金管理人的主要出资人是指持有私募投资基金管理人25%以上股权或

者财产份额的股东、合伙人。

（二）不得担任私募投资基金管理人主要出资人的情形

有下列情形之一的，不得担任私募投资基金管理人，不得成为私募投资基金管理人的主要出资人：①有《私募投资基金登记备案办法》第十六条规定情形；②被中国证券投资基金业协会采取撤销私募投资基金管理人登记的纪律处分措施，自被撤销之日起未逾 3 年；③因《私募投资基金登记备案办法》第二十五条第一款第六项、第八项所列情形被终止办理私募投资基金管理人登记的机构及其控股股东、实际控制人、普通合伙人，自被终止登记之日起未逾 3 年；④因《私募投资基金登记备案办法》第七十七条所列情形被注销登记的私募投资基金管理人及其控股股东、实际控制人、普通合伙人，自被注销登记之日起未逾 3 年；⑤存在重大经营风险或者出现重大风险事件；⑥从事的业务与私募基金管理存在利益冲突；⑦有重大不良信用记录尚未修复；⑧法律、行政法规、中国证监会和中国证券投资基金业协会规定的其他情形。

（三）"情节严重"的理解

私募投资基金管理人的主要出资人不得存在"最近 3 年被中国证监会采取行政监管措施或者被协会采取纪律处分措施，情节严重"，是指有下列情形之一：①被中国证监会及其派出机构认定为不适当人选或者被中国证券投资基金业协会采取加入黑名单的纪律处分措施，期限尚未届满；②被中国证监会撤销基金从业资格或者被中国证券投资基金业协会取消基金从业资格；③其他社会危害性大，严重损害投资者合法权益和社会公共利益的情形。

（四）中国证券投资基金业协会加强监管的情形

私募投资基金管理人及其主要出资人最近 3 年有下列情形之一的，中国证券投资基金业协会将加强核查，并可以视情况征询相关部门意见：①被中国证监会及其派出机构采取公开谴责、限制业务活动、责令处分有关人员等行政监管措施；②被中国证券投资基金业协会采取公开谴责、限制相关业务活动、不得从事相关业务等纪律处分措施；③在因《私募投资基金登记备案办法》第二十五条第一款第六项、第八项所列情形被终止登记的私募投资基金管理人担任主要出资人、未明确负有责任的高级管理人员；④在因《私募投资基金登记备案办法》第七十七条所列情形被注销登记的私募投资基金管理人担任主要出资人、未明确负有责任的高级管理人员；⑤在存在重大风险或者严重负面舆情的机构、被中国证券投资基金业协会注销登记的机构任职；⑥需要加强核查的其他情形。

五、登记申请材料及其要求

根据《私募投资基金管理人登记申请材料清单（2023 年修订）》，私募投资基金管理人的出资人信息准备材料及其要求如表 2-6 所示。

表 2-6　私募投资基金管理人的出资人信息准备材料及其要求

序号	材料名称	内容要求	特殊说明	是否必填	签章要求
1	证件扫描件、学历/学位文件	应当提交身份证、台胞证、港澳通行证、护照等证件扫描件。申请机构应当完整填写出资人高中以上学习经历，并提交最高学历/学位文件	自然人提交	必填	
2	营业执照或主体资格文件	应当提交组织机构代码证、营业执照、税务登记证，如已实现三证合一，可提交三证合一后的营业执照。对于《私募投资基金登记备案办法》第十四条规定的申请机构，应当提交境外股东所在国家或者地区金融监管部门的批准或者许可文件及翻译件	非自然人提交	必填	复印件应当加盖申请机构公章
3	实缴出资证明	应当提交验资报告或银行回单，记载的出资人、认缴资本额、实缴资本额与市场主体登记信息一致；如实缴出资后发生出资人变更，应当将原出资证明（验资报告或银行回单）、转让协议、转让款银行转账回单一并提交，或重新出具验资报告		必填	银行回单应当加盖银行业务章，验资报告应当加盖会计师事务所公章
4	出资人出资能力材料	出资人应当符合《私募投资基金登记备案办法》第九条、第二十条和《私募投资基金管理人登记指引第1号——基本经营要求》第五条要求，并提交相关材料： 1. 应当提交相关材料说明出资人对申请机构已实缴资金的合法来源并具备相应的出资能力，出资能力材料应当能够覆盖其全部认缴出资。 出资人通过特殊目的载体（SPV）出资的，应当穿透至最终履行相应出资义务的主体，并按上述要求提交材料。 2. 自然人出资人的出资能力材料包括：银行账户存款或理财产品（应当提交近半年银行流水单据或金融资产证明）、固定资产（应当提交非首套房屋产权文件或其他固定资产价值评估材料）等材料。 3. 非自然人出资人的出资能力如为经营性收入，应当结合成立时间、实际业务情况、营收情况等说明收入来源合理性与合法性，并提交审计报告等材料		必填	复印件应当加盖申请机构公章，多页加盖骑缝章

续表

序号	材料名称	内容要求	特殊说明	是否必填	签章要求
5	法定代表人、执行事务合伙人或其委派代表、负责投资管理的高级管理人员出资材料	法定代表人、执行事务合伙人或其委派代表、负责投资管理的高级管理人员应当按照《私募投资基金登记备案办法》第八条和《私募投资基金管理人登记指引第1号——基本经营要求》第六条要求，直接或者间接合计持有私募投资基金管理人一定比例的股权或者财产份额，并提交相关材料： 1. 应当提交法定代表人、执行事务合伙人或其委派代表、负责投资管理的高级管理人员出资的验资报告或银行回单，记载的出资人、认缴资本额、实缴资本额与市场主体登记信息一致。 2. 法定代表人、执行事务合伙人或其委派代表、负责投资管理的高级管理人员通过SPV间接出资的，应当提交其对SPV出资的验资报告或银行回单，且穿透后合计对私募投资基金管理人实缴出资比例或实缴金额应当符合《私募投资基金管理人登记指引第1号——基本经营要求》第六条相关要求		必填	原件落款处加盖申请机构公章，多页加盖骑缝章
6	出资架构合理性说明	1. 申请机构出资架构应当符合《私募投资基金管理人登记指引第2号——股东、合伙人、实际控制人》第二条要求，不得为规避监管要求而进行特殊出资架构设计。无合理理由不得通过SPV设立两层及以上嵌套架构，特殊情况下通过SPV设立两层及以上嵌套架构的，应当提交合理性、必要性说明材料。 2. 通过SPV间接持有申请机构股权或财产份额的，协会按照股东、合伙人相关要求对其进行穿透核查，上述间接出资人应当提交其工作经验、诚信情况、经营情况、财务状况、是否从事冲突业务等相关材料		如有	落款处加盖申请机构公章，多页加盖骑缝章

续表

序号	材料名称	内容要求	特殊说明	是否必填	签章要求
7	其他材料	1. 根据《私募投资基金管理人登记指引第2号——股东、合伙人、实际控制人》第四条规定，直接或间接出资人为自然人且与金融机构存在劳动关系的，应当提交该金融机构知悉相关情况的说明材料，并说明是否符合竞业禁止等要求。 2. 非主要出资人从事小额贷款、融资租赁、商业保理、融资担保、互联网金融、典当等冲突业务的，应当提交相关主管部门批复文件。 3. 根据《私募投资基金登记备案办法》第二十二条第一款第五项规定，如股东、合伙人、实际控制人存在相关受益所有人的，应当提交受益所有人相关信息	如有		1. 知悉说明文件应当加盖金融机构公章。 2. 批复文件无须加盖申请机构公章

六、典型案例

案例　股东穿透核查

某申请机构在申请基金管理人登记时，监管机构要求申请机构就现有出资人实缴出资部分提供相关资金来源说明，并就各出资人未实缴部分提供足以覆盖认缴规模差额的出资能力证明。请提供上层出资人的工作履历信息及当前任职情况，并核实说明是否符合出资人要求。

案例简析如下：

出资能力证明的要求：①自然人出资人的出资能力证明包括固定资产（应提供非首套房屋产权证明或其他固定资产价值评估材料）、银行账户存款或理财产品（应提供近半年银行流水单据或金融资产证明）等其他资产证明；②非自然人出资人的出资能力证明如为经营性收入，应结合成立时间、实际业务情况、营收情况等论述收入来源合理性与合法性，并提供审计报告等证明材料；③出资能力证明材料应说明相应资产、资金合法来源，并提交相关证明材料；④出资能力证明材料中，实缴出资部分提供相关资金来源说明，未实缴部分提供足以覆盖认缴规模差额的出资能力证明。

对出资人进行穿透核查，直接出资人为持股平台或者未实际展业的情况下，要提供上层出资人的出资证明材料。

第七节　私募投资基金管理人的控股股东、实际控制人、普通合伙人

本节的主要内容包括：私募投资基金管理人的控股股东、实际控制人、普通合

人、实操要点、典型案例、登记申请材料及其要求。

本节参考的法律法规等规范性文件主要包括《私募投资基金监督管理条例》《私募投资基金登记备案办法》《私募投资基金管理人登记指引第2号——股东、合伙人、实际控制人》《私募投资基金管理人登记指引第1号——基本经营要求》《私募投资基金管理人登记申请材料清单（2023年修订）》。

一、控股股东

（一）基本含义

控股股东是指出资额占有限责任公司资本总额50%以上或者其持有的股份占股份有限公司股本总额50%以上的股东；出资额或者持有股份的比例虽然不足50%，但依其出资额或者持有的股份所享有的表决权已足以对股东会、股东大会的决议产生重大影响的股东。

（二）不得担任私募投资基金管理人以及成为控股股东的情形

有下列情形之一的，不得担任私募投资基金管理人，不得成为私募投资基金管理人的控股股东：①有《私募投资基金登记备案办法》第十六条规定的情形①；②被中国证券投资基金业协会采取撤销私募投资基金管理人登记的纪律处分措施，自被撤销

---

① 《私募投资基金登记备案办法》第十六条　有下列情形之一的，不得担任私募投资基金管理人的董事、监事、高级管理人员、执行事务合伙人或其委派代表：

（一）因犯有贪污贿赂、渎职、侵犯财产罪或者破坏社会主义市场经济秩序罪，被判处刑罚；

（二）最近3年因重大违法违规行为被金融管理部门处以行政处罚；

（三）被中国证监会采取市场禁入措施，执行期尚未届满；

（四）最近3年被中国证监会采取行政监管措施或者被协会采取纪律处分措施，情节严重；

（五）对所任职的公司、企业因经营不善破产清算或者因违法被吊销营业执照负有个人责任的董事、监事、高级管理人员、执行事务合伙人或其委派代表，自该公司、企业破产清算终结或者被吊销营业执照之日起未逾5年；

（六）因违法行为或者违纪行为被开除的基金管理人、基金托管人、证券期货交易场所、证券公司、证券登记结算机构、期货公司等机构的从业人员和国家机关工作人员，自被开除之日起未逾5年；

（七）因违法行为被吊销执业证书或者被取消资格的律师、注册会计师和资产评估等机构的从业人员、投资咨询从业人员，自被吊销执业证书或者被取消资格之日起未逾5年；

（八）因违反诚实信用、公序良俗等职业道德或者存在重大违法违规行为，引发社会重大质疑或者产生严重社会负面影响且尚未消除；对所任职企业的重大违规行为或者重大风险负有主要责任未逾3年；

（九）因本办法第二十五条第一款第六项、第八项所列情形被终止私募投资基金管理人登记的机构的控股股东、实际控制人、普通合伙人、法定代表人、执行事务合伙人或其委派代表、负有责任的高级管理人员和直接责任人员，自该机构被终止私募投资基金管理人登记之日起未逾3年；

（十）因本办法第七十七条所列情形被注销登记的私募投资基金管理人的控股股东、实际控制人、普通合伙人、法定代表人、执行事务合伙人或其委派代表、负有责任的高级管理人员和直接责任人员，自该私募投资基金管理人被注销登记之日起未逾3年；

（十一）所负债务数额较大且到期未清偿，或者被列为严重失信人或者被纳入失信被执行人名单；

（十二）法律、行政法规、中国证监会和协会规定的其他情形。

之日起未逾3年；③因《私募投资基金登记备案办法》第二十五条第一款第六项、第八项所列情形被终止办理私募投资基金管理人登记的机构及其控股股东，自被终止登记之日起未逾3年；④因《私募投资基金登记备案办法》第七十七条所列情形被注销登记的私募投资基金管理人及其控股股东，自被注销登记之日起未逾3年；⑤存在重大经营风险或者出现重大风险事件；⑥从事的业务与私募基金管理存在利益冲突；⑦有重大不良信用记录尚未修复；⑧法律、行政法规、中国证监会和中国证券投资基金业协会规定的其他情形。

（三）与上市公司有关的情形要求

私募投资基金管理人的控股股东、实际控制人为上市公司或者上市公司实际控制人的，该上市公司应当具有良好的财务状况，并按照规定履行内部决策和信息披露程序，建立业务隔离制度，防范利益冲突。

（四）"情节严重"的理解

私募投资基金管理人的控股股东不得存在"最近3年被中国证监会采取行政监管措施或者被协会采取纪律处分措施，情节严重"，是指有下列情形之一：①被中国证监会及其派出机构认定为不适当人选或者被中国证券投资基金业协会采取加入黑名单的纪律处分措施，期限尚未届满；②被中国证监会撤销基金从业资格或者被中国证券投资基金业协会取消基金从业资格；③其他社会危害性大，严重损害投资者合法权益和社会公共利益的情形。

（五）中国证券投资基金业协会加强监管的情形

私募投资基金管理人及其控股股东最近3年有下列情形之一的，中国证券投资基金业协会将加强核查，并可以视情况征询相关部门意见：①被中国证监会及其派出机构采取公开谴责、限制业务活动、责令处分有关人员等行政监管措施；②被中国证券投资基金业协会采取公开谴责、限制相关业务活动、不得从事相关业务等纪律处分措施；③在因《私募投资基金登记备案办法》第二十五条第一款第六项、第八项所列情形被终止登记的私募投资基金管理人担任主要出资人、未明确负有责任的高级管理人员；④在因《私募投资基金登记备案办法》第七十七条所列情形被注销登记的私募投资基金管理人担任主要出资人、未明确负有责任的高级管理人员；⑤在存在重大风险或者严重负面舆情的机构、被中国证券投资基金业协会注销登记的机构任职；⑥需要加强核查的其他情形。

（六）相关工作经验要求

控股股东没有经营、管理或者从事资产管理、投资、相关产业等相关经验，或者相关经验不足5年，相关主体不得担任私募投资基金管理人的股东、合伙人、实际控制人。

上述"相关经验"包括以下情形：①在商业银行、证券公司、基金管理公司、期货公司、信托公司、保险公司及相关资产管理子公司等金融机构从事资产管理、自有资金股权投资、发行保荐等相关业务，或者担任部门负责人以上职务或者具有相当职位管理经验；②在地市级以上政府及其授权机构控制的企业、上市公司从事股权投资管理相关工作，或者担任高级管理人员或者具有相当职位管理经验；③在私募股权基金管理人从事股权投资或者担任高级管理人员，其任职的私募投资基金管理人应当运作正常、合规稳健，任职期间无重大违法违规记录；④在受境外金融监管部门监管的资产管理机构从事股权投资等相关业务，其任职的资产管理机构应当具备良好的国际声誉和经营业绩；⑤在运作良好、合规稳健并具有一定经营规模的企业担任股权投资管理部门负责人，或者担任高级管理人员或者具有相当职位管理经验，或者在具备一定技术门槛的大中型企业担任相关专业技术职务，或者是科研院校相关领域的专家教授、研究人员；⑥在政府部门、事业单位从事经济管理等相关工作，并具有相应的管理经验；⑦在经中国证监会备案的律师事务所、会计师事务所从事证券、基金、期货相关的法律、审计等工作，并担任合伙人以上职务不少于5年；⑧中国证监会、中国证券投资基金业协会规定的其他相关工作经验。

二、实际控制人

（一）基本要求

实际控制人是指通过投资关系、协议或者其他安排，能够实际支配私募投资基金管理人运营的自然人、法人或者其他组织。

私募投资基金管理人的实际控制人需要有经营、管理或者从事资产管理、投资、相关产业等相关经验，并且相关经验要达到5年以上；5年以上相关经验不仅仅只针对自然人，还包括实际控制人是机构的情形。

上述"相关经验"包括以下情形：①在商业银行、证券公司、基金管理公司、期货公司、信托公司、保险公司及相关资产管理子公司等金融机构从事资产管理、自有资金股权投资、发行保荐等相关业务，或者担任部门负责人以上职务或者具有相当职位管理经验；②在地市级以上政府及其授权机构控制的企业、上市公司从事股权投资管理相关工作，或者担任高级管理人员或者具有相当职位管理经验；③在私募股权基金管理人从事股权投资或者担任高级管理人员，其任职的私募投资基金管理人应当运作正常、合规稳健，任职期间无重大违法违规记录；④在受境外金融监管部门监管的资产管理机构从事股权投资等相关业务，其任职的资产管理机构应当具备良好的国际声誉和经营业绩；⑤在运作良好、合规稳健并具有一定经营规模的企业担任股权投资管理部门负责人，或者担任高级管理人员或者具有相当职位管理经验，或者在具备一定技术门槛的大中型企业担任相关专业技术职务，或者是科研院校相关领域的专家教授、研究人员；⑥在政府部门、事业单位从事经济管理等相关工作，并具有相应的管理经验；⑦在经中国证监会备案的律师事务所、会计师事务所从事证券、基金、期货相关的法律、审计等工作，并担任合伙人以上职务不少于5年；⑧中国证监会、中国证券投资基金业协会规定的其他相关工作经验。

（二）实际控制人的认定

私募投资基金管理人为公司的，按照下列路径依次认定：①持股50%以上的；②通过一致行动协议实际行使半数以上股东表决权的；③通过行使表决权能够决定董事会半数以上成员当选的或者能够决定执行董事当选的。实际控制人应当追溯至自然人、国有企业、上市公司、金融管理部门批准设立的金融机构、大学及研究院所等事业单位、社会团体法人、受境外金融监管部门监管的机构等。通过一致行动协议安排认定实际控制人的，协议不得存在期限安排。不得通过任何方式隐瞒实际控制人身份，规避相关要求。不得滥用一致行动协议、股权架构设计等方式规避实际控制人认定，不得通过表决权委托等方式认定实际控制人。

私募投资基金管理人为合伙企业的，认定其执行事务合伙人或者最终控制该合伙企业的单位或者自然人为实际控制人；执行事务合伙人无法控制私募投资基金管理人的，结合合伙协议约定的对合伙事务的表决办法、决策机制，按照能够实际支配私募投资基金管理人行为的合伙人路径进行认定。

通过公司章程或者合伙协议、一致行动协议以及其他协议或者安排共同控制的，共同控制人签署方应当按照《私募投资基金管理人登记指引第2号——股东、合伙人、实际控制人》第十一条和第十二条的规定①，同时穿透认定私募投资基金管理人的共同实际控制人。无合理理由不得通过直接认定单一实际控制人的方式规避实际控制人的相关要求。

（三）任职要求

私募投资基金管理人的实际控制人为自然人的，除另有规定外应当担任私募投资基金管理人的董事、监事、高级管理人员、执行事务合伙人或其委派代表。

---

① 《私募投资基金管理人登记指引第2号——股东、合伙人、实际控制人》第十一条　私募投资基金管理人为公司的，按照下列路径依次认定实际控制人：
（一）持股50%以上的；
（二）通过一致行动协议实际行使半数以上股东表决权的；
（三）通过行使表决权能够决定董事会半数以上成员当选的或者能够决定执行董事当选的。
实际控制人应当追溯至自然人、国有企业、上市公司、金融管理部门批准设立的金融机构、大学及研究院所等事业单位、社会团体法人、受境外金融监管部门监管的机构等。
通过一致行动协议安排认定实际控制人的，协议不得存在期限安排。
不得通过任何方式隐瞒实际控制人身份，规避相关要求。不得滥用一致行动协议、股权架构设计等方式规避实际控制人认定，不得通过表决权委托等方式认定实际控制人。
第十二条　私募投资基金管理人为合伙企业的，认定其执行事务合伙人或者最终控制该合伙企业的单位或者自然人为实际控制人；执行事务合伙人无法控制私募投资基金管理人的，结合合伙协议约定的对合伙事务的表决办法、决策机制，按照能够实际支配私募投资基金管理人行为的合伙人路径进行认定。

（四）不得担任私募投资基金管理人以及成为实际控制人的情形

有下列情形之一的，不得成为私募投资基金管理人的实际控制人：①未以合法自有资金出资，以委托资金、债务资金等非自有资金出资，违规通过委托他人或者接受他人委托方式持有股权、财产份额，存在循环出资、交叉持股、结构复杂等情形，隐瞒关联关系；②治理结构不健全，运作不规范、不稳定，不具备良好的财务状况，资产负债和杠杆比例不适当，不具有与私募投资基金管理人经营状况相匹配的持续资本补充能力；③控股股东、实际控制人、普通合伙人没有经营、管理或者从事资产管理、投资、相关产业等相关经验，或者相关经验不足5年；④控股股东、实际控制人、普通合伙人、主要出资人在非关联私募投资基金管理人任职，或者最近5年从事过冲突业务；⑤法律、行政法规、中国证监会和中国证券投资基金业协会规定的其他情形。

私募投资基金管理人的实际控制人为自然人的，除另有规定外应当担任私募投资基金管理人的董事、监事、高级管理人员、执行事务合伙人或其委派代表。

有下列情形之一的，不得担任私募投资基金管理人，不得成为私募投资基金管理人的实际控制人：①有《私募投资基金登记备案办法》第十六条①规定的情形；②被中国证券投资基金业协会采取撤销私募投资基金管理人登记的纪律处分措施，自被撤销之日起未逾3年；③因《私募投资基金登记备案办法》第二十五条第一款第六项、第八项所列情形被终止办理私募投资基金管理人登记的机构及其控股股东、实际控制

---

① 《私募投资基金登记备案办法》第十六条 有下列情形之一的，不得担任私募投资基金管理人的董事、监事、高级管理人员、执行事务合伙人或其委派代表：

（一）因犯有贪污贿赂、渎职、侵犯财产罪或者破坏社会主义市场经济秩序罪，被判处刑罚；

（二）最近3年因重大违法违规行为被金融管理部门处以行政处罚；

（三）被中国证监会采取市场禁入措施，执行期尚未届满；

（四）最近3年被中国证监会采取行政监管措施或者被协会采取纪律处分措施，情节严重；

（五）对所任职的公司、企业因经营不善破产清算或者因违法被吊销营业执照负有个人责任的董事、监事、高级管理人员、执行事务合伙人或其委派代表，自该公司、企业破产清算终结或者被吊销营业执照之日起未逾5年；

（六）因违法行为或者违纪行为被开除的基金管理人、基金托管人、证券期货交易场所、证券公司、证券登记结算机构、期货公司等机构的从业人员和国家机关工作人员，自被开除之日起未逾5年；

（七）因违法行为被吊销执业证书或者被取消资格的律师、注册会计师和资产评估等机构的从业人员、投资咨询从业人员，自被吊销执业证书或者被取消资格之日起未逾5年；

（八）因违反诚实信用、公序良俗等职业道德或者存在重大违法违规行为，引发社会重大质疑或者产生严重社会负面影响且尚未消除；对所任职企业的重大违规行为或者重大风险负有主要责任未逾3年；

（九）因本办法第二十五条第一款第六项、第八项所列情形被终止私募投资基金管理人登记的机构的控股股东、实际控制人、普通合伙人、法定代表人、执行事务合伙人或其委派代表，负有责任的高级管理人员和直接责任人员，自该机构被终止私募投资基金管理人登记之日起未逾3年；

（十）因本办法第七十七条所列情形被注销登记的私募投资基金管理人的控股股东、实际控制人、普通合伙人、法定代表人、执行事务合伙人或其委派代表，负有责任的高级管理人员和直接责任人员，自该私募投资基金管理人被注销登记之日起未逾3年；

（十一）所负债务数额较大且到期未清偿，或者被列为严重失信人或者被纳入失信被执行人名单；

（十二）法律、行政法规、中国证监会和协会规定的其他情形。

人、普通合伙人，自被终止登记之日起未逾3年；④因《私募投资基金登记备案办法》第七十七条所列情形被注销登记的私募投资基金管理人及其控股股东、实际控制人、普通合伙人，自被注销登记之日起未逾3年；⑤存在重大经营风险或者出现重大风险事件；⑥从事的业务与私募基金管理存在利益冲突；⑦有重大不良信用记录尚未修复；⑧法律、行政法规、中国证监会和中国证券投资基金业协会规定的其他情形。

（五）控制权的稳定

私募投资基金管理人的控股股东、实际控制人、普通合伙人所持有的股权、财产份额或者实际控制权，自登记或者变更登记之日起3年内不得转让，但有下列情形之一的除外：①股权、财产份额按照规定进行行政划转或者变更；②股权、财产份额在同一实际控制人控制的不同主体之间进行转让；③私募投资基金管理人实施员工股权激励，但未改变实际控制人地位；④因继承等法定原因取得股权或者财产份额；⑤法律、行政法规、中国证监会和中国证券投资基金业协会规定的其他情形。

私募投资基金管理人的控股股东、实际控制人、普通合伙人不得通过股权或者出资份额质押、委托第三方行使表决权等方式变相转移对私募投资基金管理人的实际控制权。

（六）实际控制人的几种特殊情形

实际控制人的几种特殊情形：①实际控制人不得为资产管理产品；②如果某机构被协会认定为不予登记，该机构的高级管理人员在1年内不得再作为其他申请机构的实际控制人进行申报；③除申请机构外，如果实际控制人还控制着其他已登记的私募投资基金管理人，则该实际控制人及该已登记关联私募投资基金管理人需要书面承诺，在申请机构展业中出现违法违规情形时，承担连带的责任和自律处分后果；并且第一大股东及实际控制人应当书面承诺在完成私募投资基金管理人登记后，继续持有申请机构股权或实际控制不少于3年。

但需要说明的是，根据中国证券投资基金业协会的实践标准，同一实际控制人只能申请登记一种类型的私募投资基金管理人。例如，实际控制人A项下已有登记的创业投资与私募股权管理人，则实际控制人A很难再申请另一家创业投资与私募股权管理人。

（七）无实际控制人的处理

（1）私募投资基金管理人应当根据相关规定和内部决策实际情况，客观、审慎、真实地认定实际控制人，无合理理由不得认定为无实际控制人。

（2）私募投资基金管理人出资分散无法按照规定认定实际控制人的，应当由占出资比例最大的出资人穿透认定并承担实际控制人责任，或者由所有出资人共同指定一名或者多名出资人，按照规定穿透认定并承担实际控制人责任，且满足实际控制人相关要求。

(3) 应当建立健全内部决策机制和内部治理制度，保证控制权结构不影响私募投资基金管理人的良好运行。

(八) 与上市公司有关的情形要求

私募投资基金管理人的实际控制人为上市公司或者上市公司实际控制人的，该上市公司应当具有良好的财务状况，并按照规定履行内部决策和信息披露程序，建立业务隔离制度，防范利益冲突。

私募投资基金管理人的实际控制人担任上市公司高级管理人员的，应当出具该上市公司知悉相关情况的说明材料。

(九) 与金融监管及金融机构有关的情形要求

私募投资基金管理人出资行为涉及金融管理部门、国有资产管理部门等其他主管部门职责的，应当符合相关部门的规定。

私募投资基金管理人的实际控制人在金融机构任职的，应当出具该金融机构知悉相关情况的说明材料，并符合相关竞业禁止要求。

(十) "情节严重"的理解

私募投资基金管理人的实际控制人不得存在"最近3年被中国证监会采取行政监管措施或者被协会采取纪律处分措施，情节严重"，是指有下列情形之一：①被中国证监会及其派出机构认定为不适当人选或者被中国证券投资基金业协会采取加入黑名单的纪律处分措施，期限尚未届满；②被中国证监会撤销基金从业资格或者被中国证券投资基金业协会取消基金从业资格；③其他社会危害性大，严重损害投资者合法权益和社会公共利益的情形。

(十一) 中国证券投资基金业协会加强监管的情形

私募投资基金管理人及其实际控制人最近3年有下列情形之一的，中国证券投资基金业协会将加强核查，并可以视情况征询相关部门意见：①被中国证监会及其派出机构采取公开谴责、限制业务活动、责令处分有关人员等行政监管措施；②被中国证券投资基金业协会采取公开谴责、限制相关业务活动、不得从事相关业务等纪律处分措施；③在因《私募投资基金登记备案办法》第二十五条第一款第六项、第八项所列情形被终止登记的私募投资基金管理人担任主要出资人、未明确负有责任的高级管理人员；④在因《私募投资基金登记备案办法》第七十七条所列情形被注销登记的私募投资基金管理人担任主要出资人、未明确负有责任的高级管理人员；⑤在存在重大风险或者严重负面舆情的机构、被中国证券投资基金业协会注销登记的机构任职；⑥需要加强核查的其他情形。

(十二) 实际控制人为政府及其授权机构控制的情形

政府及其授权机构控制的私募投资基金管理人的实际控制人应当追溯至有效履行相关职责的相关主体，包括追溯至财政部、各地财政厅（局）或者国务院国资委、各地方政府、各地国资委等直接控股企业主体。

因层级过多或者股权结构复杂，导致前款主体无法履行实际控制人职责的，应当充分说明合理性和必要性，追溯至能够实际有效履行实际控制人责任的主体；因行政管理需要导致实际控制人认定的股权层级与行政管理层级不一致的，应当提供相关说明材料。

（十三）实际控制人为境外主体的情形

私募证券投资基金管理人的实际控制人为境外机构的，应当追溯至与中国证监会签署合作备忘录的境外金融监管部门监管的机构。

私募股权基金管理人的实际控制人为境外机构或者自然人的，应当追溯至与中国证监会签署合作备忘录的境外金融监管部门监管的机构、境外上市公司或者自然人。

（十四）共同实际控制人的穿透认定

通过公司章程或者合伙协议、一致行动协议以及其他协议或者安排共同控制的，共同控制人签署方应当按照规定，同时穿透认定私募投资基金管理人的共同实际控制人。无合理理由不得通过直接认定单一实际控制人的方式规避实际控制人的相关要求。

三、普通合伙人

（一）不得担任私募投资基金管理人以及成为普通合伙人的情形

有下列情形之一的，不得担任私募投资基金管理人，不得成为私募投资基金管理人的普通合伙人：①有《私募投资基金登记备案办法》第十六条规定的情形；②被中国证券投资基金业协会采取撤销私募投资基金管理人登记的纪律处分措施，自被撤销之日起未逾3年；③因《私募投资基金登记备案办法》第二十五条第一款第六项、第八项所列情形被终止办理私募投资基金管理人登记的机构及其控股股东、实际控制人、普通合伙人，自被终止登记之日起未逾3年；④因《私募投资基金登记备案办法》第七十七条所列情形被注销登记的私募投资基金管理人及其控股股东、实际控制人、普通合伙人，自被注销登记之日起未逾3年；⑤存在重大经营风险或者出现重大风险事件；⑥从事的业务与私募基金管理存在利益冲突；⑦有重大不良信用记录尚未修复；⑧法律、行政法规、中国证监会和中国证券投资基金业协会规定的其他情形。

（二）与上市公司有关的情形要求

私募投资基金管理人的普通合伙人担任上市公司高级管理人员的，应当出具该上市公司知悉相关情况的说明材料。

（三）"情节严重"的理解

私募投资基金管理人的普通合伙人不得存在"最近3年被中国证监会采取行政监管措施或者被协会采取纪律处分措施，情节严重"，是指有下列情形之一：①被中国证监会及其派出机构认定为不适当人选或者被中国证券投资基金业协会采取加入黑名单的纪律处分措施，期限尚未届满；②被中国证监会撤销基金从业资格或者被中国证券投资基金业协会取消基金从业资格；③其他社会危害性大，严重损害投资者合法权益和社会公共利益的情形。

（四）中国证券投资基金业协会加强监管的情形

私募投资基金管理人及其普通合伙人最近3年有下列情形之一的，中国证券投资基金业协会将加强核查，并可以视情况征询相关部门意见：①被中国证监会及其派出机构采取公开谴责、限制业务活动、责令处分有关人员等行政监管措施；②被中国证券投资基金业协会采取公开谴责、限制相关业务活动、不得从事相关业务等纪律处分措施；③在因《私募投资基金登记备案办法》第二十五条第一款第六项、第八项所列情形被终止登记的私募投资基金管理人担任主要出资人、未明确负有责任的高级管理人员；④在因《私募投资基金登记备案办法》第七十七条所列情形被注销登记的私募投资基金管理人担任主要出资人、未明确负有责任的高级管理人员；⑤在存在重大风险或者严重负面舆情的机构、被中国证券投资基金业协会注销登记的机构任职；⑥需要加强核查的其他情形。

（五）相关工作经验要求

普通合伙人没有经营、管理或者从事资产管理、投资、相关产业等相关经验，或者相关经验不足5年，相关主体不得担任私募投资基金管理人的合伙人。

上述"相关经验"包括以下情形：①在商业银行、证券公司、基金管理公司、期货公司、信托公司、保险公司及相关资产管理子公司等金融机构从事资产管理、自有资金股权投资、发行保荐等相关业务，或者担任部门负责人以上职务或者具有相当职位管理经验；②在地市级以上政府及其授权机构控制的企业、上市公司从事股权投资管理相关工作，或者担任高级管理人员或者具有相当职位管理经验；③在私募股权基金管理人从事股权投资或者担任高级管理人员，其任职的私募投资基金管理人应当运作正常、合规稳健，任职期间无重大违法违规记录；④在受境外金融监管部门监管的资产管理机构从事股权投资等相关业务，其任职的资产管理机构应当具备良好的国际声誉和经营业绩；⑤在运作良好、合规稳健并具有一定经营规模的企业担任股权投资管理部门负责人，或者担任高级管理人员或者具有相当职位管理经验，或者在具备一定技术门槛的大中型企业担任相关专业技术职务，或者是科研院校相关领域的专家教授、研究人员；⑥在政府部门、事业单位从事经济管理等相关工作，并具有相应的管理经验；⑦在经中国证监会备案的律师事务所、会计师事务所从事证券、基金、期货相关的法律、审计等工作，并担任合伙人以上职务不少于5年；⑧中国证监会、中国证券投资基金业协会规定的其他相关工作经验。

四、实操要点

符合其他方面的规定

法律、行政法规、国家有关部门对相关人员出资或者执业有限制的，相关人员在限制期限内不得成为私募投资基金管理人的控股股东、实际控制人、普通合伙人，或者担任私募投资基金管理人的董事、监事、高级管理人员及从业人员。私募投资基金管理人的控股股东、实际控制人、普通合伙人在金融机构任职的，应当符合相关规定。

五、典型案例

案例 1　实际控制人

中国证券投资基金业协会关注，贵机构实际控制人成立时间不足 5 年，请整改。

案例简析如下：

根据《私募投资基金登记备案办法》第九条相关规定，私募投资基金管理人的控股股东、实际控制人、普通合伙人需要有经营、管理或者从事资产管理、投资、相关产业等相关经验，并且相关经验要达到 5 年以上。

根据过往的实操经验，这一条规定似乎是专门针对控股股东、实际控制人是自然人的情况，需要具有 5 年以上从业经验。但是，从上面的反馈意见中可以看出，5 年以上相关经验不仅仅只针对自然人，还包括控股股东、实际控制人是机构的情形。在实际控制人认定方面，《私募投资基金登记备案办法》规定，实际控制人应当追溯至自然人、国有企业、上市公司、金融管理部门批准设立的金融机构、大学及研究院所等事业单位、社会团体法人、受境外金融监管部门监管的机构等。因此，如果认定这些机构为实际控制人，都需要满足 5 年以上相关经验的要求。

案例 2　合规风控人员

根据《私募投资基金登记备案办法》第十条规定，私募投资基金管理人合规风控负责人应当具有 3 年以上投资相关的法律、会计、审计、监察、稽核，或者资产管理行业合规、风控、监管和自律管理等相关工作经验。请按照《私募投资基金管理人登记申请材料清单（2023 年修订）》第三十一条规定，说明高级管理人员是否符合上述要求，并提交任职证明、离职证明、社保缴费记录等相关材料。高级管理人员 24 个月内在 3 家及以上非关联单位任职的，相关工作经验不予认可。

案例简析如下：

根据《私募投资基金登记备案办法》规定，合规风控负责人需要满足以下任职要求：①最近 5 年不得从事冲突业务；②具有基金从业资格；③具有 3 年以上投资相关的法律、会计、审计、监察、稽核，或者资产管理行业合规、风控、监管和自律管理等相关工作经验；④独立履行对私募投资基金管理人经营管理合规性进行审查、监督、检查等职责，不得从事投资管理业务，不得兼任与合规风控职责相冲突的职务，不得在其他营利性机构兼职（集团化私募除外）。

在提交材料时，结合登记清单，需要注意以下几点：

（1）提交相关材料说明合规风控负责人具备符合新规要求的工作经验和工作年限，

材料包括但不限于曾任职机构出具的任职材料、离职材料、社保缴费记录等。

（2）如果合规风控负责人提供的是之前在私募投资基金管理人工作的经验，还应当说明之前任职的私募投资基金管理人是否运作正常、合规稳健，任职期间是否无重大违法违规记录。

（3）合规风控负责人24个月内在3家及以上非关联单位任职的，相关工作经验不予认可。

六、登记申请材料及其要求

根据《私募投资基金管理人登记申请材料清单（2023年修订）》，私募投资基金管理人的控股股东、实际控制人、普通合伙人准备材料及其要求如表2-7所示。

表2-7 私募投资基金管理人的控股股东、实际控制人、普通合伙人准备材料及其要求

序号	材料名称	内容要求	特殊说明	是否必填	签章要求
1	证件扫描件、学历/学位文件	应当提交身份证、台胞证、港澳通行证、护照等证件扫描件。申请机构应当完整填写实际控制人高中以上学习经历，并提交最高学历/学位文件	自然人提交	必填	
2	营业执照或主体资格文件	应当提交组织机构代码证、营业执照、税务登记证，如申请机构实现了三证合一，可提交三证合一后的营业执照。对于《私募投资基金登记备案办法》第十四条规定的申请机构，应当提交境外实际控制人所在国家或者地区金融监管部门的批准或者许可文件及翻译件	非自然人提交	必填	复印件应当加盖申请机构公章
3	实际控制人与管理人之间的控制关系图	1. 应当提交展示完整出资架构的控制关系图，控制关系图应当体现所有层级的出资人的出资比例和申请机构实际控制关系，并标明法定代表人、执行事务合伙人或其委派代表、负责投资管理的高级管理人员出资比例和实缴金额等情况。 2. 直接或间接出资人存在资产管理产品的，控制关系图应当标明资产管理产品或代为持有资产管理产品的出资人及相应出资比例。 3. 直接或间接出资人最近5年从事过冲突业务的，控制关系图应当标明从事冲突业务的出资人及相应出资比例	实际控制人发生变更的，应当更新控制关系图及相应签章	必填	控制关系图应当由实际控制人签字或加盖公章，并加盖申请机构公章。实际控制人发生变更的，应当更新控制关系图及相应签章

续表

序号	材料名称	内容要求	特殊说明	是否必填	签章要求
4	实际控制人认定材料	申请机构应当按照《私募投资基金管理人登记指引第2号——股东、合伙人、实际控制人》第十一条~第十六条规定认定实际控制人。 1. 申请机构为公司的，应当优先从持股50%以上的股东穿透认定实际控制人。通过一致行动协议实际行使半数以上股东表决权的方式认定实际控制人的，应当提交不存在期限安排的一致行动协议；通过行使表决权能够决定董事会半数以上成员当选的，应当提交节选公司章程，并进行简要说明；通过行使表决权能够决定执行董事当选的，应当提交节选公司章程，并进行简要说明。 2. 申请机构为合伙企业且特殊情况下执行事务合伙人无法控制申请机构的，应当结合合伙协议约定的对合伙事务的表决办法、决策机制，按照能够实际支配申请机构行为的合伙人路径进行实际控制人认定，但同时应当提交执行事务合伙人以及最终控制该执行事务合伙人的单位或个人的工作经验、诚信情况、经营情况、财务状况、是否从事冲突业务等相关材料。 3. 存在共同实际控制人的，应当提交公司章程或合伙协议等材料说明共同控制情况。 4. 因出资分散无法按照《私募投资基金管理人登记指引第2号——股东、合伙人、实际控制人》第十一条规定认定实际控制人的，应当结合公司章程或合伙协议等说明详细情况，并按照《私募投资基金管理人登记指引第2号——股东、合伙人、实际控制人》第十六条要求指定出资人承担实际控制人责任，并提交确保控制权结构不影响申请机构良好运行的内部治理、决策机制等制度安排。 5. 政府及其授权机构出资设立并控股的私募投资基金管理人应当按照《私募投资基金管理人登记指引第2号——股东、合伙人、实际控		必填	原件落款处加盖申请机构公章，多页加盖骑缝章；复印件应当加盖申请机构公章，多页加盖骑缝章

续表

序号	材料名称	内容要求	特殊说明	是否必填	签章要求
4		制人》第十三条规定认定实际控制人，存在第十三条第二款情形的，应当充分说明合理性和必要性并提交相关材料。因行政管理需要导致实际控制人认定的股权层级与行政管理层级不一致的，应当提交政府管理文件、会议纪要等具备一定效力的材料			
5	相关经验材料	1. 实际控制人应当符合《私募投资基金登记备案办法》第九条第一款第三项要求，并提交相关说明材料。实际控制人为自然人的，还应当符合《私募投资基金管理人登记指引第2号——股东、合伙人、实际控制人》第九条、第十条相关规定，并提交材料说明实际控制人具备符合要求的工作经验和工作年限，包括但不限于曾任职机构出具的任职材料、离职材料、社保缴费记录等。 2. 实际控制人具备《私募投资基金管理人登记指引第2号——股东、合伙人、实际控制人》第九条第一款第三项或第十条第一款第三项规定的私募投资基金管理人相关工作经验的，应当说明所任职的私募投资基金管理人是否运作正常、合规稳健，任职期间是否有重大违法违规记录。 3. 实际控制人具备《私募投资基金管理人登记指引第2号——股东、合伙人、实际控制人》第九条第一款第四项或第十条第一款第四项规定的境外资产管理相关工作经验的，应当说明曾任职境外资产管理机构受监管情况、主要开展业务、资产管理规模、经营状况、国际声誉，以及个人的工作岗位和工作职责等内容。 4. 私募股权、创业投资基金管理人的实际控制人具备《私募投资基金管理人登记指引第2号——股东、合伙人、实际控制人》第十条第一款第五项规定的相关产业工作经验的，应当说明曾任职企业资产规模、		必填	原件落款处加盖申请机构公章，多页加盖骑缝章；复印件应当加盖申请机构公章，多页加盖骑缝章

续表

序号	材料名称	内容要求	特殊说明	是否必填	签章要求
5		收入利润情况、持有知识产权专利情况、行业排名情况（如有）、上市安排（如有）、股权投资规模、负责股权投资项目情况等内容，并提交相应材料			
6	实际控制人财务材料	1. 控股股东、实际控制人、普通合伙人为自然人的，应当提交材料说明其负债情况。 2. 控股股东、实际控制人、普通合伙人为非自然人的，应当提交最近1年经审计的财务报告		必填	复印件应当加盖申请机构公章，多页加盖骑缝章
7	实际控制权变更材料	1. 应当按照《私募投资基金登记备案办法》第四十八条规定，就变更后是否全面符合私募投资基金管理人的登记要求提交法律意见书。 2. 应当按照《私募投资基金登记备案办法》第四十八条和《私募资基金管理人登记指引第1号——基本经营要求》第十六条规定，提交变更之日前12个月的月均管理规模持续不低于3 000万元的说明材料。 3. 应当说明是否已按《私募投资基金登记备案办法》第四十九条、第五十四条规定履行相关内部决策程序、信息披露、风险揭示等要求，并提交相关材料	已登记私募投资基金管理人提交办理实际控制权变更	如有	复印件应当加盖申请机构公章，多页加盖骑缝章
8	其他材料	1. 根据《私募投资基金管理人登记指引第2号——股东、合伙人、实际控制人》第三条要求，控股股东、实际控制人为上市公司或上市公司实际控制人的，应当提交材料说明上市公司是否具有良好的财务状况，是否已按照规定履行内部决策和信息披露程序，是否已建立业务隔离制度，防范利益冲突。控股股东、实际控制人、普通合伙人担任上市公司高级管理人员的，应当出具该上市公司知悉相关情况的说明材料。 2. 实际控制人为自然人且与金融机构存在劳动关系的，应当出具该金融机构知悉相关情况的说明材料，并说明是否符合竞业禁止等要求		如有	原件落款处加盖申请机构公章多页加盖骑缝章；复印件应当加盖申请机构公章，多页加盖骑缝章；知悉说明文件应当加盖金融机构或上市公司公章

第八节　私募投资基金管理人的法定代表人、高级管理人员、执行事务合伙人或其委派代表

本节的主要内容包括私募投资基金管理人的高级管理人员，私募投资基金管理人的法定代表人，私募投资基金管理人的董事、监事，私募投资基金管理人的执行事务合伙人或其委派代表，有关人员资格的详细解读，实操要点，登记申请材料及其要求。

本节参考的法律法规等规范性文件主要包括《私募投资基金监督管理条例》《私募投资基金管理人登记指引第1号——基本经营要求》《私募投资基金管理人登记指引第2号——股东、合伙人、实际控制人》《私募投资基金管理人登记申请材料清单（2023年修订）》。

一、私募投资基金管理人的高级管理人员

（一）高级管理人员的范围

高级管理人员是指公司的总经理、副总经理、合规风控负责人和公司章程规定的其他人员，以及合伙企业中履行前述经营管理和风控合规等职务的相关人员；虽然不使用前述名称，但实际履行前述职务的其他人员，视为高级管理人员。

私募投资基金管理人必须填报法定代表人、执行事务合伙人或其委派代表、经营管理主要负责人以及负责投资管理的高级管理人员和合规负责人。

（二）合规风控负责人的基本要求

合规风控负责人需要满足以下任职要求：①最近5年不得从事冲突业务；②具有基金从业资格；③具有3年以上投资相关的法律、会计、审计、监察、稽核，或者资产管理行业合规、风控、监管和自律管理等相关工作经验；④独立履行对私募投资基金管理人经营管理合规性进行审查、监督、检查等职责，不得从事投资管理业务，不得兼任与合规风控职责相冲突的职务，不得在其他营利性机构兼职（集团化私募除外）。

合规风控负责人应当独立履行对私募投资基金管理人经营管理合规性进行审查、监督、检查等职责，不得从事投资管理业务，不得兼任与合规风控职责相冲突的职务，不得在其他营利性机构兼职，但对同一控股股东、实际控制人控制两家以上私募投资基金管理人另有规定的，从其规定。

（三）从事私募证券投资基金业务的高级管理人员以及基金经理的资质要求

从事私募证券投资基金业务的从业人员应当具有基金从业资格。对于私募投资基金管理人首次申请私募证券投资基金管理人资格、私募股权基金管理人和创业投

资基金管理人变更为私募证券投资基金管理人或者私募股权基金管理人和创业投资基金管理人同时从事私募证券投资基金业务类型等申请从事私募证券投资基金业务的，其从事私募证券投资基金业务的高管人员和基金经理应当具备基金从业资格。已登记机构应当按照规定自查从事私募证券投资基金业务的从业人员是否具备基金从业资格，中国证券投资基金业协会按照《中华人民共和国证券投资基金法》的规定，对基金从业人员进行资质管理和业务培训，要求不符合要求的机构整改。

（四）投资管理业绩要求

私募投资基金管理人负责投资管理的高级管理人员还应当具有符合要求的投资管理业绩。

（五）胜任能力

（1）申请私募证券投资基金管理人时，建议由法定代表人兼任投资负责人，提供相应的业绩证明。该高级管理人员需要有一定的专业背景，如学历至少在本科以上，具有基金从业资格，了解经济、金融、财务、私募基金等相关理论知识，至少具有5年以上的投资经历。

（2）在系统进行填报时，过往投资经历需要从参与第一份投资类工作开始，按时间顺序填报。若遇到投资类岗位工作经历和管理基金产品重合的情况，则需要分开填报。

（3）目前系统中可以选择以下3种投资经历类型：①投资类岗位工作经历；②基金产品投资经理；③个人投资。

（4）在业绩方面，要求提供近3年内连续6个月以上可追溯的投资业绩证明材料（包括但不限于管理证券类产品的证明材料或股票、期货等交易记录，不含模拟盘），具体如下：

①个人证券账户投资业绩，提供最近3年完整的业绩情况（最近3年年均规模1 000万元以上）。在材料上可以提供对应的个人证券账户对账单作为证明材料，对账单材料应能反映开户人姓名、资金规模、对应时间等信息。

②公司自营证券账户投资业绩，提供最近3年完整的业绩情况。在材料上可以提供对应的自营证券账户对账单、任职公司开具的任职证明、投资决策情况邮件往来记录、投资决策委员会决议证明等作为证明材料，任职证明包括但不限于劳动合同、社保缴费记录或工资发放流水等材料，对账单材料应能反映开户人信息、资金规模、对应时间等。另外，还需要补充说明相关自营户涉及投资的具体性质及资金来源情况。

③私募基金产品管理业绩，尽可能提供时间较长（最近3年内）、具有一定管理规模（应与机构展业计划拟募集基金相匹配，且不低于500万元）、正收益的产品业绩

证明,并能提供相关人员为基金经理或投资决策负责人的直接证明材料,包括但不限于基金合同约定、中国证券投资基金业协会 AMBERS 系统产品备案界面相关模块信息等材料,且应有充足的材料证明管理起始时间、管理规模和在管期间业绩表现情况。

除此之外,还可以提供担任公募基金、券商/期货资管、信托公司等金融机构发行的资管产品的投资经理业绩,相关证明文件包括曾任职单位出具的任职证明、记载其为资产管理产品投资经理的书面文件(如基金合同、中国证券投资基金业协会产品备案系统投资经理页面截图、信批报告)、基金经理离任审查报告、本人签字的投决会会议决议等。目前,比较有说服力的是管理过基金产品的业绩证明,或者券商等金融机构自营盘交易的业绩。如果涉及个人账户或者是其他机构自营交易,有可能需要增加从事过资管产品管理经验的相关人员。

(六)兼职

1. 相关规定

(1)高级管理人员应当保证有足够的时间和精力履行职责,对外兼职的应当具有合理性。私募投资基金管理人的高级管理人员不得在非关联私募投资基金管理人、冲突业务机构等与所在机构存在利益冲突的机构兼职。

(2)合规风控负责人应当独立履行对私募投资基金管理人经营管理合规性进行审查、监督、检查等职责,不得从事投资管理业务,不得兼任与合规风控职责相冲突的职务,不得在其他营利性机构兼职,但对《私募投资基金登记备案办法》第十七条规定的私募投资基金管理人另有规定的①,从其规定。

(3)私募投资基金管理人的高级管理人员以外的其他从业人员应当以所在机构的名义从事私募基金业务活动,不得在其他营利性机构兼职,但对《私募投资基金登记备案办法》第十七条规定的私募投资基金管理人另有规定的,从其规定。

(4)不属于"不得在其他营利性机构兼职"所列的情形:①在高等院校、科研院所、社会团体、社会服务机构等非营利性机构任职;②在其他企业担任董事、监事;③在所管理的私募基金任职;④中国证券投资基金业协会认定的其他情形。

合规风控负责人不得担任私募投资基金管理人的总经理、执行董事或者董事长、执行事务合伙人或其委派代表等职务。

私募投资基金管理人的高级管理人员不得在非关联私募投资基金管理人、冲突业

---

① 《私募投资基金登记备案办法》第十七条 同一控股股东、实际控制人控制两家以上私募投资基金管理人的,应当符合中国证监会和协会的规定,具备充分的合理性与必要性,其控制的私募投资基金管理人应当持续、合规、有效展业。

控股股东、实际控制人应当合理区分各私募投资基金管理人的业务范围,并就业务风险隔离、避免同业化竞争、关联交易管理和防范利益冲突等内控制度作出合理有效安排。

务机构等与所在机构存在利益冲突的机构兼职，或者成为其控股股东、实际控制人、普通合伙人。私募投资基金管理人的高级管理人员应当以所在机构的名义从事私募基金业务活动，不得在其他营利性机构兼职，但对同一控股股东、实际控制人控制两家以上私募投资基金管理人另有规定的，从其规定。

2. 实操要点

由于中国证券投资基金业协会提到的兼职只能在关联机构兼职，所以可能存在在两家甚至三家关联方管理人兼职的情况，其中一家是主要的任职机构，另外的是兼职机构，也可能存在高级管理人员在实体企业兼职的情况。

（七）不得担任私募投资基金管理人的高级管理人员的情形

有下列情形之一的，不得担任私募投资基金管理人的高级管理人员：①因犯有贪污贿赂、渎职、侵犯财产罪或者破坏社会主义市场经济秩序罪，被判处刑罚；②最近3年因重大违法违规行为被金融管理部门处以行政处罚；③被中国证监会采取市场禁入措施，执行期尚未届满；④最近3年被中国证监会采取行政监管措施或者被中国证券投资基金业协会采取纪律处分措施，情节严重；⑤对所任职的公司、企业因经营不善破产清算或者因违法被吊销营业执照负有个人责任的董事、监事、高级管理人员、执行事务合伙人或其委派代表，自该公司、企业破产清算终结或者被吊销营业执照之日起未逾5年；⑥因违法行为或者违纪行为被开除的基金管理人、基金托管人、证券期货交易场所、证券公司、证券登记结算机构、期货公司等机构的从业人员和国家机关工作人员，自被开除之日起未逾5年；⑦因违法行为被吊销执业证书或者被取消资格的律师、注册会计师和资产评估等机构的从业人员、投资咨询从业人员，自被吊销执业证书或者被取消资格之日起未逾5年；⑧因违反诚实信用、公序良俗等职业道德或者存在重大违法违规行为，引发社会重大质疑或者产生严重社会负面影响且尚未消除；⑨对所任职企业的重大违规行为或者重大风险负有主要责任未逾3年；⑩因《私募投资基金登记备案办法》第二十五条第一款第六项、第八项所列情形[1]被终止私募投资基金管理人登记的机构的负有责任的高级管理人员和直接责任人员，自该机构被终止私募投资基金管理人登记之日起未逾3年；⑪因《私募投资基金登记备案办法》第七十

---

[1] 《私募投资基金登记备案办法》第二十五条第一款　有下列情形之一的，协会终止办理私募基金管理人登记，退回登记材料并说明理由：

（六）提供有虚假记载、误导性陈述或者重大遗漏的信息、材料，通过欺骗、贿赂或者以规避监管、自律管理为目的与中介机构违规合作等不正当手段办理相关业务；

（八）未经登记开展基金募集、投资管理等私募基金业务活动，法律、行政法规另有规定的除外。

七条所列情形①被注销登记的私募投资基金管理人的负有责任的高级管理人员和直接责任人员,自该私募投资基金管理人被注销登记之日起未逾3年;⑫所负债务数额较大且到期未清偿,或者被列为严重失信人或者被纳入失信被执行人名单;⑬法律、行政法规、中国证监会和中国证券投资基金业协会规定的其他情形。

(八) 离职

私募投资基金管理人应当保持管理团队和相关人员的充足、稳定。高级管理人员应当持续符合《私募投资基金登记备案办法》的相关任职要求,原高级管理人员离职后,私募投资基金管理人应当按照公司章程规定或者合伙协议约定,由符合任职要求的人员代为履职,并在6个月内聘任符合岗位要求的高级管理人员,不得因长期缺位影响内部治理和经营业务的有效运转。

私募投资基金管理人在首只私募基金完成备案手续之前,不得更换经营管理主要负责人、负责投资管理的高级管理人员和合规风控负责人。

(九) 未完成首只私募基金备案的私募投资基金管理人的高级管理人员不得变更

私募投资基金管理人在首只私募基金完成备案手续之前,不得更换经营管理主要负责人、负责投资管理的高级管理人员和合规风控负责人。

(十) 已登记私募投资基金管理人出现新增高级管理人员的注册信息变更

若已登记私募投资基金管理人出现新增高级管理人员情形,须在从业人员系统注册登记相关高级管理人员信息,并同步在AMBERS系统提交管理人信息变更申请,并按要求补充新增高级管理人员的任职信息。

二、私募投资基金管理人的法定代表人

(一) 不得担任私募投资基金管理人法定代表人的情形

有下列情形之一的,不得担任私募投资基金管理人的法定代表人:①最近5年从事过冲突业务;②不符合中国证监会和中国证券投资基金业协会规定的基金从业资格、执业条件;③没有与拟任职务相适应的经营管理能力,或者没有符合要求的相关工作

---

① 《私募投资基金登记备案办法》第七十七条 私募投资基金管理人有下列情形之一的,协会注销其私募投资基金管理人登记:

(一) 因非法集资、非法经营等重大违法犯罪行为被追究法律责任;

(二) 存在本办法第二十五条第一款第六项规定的情形;

(三) 金融管理部门要求协会注销登记;

(四) 因失联状态被协会公示,公示期限届满未与协会取得有效联系;

(五) 采取拒绝、阻碍中国证监会及其派出机构、协会及其工作人员依法行使检查、调查职权等方式,不配合行政监管或者自律管理,情节严重;

(六) 未按照本办法第七十三条、第七十四条的规定提交专项法律意见书,或者提交的法律意见书不符合要求或者出具否定性结论;

(七) 中国证监会、协会规定的其他情形。

经验；④法律、行政法规、中国证监会和中国证券投资基金业协会规定的其他情形。

私募证券投资基金管理人法定代表人应当具有 5 年以上证券、基金、期货投资管理等相关工作经验。

（二）兼职

私募投资基金管理人的法定代表人不得在非关联私募投资基金管理人、冲突业务机构等与所在机构存在利益冲突的机构兼职，或者成为其控股股东、实际控制人、普通合伙人。私募投资基金管理人法定代表人应当以所在机构的名义从事私募基金业务活动，不得在其他营利性机构兼职，但对同一控股股东、实际控制人控制两家以上私募投资基金管理人另有规定的，从其规定。

在以下情况下可以兼职：①在高等院校、科研院所、社会团体、社会服务机构等非营利性机构任职；②在其他企业担任董事、监事；③在所管理的私募基金任职等。

三、私募投资基金管理人的董事、监事

（一）不得担任私募投资基金管理人董事、监事的情形

有下列情形之一的，不得担任私募投资基金管理人的董事、监事：①因犯有贪污贿赂、渎职、侵犯财产罪或者破坏社会主义市场经济秩序罪，被判处刑罚；②最近 3 年因重大违法违规行为被金融管理部门处以行政处罚；③被中国证监会采取市场禁入措施，执行期尚未届满；④最近 3 年被中国证监会采取行政监管措施或者被中国证券投资基金业协会采取纪律处分措施，情节严重；⑤对所任职的公司、企业因经营不善破产清算或者因违法被吊销营业执照负有个人责任的董事、监事、高级管理人员、执行事务合伙人或其委派代表，自该公司、企业破产清算终结或者被吊销营业执照之日起未逾 5 年；⑥因违法行为或者违纪行为被开除的基金管理人、基金托管人、证券期货交易场所、证券公司、证券登记结算机构、期货公司等机构的从业人员和国家机关工作人员，自被开除之日起未逾 5 年；⑦因违法行为被吊销执业证书或者被取消资格的律师、注册会计师和资产评估等机构的从业人员、投资咨询从业人员，自被吊销执业证书或者被取消资格之日起未逾 5 年；⑧因违反诚实信用、公序良俗等职业道德或者存在重大违法违规行为，引发社会重大质疑或者产生严重社会负面影响且尚未消除；⑨对所任职企业的重大违规行为或者重大风险负有主要责任未逾 3 年；⑩因《私募投资基金登记备案办法》第二十五条第一款第六项、第八项所列情形①被终止私募投资基

---

① 《私募投资基金登记备案办法》第二十五条第一款　有下列情形之一的，协会终止办理私募投资基金管理人登记，退回登记材料并说明理由：

（六）提供有虚假记载、误导性陈述或者重大遗漏的信息、材料，通过欺骗、贿赂或者以规避监管、自律管理为目的与中介机构违规合作等不正当手段办理相关业务；

（八）未经登记开展基金募集、投资管理等私募基金业务活动，法律、行政法规另有规定的除外。

金管理人登记的机构的负有责任的高级管理人员和直接责任人员，自该机构被终止私募投资基金管理人登记之日起未逾 3 年；⑪因《私募投资基金登记备案办法》第七十七条所列情形①被注销登记的私募投资基金管理人的负有责任的高级管理人员和直接责任人员，自该私募投资基金管理人被注销登记之日起未逾 3 年；⑫所负债务数额较大且到期未清偿，或者被列为严重失信人或者被纳入失信被执行人名单；⑬法律、行政法规、中国证监会和中国证券投资基金业协会规定的其他情形。

（二）兼职

高级管理人员在其他机构担任董事或者监事不属于兼职。

四、私募投资基金管理人的执行事务合伙人或其委派代表

（一）不得担任私募投资基金管理人的执行事务合伙人或其委派代表的情形

有下列情形之一的，不得担任私募投资基金管理人的执行事务合伙人或其委派代表：①最近 5 年从事过冲突业务；②不符合中国证监会和中国证券投资基金业协会规定的基金从业资格、执业条件；③没有与拟任职务相适应的经营管理能力，或者没有符合要求的相关工作经验；④法律、行政法规、中国证监会和中国证券投资基金业协会规定的其他情形。

私募证券投资基金管理人执行事务合伙人或其委派代表应当具有 5 年以上证券、基金、期货投资管理等相关工作经验。私募股权基金管理人执行事务合伙人或其委派代表应当具有 5 年以上股权投资管理或者相关产业管理等工作经验。

有下列情形之一的，不得担任私募投资基金管理人的执行事务合伙人或其委派代表：①因犯有贪污贿赂、渎职、侵犯财产罪或者破坏社会主义市场经济秩序罪，被判处刑罚；②最近 3 年因重大违法违规行为被金融管理部门处以行政处罚；③被中国证监会采取市场禁入措施，执行期尚未届满；④最近 3 年被中国证监会采取行政监管措施或者被中国证券投资基金业协会采取纪律处分措施，情节严重；⑤对所任职的公司、企业因经营不善破产清算或者因违法被吊销营业执照负有个人责任的董事、监事、高

---

① 《私募投资基金登记备案办法》第七十七条　私募投资基金管理人有下列情形之一的，协会注销其私募投资基金管理人登记：

（一）因非法集资、非法经营等重大违法犯罪行为被追究法律责任；

（二）存在本办法第二十五条第一款第六项规定的情形；

（三）金融管理部门要求协会注销登记；

（四）因失联状态被协会公示，公示期限届满未与协会取得有效联系；

（五）采取拒绝、阻碍中国证监会及其派出机构、协会及其工作人员依法行使检查、调查职权等方式，不配合行政监管或者自律管理，情节严重；

（六）未按照本办法第七十三条、第七十四条的规定提交专项法律意见书，或者提交的法律意见书不符合要求或者出具否定性结论；

（七）中国证监会、协会规定的其他情形。

级管理人员、执行事务合伙人或其委派代表，自该公司、企业破产清算终结或者被吊销营业执照之日起未逾 5 年；⑥因违法行为或者违纪行为被开除的基金管理人、基金托管人、证券期货交易场所、证券公司、证券登记结算机构、期货公司等机构的从业人员和国家机关工作人员，自被开除之日起未逾 5 年；⑦因违法行为被吊销执业证书或者被取消资格的律师、注册会计师和资产评估等机构的从业人员、投资咨询从业人员，自被吊销执业证书或者被取消资格之日起未逾 5 年；⑧因违反诚实信用、公序良俗等职业道德或者存在重大违法违规行为，引发社会重大质疑或者产生严重社会负面影响且尚未消除；⑨对所任职企业的重大违规行为或者重大风险负有主要责任未逾 3 年；⑩因《私募投资基金登记备案办法》第二十五条第一款第六项、第八项所列情形①被终止私募投资基金管理人登记的机构的负有责任的高级管理人员和直接责任人员，自该机构被终止私募投资基金管理人登记之日起未逾 3 年；⑪因《私募投资基金登记备案办法》第七十七条所列情形②被注销登记的私募投资基金管理人的负有责任的高级管理人员和直接责任人员，自该私募投资基金管理人被注销登记之日起未逾 3 年；⑫所负债务数额较大且到期未清偿，或者被列为严重失信人或者被纳入失信被执行人名单；⑬法律、行政法规、中国证监会和中国证券投资基金业协会规定的其他情形。

（二）兼职

私募投资基金管理人的执行事务合伙人或其委派代表不得在非关联私募投资基金管理人、冲突业务机构等与所在机构存在利益冲突的机构兼职，或者成为其控股股东、实际控制人、普通合伙人。私募投资基金管理人的执行事务合伙人或其委派代表应当以所在机构的名义从事私募基金业务活动，不得在其他营利性机构兼职，但对同一控股股东、实际控制人控制两家以上私募投资基金管理人另有规定的，从其规定。

---

① 《私募投资基金登记备案办法》第二十五条第一款　有下列情形之一的，协会终止办理私募投资基金管理人登记，退回登记材料并说明理由：

（六）提供有虚假记载、误导性陈述或者重大遗漏的信息、材料，通过欺骗、贿赂或者以规避监管、自律管理为目的与中介机构违规合作等不正当手段办理相关业务；

（八）未经登记开展基金募集、投资管理等私募基金业务活动，法律、行政法规另有规定的除外。

② 《私募投资基金登记备案办法》第七十七条　私募投资基金管理人有下列情形之一的，协会注销其私募投资基金管理人登记：

（一）因非法集资、非法经营等重大违法犯罪行为被追究法律责任；

（二）存在本办法第二十五条第一款第六项规定的情形；

（三）金融管理部门要求协会注销登记；

（四）因失联状态被协会公示，公示期限届满未与协会取得有效联系；

（五）采取拒绝、阻碍中国证监会及其派出机构、协会及其工作人员依法行使检查、调查职权等方式，不配合行政监管或者自律管理，情节严重；

（六）未按照本办法第七十三条、第七十四条的规定提交专项法律意见书，或者提交的法律意见书不符合要求或者出具否定性结论；

（七）中国证监会、协会规定的其他情形。

（三）人员变更

私募投资基金管理人在首只私募基金完成备案手续之前，不得更换执行事务合伙人或其委派代表。

五、有关人员资格的详细解读

私募证券管理基金的所有高级管理人员［包括法定代表人/执行事务合伙人（委派代表）、总经理、副总经理、合规/风控负责人等］均应取得基金从业资格；从事股权/创业/其他类私募基金投资的管理人机构，至少有两名高管人员应当取得基金从业资格，且法定代表人/执行事务合伙人（委派代表）和合规/风控负责人应当取得基金从业资格。各类私募投资基金管理人的合规/风控负责人不得从事投资业务。私募投资基金管理人不得聘用从公募基金管理公司离任未满3个月的基金经理从事投资、研究、交易等相关业务。

私募投资基金管理人的高级管理人员应当遵守以下任职要求：①不得在非关联的私募机构兼职；②不得在与私募业务相冲突业务的机构兼职；③除法定代表人兼职外，私募投资基金管理人的其他高级管理人员原则上不应兼职；若有兼职情形，应当提供兼职合理性相关证明材料（包括但不限于兼职的合理性、胜任能力、如何公平对待服务对象、是否违反竞业禁止规定等材料），同时兼职高级管理人员数量应不高于申请机构全部高级管理人员数量的1/2；④私募投资基金管理人的兼职高级管理人员应当合理分配工作精力；⑤一年内变更2次以上任职机构的私募投资基金管理人的高级管理人员，将被关注变更原因和诚信情况；⑥高级管理人员应当与任职机构签署劳动合同并缴纳社保；⑦高级管理人员应具备与岗位要求相适应的职业操守和专业胜任能力。

作为专业胜任能力的重要证明，高级管理人员一般应当具有3年以上相关任职经历。律师应当注意对高级管理人员的以往任职情况进行核查，确认其工作经历是否与投资管理或者基金拟投行业领域相关。例如，私募股权投资基金管理人的高级管理人员以往从业经历应当为股权投资、创业投资，以及投行业务、资管业务、会计业务、法律业务、经济金融管理或相关产业科研工作；对于主管投资的高级管理人员，应当从严确认其以往工作经历，仅限于股权投资、创业投资。私募证券投资基金管理人的高级管理人员以往从业经历应当为证券、基金、期货、金融、法律、会计等工作，负责投资的高级管理人员应当为证券、基金、期货相关工作。

高级管理人员证明其以往工作经验的文件包括但不限于尽调报告、投资决策文件，律师应注意核查该证明文件是否具有关联性、真实性，且最好能够通过公开信息或与其以往任职主体进行核查验证。

高级管理人员通过中国证券投资基金业协会资格认定委员会认定的基金从业资格，仅适用于私募股权投资基金管理人（含创业投资基金管理人）。

申请机构员工总人数不应当低于5人，申请机构的一般员工不得兼职。

六、实操要点

(一) 需要取得私募基金从业资格的人员

1. 从事私募基金业务应取得从业资格的人员

私募证券投资基金管理人需要取得基金从业资格的人员包括从事与基金业务相关的基金销售、产品开发、研究分析、投资管理、交易、风险控制、份额登记、估值核算、清算交收、监察稽核、合规管理、信息技术、财务管理等专业人员，包括相关业务部门的管理人员。

私募股权（含创投）投资基金管理人的法定代表人、执行事务合伙人或其委派代表、合规风控负责人等高级管理人员和从事私募基金募集业务的专业人员。

基金托管人中从事与基金业务相关的基金清算、复核、投资监督、信息披露、内部稽核监控等专业人员，包括相关业务部门的管理人员。

法律、行政法规、中国证监会和中国证券投资基金业协会规定需要取得从业资格的其他人员。

2. 申请人应当具备的条件

申请注册从业资格的人员（以下简称申请人）应当具备下列条件：①品行良好，具有良好的职业道德；②通过基金从业考试，或者符合中国证券投资基金业协会规定的其他条件；③已被机构聘用；④最近3年未因犯罪被判处刑罚；⑤不存在《中华人民共和国证券投资基金法》第十五条规定的情形；⑥最近5年未被中国证监会撤销基金从业资格或者被中国证券投资基金业协会取消基金从业资格；⑦未被金融监管部门或者行业自律组织采取禁入措施，或者执行期已届满；⑧法律、行政法规、中国证监会和中国证券投资基金业协会规定的其他条件。

申请人豁免基金从业考试全部或者部分科目的，应当符合国家、金融监管部门及行业自律组织有关规定，具备从事基金业务活动所需的专业能力，掌握基金业务活动相关的专业知识，最近5年未被金融监管部门采取行政处罚或者行政监管措施、未被金融行业自律组织采取自律处分或者自律管理措施。境外人员申请注册从业资格的，依据国家有关政策及安排等办理。

符合规定的基金销售机构申请人不具备本条第一款第（2）项规定的条件，按照规定通过中国证券投资基金业协会认可的专项培训并考核合格的，自合格之日起2年内，视同临时具备从业资格注册条件。注册临时从业资格的从业人员符合相关规定的，可以申请转为从业资格。

(二) 私募证券基金从业资格的取得方式

私募证券基金从业人员应当具备私募证券基金从业资格。具备以下条件之一的，可以认定为具有私募证券基金从业资格：

（1）通过基金从业资格考试。

（2）最近3年从事投资管理相关业务；此类情形主要是指最近3年从事相关资产管理业务，且管理资产年均规模1 000万元以上；或者最近3年在金融监管机构及其监管的金融机构工作。

（3）基金业协会认定的其他情形。此类情形主要是指已通过证券从业资格考试或者期货从业资格考试，取得相关资格；或者已取得境内、外基金或资产管理、基金销售等相关从业资格等。属于第（2）、（3）种情形取得基金从业资格的，应提交相应证明材料。

（三）符合条件的私募投资基金管理人的高级管理人员可以通过中国证券投资基金业协会资格认定委员会认定基金从业资格

符合下列条件之一的私募股权投资基金管理人（含创业投资基金管理人）的高级管理人员，可以向中国证券投资基金业协会资格认定委员会申请认定基金从业资格：①从事私募股权投资（含创业投资）6年及以上，且参与并成功退出至少两个项目；②担任过上市公司或实收资本不低于10亿元的大中型企业高级管理人员，且从业12年及以上；③从事经济社会管理工作12年及以上的高级管理人员；④在大专院校、研究机构从事经济、金融等相关专业教学研究12年及以上，并获得教授或研究员职称的。

符合上述条件之一的，由所在机构或个人向中国证券投资基金业协会提交以下材料：①个人资格认定申请书；②个人基本情况登记表；③相关证明材料：

（1）符合上述条件①的，需提交参与项目成功退出证明和两份行业知名人士署名的推荐信，推荐信中应附有推荐人职务及联系方式。

（2）符合上述条件②的，需提交企业和个人的相关证明和两份行业知名人士署名的推荐信，推荐信中应附有推荐人职务及联系方式。

（3）符合上述条件③的，需提交有关组织部门出具的任职证明。

（4）符合上述条件④的，需要提交相关资格证书和两份行业知名人士署名的推荐信，推荐信中应附有推荐人职务及联系方式。

中国证券投资基金业协会资格认定委员会构成及工作机制：中国证券投资基金业协会资格认定委员会由中国证券投资基金业协会理事（不含非会员理事）、监事及私募基金相关专业委员会委员构成。每次从上述委员中随机抽取7人组成认定小组，小组成员对申请资格认定的人员以简单多数原则表决。参与资格认定的表决人、推荐人及资格认定结果将通过中国证券投资基金业协会网站的从业人员信息公示平台向社会公示。

（四）私募投资基金管理人的高级管理人员只需通过科目一《基金法律法规、职业道德与业务规范》考试就可以申请认定基金从业资格的情形

符合下列条件之一的私募投资基金管理人的高级管理人员，并通过科目一考试的，

可以申请认定基金从业资格：

（1）最近3年从事资产管理相关业务，且管理资产年均规模1 000万元以上。

（2）已通过证券从业资格（不含《证券投资基金》和《证券发行与承销》科目）、期货从业资格、银行从业资格、特许金融分析师（CFA）等金融相关资格考试，或取得注册会计师资格、法律职业资格、资产评估师资格，或担任上市公司董事、监事及高级管理人员等；符合上述条件之一的，由所在机构或个人向中国证券投资基金业协会提交基金托管人（的托管部门）或基金服务机构出具的最近3年的资产管理规模证明，或相关资格证书或证明。上述申请资格认定的相关材料以电子版的形式通过私募基金登记备案系统资格认定文件上传端口报送。

（五）私募股权投资基金管理人（含创业投资基金管理人）的高级管理人员，通过证券从业资格考试的哪些科目可以认定基金从业资格

（1）已于2015年12月之前通过中国证券业协会组织的《证券投资基金》科目考试的，需再通过中国证券投资基金业协会的科目一《基金法律法规、职业道德与业务规范》考试，方可向中国证券投资基金业协会申请注册基金从业资格。

（2）已于2015年12月之前通过中国证券业协会组织的《证券市场基础》和《证券投资基金》考试，或通过《证券市场基础》和《证券发行与承销》考试的，均可直接向中国证券投资基金业协会申请注册基金从业资格。

（六）私募投资基金管理人的高级管理人员取得基金从业资格

参加中国证券投资基金业协会统一组织的科目一《基金法律法规、职业道德与业务规范》、科目二《证券投资基金基础知识》和科目三《股权投资基金基础知识》（2016年9月推出）。参加考试的人员通过科目一和科目二考试，或科目一和科目三考试成绩合格的，均可申请注册基金从业资格。

（七）对申请通过中国证券投资基金业协会资格认定委员会认定基金从业资格的私募股权投资基金管理人（含创业投资基金管理人）的高级管理人员

根据前两批中国证券投资基金业协会资格认定委员会表决情况，为使资格认定工作起到正面引导的作用，申请资格认定的人员及其推荐人，应当具备一定的行业地位或社会影响，并且申请人应当为行业资深人士。同时对其推荐人，有以下情况需要回避：①同批表决中作为申请人的；②申请人与其推荐人互相推荐的；③与申请人任职同家机构，或关联方及分支机构的；④因从事私募基金外包业务、审计或法律服务业务、评级业务等，与申请人存在商业利益关系的；⑤现从事私募投资基金监管、自律管理工作的；⑥一年内累计推荐人数3人次以上的；⑦被推荐的申请人近3年内发生违法违规、被行政处罚、被采取监管措施等情形的。

表决结束后，资格认定结果和相关推荐人的姓名、职务将一并通过中国证券投资基金业协会网站"从业人员管理—资格平台"向社会公示。

（八）高级管理人员以及一般从业人员取得基金从业资格

私募投资基金管理人的一般从业人员需通过基金从业资格考试取得基金从业资格。基金从业资格注册以机构统一注册为主，已在基金行业机构任职的，应由所在任职机构向中国证券投资基金业协会申请基金从业资格注册。对于已通过考试但未在基金行业机构任职的，不必找机构"挂靠"，可以先由个人直接向中国证券投资基金业协会申请基金从业资格注册，在相关机构任职后，由所在任职机构向中国证券投资基金业协会申请变更。

对已通过基金从业资格相关科目考试的，可以在考试通过后的4年内向中国证券投资基金业协会申请基金从业资格注册。对已通过基金从业资格相关科目考试超过4年的，在2017年7月1日前认可其考试成绩，并可在此时间前按规定向中国证券投资基金业协会申请基金从业资格注册；对已通过基金从业资格相关科目考试，但满4年未注册基金从业资格的，在2017年7月1日之后，向中国证券投资基金业协会申请基金从业资格注册需重新参加基金从业资格考试或补齐近2年的后续培训30个学时。

（九）《高管承诺函》的内容

私募投资基金管理人的法定代表人、高级管理人员、执行事务合伙人或其委派代表应当承诺法律意见书中披露及系统填报的基本信息、诚信信息、兼职及挂职信息真实、准确、完整，无系统填报以外的诚信信息及兼职挂职信息。私募投资基金管理人的法定代表人、执行事务合伙人或其委派代表、负责投资管理的高级管理人员还应当承诺任职期间按要求持有申请机构一定比例的股权或者财产份额。相关人员应当在承诺函上签字。

（十）私募基金从业人员完成后续培训学时

私募基金从业人员应当遵守《中华人民共和国证券投资基金法》及其他各类法律法规、自律规则和基本业务规范，遵循职业道德，掌握基金专业知识，了解创新业务、理论与技术前沿，并根据新业务、新形势及时更新技术知识和专业技能，提升执业胜任能力。

对在2015年12月31日之后取得基金从业资格的，需自资格取得之日起1年内完成15个学时的后续培训。对已取得基金从业资格的私募基金一般从业人员，也应当按照上述规定完成每年度15学时的后续培训。

后续培训有面授培训和远程培训两种形式。面授培训可以关注中国证券投资基金业协会官网或微信公众号发布的每年度培训计划和每期培训通知；远程培训可登录远程培训系统官方网站（http://peixun.amac.org.cn）参加学习，机构用户或个人用户均可通过远程培训系统进行注册、选课、在线支付和课程学习。个人凭有效身份证件注册并完成相应的培训学时后，学时信息将被有效记录，可登录中国证券投资基金业协会官网"从业人员管理—培训平台—培训学时查询"进行查询。

(十一)全体员工的简历、社保证明要求

1. 简历要求

全体员工简历应涵盖员工基本信息、学习经历、工作经历等。

2. 社保证明要求

社保缴费记录应当显示员工姓名及申请机构名称；新参保无缴费记录的应当提交社保增员记录等材料；第三方人力资源服务机构代缴的应当提交申请机构签署的代缴协议、人力资源服务资质文件、代缴记录等。外籍员工、退休返聘员工可按要求提交劳务合同；退休返聘的员工应当提交退休证；国家机关、事业单位、政府及其授权机构控制的企业委派的高级管理人员应当按要求提交劳动合同或劳务合同、委派文件等材料。社保缴费记录应当加盖社保主管部门公章。

(十二)变更申请时，对私募投资基金管理人的法定代表人、合规/风控负责人及其他高级管理人员的要求

为维护投资者利益，严格履行"受人之托、代人理财"义务，防范利益输送及道德风险，私募投资基金管理人的高级管理人员应当勤勉尽责、恪尽职守，合理分配工作精力，在私募投资基金管理人登记及相关高级管理人员提出变更申请时，应当遵守以下要求：①不得在非关联的私募机构兼职；②在关联私募机构兼职的，中国证券投资基金业协会可以要求其说明在关联机构兼职的合理性、胜任能力、如何公平对待服务对象等，中国证券投资基金业协会将重点关注在多家关联机构兼职的高级管理人员履职情况；③对于在1年内变更2次以上任职机构的私募投资基金管理人的高级管理人员，中国证券投资基金业协会将重点关注其变更原因及诚信情况；④私募投资基金管理人的高级管理人员应当与任职机构签署劳动合同。

在私募投资基金管理人登记及相关高级管理人员提出变更申请时，应上传法定代表人、合规/风控负责人及其他高级管理人员任职相关决议及劳动合同。

(十三)外部人员的"挂靠"

私募基金行业的高级管理人员既是私募基金行业的精英，也是重要的自律管理和行业服务对象。私募基金行业高级管理人员应当充分珍视个人诚信记录，诚实守信，自觉加强自身诚信约束和自律约束，防范道德风险。

个别私募机构为完成其登记备案寻找具备基金从业资格的外部人员进行"挂靠"，这种行为违反了相关规定，属于"在私募投资基金管理人登记、基金备案及其他信息报送中提供虚假材料和信息"行为。

针对存在上述情况的个人，一经查实，中国证券投资基金业协会将记入个人诚信档案，视情节严重程度，采取行业内谴责、加入黑名单、取消其基金从业资格等纪律处分；针对存在上述情况的私募投资基金管理人，一经查实，中国证券投资基金业协

会将公开谴责,并将虚假填报情况进行公示,情节严重的,将暂停受理其基金备案,撤销其管理人登记。此外,为私募投资基金管理人提供法律、会计、外包业务等的中介服务机构,不得误导、诱导私募投资基金管理人采取"挂靠"等方式,规避中国证券投资基金业协会对私募高级管理人员从业资格管理的有关规定。若出现上述违规情形,一经查实,中国证券投资基金业协会将对此类中介服务机构公开谴责,情节严重的,将暂停受理其相关业务并加入黑名单。

(十四) 合规/风控负责人是否可以担任其他公司的监事

鉴于合规/风控负责人对内对外不能兼职,因此不建议合规/风控负责人担任其他公司的监事。

(十五) 负责投资管理的高级管理人员的投资业绩材料

1. 私募股权、创业投资基金管理人负责投资管理的高级管理人员

(1) 负责投资管理的高级管理人员应当提交最近10年内至少2起主导投资于未上市企业股权的项目经验,投资金额合计不低于3 000万元,并且至少应当有1起项目通过首次公开发行股票并上市、股权并购或者股权转让等方式退出,或者其他符合要求的投资业绩。其中,主导投资是指相关人员主持尽职调查、投资决策等工作。投资项目材料应当完整体现尽职调查、投资决策、工商确权、项目退出等各个环节,包括但不限于签章齐全的尽职调查报告(应当有原任职机构公章)、投决会决议(应当有原任职机构公章)、投资标的工商确权材料、股权转让协议或中国证券投资基金业协会认可的其他材料。境外投资材料原件为其他语言的,应当提交中文翻译件。

(2) 投向国家禁止或者限制行业的股权投资、投向与私募基金管理相冲突行业的股权投资、作为投资者参与的项目投资等其他无法体现投资管理能力或者不属于股权投资的相关项目经验,不作为股权类投资业绩材料。24个月内为2家及以上已登记私募投资基金管理人提交相同业绩材料的不予认可。

2. 证券投资基金管理人负责投资管理的高级管理人员

(1) 最近10年内连续24个月以上的投资业绩材料,单只产品或者单个账户的管理规模持续不低于2 000万元。投资业绩材料应当体现负责投资管理的高级管理人员担任基金经理或投资决策负责人的任职起始时间、月度管理净资产规模、年化收益等情况,相关材料包括但不限于签章齐全的基金合同、金融机构出具的证明、离任审计报告、净值报告或中国证券投资基金业协会认可的其他材料。多人共同管理的,应当提交具体材料说明其负责管理的产品规模;无法提交相关材料的,按平均规模计算。

(2) 个人或者企业自有资金证券期货投资、作为投资者投资基金产品、管理他人证券期货账户资产相关投资、模拟盘交易等其他无法体现投资管理能力或者不属于证券期货投资的投资业绩,不作为证券类投资业绩材料。24个月内为2家及以上已登记私募投资基金管理人提交相同业绩材料的不予认可。

（3）投资业绩材料为境外资产管理机构出具的，应当说明是否为资产管理产品、主要投向、管理产品规模等。境外投资材料原件为其他语言的，应当提交中文翻译件。

（十六）专职员工人数要求

专职员工是指与私募投资基金管理人签订劳动合同并缴纳社保的正式员工，签订劳动合同或者劳务合同的外籍员工、退休返聘员工，以及国家机关、事业单位、政府及其授权机构控制的企业委派的高级管理人员。

私募投资基金管理人专职员工不少于5人，对集团化私募投资基金管理人另有规定的，从其规定。

（十七）符合其他方面的规定

法律、行政法规、国家有关部门对相关人员出资或者执业有限制的，相关人员在限制期限内不得成为私募投资基金管理人的控股股东、实际控制人、普通合伙人，或者担任私募投资基金管理人的董事、监事、高级管理人员及从业人员。

私募投资基金管理人的控股股东、实际控制人、普通合伙人在金融机构任职的，应当符合相关规定。

（十八）基金从业人员后续培训

后续职业培训的形式分为面授及直播培训、远程培训。中国证券投资基金业协会每年一季度在协会网站发布当年度培训计划。

（1）面授及直播培训。针对行业最新相关法规、配套规则发布，根据行业机构和从业人员反映的培训需求组织面授及直播培训。每次培训的举办时间、地点及培训简介等以培训通知的形式在中国证券投资基金业协会官方网站、微信公众号等发布。

（2）远程培训。为便利从业人员进行后续职业培训，中国证券投资基金业协会建立了基金从业人员远程培训系统官方网站（http://peixun.amac.org.cn），构建了相应的课程体系。

从业人员可以自行选择参加中国证券投资基金业协会组织的面授及直播、远程培训，也可以参加中国证券投资基金业协会普通会员组织的面授及远程培训，以及成为中国证券投资基金业协会特别会员的地方协会组织的面授培训。

（十九）与上市公司有关的情形

私募投资基金管理人的高级管理人员、执行事务合伙人或其委派代表担任上市公司高级管理人员的，应当出具该上市公司知悉相关情况的说明材料。

（二十）"情节严重"的理解

私募投资基金管理人的董事、监事、高级管理人员、执行事务合伙人或其委派代表不得存在"最近3年被中国证监会采取行政监管措施或者被协会采取纪律处分措施，情节严重"，是指有下列情形之一：①被中国证监会及其派出机构认定为不适当人选或者被中国证券投资基金业协会采取加入黑名单的纪律处分措施，期限尚未届满；②被中国证监会撤销基金从业资格或者被中国证券投资基金业协会取消基金从业资格；③其他社会危害性大，严重损害投资者合法权益和社会公共利益的情形。

（二十一）加强核查的情形

私募投资基金管理人的法定代表人、高级管理人员、执行事务合伙人或其委派代表最近3年有下列情形之一的，中国证券投资基金业协会将加强核查，并可以视情况征询相关部门意见：①被中国证监会及其派出机构采取公开谴责、责令处分有关人员等行政监管措施；②被中国证券投资基金业协会采取公开谴责、不得从事相关业务等纪律处分措施；③在因《私募投资基金登记备案办法》第二十五条第一款第六项、第八项所列情形被终止登记的私募投资基金管理人担任未明确负有责任的高级管理人员；④在因《私募投资基金登记备案办法》第七十七条所列情形被注销登记的私募投资基金管理人担任未明确负有责任的高级管理人员；⑤在存在重大风险或者严重负面舆情的机构、被中国证券投资基金业协会注销登记的机构任职；⑥需要加强核查的其他情形。

（二十二）相关工作经验要求

1. 私募证券投资基金管理人的法定代表人、执行事务合伙人或其委派代表、经营管理主要负责人以及负责投资管理的高级管理人员的相关工作经验

其相关工作经验是指下列情形之一：①在商业银行、证券公司、基金管理公司、期货公司、信托公司、保险公司及相关资产管理子公司等金融机构从事证券资产管理、自有资金证券期货投资等相关业务，并担任基金经理、投资经理、信托经理等以上职务，或者担任前述金融机构高级管理人员或者具有相当职位管理经验；②在地市级以上政府及其授权机构控制的企业、上市公司从事证券期货投资管理相关工作并担任投资负责人，或者担任高级管理人员，或者具有相当职位管理经验；③在私募证券投资基金管理人从事证券期货投资并担任基金经理以上职务，或者担任高级管理人员，其任职的私募投资基金管理人应当运作正常、合规稳健，任职期间无重大违法违规记录；④在受境外金融监管部门监管的资产管理机构从事证券资产管理等相关业务，其任职的资产管理机构应当具备良好的国际声誉和经营业绩；⑤在政府部门、事业单位从事经济管理等相关工作，并具有相应的管理经验，或者在前述金融机构担任其他业务部门负责人；⑥在经中国证监会备案的律师事务所、会计师事务所从事证券、基金、期货相关的法律、审计等工作，并担任合伙人以上职务不少于5年；⑦中国证监会、中国证券投资基金业协会规定的其他情形。

负责投资管理的高级管理人员应当具备前款第①项~第④项规定的相关工作经验之一。

2. 私募股权基金管理人的法定代表人、执行事务合伙人或其委派代表、经营管理主要负责人以及负责投资管理的高级管理人员的相关工作经验

其相关工作经验是指下列情形之一：①在商业银行、证券公司、基金管理公司、期货公司、信托公司、保险公司及相关资产管理子公司等金融机构从事资产管理、自有资金股权投资、发行保荐等相关业务，并担任基金经理、投资经理、信托经理、保荐代表人等以上职务，或者担任前述金融机构高级管理人员或者具有相当职位管理经验；②在地市级以上政府及其授权机构控制的企业、上市公司从事股权投资管理相关工作并担任投资负责人，或者担任高级管理人员或者具有相当职位管理经验；③在私募股权基金管理人从事股权投资并担任基金经理以上职务，或者担任高级管理人员，其任职的私募投资基金管理人应当运作正常、合规稳健，任职期间无重大违法违规记录；④在受境外金融监管部门监管的资产管理机构从事股权投资等相关业务，其任职的资产管理机构应当具备良好的国际声誉和经营业绩；⑤在运作良好、合规稳健并具有一定经营规模的企业担任股权投资管理部门负责人，或者担任高级管理人员或者具有相当职位管理经验，或者在具备一定技术门槛的大中型企业担任相关专业技术职务，或者是科研院校相关领域的专家教授、研究人员；⑥在政府部门、事业单位从事经济管理等相关工作，并具有相应的管理经验，或者在第①项规定的金融机构担任其他业务部门负责人；⑦在经中国证监会备案的律师事务所、会计师事务所从事证券、基金、期货相关的法律、审计等工作，并担任合伙人以上职务不少于5年；⑧中国证监会、中国证券投资基金业协会规定的其他情形。

负责投资管理的高级管理人员应当具备前款第①项～第⑤项规定的相关工作经验之一。

3. 合规/风控负责人的相关工作经验

合规/风控负责人的相关工作经验，是指下列情形之一：①在商业银行、证券公司、基金管理公司、期货公司、信托公司、保险公司及相关资产管理子公司等金融机构从事投资相关的合规管理、风险控制、监察稽核、法律事务等相关工作；②在私募投资基金管理人从事合规管理、风险控制、监察稽核、法律事务等相关工作，其任职的私募投资基金管理人应当运作正常、合规稳健，任职期间无重大违法违规记录；③在律师事务所、会计师事务所从事证券、基金、期货相关的法律、审计等工作，或者在上市公司从事投资相关的法律事务、财务管理等相关工作；④在金融管理部门及其派出机构从事金融监管工作，或者在资产管理行业自律组织从事自律管理工作；⑤中国证监会、中国证券投资基金业协会规定的其他情形。

合规/风控负责人不得担任私募投资基金管理人的总经理、执行董事或者董事长、执行事务合伙人或其委派代表等职务。

4. 私募证券投资基金管理人负责投资管理的高级管理人员的投资管理业绩

（1）投资管理业绩是指在商业银行、证券公司、基金管理公司、期货公司、信托公司、保险公司及相关资产管理子公司等金融机构，作为基金经理或者投资决策负责人管理的证券基金期货产品业绩或者证券自营投资业绩，或者在私募投资基金管理人作为投资经理管理的私募证券基金业绩，或者其他符合要求的投资管理业绩。

（2）前款规定的投资业绩应当为最近10年内连续2年以上的投资业绩，单只产品或者单个账户的管理规模不低于2 000万元。多人共同管理的，应提供具体材料说明其负责管理的产品规模；无法提供相关材料的，按平均规模计算。

第（1）项规定的投资业绩不包括个人或者其他企业自有资金证券期货投资、作为投资者投资基金产品、管理他人证券期货账户资产相关投资、模拟盘交易等其他无法体现投资管理能力或者不属于证券期货投资的投资业绩。

5. 私募股权基金管理人负责投资管理的高级管理人员的投资管理业绩

投资管理业绩是指最近10年内至少2起主导投资于未上市企业股权的项目经验，投资金额合计不低于3 000万元，并且至少应有1起项目通过首次公开发行股票并上市、股权并购或者股权转让等方式退出，或者其他符合要求的投资管理业绩。其中，主导投资是指相关人员主持尽职调查、投资决策等工作。上述业绩要求应当提供尽职调查、投资决策、工商确权、项目退出等相关材料。

前款规定的项目经验不包括投向国家禁止或者限制行业的股权投资、投向与私募基金管理相冲突行业的股权投资、作为投资者参与的项目投资等其他无法体现投资管理能力或者不属于股权投资的相关项目经验。

（二十三）人员管理

私募投资基金管理人不得聘用挂靠人员，不得通过虚假聘用人员等方式办理私募投资基金管理人登记。

私募投资基金管理人聘用短期内频繁变更工作岗位的人员作为负责投资管理的高级管理人员的，应当对其诚信记录、从业操守、职业道德进行尽职调查。

私募投资基金管理人的高级管理人员24个月内在3家以上非关联单位任职的，或者24个月内为2家以上已登记私募投资基金管理人提供相同业绩材料的，前述工作经验和投资业绩不予认可。

七、登记申请材料及其要求

根据《私募投资基金管理人登记申请材料清单（2023年修订）》，私募投资基金管理人的法定代表人、高级管理人员、执行事务合伙人或其委派代表准备材料及其要求如表2-8所示。

表2-8 私募投资基金管理人的代表人、高级管理人员、执行事务合伙人或其委派代表

序号	材料名称	内容要求	特殊说明	是否必填	签章要求
1	证件扫描件、学历/学位文件	应当提交身份证、台胞证、港澳通行证、护照等证件扫描件。申请机构应当完整填写高级管理人员高中以上学习经历，并提交最高学历/学位文件		必填	

续表

序号	材料名称	内容要求	特殊说明	是否必填	签章要求
2	相关工作经验材料	1. 法定代表人、高级管理人员、执行事务合伙人或其委派代表应当符合《私募投资基金登记备案办法》第十条和《私募投资基金管理人登记指引第3号——法定代表人、高级管理人员、执行事务合伙人或其委派代表》第四条至第六条、第十一条相关规定，并提交材料说明上述人员具备符合要求的工作经验和工作年限，包括但不限于曾任职机构出具的任职材料、离职材料、社保缴费记录等。高级管理人员24个月内在3家及以上非关联单位任职的，相关工作经验不予认可。 2. 相关人员具备《私募投资基金管理人登记指引第3号——法定代表人、高级管理人员、执行事务合伙人或其委派代表》第四条第一款第三项、第五条第一款第三项、第六条第一款第二项规定的私募投资基金管理人相关工作经验的，应当说明所任职的私募投资基金管理人是否运作正常、合规稳健，任职期间是否无重大违法违规记录。 3. 相关人员具备《私募投资基金管理人登记指引第3号——法定代表人、高级管理人员、执行事务合伙人或其委派代表》第四条第一款第四项或第五条第一款第四项规定的境外资产管理相关工作经验的，应当说明曾任职境外资产管理机构受监管情况、主要开展业务、资产管理规模、经营状况、国际声誉，以及个人的工作岗位和工作职责等内容。 4. 私募股权、创业投资基金管理人的相关人员具备《私募投资基金管理人登记指引第3号——法定代表人、高级管理人员、执行事务合伙人或其委派代表》第五条第一款第五项规定的相关产业工作经验的，应当说明曾任职企业资产规模、收入利润情况、持有知识产权专利情况、行业排名情况（如有）、上市安排（如有）、股权投资规模、负责股权投资项目情况等内容		必填	应当提交加盖原任职机构公章的材料

续表

序号	材料名称	内容要求	特殊说明	是否必填	签章要求
3	投资能力材料	私募证券投资基金管理人应当按照《私募投资基金管理人登记指引第3号——法定代表人、高级管理人员、执行事务合伙人或其委派代表》第七条、第十一条规定提交符合要求的投资业绩材料： 1. 负责投资管理的高级管理人员应当提交最近10年内连续24个月以上的投资业绩材料，单只产品或者单个账户的管理规模持续不低于2 000万元。投资业绩材料应当体现负责投资管理的高级管理人员担任基金经理或投资决策负责人的任职起始时间、月度管理净资产规模、年化收益等情况，相关材料包括但不限于签章齐全的基金合同、金融机构出具的证明、离任审计报告、净值报告或中国证券投资基金业协会认可的其他材料。 多人共同管理的，应当提交具体材料说明其负责管理的产品规模；无法提交相关材料的，按平均规模计算。 2. 个人或者企业自有资金证券期货投资、作为投资者投资基金产品、管理他人证券期货账户资产相关投资、模拟盘交易等其他无法体现投资管理能力或者不属于证券期货投资的投资业绩，不作为证券类投资业绩材料。24个月内为2家及以上已登记私募投资基金管理人提交相同业绩材料的不予认可。 3. 投资业绩材料为境外资产管理机构出具的，应当说明是否为资产管理产品、主要投向、管理产品规模等。境外投资材料原件为其他语言的，应当提交中文翻译件。 私募股权、创业投资基金管理人应当按照《私募投资基金管理人登记指引第3号——法定代表人、高级管理人员、执行事务合伙人或其委派代表》第八条、第十一条规定提交符合要求的投资业绩材料： 1. 负责投资管理的高级管理人员应当提交最近10年内至少2起主导投资于未上市企业股权的项目经验，投资金额合计不低于3 000万元，且至少应当有1起项目通过首次公开发行股票并上市、股权并购或者股权转让等方式退出，或者其他符合要求的投资业绩。其		必填	应当提交加盖原任职机构公章的材料

续表

序号	材料名称	内容要求	特殊说明	是否必填	签章要求
3		中，主导投资是指相关人员主持尽职调查、投资决策等工作。投资项目材料应当完整体现尽职调查、投资决策、工商确权、项目退出等各个环节，包括但不限于签章齐全的尽职调查报告（应当有原任职机构公章）、投决会决议（应当有原任职机构公章）、投资标的工商确权材料、股权转让协议或中国证券投资基金业协会认可的其他材料。境外投资材料原件为其他语言的，应当提交中文翻译件。 2. 投向国家禁止或者限制行业的股权投资、投向与私募基金管理相冲突行业的股权投资、作为投资者参与的项目投资等其他无法体现投资管理能力或者不属于股权投资的相关项目经验，不作为股权类投资业绩材料。24个月内为2家及以上已登记私募投资基金管理人提交相同业绩材料的不予认可			
4	高级管理人员承诺函	私募投资基金管理人的法定代表人、高级管理人员、执行事务合伙人或其委派代表应当承诺法律意见书中披露及系统填报的基本信息、诚信信息、兼职及挂职信息真实、准确、完整，无系统填报以外的诚信信息及兼职挂职信息。私募投资基金管理人的法定代表人、执行事务合伙人或其委派代表、负责投资管理的高级管理人员还应当承诺任职期间按要求持有申请机构一定比例的股权或者财产份额		必填	相关人员应当在承诺函上签字
5	其他材料	申请机构的法定代表人、高级管理人员、执行事务合伙人或其委派代表担任上市公司高级管理人员的，应当出具该上市公司知悉相关情况的说明材料		如有	知悉说明文件应当加盖上市公司公章

第九节　法律意见书

本节的主要内容包括基本要求、审核要点、实操要点、出具《法律意见书》的详细解读、登记申请材料及其要求。

本节参考的法律法规等规范性文件主要包括《私募投资基金登记备案办法》《律

事务所从事证券法律业务管理办法》《律师事务所证券法律业务执业规则（试行）》《律师办理私募投资基金合规法律业务操作指引（试行）(2023)》《私募基金登记备案相关问题解答（八）》《私募投资基金管理人登记申请材料清单（2023年修订）》。

一、基本要求

律师事务所接受委托为私募投资基金管理人履行登记手续出具法律意见书，应当恪尽职守、勤勉尽责，审慎履行核查和验证义务，保证其出具文件的真实性、准确性、完整性。

二、审核要点

中国证券投资基金业协会在私募投资基金管理人登记环节引入法律意见书制度，目的是充分发挥律师行业的法律服务专业力量，提高私募投资基金管理人登记备案信息真实性，推动私募投资基金管理人依法合规开展业务，但部分中介机构串谋申请机构提供虚假登记信息或材料，导致行业乱象进一步加剧。中国证券投资基金业协会将通过大数据查询、征询相关机构意见等多种方式不断加大核查力度，对提供虚假材料行为"零容忍"，发现一起，严惩一起，坚决打击登记材料造假行为，对串谋提供虚假登记信息或材料的律师事务所严格按照规定进行处理，督促律师事务所勤勉尽责，真正发挥法律意见书制度的作用，促进私募基金行业健康发展。

三、实操要点

（一）出具法律意见书的律师事务所及其经办律师应当符合的资质要求

凡在中国境内依法设立、可就中国法律事项发表专业意见的律师事务所及其中国执业律师，均可以受聘按照《私募投资基金管理人登记法律意见书指引》的要求出具《法律意见书》。中国证券投资基金业协会鼓励私募投资基金管理人选择符合《律师事务所从事证券法律业务管理办法》相关资质要求的律师事务所及其执业律师出具《法律意见书》。作为基金服务机构的律师事务所可以申请成为中国证券投资基金业协会会员，但中国证券投资基金业协会未就律师事务所入会做出强制性要求。

（二）出具《私募投资基金管理人重大事项变更专项法律意见书》的适用情形

私募投资基金管理人的控股股东、实际控制人、普通合伙人等发生变更的，应当提交《专项法律意见书》，就变更事项出具法律意见。私募投资基金管理人实际控制权发生变更的，应当就变更后是否全面符合私募投资基金管理人登记的要求提交《法律意见书》。

（三）《法律意见书》的内容与格式的一般性要求

从已提交的《私募投资基金管理人登记法律意见书》和《私募投资基金管理人重大事项变更专项法律意见书》（以下简称《法律意见书》）情况看，总体上发挥了专业法律服务机构的尽职调查和中介制衡作用。但也存在《法律意见书》缺乏尽职调查过程描述和判断依据、多份《法律意见书》内容雷同、简单发表结论性意见、未核实申请机构系统填报信息等问题。现就律师事务所及其经办律师出具《法律意见书》的内容与格式的一般性要求说明如下：

（1）律师事务所及其经办律师出具的《法律意见书》内容应当包含完整的尽职调查过程描述，对有关事实、法律问题作出认定和判断的适当证据和理由。

（2）律师事务所及其经办律师应就各具体事项逐项发表明确意见，并就私募投资基金管理人登记申请是否符合中国证券投资基金业协会的相关要求发表整体结论性意见。

（3）《法律意见书》的陈述文字应当逻辑严密，论证充分，所涉指代主体名称、出具的专业法律意见内容具体明确。《法律意见书》所涉内容应当与申请机构在私募基金登记备案系统填报的信息保持一致；若系统填报信息与尽职调查情况不一致的，应当做出特别说明。律师事务所及其经办律师在《法律意见书》中不得瞒报信息，应当确保《法律意见书》不存在虚假记载、误导性陈述及重大遗漏。

（4）律师事务所及其经办律师应当根据实际需要采取合理的方式和手段，获取适当的证据材料。律师事务所及其经办律师可采取的尽职调查查验方式包括但不限于审阅书面材料、实地核查、人员访谈、互联网及数据库搜索、外部访谈及向行政司法机关、具有公共事务职能的组织、会计师事务所询证等。律师事务所及其经办律师应当制作并保存相关尽职调查的工作记录及工作底稿。

（5）《法律意见书》应当包含律师事务所及其经办律师的承诺信息。示例：本所及经办律师依据《中华人民共和国证券投资基金法》《律师事务所从事证券法律业务管理办法》和《律师事务所证券法律业务执业规则（试行）》等规定及本《法律意见书》出具日期以前已经发生或者存在的事实，严格履行了法定职责，遵循了勤勉尽责和诚实信用原则，进行了充分的核查验证，保证本《法律意见书》所认定的事实真实、准确、完整，所发表的结论性意见合法、准确，不存在虚假记载、误导性陈述或者重大遗漏。律师事务所及其经办律师同意将本《法律意见书》作为相关机构申请私募投资基金管理人登记或重大事项变更必备的法定文件，随其他在私募基金登记备案系统填报的信息一同上报，并愿意承担相应的法律责任。

（6）律师事务所及其经办律师在《法律意见书》上的签字签章齐全，出具日期清晰明确。《法律意见书》及私募基金登记备案系统中律师事务所就"私募投资基金管理人重要情况说明"出具的确认函，均需加盖律师事务所公章及骑缝章，列明经办律师的姓名及其执业证件号码并由经办律师签署。

（7）律师事务所及其经办律师应当恪尽职守，勤勉尽责地对私募投资基金管理人或申请机构相关情况进行尽职调查，独立、客观、公正地出具《法律意见书》。私募投资基金管理人应当充分配合律师事务所及其经办律师工作，如实提供律师事务所开展尽职调查所需的全部信息和材料。

四、出具《法律意见书》的详细解读

新申请私募投资基金管理人登记、已登记的私募投资基金管理人发生部分重大事项变更，需通过 AMBERS 平台提交律师事务所出具的《法律意见书》。《法律意见书》应按照《私募投资基金管理人登记法律意见书指引》对申请机构的登记申请材料、市场主体登记情况、专业化经营情况、股权结构、实际控制人、关联方及分支机构情况、运营基本设施和条件、风险管理制度和内部控制制度、外包情况、合法合规情况、高级管理人员资质情况等逐项发表结论性意见。

（一）法律尽职调查

律师必须在尽职调查的基础上对申请机构的登记申请材料、市场主体登记情况、专业化经营情况、股权结构、实际控制人、关联方及分支机构情况、运营基本设施和条件、风险管理制度和内部控制制度、外包情况、合法合规情况、高级管理人员资质情况等逐项发表结论性意见，并且就对私募投资基金管理人登记申请是否符合中国证券投资基金业协会的相关要求发表整体结论性意见，制作工作底稿并留存。

尽职调查查验方式包括但不限于审阅书面材料、实地核查、人员访谈、互联网及数据库搜索、外部访谈及向行政司法机关，具有公共事务职能的组织、会计师事务所询证等。律师采用查询方式进行查验的，应当核查公告、网页或者其他载体相关信息，并就查询的信息内容、时间、地点、载体等有关事项制作查询笔录。律师采用面谈方式进行查验的，应当制作面谈笔录。谈话对象和律师应当在笔录上签名。

对申请机构的风险管理和内部控制制度开展尽职调查时，应当核查和验证包括但不限于以下内容：①申请机构是否已制定《私募投资基金管理人登记法律意见书指引》第四条第八项所提及的完整的涉及机构运营关键环节的风险管理和内部控制制度；②判断相关风险管理和内部控制制度是否符合中国证券投资基金业协会《私募投资基金管理人内部控制指引》的规定；③评估上述制度是否具备有效执行的现实基础和条件。例如，相关制度的建立是否与机构现有组织架构和人员配置相匹配，是否满足机构运营的实际需求，是否具备与岗位要求相适应的职业操守和专业胜任能力等。

关于具体事项的尽职调查方法，可以参考中国证监会发布的各类尽职调查工作指引文件。

（二）《法律意见书》格式要求

《法律意见书》的结论应当明晰，不得使用"基本符合条件"等含糊措辞。对不符合相关法律法规和中国证监会、中国证券投资基金业协会规定的事项，或已勤勉尽责仍不能对其法律性质或其合法性作出准确判断的事项，律师事务所及经办律师应当发表保留意见，并说明相应的理由。

《法律意见书》应当由 2 名执业律师签名，并签署日期；《法律意见书》及私募基金登记备案系统中律师事务所就"私募投资基金管理人重要情况说明"出具的确认函，均需加盖律师事务所公章及骑缝章，列明经办律师的姓名及其执业证件号码并由经办律师签署。

用于私募投资基金管理人登记的《法律意见书》的签署日期应当在私募投资基金管理人提交私募投资基金管理人登记申请之日前的1个月内。

（三）《法律意见书》核查事项

（1）申请机构是否依法在中国境内设立并有效存续，律师应当对申请机构的现状及历史沿革进行核查。

（2）申请机构的市场主体登记文件所记载的经营范围是否符合国家相关法律法规的规定。申请机构的名称和经营范围中应当包含"基金管理""投资管理""资产管理""股权投资""创业投资"等相关字样。若申请机构具有明确禁止的经营范围，应进行整改并完成相关市场主体信息变更后才能再次提交申请；此类情形包括私募机构市场主体登记经营范围及实际经营业务包含可能与私募投资基金业务存在冲突的业务（如民间借贷、民间融资、融资租赁、配资业务、小额理财、小额借贷、P2P/P2B、众筹、保理、担保、房地产开发、交易平台、典当等）。

（3）申请机构是否符合专业化经营要求。通过互联网搜索和查验市场主体登记经营范围、审计报告、财务记录、商业计划书等方式核查申请机构主营业务是否为私募基金管理业务，以及申请机构的市场主体登记经营范围或实际经营业务中，是否兼营可能与私募投资基金业务存在冲突的业务、是否兼营与"投资管理"存在冲突的业务、是否兼营其他非金融业务。申请机构提交私募投资基金管理人登记申请前已实际展业的，应当说明展业的具体情况，并就此事项可能存在影响今后展业的风险进行特别说明。若已存在使用自有资金投资的，应确保私募投资基金管理人自有财产与私募基金财产之间独立运作、分别核算。申请机构应当遵循专业化运营原则，主营业务清晰，不得兼营与私募基金管理无关或存在利益冲突的其他业务。

（4）申请机构股东的出资情况及股权结构情况。审核申请机构股东出资款划付凭证、验资报告，确认申请机构股东的实缴资本，股东应以自有货币资金出资且不受制于任何第三方，申请机构股权结构清晰，无代持情况。股东实缴资本一般不得出现不足200万元或实缴比例未达到注册资本25%的情况。结合申请机构披露的股权结构，并经核查申请机构的公司章程/合伙协议、全国企业信用信息公示系统及市场主体登记档案资料，确认申请机构是否有直接或间接控股或参股的境外股东；若有，说明穿透后其境外股东是否符合现行法律法规的要求和中国证券投资基金业协会的规定。如申请机构为外商独资和合资私募证券投资基金管理机构，律师应就该申请机构的境外股东是否符合中国证券投资基金业协会所要求的要求发表结论性意见。申请机构出资人应当以货币财产出资。出资人应当保证资金来源真实合法且不受制于任何第三方。申请机构应保证股权结构清晰，不应当存在股权代持情形。出资人应具备与其认缴资本金额相匹配的出资能力，并提供相应的证明材料。申请机构应确保股权架构简明清晰，不应出现股权结构层级过多、循环出资、交叉持股等情形。申请机构应当专注主营业务，确保股权的稳定性，控股股东和实际控制人应承诺持续持有申请机构股权或实际控制不低于3年。

（5）申请机构是否具有实际控制人。关于实际控制人是指控股股东（或派出董事最多的股东、互相之间签有一致行动协议的股东）或能够实际支配企业行为的自然人、法人或其他组织。律师应结合申请机构披露的信息，通过市场主体登记档案资料或其他公开渠道获取的信息进行核查，中国证券投资基金业协会要求实际控制人应一直追溯到最后的自然人、国资控股企业或集体企业、上市公司、受国外金融监管部门监管的境外机构。在符合上述要求的前提下，实际控制人可按照下列情形进行认定：①持股50%以上的；②通过行使表决权能够决定董事会半数以上成员当选的；③通过投资关系、协议或者其他安排能够实际支配公司行为且表决权持股超过50%的；④合伙企业的执行事务合伙人；⑤在无法满足前述认定标准时，由第一大股东承担实际控制人相应责任。除控股之外，综合考查其他的影响力因素，包括对股东会决策的影响、对董事任免的影响以及对公司实际经营决策的影响等。若存在实际控制人，需要说明实际控制人的身份或市场主体登记信息，以及实际控制人与申请机构的控制关系，并说明实际控制人能够对机构起到的实际支配作用。若申请机构为外商独资和合资私募证券投资基金管理机构，律师应当就该申请机构的实际控制人是否符合中国证券投资基金业协会所要求的要求发表结论性意见。

（6）申请机构是否存在子公司（指持股5%以上的金融企业、上市公司及持股20%以上的其他企业）、分支机构（指申请机构投资设立的、有固定经营场所、以自己名义直接对外从事经营活动的、不具有法人资格，其民事责任由隶属企业承担的经济组织）和其他关联方（受同一控股股东/实际控制人控制的金融机构、私募投资基金管理人、投资类企业、冲突业务企业、投资咨询及金融服务企业等）。前述金融企业是指金融监管部门及金融行业自律组织向申请机构颁发的与金融业务相关的牌照及注册信息，如金融许可证、金融监管部分批复、行业注册成立会员证等。应明确说明相关子公司、分支机构和关联方市场主体登记信息等基本资料、相关机构业务开展情况、相关机构是否已登记为私募投资基金管理人、与申请机构是否存在业务往来等。

（7）申请机构是否按规定具有开展私募基金管理业务所需的从业人员、经营场所、资本金等企业运营基本设施和条件。主要包括以下事项：①申请机构的工作人员应当具备与岗位要求相适应的职业操守和专业胜任能力，申请机构员工总人数不应当低于5人，申请机构的一般员工不得兼职；并应当遵守竞业禁止原则，恪尽职守、勤勉尽责，不应当同时从事与私募业务可能存在利益冲突的活动。②申请机构的经营场所应当具备独立性。申请机构市场主体注册地和实际经营场所不在同一个行政区域的，应当充分说明分离的合理性。申请机构应对有关事项如实填报，律师需做好相关事实性尽职调查，说明申请机构的经营场所、注册地分别所在地点，是否确实在实际经营场所经营等事项。③资本金满足运营作为必要合理的运营条件，申请机构应根据自身运营情况和业务发展方向，确保有足够的实缴资本金保证机构有效运转。相关资本金应覆盖一段时间内机构的合理人工薪酬、房屋租金等日常运营开支。律师应当对私募投资基金管理人是否具备从事私募基金业务所需的资本金、资本条件等进行尽职调查并出具专业法律意见。申请机构应建立健全财务制度。申请机构提交私募登记申请时，不应当存在到期未清偿债务、资产负债比例较高、大额或有负债等可能影响机构正常运作的情形。申请机构与关联方存在资金往来的，应当保证资金往来真实合理。

（8）申请机构是否已制定风险管理和内部控制制度。核查申请机构是否已经根据其拟申请的私募基金管理业务类型建立了与之相适应的制度，并根据公司实际情况对制度是否具备有效执行的现实基础和条件出具意见。例如，相关制度的建立是否与机构现有组织架构和人员配置相匹配，是否满足机构运营的实际需求等。若私募投资基金管理人现有组织架构和人员配置难以完全自主有效执行相关制度，申请机构可考虑采购外包服务机构的服务。

（9）申请机构是否与其他机构签署基金外包服务协议。审查外包机构的主体资质并说明其外包服务协议情况和是否存在潜在风险。

（10）申请机构的高级管理人员是否具备基金从业资格，高级管理岗位设置是否符合中国证券投资基金业协会的要求。从事私募证券投资基金业务的申请机构，其高级管理人员［包括法定代表人、执行事务合伙人（委派代表）、总经理、副总经理、合规/风控负责人等］均应当取得基金从业资格。从事非私募证券投资基金业务的申请机构，至少2名高级管理人员应当取得基金从业资格，其法定代表人、执行事务合伙人（委派代表）、合规/风控负责人应当取得基金从业资格。合规/风控负责人均不得从事投资业务。已经通过基金业从业资格考试的，审查资格证书或显示通过结果的网页截屏；正在进行考试的，可以审查考试报名页面；需要进行资格认定的，审查中国证券投资基金业协会资格认定的结果公示信息或结合申请机构提供的申请材料进行分析并出具法律意见。此外，还需要核查高级管理人员的教育经历、工作经历，核查高级管理人员的学位/学历证明文件、高级管理人员及团队员工投资管理经验证明，就高级管理人员是否具备相关教育背景及从业经历。高级管理人员应当与任职机构签署劳动合同。高级管理人员不得在非关联的私募机构兼职、不得在与私募业务相冲突业务的机构兼职；除法定代表人外，私募投资基金管理人的其他高级管理人员原则上不应兼职；若有兼职情形，应当提供兼职合理性相关证明材料（包括但不限于兼职的合理性、胜任能力、如何公平对待服务对象、是否违反竞业禁止规定等材料），同时兼职高级管理人员数量应不高于申请机构全部高管人员数量的1/2；私募投资基金管理人的兼职高级管理人员应当合理分配工作精力并出具书面说明；律师应当对高级管理人员的兼职情况进行核查。

（11）申请机构是否受到刑事处罚、金融监管部门行政处罚或者被采取行政监管措施；申请机构及其高级管理人员是否受到中国证券投资基金业协会的纪律处分；是否在资本市场诚信数据库（证监会"证券期货市场失信记录查询平台"）中存在负面信息；是否被列入失信被执行人名单；是否被列入全国企业信用信息公示系统的经营异常名录或严重违法企业名录；是否在"信用中国"网站上存在不良信用记录等。以上信息可通过中国裁判文书网、全国企业信用信息公示系统、中国证券投资基金业协会纪律处分及黑名单公示信息、证券期货市场失信记录查询平台以及中国执行信息公开网核查。

（12）申请机构最近3年涉诉或仲裁的情况。通过裁判文书网核查申请机构最近3年的涉诉情况，通过网络搜索、与申请机构管理人员访谈确认的方式核查申请机构最近3年所涉仲裁的情况。

（13）申请机构向中国证券投资基金业协会提交的登记申请材料是否真实、准确、完整。

（14）律师事务所及经办律师认为需要说明的其他事项。

（四）《法律意见书》相关证明材料

在向中国证券投资基金业协会系统提交重大变更法律意见时，应一并提交相关证明材料。目前中国证券投资基金业协会系统可以供相关证明材料上传的容量有限，故需视重大变更的具体事项，选择重要的证明文件上传。结合《私募投资基金管理人登记申请材料清单（证券类/非证券类）》，重点材料可以包括出资人出资能力证明文件、《关联私募投资基金管理人自律合规连带责任承诺函》、实际控制人与管理人之间的控制关系图、《实际控制人保持实际控制及自律合规连带责任承诺函》及管理人、实际控制人、法定代表人、执行事务合伙人（委派代表）、主要出资人等相关主体就变更涉及的事项出具的相关情况说明、承诺函等。

（五）登记申请材料及其要求

根据《私募投资基金管理人登记申请材料清单（2023年修订）》，私募投资基金管理人登记的《法律意见书》准备材料及其要求如表2-9所示。

表2-9 私募投资基金管理人登记的《法律意见书》准备材料及其要求

序号	材料名称	内容要求	是否必填	签章要求
1	律师事务所执业许可证	应当提交律师事务所执业许可证复印件及律师事务所在中国证监会备案相关材料	必填	复印件应当加盖律师事务所公章，多页加盖骑缝章
2	《法律意见书》	《法律意见书》应当符合《私募投资基金登记备案办法》及相关指引的要求，并按要求签字、盖章	必填	
3	律师尽调底稿	承办律师可自愿选择提交对申请机构尽职调查的相关材料。中国证券投资基金业协会可视情况要求承办律师提交上述尽职调查底稿材料	如有	

第三章 私募投资基金管理人的登记

本章包括两节,即私募投资基金管理人登记的审核和私募投资基金管理人登记的流程。

第一节 私募投资基金管理人登记的审核

本节的主要内容包括依法登记审核、审核期限、审核的范围、审核的重点内容、中止审核、终止审核、提交私募投资基金管理人登记申请前已实际展业、典型案例。

本节参考的法律法规等规范性文件主要包括《中华人民共和国证券投资基金法》《私募投资基金监督管理暂行办法》《私募投资基金登记备案办法》《关于加强私募投资基金监管的若干规定》《律师办理私募投资基金合规法律业务操作指引(试行)(2023)》。

一、依法登记审核

(一)私募投资基金管理人应依法办理审核

私募投资基金管理人应当按照规定,向中国证券投资基金业协会履行登记备案手续,持续报送相关信息。私募投资基金管理人应当诚实守信,保证提交的信息及材料真实、准确、完整,不得有虚假记载、误导性陈述或者重大遗漏;中国证券投资基金业协会按照依法合规、公开透明、便捷高效的原则办理登记备案,对私募投资基金管理人及其管理的私募基金进行穿透核查。

(二)不办理登记审核的不利影响

如果不申请私募投资基金管理人登记审核,可能会产生的不利影响包括但不限于以下方面:①不得使用"基金""基金管理""投资管理""资产管理""股权投资""创业投资"等与私募投资基金管理人业务属性密切相关的字样,不得从事私募基金管理业务;②不登记而从事私募业务,会遭受没收违法所得、罚款、警告等行政处罚,甚至有可能涉嫌非法经营、非法集资、非法发行证券等犯罪而被追究刑事责任;③如果是股权投资基金,所投资的企业可能无法通过挂牌、上市或定向增发等途径退出;④如果是创业投资基金,可能无法享受国家和当地政府税收、补贴等优惠政策;⑤难以进一步募集到合格投资者的投资,减少了与政府各类引导基金等大型机构投资者的合作机会。

二、审核期限

中国证券投资基金业协会自私募投资基金管理人登记材料齐备之日起 20 个工作日内办结登记审核手续。拟登记机构提交的登记信息、材料不完备或者不符合要求的，应当根据中国证券投资基金业协会的要求及时补正，或做出解释说明或补充、修改。私募投资基金管理人应当于登记完成之日起 10 个工作日内向中国证监会派出机构报告。

三、审核的范围

（一）申请材料

私募投资基金管理人应当在开展基金募集、投资管理等私募基金业务活动前，向中国证券投资基金业协会报送以下基本信息和材料，履行登记审核手续：①统一社会信用代码等主体资格证明材料；②公司章程或者合伙协议；③实缴资本、财务状况的文件材料；④股东、合伙人、实际控制人、法定代表人、高级管理人员、执行事务合伙人或其委派代表的基本信息、诚信信息和相关投资能力、经验等材料；⑤股东、合伙人、实际控制人相关受益所有人信息；⑥分支机构、子公司以及其他关联方的基本信息；⑦资金募集、宣传推介、运营风控和信息披露等业务规范和制度文件；⑧经中国证监会备案的会计师事务所审计的财务报告和经中国证监会备案的律师事务所出具的法律意见书；⑨保证提交材料真实、准确、完整和遵守监督管理、自律管理规定，以及对规定事项的合法性、真实性、有效性负责的信用承诺书；⑩中国证监会、中国证券投资基金业协会规定的其他信息和材料。

私募投资基金管理人应当确保在登记备案电子系统中填报的邮寄地址、传真地址、电话号码、电子邮箱等联系方式和送达地址真实、有效与及时更新，并承担中国证监会及其派出机构、中国证券投资基金业协会按照上述联系方式无法取得有效联系的相应后果。

（二）提交登记审核申请注意事项

在办理私募投资基金管理人登记审核手续时，中国证券投资基金业协会仅就登记材料清单所列事项进行核对或者进一步问询，不会就登记材料清单以外事项额外增加问询，做到"单外无单"。因此，提交私募投资基金管理人登记审核申请时，应注意以下事项：

（1）务必详细了解登记材料清单中的相关要求，因为只有在材料符合登记材料清单齐备性要求后，才会进入私募投资基金管理人登记的实质性审核阶段，尽量节省前期齐备性反馈的时间，可以缩短私募投资基金管理人登记审核的申请周期。

（2）从中国证券投资基金业协会的监管规定来看，齐备性审核有两次提交机会。在中国证券投资基金业协会反馈材料齐备性后第二次提交仍未按登记材料清单提交所需材料或信息的，中国证券投资基金业协会将对申请机构适用中止办理程序。

四、审核的重点内容

(一) 基本情况

基本情况如表 3-1 所示。

表 3-1 基本情况

内容	要求
名称及经营范围	• 名称中标明"私募基金""私募基金管理""创业投资"相关字样; • 经营范围中标明"私募投资基金管理""私募证券投资基金管理""私募股权投资基金管理""创业投资基金管理"等体现受托管理私募基金特点的相关字样; • 私募证券投资基金管理人经营范围不得包含"投资咨询"等咨询类相关字样; • 自市场主体登记之日起 12 个月内提请办理私募投资基金管理人登记
组织形式	公司型或合伙型
经营场所	• 独立、稳定,不得使用共享空间等稳定性不足的场地作为经营场所,不得与其股东、合伙人、实际控制人、关联方等混同办公; • 经营场所系租赁所得的,自提请办理登记之日起,剩余租赁期应当不少于 12 个月
实缴资本	实缴货币资本不低于 1 000 万元或者等值可自由兑换货币
员工人数	• 专职员工不少于 5 人; • 专职员工是指与私募投资基金管理人签订劳动合同并缴纳社保的正式员工,签订劳动合同或者劳务合同的外籍员工、退休返聘员工,以及国家机关、事业单位、政府及其授权机构控制的企业委派的高级管理人员
冲突业务	• 私募投资基金管理人不得直接或间接从事冲突业务,不得通过设立子公司、合伙企业或者担任投资顾问等形式,变相开展冲突业务; • 冲突业务是指民间借贷、民间融资、小额理财、小额借贷、担保保理、典当、融资租赁、网络借贷信息中介、众筹、场外配资、房地产开发、交易平台等与私募基金管理相冲突的业务,中国证监会、中国证券投资基金业协会另有规定的除外
变更要求	名称、经营范围、资本金、注册地址、经营场所等基本信息发生变更的,应当自变更之日起 10 个工作日内向中国证券投资基金业协会报送

(二) 关联方要求

关联方要求如表 3-2 所示。

表 3-2 关联方要求

内容	要求
关联方范围	• 分支机构; • 持股 5% 以上的金融机构、上市公司及持股 30% 以上或者担任普通合伙人的其他企业,已在中国证券投资基金业协会备案的私募基金除外; • 受同一控股股东、实际控制人、普通合伙人直接控制的金融机构、私募投资基金管理人、上市公司、全国中小企业股份转让系统挂牌公司、投资类企业、冲突业务机构、投资咨询企业及金融服务企业等; • 其他与私募投资基金管理人有特殊关系,可能影响私募投资基金管理人利益的法人或者其他组织

续表

内容	要求
冲突业务	关联方从事小额贷款、融资租赁、商业保理、融资担保、互联网金融、典当等冲突业务需提供相关主管部门正式许可文件
变更要求	关联方信息发生变更的,应当自变更之日起10个工作日内向中国证券投资基金业协会报送

(三)出资人要求

出资人要求如表3-3所示。

表3-3 出资人要求

内容	要求
出资人要求	• 控股股东需要具备5年以上经营、管理或者从事资产管理、投资相关产业等相关经验; • 控股股东、主要出资人①最近5年不得从事与私募基金管理相冲突的业务; • 资产管理产品不得作为私募投资基金管理人主要出资人,但省级以上政府及其授权机构出资设立的私募投资基金管理人除外
出资要求	• 应当以货币财产出资,不得以实物、知识产权、土地使用权等非货币财产出资; • 境外出资人应当以可自由兑换的货币出资; • 以合法自有资金出资,不得以委托资金、债务资金等非自有资金出资,不得违规通过委托他人或者接受他人委托方式持有股权、财产份额; • 无合理理由不得通过特殊目的载体设立两层以上的嵌套架构; • 控股股东所持有的股权、财产份额或者实际控制权,自登记或者变更登记之日起3年内不得转让
出资能力	个人出资人:银行账户存款或理财产品(应当提交近半年银行流水单据或金融资产证明)、固定资产(应当提交非首套房屋产权文件或其他固定资产价值评估材料)等材料
	机构出资人:经营性收入,应当结合成立时间、实际业务情况、营收情况等说明收入来源合理与合法性,并提交审计报告等材料
	• 实缴部分需要提供该资金的来源证明材料; • 未实缴部分需要提供现有的资产或者未来可变现的资产证明材料; • 出资人通过特殊目的载体(SPV)出资的,应当穿透至最终履行相应出资义务的主体,并按上述要求提交材料
变更要求	股东、合伙人信息发生变更的,应当自变更之日起10个工作日内向中国证券投资基金业协会报送

①主要出资人是指持有私募投资基金管理人25%以上股权或者财产份额的股东、合伙人。

(四)实际控制人要求

实际控制人要求如表3-4所示。

表 3-4 实际控制人要求

内容	要求
冲突业务	实际控制人最近 5 年不得从事与私募基金管理相冲突业务
出资要求	• 必须以合法自有资金出资，不得以委托资金、债务资金等非自有资金出资，不得违规通过委托他人或者接受他人委托方式持有股权财产份额； • 不得存在循环出资、交叉持股、结构复杂等情形，隐瞒关联关系
相关工作经验	实际控制人需具备 5 年经营、管理或者从事资产管理、投资、相关产业等相关经验
任职要求	实际控制人如果是个人，应当担任私募投资基金管理人的董事、监事、高级管理人员、执行事务合伙人或其委派代表
禁止要求	• 私募投资基金管理人的实际控制人不得为资产管理产品； • 实际控制人、控股股东所持有的股权、财产份额或者实际控制权，自登记或者变更登记之日起 3 年内不得转让
特殊情形	• 境外机构：私募证券投资基金管理人如果有境外实控人、控股股东或者持股比例合计不低于 25% 的，需要是所在国家或者地区金融监管部门批准或者许可的金融机构，且所在国家或者地区的证券监管机构已与中国证监会或者中国证监会认可的其他机构签订证券监管合作谅解备忘录； • 上市公司：私募投资基金管理人的实际控制人、控股股东、高级管理人员担任上市公司高级管理人员的，应当出具该上市公司知悉相关情况的说明材料； • 金融机构：私募投资基金管理人的实际控制人、股东在金融机构任职的，应当出具该金融机构知悉相关情况的说明材料，并符合相关竞业禁止要求，高级管理人员及其他从业人员在金融机构任职的，应当符合金融机构相关规定
变更要求	私募投资基金管理人的实际控制人、控股股东发生变更，需要注意以下几点： • 自变更之日起 30 个工作日内向中国证券投资基金业协会履行变更手续； • 提交《专项法律意见书》； • 如涉及实际控制权变更，需要出具全套《法律意见书》，参照新设私募投资基金管理人的要求进行全面核查； • 如涉及实际控制权变更，变更之日前 12 个月的管理规模应当持续不低于 3 000 万元

（五）高级管理人员要求

高级管理人员要求如表 3-5 所示。

表 3-5 高级管理人员要求

内容	要求
任职要求	• 最近 5 年不得从事与私募基金管理相冲突业务； • 具有基金从业资格； • 竞业禁止：私募投资基金管理人聘用从公募基金管理人、证券期货经营机构离职的负责投资管理的高级管理人员、基金经理或者投资经理，从事投资、研究、交易等相关业务，应当满足 1 年静默期要求

续表

内容	要求
相关工作经验	• 私募证券投资基金管理人：具有5年以上证券、基金、期货投资管理等相关工作经验； • 私募股权、创业投资基金管理人：具有5年以上股权投资管理或者相关产业管理等工作经验； • 合规/风控负责人：具有3年以上投资相关的法律、会计、审计、监察、稽核，或者资产管理行业合规、风控、监管和自律管理等相关工作经验； • 高级管理人员24个月内在3家以上非关联单位任职的，或者24个月内为2家以上已登记私募投资基金管理人提供相同业绩材料的，前述工作经验和投资业绩不予认可
业绩要求	私募证券投资基金管理人：在商业银行、证券公司、基金管理公司、期货公司、信托公司、保险公司及相关资产管理子公司等金融机构，作为基金经理或者投资决策负责人管理的证券基金期货产品业绩或者证券自营投资业绩，或在私募投资基金管理人作为投资经理管理的私募证券基金业绩，或者其他符合要求的投资管理业绩： • 最近10年内连续2年以上的投资业绩； • 单只产品或者单个账户的管理规模不低于2 000万元； • 多人共同管理的，应提供具体材料说明其负责管理的产品规模，而无法提供相关材料的，按平均规模计算； • 投资业绩不包括个人或者其他企业自有资金证券期货投资、作为投资者投资基金产品、管理他人证券期货账户资产相关投资、模拟盘交易等其他无法体现投资管理能力或者不属于证券期货投资的投资业绩 私募股权、创业控资基金管理人业绩： • 最近10年内至少2起主导投资于未上市企业股权的项目经验； • 投资金额合计不低于3 000万元； • 至少应有1起项目通过首次公开发行股票并上市、股权并购或者股权转让等方式退出； • 主导投资是指相关人员主持尽职调查、投资决策等工作； • 项目经验不包括投向国家禁止者限制行业的股权投资、投向与私募基金管理相冲突行业的股权投资、作为投资者参与的项目投资等其他无法体现投资管理能力或者不属于股权投资的相关项目经验
持股要求	法定代表人、执行事务合伙人或其委派代表、负责投资管理的高级管理人员均直接或者间接持有私募投资基金管理人一定比例的股权或者财产份额，且合计实缴出资不低于私募投资基金管理人实缴资本的20%，或者不低于200万元
变更要求	• 在首只私募基金完成备案手续之前，不得变更高级管理人员； • 原高级管理人员离职后，应当由符合任职要求的人员代为履职，并在6个月内聘任符合岗位需求的高级管理人员； • 高级管理人员发生变更的，应当自变更之日起10个工作日内向中国证券投资基金业协会报送

（六）兼职要求

兼职要求如表3-6所示。

表 3-6 兼职要求

内容	要求
禁止情形	• 高级管理人员不得在非关联私募投资基金管理人、冲突业务机构等与所在机构存在利益冲突的机构兼职，或者成为其控股股东、实际控制人、普通合伙人； • 所有人员均不得在其他营利性机构兼职（集团化运营私募另有规定的，从其规定）； • 合规/风控负责人不得从事投资管理业务，不得兼任与合规、风控职责相冲突的职务
兼职豁免情形	下列情形不属于兼职范围： • 在高等院校、科研院所、社会团体、社会服务机构等非营利性机构任职； • 在其他企业担任董事、监事； • 在所管理的私募基金任职； • 中国证券投资基金业协会认定的其他情形

（七）诚信信息

1. 诚信信息要求提升

在实务中，基金管理人诚信信息的要求有所提升，包括申请机构、主要出资人、实际控制人、高级管理人员的诚信信息均需要核查。如果被中国证券投资基金业协会注销，或者被监管部门出具行政处罚或者自律处罚措施，也会产生诚信信息，影响后续申请新的私募投资基金管理人。

2. 诚信信息的内容

诚信信息主要包括以下内容：①是否因犯有贪污、贿赂、侵占财产、挪用财产或破坏社会主义经济秩序罪被判处刑罚，或因犯罪被剥夺政治权利；②最近 3 年是否受到证监会的行政处罚、被证监会采取行政监管措施，或被证监会采取市场禁入措施执行期满未逾 3 年；③最近 3 年是否受到其他监管部门的行政处罚；④最近 3 年是否被中国证券投资基金业协会或其他自律组织采取自律措施；⑤最近 3 年是否曾在因违反相关法律法规、自律规则被中国证券投资基金业协会注销登记或不予登记机构担任法定代表人、执行事务合伙人（委派代表）、负有责任的高级管理人员，或者作为实际控制人、普通合伙人、主要出资人；⑥最近 3 年是否在受到刑事处罚、行政处罚或被采取行政监管措施的机构任职；⑦最近 3 年是否被纳入失信被执行人名单；⑧最近 1 年是否涉及重大诉讼、仲裁；⑨最近 3 年是否存在其他违法违规及诚信情况。

对于申请机构、主要出资人、实际控制人、高级管理人员存在上述情形，或存在严重负面舆情、经营不善等重大风险问题的，中国证券投资基金业协会可以采用征询相关部门意见、加强问询等方式进一步了解情况。对于申请机构主要出资人、实际控制人最近 3 年存在重大失信记录的，中国证券投资基金业协会将结合相关情况实质性及影响程度，审慎办理登记业务。

五、中止审核

(一) 中止办理私募投资基金管理人登记审核的情形

有下列情形之一的,中国证券投资基金业协会中止办理私募投资基金管理人登记审核:①拟登记机构及其控股股东、实际控制人、普通合伙人、主要出资人因涉嫌违法违规被公安、检察、监察机关立案调查,或者正在接受金融管理部门、自律组织的调查、检查,尚未结案;②拟登记机构及其控股股东、实际控制人、普通合伙人、主要出资人出现可能影响正常经营的重大诉讼、仲裁等法律风险,或者可能影响办理私募投资基金管理人登记的重大内部纠纷,尚未消除或者解决;③拟登记机构及其控股股东、实际控制人、普通合伙人、主要出资人、关联私募投资基金管理人出现重大负面舆情,尚未消除;④中国证监会及其派出机构要求中国证券投资基金业协会中止办理;⑤涉嫌提供有虚假记载、误导性陈述或者重大遗漏的信息、材料,通过欺骗、贿赂或者以规避监管、自律管理为目的与中介机构违规合作等不正当手段办理相关业务,相关情况尚在核实;⑥法律、行政法规、中国证监会和中国证券投资基金业协会规定的其他情形。

前款所列情形消失后,拟登记机构可以提请恢复办理私募投资基金管理人登记审核,办理时限自恢复之日起继续计算。

(二) 中止办理机构私募投资基金管理人登记审核申请 6 个月的情形

申请机构出现下列 2 项及以上情形的,中国证券投资基金业协会将中止办理该类机构私募投资基金管理人登记审核申请 6 个月:①申请机构名称不突出私募基金管理主业,与知名机构重名或名称相近的,名称带有"集团""金控"等存在误导投资者相关字样的;②申请机构经营场所不稳定或者不独立的;③申请机构展业计划不具备可行性的;④申请机构不符合专业化经营要求,偏离私募基金主业的;⑤申请机构存在大额未清偿负债,或负债超过净资产50%的;⑥申请机构股权代持或股权结构不清晰的;⑦申请机构实际控制关系不稳定的;⑧申请机构通过构架安排规避关联方或实际控制人要求的;⑨申请机构员工、高级管理人员挂靠,或者专业胜任能力不足的;⑩申请机构在中国证券投资基金业协会反馈意见后 6 个月内未补充提交登记审核申请材料的;⑪中国证监会、中国证券投资基金业协会认定的其他情形。

六、终止审核

有下列情形之一的,中国证券投资基金业协会终止办理私募投资基金管理人登记审核,退回登记材料:①主动申请撤回登记;②依法解散、注销,依法被撤销、吊销营业执照、责令关闭或者被依法宣告破产;③自中国证券投资基金业协会退回之日起超过 6 个月未对登记材料进行补正,或者未根据中国证券投资基金业协会的反馈意见作出解释说明或者补充、修改；④被中止办理超过 12 个月仍未恢复；⑤中国证监会及其派出机构要求中国证券投资基金业协会终止办理；⑥提供有虚假记载、误导性陈述或者重大遗漏的信息、材料，通过欺骗、贿赂或者以规避监管、自律管理为目的与中介机构违规合作等不正当手段办理相关业务；⑦拟登记机构及其控股股东、实际控制人、普通合伙人、主要出资人、关联私募投资基金管理人出现重大经营风险；⑧未经登记开展基金募集、投资管理等私募基金业务活动，法律、行政法规另有规定的除外；⑨不符合《私募投资基金登记备案办法》第八条~第二十一条规定的登记要求；⑩法律、行政法规、中国证监会和中国证券投资基金业协会规定的其他情形。

拟登记机构因前款第⑨项规定的情形被终止办理私募投资基金管理人登记审核，再次提请办理登记审核又因前款第⑨项规定的情形被终止办理的，自被再次终止办理之日起 6 个月内不得再提请办理私募投资基金管理人登记审核。

申请登记审核私募投资基金管理人的机构存在以下情形的，中国证券投资基金业协会将不予办理登记审核，且自该机构不予登记审核之日起 1 年内不接受办理其高级管理人员担任私募投资基金管理人高级管理人员、作为私募投资基金管理人的出资人或实际控制人：

（1）申请机构违反《中华人民共和国证券投资基金法》《私募投资基金监督管理暂行办法》关于资金募集的相关规定，在申请登记审核前违规发行私募基金，且存在公开宣传推介、向非合格投资者募集资金行为的。

（2）申请机构提供，或申请机构与律师事务所、会计师事务所及其他第三方中介机构等串谋提供虚假登记信息或材料；提供的登记信息或材料存在误导性陈述、重大遗漏的。

（3）申请机构主要出资人、申请机构自身曾经从事过或目前仍兼营民间借贷、民间融资、融资租赁、配资业务、小额理财、小额借贷、P2P/P2B、众筹、保理、担保、房地产开发、交易平台等与私募基金业务相冲突业务的。

（4）申请机构被列入国家企业信用信息公示系统严重违法失信企业名单的。

（5）申请机构的高级管理人员最近 3 年存在重大失信记录，或最近 3 年被中国证监会采取市场禁入措施的。

（6）中国证监会和中国证券投资基金业协会规定的其他情形。

律师在接受业务委托前，应当对拟申请登记机构的基本情况进行了解和确认，如发现机构已经存在可能会导致中止登记或不予登记的情形，应先辅导机构整改合规，再提交登记审核申请，否则不仅登记审核失败，还可能导致律师与委托方之间的纠纷。

七、提交私募投资基金管理人登记审核申请前已实际展业

未经登记审核，任何单位或者个人不得使用"基金"或者"基金管理"相关字样或者近似名称进行私募基金业务活动，法律、行政法规另有规定的除外；私募投资基

金管理人不得直接或者间接从事民间借贷、担保、保理、典当、融资租赁、网络借贷信息中介、众筹、场外配资等任何与私募基金管理相冲突或者无关的业务，中国证监会另有规定的除外。

未经登记审核开展基金募集、投资管理等私募基金业务活动，法律、行政法规另有规定的除外，中国证券投资基金业协会终止办理私募投资基金管理人登记，退回登记材料并说明理由。

八、典型案例[①]

（一）中止审核案例

案例1　申报资料不准确及团队专业能力不足导致注册中止

申请机构A公司提交的私募证券投资基金管理人登记审核申请材料，存在多处不准确信息，如律所名称填报为数字，系统中填报的律师与签字律师不一致，出资人学历信息未完整填报；多项文件材料齐备性不符合要求，如机构制度文件不清晰，机构章程未加盖骑缝章，控制关系图未经实际控制人签章等。在中国证券投资基金业协会反馈材料齐备性问题后，A公司第二次提交的私募登记材料仍不满足齐备性要求。此外，高级管理人员无法提供符合要求的投资能力证明材料。

1. 中止理由

（1）未按照材料清单要求提供私募登记材料。根据《关于便利申请办理私募投资基金管理人登记相关事宜的通知》，A公司连续两次未按照登记材料清单提交所需材料或信息，适用中止办理程序。

（2）团队专业胜任能力不足。高级管理人员及团队员工投资管理经验业绩证明不符合要求，A公司提供的投资业绩对账单投资规模过小，高级管理人员投资管理经历较短，申请机构团队员工、高级管理人员专业胜任能力不足。

2. 案例总结

申请机构应当在具备真实展业需求和充足展业条件的情况下向中国证券投资基金业协会提交私募投资基金管理人登记审核申请材料，应确保所提交信息真实、准确、完整。同时，出具《法律意见书》的律师事务所及其律师，应对申请机构在资产管理业务综合报送平台中提交的登记审核申请材料的真实性、准确性和完整性出具意见。对于未按要求提交申请材料的申请机构，中国证券投资基金业协会将依据《关于便利申请办理私募投资基金管理人登记相关事宜的通知》中止办理。

案例2　股权结构不清晰及实际控制人没有相关工作经验导致登记中止

申请机构A公司的股东在B公司存在循环出资结构，B公司控股C公司，C公司

[①] 该部分案例参见《私募投资基金管理人登记案例公示（2022年第1期）》。

又持有B公司全部股份。实际控制人甲某不在申请机构任职，并且投资经验不足。

中止理由

（1）申请机构股权代持或股权结构不清晰。根据《关于加强私募投资基金监管的若干规定》第五条，私募投资基金管理人的出资人不得有代持、循环出资、交叉出资、层级过多、结构复杂等情形，申请机构股权结构不清晰。

（2）实际控制人不任职并且投资经验不足。实际控制人甲某投资经验不足，也未作为高级管理人员参与申请机构日常经营管理决策，却承担A公司实际控制人角色，对申请机构缺乏实际控制力，公司治理结构不稳定，申请机构实际控制关系不稳定。

案例3 实际控制人出资能力不足及无相关工作经验导致登记中止

申请机构A公司实际控制人为自然人甲某和乙某。甲某和乙某两人为夫妻关系，年近耄耋。甲某和乙某无法提供与申请机构注册资本相对应的出资能力材料，并且两人均不担任申请机构高级管理人员。

中止理由

（1）出资能力不足，有股权代持之嫌。出资人应当保证资金来源真实合法并且不受制于任何第三方。在要求出资人提供相应出资能力材料后，A公司未提供股东甲某及乙某的出资证明文件，无法证实两位实际控制人对申请机构的出资系其自有合法财产。经查，甲某及乙某二人直系亲属从事冲突业务，且甲某担任冲突业务主体关联方的法定代表人，存在潜在的股权代持风险。

（2）实际控制人不任职且无相关工作经验。A公司实际控制人甲某及乙某均年近耄耋，既往数十年工作履历基本不涉及投资管理工作。中国证券投资基金业协会无法与甲某取得联系，其电话非本人接听，称甲某不参与实际运营，申请机构实际控制关系不稳定。

案例4 架构安排规避及控制关系不稳导致登记中止

申请机构A公司由第一大股东B公司及两个有限合伙企业（员工持股平台）共同出资设立，其中B公司系C上市公司的全资子公司，两个有限合伙企业合计持股比例超过50%，且执行事务合伙人均为自然人甲某。申请机构A公司原填报B公司为实际控制人，未按实际控制人认定要求穿透填报至最终实际控制人C上市公司。在申请过程中，A公司提交两个员工持股平台签署的一致行动协议，将实际控制人变更认定为甲某。甲某曾任B公司股权投资部门负责人。

中止理由

（1）通过架构安排规避关联方或实际控制人要求。实际控制人应一直追溯到最后自然人、国资控股企业或集体企业、上市公司、受国外金融监管部门监管的境外机构。A公司在填报实际控制人时，未按实际控制人认定要求穿透填报至最终实际控制人C上市公司，为规避中国证券投资基金业协会相关要求，通过一致行动协议安排规避关联方或实际控制人认定要求,申请机构通过架构安排规避关联方或实际控制人要求。

(2)实际控制关系不稳定。A公司申请管理人登记过程中,在股权结构未做调整情况下,通过一致行动协议变更实际控制人,治理结构不稳定,实际控制关系不清晰,申请机构实际控制关系不稳定。

(二)不予登记的案例

案例1 虚假陈述、重大遗漏不予登记

申请机构A公司,股东为自然人甲某、乙某。两位股东出资来源主要为直系亲属赠予,资金来源均为亲属委托B公司实际控制人丙某代为理财所得。甲某曾在B公司长期任职,乙某配偶担任B公司及丙某控股的多家冲突业务企业的法定代表人。

经进一步核查申请机构提交的材料,发现以下问题:①A公司提供多项材料涉嫌造假,如委托理财协议、投资决策会议纪要、立项报告等,存在材料后补或日期倒签情形;②A公司与B公司实际控制的多家冲突类业务企业混同办公;③疑似真实股权持有人丙某为冲突业务企业实际控制人,乙某的配偶在丙某控制的多家冲突业务企业担任法定代表人。

不予登记理由

申请机构提供,或申请机构与律师事务所、会计师事务所及其他第三方中介机构等串谋提供虚假登记信息或材料,因此中国证券投资基金业协会对该机构不予办理登记。

案例2 虚假陈述、重大遗漏不予登记

申请机构A1公司全部员工及实际控制人均曾任职于A2公司或A3公司,A2公司与A3公司互为关联方。A1公司与A2公司、A3公司在股权结构上不存在关联关系,但三者均使用同一营业执照名称字号且同署办公。经查,A1公司、A2公司与A3公司实质上受同一实际控制人甲某控制,2018年A2公司与其关联方及其实际控制人甲某曾被中国证监会行政处罚,但申请机构所报送信息及律师事务所出具的《法律意见书》均未对上述处罚情况如实披露,构成重大遗漏。

不予登记理由

申请机构通过设计股权架构将关联关系非关联化,刻意隐瞒曾受处罚情况;申请机构提供,或申请机构与律师事务所、会计师事务所及其他第三方中介机构等串谋提供虚假登记信息或材料,提供的登记信息或材料存在误导性陈述、重大遗漏,因此中国证券投资基金业协会对该机构不予办理登记。

第二节 私募投资基金管理人登记的流程

本节的主要内容为私募投资基金管理人登记的流程,包括基本流程、登记程序简

图及一般程序、与注册地所属地方证监局取得联系。

本节参考的法律法规等规范性文件主要包括《中华人民共和国证券投资基金法》《私募投资基金监督管理暂行办法》《私募投资基金登记备案办法》《登记备案事项服务指南——私募投资基金管理人登记业务办理》《律师办理私募投资基金合规法律业务操作指引（试行）（2023）》。

一、基本流程

未经登记审核不得开展私募基金投资业务；各类私募投资基金管理人应当根据中国证券投资基金业协会的规定，向中国证券投资基金业协会申请审核登记。自2017年4月5日起，各私募投资基金管理人均应当通过"资产管理业务综合管理平台"（以下简称"AMBERS系统"，登录入口为：https://ambers.amac.org.cn）提交管理人登记审核申请，并应按要求持续更新管理人信息与私募基金运行信息，原"私募基金登记备案系统"（登录入口：https://pf.amac.org.cn）停止使用。AMBERS系统具体操作和注意事项可以参考《资产管理业务综合报送平台操作手册》。同时，申请机构需要注意提前将其所有员工在从业人员管理平台进行信息录入，确认学历学位、工作经历、从业资格取得情况等基本信息，其中高级管理人员的信息会自动关联至AMBERS系统。

初始登记报送的基本信息包括市场主体登记和营业执照正副本复印件、公司章程或者合伙协议、主要股东或者合伙人名单、关联方、内部控制和风险管理制度、高级管理人员的基本信息以及中国证券投资基金业协会规定的其他信息，并提交登记法律意见书，由中国证券投资基金业协会审核通过后取得私募投资基金管理人登记编码。

除此之外，已登记的私募投资基金管理人还应进行季度和年度定期更新。季度更新包含管理人重大事项和违规失信情况季度更新以及基金从业人员情况季度报表；年度更新包括上一年度财务信息、管理人基本资料年度变更、重大事项和违规失信情况年度报表，以及基金从业人员情况年度报表。

二、登记审核程序简图及一般程序

（一）登记程序简图

私募投资基金管理人登记审核可以通过协会AMBERS系统进行线上申请，具体登记审核办理流程如图3-1所示。

（二）一般程序

办理私募投资基金管理人登记审核的一般程序包括申请、核查、退回补正、办结、结果公示等，具体如表3-7所示。

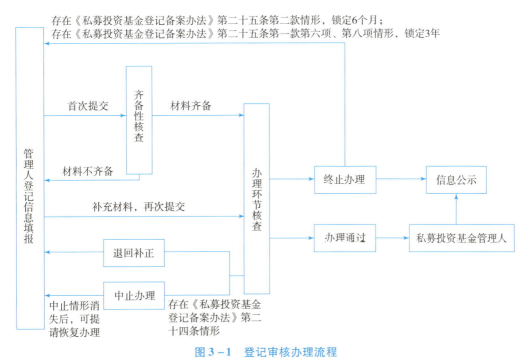

图 3－1　登记审核办理流程

表 3－7　私募投资基金管理人登记审核的一般程序

步骤	基本内容
1. 申请	机构在 AMBERS 系统注册账号、填报申请登记审核材料、上传《法律意见书》并提交
2. 核查	包括齐备性核查和办理环节核查。其中，齐备性核查是指中国证券投资基金业协会按照《私募投资基金管理人登记申请材料清单》对申请机构提交材料的齐备性进行核查；办理环节核查是指在机构申请登记材料齐备后进入办理环节，中国证券投资基金业协会对机构是否符合登记要求进行核查
3. 退回补正	经中国证券投资基金业协会核查后，将登记审核申请退回给机构，并向机构进行齐备性反馈或办理环节反馈，后续机构应按照反馈意见补充材料并再次提交
4. 办结	中国证券投资基金业协会对申请机构做出办理通过、中止办理或不予登记的办理意见
5. 结果公示	在中国证券投资基金业协会官方网站信息公示界面公示机构申请登记的办理结果及登记信息

（三）办理结果

办理结果包括办理通过、中止办理、不予登记，具体如表 3－8 所示。

表 3－8　办理结果

办理结果	基本内容
1. 办理通过	机构登记申请材料齐备且符合要求，中国证券投资基金业协会作出办理通过的办理结果。办理通过的私募投资基金管理人，中国证券投资基金业协会不向其出具登记纸质或电子证明文件
2. 中止办理	机构登记申请材料出现"中止办理情形"的，中国证券投资基金业协会中止办理该机构登记审核申请 6 个月。中止办理机构自中止办理之日起 6 个月后可再次提交登记审核申请
3. 不予登记	机构登记申请材料出现"不予登记情形"的，中国证券投资基金业协会不予办理该机构登记审核，且自该机构不予登记之日起 1 年内不接受办理其高级管理人员担任私募投资基金管理人高级管理人员、作为私募投资基金管理人的出资人或实际控制人

三、与注册地所属地方证监局取得联系

私募投资基金管理人应当于登记审核完成之日起 10 个工作日内向相关中国证监会派出机构报告。

第四章　私募投资基金管理人的重大事项变更

本章主要包括两节，分别为私募投资基金管理人的重大事项变更和私募投资基金管理人重大事项变更的法律意见。

第一节　私募投资基金管理人的重大事项变更概述

本节的主要内容包括私募投资基金管理人重大事项变更的范围、禁止或限制办理重大事项变更登记的情形、私募投资基金管理人重大事项变更的流程、几种常见的私募投资基金管理人重大事项变更、对私募投资基金管理人重大事项变更的特殊要求、其他实操要点。

本节参考的法律法规等规范性文件主要包括《私募投资基金登记备案办法》《私募投资基金监督管理暂行办法》《私募投资基金管理人内部控制指引》《私募投资基金合同指引》《登记备案事项服务指南——私募投资基金管理人登记信息变更业务办理》《律师办理私募投资基金合规法律业务操作指引（试行）（2023）》。

一、私募投资基金管理人重大事项变更的范围

（一）适用范围

私募投资基金管理人及其备案的私募基金相关事项发生变更的，应当按规定及时向中国证券投资基金业协会履行变更手续。相关变更事项应当符合规定的登记、备案要求；不符合要求的，应当按照规定及时改正。

下列登记信息发生变更的，私募投资基金管理人应当自变更之日起10个工作日内向中国证券投资基金业协会履行变更手续：①名称、经营范围、资本金、注册地址、经营场所等基本信息；②股东、合伙人、关联方；③法定代表人、高级管理人员、执行事务合伙人或其委派代表；④中国证监会、中国证券投资基金业协会规定的其他信息。

（二）出具法律意见的重大事项变更

私募投资基金管理人的控股股东、实际控制人、普通合伙人等发生变更的，私募投资基金管理人应当自变更之日起30个工作日内向中国证券投资基金业协会履行变更手续，提交《专项法律意见书》，就变更事项出具法律意见。

私募投资基金管理人实际控制权发生变更的，应当就变更后是否全面符合私募投资基金管理人登记的要求提交《法律意见书》，中国证券投资基金业协会按照新提交私募投资基金管理人登记的要求对其进行全面核查。股权、财产份额按照规定进行行政划转或者变更，或者在同一实际控制人控制的不同主体之间进行转让等情形，不视为实际控制权变更。

私募投资基金管理人的实际控制权发生变更的，变更之日前 12 个月的管理规模应当持续不低于 3 000 万元。

（三）控制权发生变更

私募投资基金管理人的控股股东、实际控制人、普通合伙人拟转让其所持有的股权、财产份额或者实际控制权的，应当充分了解受让方财务状况、专业能力和诚信信息等，并向其告知担任控股股东、实际控制人、普通合伙人的相关监管和自律要求。私募投资基金管理人的控股股东、实际控制人、普通合伙人拟发生变更导致实际控制权发生变更的，应当及时将相关情况告知私募投资基金管理人，私募投资基金管理人应当及时向投资者履行信息披露义务，并按照基金合同约定履行相关内部决策程序。

私募投资基金管理人的控股股东、实际控制人、普通合伙人发生变更，未按规定向中国证券投资基金业协会履行变更手续，或者虽然履行变更手续但不符合要求的，中国证券投资基金业协会采取暂停办理其私募基金备案的自律管理措施。

私募投资基金管理人的控股股东、实际控制人、普通合伙人发生变更但未在中国证券投资基金业协会完成变更手续的，私募投资基金管理人应当审慎开展新增业务；期间募集资金的，应当向投资者揭示变更情况，以及可能存在无法完成变更登记和基金备案手续的合规风险。

二、禁止或限制办理重大事项变更登记的情形

为保证新登记私募投资基金管理人的公司治理、组织架构和管理团队的稳定性，确保私募投资基金管理人持续有效执行登记申请时所提出的商业运作计划和内部控制制度，自 2017 年 11 月 3 日起，申请私募投资基金管理人登记的机构应当书面承诺：申请登记机构保证其组织架构、管理团队的稳定性，在备案完成第一只基金产品前，不进行法定代表人、控股股东或实际控制人的重大事项变更；不随意更换总经理、合规风控负责人等高级管理人员；法律法规另有规定或发生不可抗力情形的除外。

此外，申请重大变更的机构的关联方私募投资基金管理人存在未办理完毕的重大变更事项，则申请机构的重大变更申请可能被暂停受理，待关联方的私募投资基金管理人的重大变更申请完成后才能继续申请机构的变更申请。

(一) 中止办理私募投资基金管理人登记信息变更

有《私募投资基金登记备案办法》第二十四条规定①情形的，除另有规定外，中国证券投资基金业协会中止办理私募投资基金管理人登记信息变更，并说明理由。相关情形消失后，私募投资基金管理人可以提请恢复办理变更，办理时限自恢复之日起继续计算。

(二) 终止办理私募投资基金管理人登记信息变更

有下列情形之一的，中国证券投资基金业协会终止办理私募投资基金管理人登记信息变更，退回变更登记材料，并说明理由：①不符合《私募投资基金登记备案办法》规定的登记要求和变更要求；②《私募投资基金登记备案办法》第二十五条第一款第三项~第六项规定的情形②；③私募投资基金管理人及其控股股东、实际控制人、普通合伙人、主要出资人、关联私募投资基金管理人出现重大经营风险，但按照金融管理部门认可的风险处置方案变更的除外；④中国证监会、中国证券投资基金业协会规定的其他情形。

(三) 暂停办理、审慎开展新业务

(1) 私募投资基金管理人的控股股东、实际控制人、普通合伙人发生变更，未按

---

① 《私募投资基金登记备案办法》第二十四条 有下列情形之一的，协会中止办理私募投资基金管理人登记，并说明理由：

(一) 拟登记机构及其控股股东、实际控制人、普通合伙人、主要出资人因涉嫌违法违规被公安、检察、监察机关立案调查，或者正在接受金融管理部门、自律组织的调查、检查，尚未结案；

(二) 拟登记机构及其控股股东、实际控制人、普通合伙人、主要出资人出现可能影响正常经营的重大诉讼、仲裁等法律风险，或者可能影响办理私募投资基金管理人登记的重大内部纠纷，尚未消除或者解决；

(三) 拟登记机构及其控股股东、实际控制人、普通合伙人、主要出资人、关联私募投资基金管理人出现重大负面舆情，尚未消除；

(四) 中国证监会及其派出机构要求协会中止办理的；

(五) 涉嫌提供有虚假记载、误导性陈述或者重大遗漏的信息、材料，通过欺骗、贿赂或者以规避监管、自律管理为目的与中介机构违规合作等不正当手段办理相关业务，相关情况尚在核实；

(六) 法律、行政法规、中国证监会和协会规定的其他情形。

前款所列情形消失后，拟登记机构可以提请恢复办理私募投资基金管理人登记，办理时限自恢复之日起继续计算。

② 《私募投资基金登记备案办法》第二十五条 有下列情形之一的，协会终止办理私募投资基金管理人登记，退回登记材料并说明理由：

(一) 主动申请撤回登记；

(二) 依法解散、注销、依法被撤销、吊销营业执照、责令关闭或者被依法宣告破产；

(三) 自协会退回之日起超过6个月未对登记材料进行补正，或者未根据协会的反馈意见作出解释说明或者补充、修改；

(四) 被中止办理超过12个月仍未恢复；

(五) 中国证监会及其派出机构要求协会终止办理的；

(六) 提供有虚假记载、误导性陈述或者重大遗漏的信息、材料，通过欺骗、贿赂或者以规避监管、自律管理为目的与中介机构违规合作等不正当手段办理相关业务。

《私募投资基金登记备案办法》第四十八条的规定①向中国证券投资基金业协会履行变更手续，或者虽然履行变更手续但不符合要求的，中国证券投资基金业协会采取暂停办理其私募基金备案的自律管理措施。

（2）私募投资基金管理人的控股股东、实际控制人、普通合伙人发生变更但未在中国证券投资基金业协会完成变更手续的，私募投资基金管理人应当审慎开展新增业务；期间募集资金的，应当向投资者揭示变更情况，以及可能存在无法完成变更登记和基金备案手续的合规风险。

三、私募投资基金管理人重大事项变更的流程

（一）内部决议

根据《中华人民共和国公司法》《公司章程》及中国证券投资基金业协会的相关规定等需要出具决议或签署法律文件的，应当按照规定程序进行变更，针对拟变更事项出具有效决议，签署相关法律文件等。

（二）市场主体变更登记

私募投资基金管理人重大变更需要进行市场主体登记的，应当及时向市场监管部门提交变更登记申请，办理变更登记。

（三）向投资者披露

私募投资基金管理人在发生变更后，应当根据《私募投资基金信息披露管理办法》《合伙协议》《基金合同》等的要求和约定，向投资者如实、及时、准确、完整地披露相关变更情况或获得投资者认可。

（四）通过备案系统向中国证券投资基金业协会进行重大事项变更

私募投资基金管理人应当在完成工商变更登记后的10个工作日内，通过私募基金登记备案系统向中国证券投资基金业协会进行重大事项变更。具体报送方式如下：将控股股东、实际控制人或法定代表人（执行事务合伙人）变更报告及相关证明文件发送至协会邮箱（pf@amac.org.cn），并通过私募基金登记备案系统进行重大事项变更。中国证券投资基金业协会将依据《私募投资基金管理人登记和基金备案办法（试行）》进行核对办理。需要出具《法律意见书》的变更事项，应当同时提交《专项法律意见书》。

---

① 《私募投资基金登记备案办法》第四十八条　私募投资基金管理人的控股股东、实际控制人、普通合伙人等发生变更的，私募投资基金管理人应当自变更之日起30个工作日内向协会履行变更手续，提交专项法律意见书，就变更事项出具法律意见。

私募投资基金管理人实际控制权发生变更的，应当就变更后是否全面符合私募投资基金管理人登记的要求提交法律意见书，协会按照新提交私募投资基金管理人登记的要求对其进行全面核查。股权、财产份额按照规定进行行政划转或者变更，或者在同一实际控制人控制的不同主体之间进行转让等情形，不视为实际控制权变更。

私募投资基金管理人的实际控制权发生变更的，变更之日前12个月的管理规模应当持续不低于3 000万元。

中国证券投资基金业协会在私募投资基金管理人变更登记材料齐备之日起 20 个工作日内办结变更手续,并就私募投资基金管理人变更后是否符合登记要求进行核查。中国证券投资基金业协会通过官方网站对私募投资基金管理人变更的相关事项和办理结果等信息进行公示。

(五) 办理程序和结果

登记信息变更办理流程如图 4-1 所示。

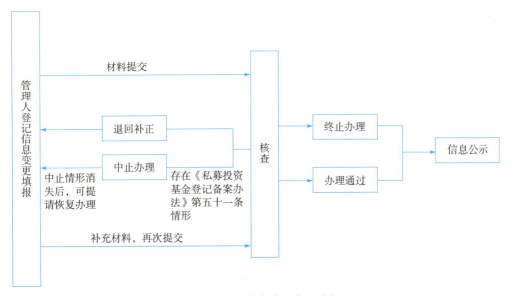

图 4-1 登记信息变更办理流程

四、几种常见的私募投资基金管理人重大事项变更

(一) 机构类型及业务类型变更

其资料清单如表 4-1 所示。

表 4-1 机构类型及业务类型变更资料清单

变更事项	资料清单	情况说明
机构类型及业务类型变更	提交变更申请书,说明原因,变更申请书中应明确说明变更后符合专业化管理要求的机构类型和业务类型(与系统中填报应一致),并加盖公司公章	• 机构类型不可变更,若需要修改"机构类型",需进行"注销登记",之后重新申请。 • 业务类型仍可在取得的范围内变更。例如,基金管理人当时申请的业务类型是"私募股权投资基金、私募股权投资类 FoF 基金;创业投资基金、创业投资类 FoF 基金",可以申请变更为"私募股权投资基金、创业投资类 FoF 基金"

(二) 分支机构、子公司及关联机构信息变更

其资料清单如表 4-2 所示。

表 4-2 分支机构、子公司及关联机构信息变更资料清单

变更事项	资料清单	备注
分支机构、子公司及关联机构信息变更	在系统中填写新增机构的基本信息	反馈意见中通常被要求完整填写关联机构"实际开展业务情况描述",勿仅参考经营范围;如果未展业,请一并填写设立目的

(三) 出资人变更

出资人变更包括新增出资人(个人或机构出资人)、修改出资人(对已经存在的出资人)和删除出资人(对已经存在的出资人),其资料清单如表 4-3 所示。

表 4-3 出资人变更资料清单

变更事项	资料清单	法律意见
新增出资人	股权转让:①基金管理人股东市场主体变更后的新营业执照;②基金管理人公司决议文件;③股权转让协议;④股权转让交易划款回单;⑤国家企业信用信息公示系统公示的基金管理人出资人信息截图;⑥市场监管部门存档的基金管理人出资人信息截图;⑦新增出资人的基本信息及证件(自然人身份证、学历证明、学习和工作经历,机构的营业执照);⑧新增出资人的需要更新"实际控制人与基金管理人之间的控制关系图",列明股东名称和股权比例,由实际控制人签字/盖章,并在"实际控制人/第一大股东变更"页签下重新上传。 增资扩股:①基金管理人公司决议文件;②国家企业信用信息公示系统公示的基金管理人出资人信息截图;③市场监管部门存档的基金管理人出资人信息截图;④新增出资人的实缴出资证明(如有);⑤新增出资人的基本信息及证件(自然人身份证+学历证明,机构的营业执照)(如有);⑥新增出资人的需要更新"实际控制人与基金管理人之间的控制关系图",列明股东名称和股权比例,由实际控制人签字/盖章,并在"实际控制人/第一大股东变更"页签下重新上传(如有)。 以上"出资人变更(股权转让/增资扩股)"涉及"注册资本/认缴资本"变更、"实收资本/实缴资本"变更的,需要同时在"主体资格证明文件及相关内容变更"页上做相应变更,上传实缴证明和决议文件	不涉及管理人控股股东的出资人变更不需要出具专项法律意见书;如涉及控股股东变更需要出具专项法律意见书
修改出资人	按照系统要求对发生变更的出资人信息进行修改或者直接删除已退出的出资人	通常不涉及
删除出资人		
备注	反馈意见通常被问及以下问题: (1) 变动原因。 贵机构股权结构发生变动,请上传变动原因及情况说明,并说明转让价格的合理性,请在实缴证明处上传股权协议和银行转账凭证。 请在实际控制人页签内上传股权变更后的实控图,实际控制人签字或盖章确认(请列明全部股东名称及股权比例;若实际控制人简历、学历信息不完整,请一并完善)。请上传股权转让协议及股权转让的银行回单。 (2) 出资能力。	

续表

变更事项	资料清单	法律意见
备注	请出资人出具出资能力证明。出资能力证明应详细说明出资人的合计出资能力如何与申请机构的认缴资金相匹配，《法律意见书》中应对此发表结论性意见（股东出资能力证明材料请作为附件一同打包上传）。证明材料如下：①涉及银行存款及证券账户资金的，应说明其资金对应的收入来源，并提供证明材料；②认缴资金对应的为未变现房产的，应说明实缴资金对应金额的收入来源，并提供相关证明材料；③股东给机构实缴资金的来源；④如涉及企业资产，应说明该企业的资产负债情况以及申请机构从该企业获得的资本来源	

（四）实际控制人变更

其资料清单如表4-4所示。

表4-4 实际控制人变更资料清单

变更事项	资料清单	备注
实际控制人变更	①《专项法律意见书》；②实际控制人基本信息及证件（自然人身份证、学历证明，机构营业执照等）；③实际控制人出具实际控制不少于3年的书面承诺函；④基金管理人出具的与实际控制人及其他关联方不存在利益输送的承诺函；⑤实际控制人与基金管理人之间的控制关系图（需要实际控制人签字/盖章）；⑥实际控制人变更涉及关联方发生变更的，同时在"分支机构、子公司及关联机构信息变更"页上进行变更	反馈意见中通常涉及若机构实际控制人为自然人，请上传实际控制人在实际控制人与基金管理人之间的控制关系图上签字扫描件；若机构实际控制人为非自然人，请上传实际控制人在实际控制人与基金管理人之间的控制关系图上加盖公司公章扫描件

（五）高级管理人员变更

其资料清单如表4-5所示。

表4-5 高级管理人员变更资料清单

变更事项	资料清单	情况说明
高级管理人员变更	①基本信息及身份证件扫描件；②学历证明；③劳动合同；④社保缴费证明；⑤个人照片；⑥原岗位高级管理人员离职证明；⑦《专项法律意见书》（变更法定代表人需要）	AMBERS系统只能填写已经在"从业人员管理平台"中进行了从业资格注册或个人信息登记的自然人。如果高级管理人员信息尚未在"从业人员管理平台"中注册从业资格或登记个人信息，需要先登录"从业人员管理平台"进行注册或登记。高级管理人员信息在"从业人员管理平台"中注册或登记成功后，第T+1日更新至AMBERS系统。如需变更高级管理人员除任职相关信息外的其他个人基本信息、工作经历、学习经历，需要到"从业人员管理平台"变更，保持从业人员系统与AMBERS系统中填报的高级管理人员履历信息一致。高级管理人员个人诚信信息需要同时在AMBERS系统及"从业人员管理平台"中变更

续表

变更事项	资料清单	情况说明
备注		反馈意见中通常涉及以下问题： （1）履历信息。 请完善高级管理人员履历信息，应当从高中毕业填写至当前岗位，学历经历从大学填起，且保持从业人员系统与资产管理业务综合报送平台中填报的高级管理人员履历信息一致。贵机构高级管理人员未在申请机构缴纳社保，请上传社保缴费记录、委托代缴协议、加盖公章的社保缴纳说明，说明代缴的原因及合理性。 （2）履职能力。 根据《私募投资基金管理人内部控制指引》第十一条，从事私募基金管理业务相关工作人员应具备与岗位要求相适应的职业操守和专业胜任能力。请在补充证明材料中详细说明申请机构新增高级管理人员在其岗位或私募投资基金领域的专业能力，负责风控工作的高级管理人员需要特别说明其相关工作经历及岗位胜任能力。如涉及相关经历或投资经验，请进一步提供证明材料上传至任职证明处。 （3）高级管理人员兼职。 参照行业一般运营实践，除法定代表人外其他从事私募基金管理业务相关高级管理人员原则上不应兼职，建议整改。贵机构法定代表人与合规/风控负责人为同一人，存在涉及合规/风控共负责人进行投资业务的可能性，建议法定代表人与合规/风控负责人岗位分离，请整改，若不能请说明合理原因。 （4）风控人员的胜任能力。 ①根据新版材料清单第二十五条，请申请机构详细论述申请机构高级管理人员是否具备3年以上与拟任职务相关的证券、基金、期货、金融、法律、会计等相关工作经历及与拟任职务相适应的管理经历和经营管理能力。 ②私募投资基金管理人合规/风控负责人应当具有3年以上投资相关的法律、会计、审计、监察、稽核，或者资产管理行业合规、风控、监管和自律管理等相关工作经验。 ③对于私募证券投资基金管理人风控负责人，应当至少有3年的证券风控经验，需要提供相应证明材料；对于私募股权、创投基金管理人风控负责人，应当具有上市退出的经验（包括但不限于并购上市退出），并提供证明材料

（六）关联方变更

其监管趋势如表4-6所示。

表4-6 关联方变更监管趋势

变更事项	监管趋势
关联方变更	中国证券投资基金业协会将关联方信息更新划为重大事项变更，强化了关联方审核力度；与此同时，各地证监局在私募自查中，也屡屡提及关联交易。监管部门特别关注的无非是是否有利益输送，损害投资者权益，尤其是关联方是否从事与私募基金相冲突的业务。 应对措施：①严格按照基金合同/合伙协议/公司章程的约定使用募集资金，切忌利用基金财产或职务之便进行利益输送，为关联方牟取不正当利益。②对投资者进行充分的风险揭示。私募基金涉及关联交易的，私募投资基金管理人应当在《风险揭示书》中向投资者披露关联关系情况，并提交证明底层资产估值公允的材料、有效实施的关联交易风险控制制度、不损害投资人合法权益的承诺函等相关文件。私募投资基金管理人应当在《风险揭示书》的"特殊风险揭示"部分，重点对私募基金的资金流动性、关联交易、单一投资标的、产品架构、底层标的等所涉特殊风险进行披露。私募基金《风险揭示书》"投资者声明"部分所列的13类签字项，应当由全体投资人逐项签字确认

续表

变更事项	监管趋势
备注	反馈意见中通常涉及以下问题： （1）申请机构的子公司（持股5%以上的金融企业、上市公司及持股20%以上的其他企业）、分支机构、其他关联方（受同一控股股东/实际控制人控制的金融企业、资产管理机构、冲突类业务机构（详见《私募投资基金登记备案的问题解答（七）》）、投资咨询及金融服务企业）等信息应在系统中如实、完整填报。请申请机构与经营范围存在冲突业务的子公司、分支机构和其他关联方分别出具不存在利益输送的承诺函，并在承诺函中承诺申请机构自身及其未来管理的私募基金均不涉及与民间借贷、民间融资、配资业务、小额理财、小额借贷、P2P/P2B、众筹、保理、融资租赁、担保、房地产开发、交易平台等可能与私募投资基金属性相冲突的业务。 （2）请对经营范围中包含"投资""投资管理""资产管理"等字样的关联方主营业务进行梳理，并说明其是否从事投资类业务，是否已登记为私募投资基金管理人；未来是否从事私募业务，如不从事，请提交不从事私募业务承诺函。请申请机构提交其与子公司、分支机构和其他关联方不存在利益输送的承诺函，承诺申请机构自身及未来管理的私募基金均不会与关联方存在利益输送等

（七）法定代表人的变更

1. 法定代表人变更原因

中国证券投资基金业协会在有关反馈中明确要求对法定代表人的变更原因作出明确阐述，而不是简单披露变更后的结果。建议如原法定代表人不具备基金从业资格的，则变更原因可以是满足中国证券投资基金业协会对法定代表人从业资格的要求而变更，也可以是私募投资基金管理人因公司经营需要或原法定代表人个人原因而变更。

2. 变更流程

（1）确定候选人，召开股东（大）会，变更公司章程，并与其办理入职手续，签署正式劳动合同并缴纳社保。

（2）向市场监督管理部门递交变更申请。

（3）向基金管理人的全体份额持有人进行信息披露，并收取每个份额持有人的信息知晓确认函回执。

（4）在信息披露备份系统提交管理人重大信息变更报告。

（5）基金管理人准备变更材料，律师出具《专项法律意见书》。

（6）在资产管理综合报送平台进行管理人重大事项变更的填报，上传相关附件，并提交。

（7）中国证券投资基金业协会反馈、整改，直至审核通过。

3. 新的法定代表人资质要求

（1）法定代表人年纪应当与行业齐平；具有基金从业资格；法定代表人和高级管理人员需具备投资经验以及管理经验；中国证券投资基金业协会虽未对高管年龄进行明文规定，但根据实操经验来看，法定代表人年龄应当与行业平均水平相近，不应当过于年轻。

（2）不得在非关联的私募机构兼职；过往经历中不得存在冲突类业务。

（3）工作经历中具有3年以上高级管理经验、金融从业经历；高管从业经历中如有断档，可以填写自由职业或待业等；断档时间不得超过3个月。

（4）能提供工作底稿证明履职能力，如工作内容情况说明、荣誉证书、行业访谈等。

（5）如兼任投资岗，应当提供近3年内连续6个月以上（1年以上更优）可追溯的业绩证明。

4. 新的法定代表人兼职情况

在实务中，中国证券投资基金业协会对兼职情况的核查主要包括以下内容：确认兼职公司的数量及担任职务的实际内容；核查兼职公司是否为关联私募机构，或是否涉及冲突类业务；核查法定代表人对外投资企业的数量、持股比例、公司性质、实际经营业务等，判断是否为关联方。其中，应注意以下事项：

（1）不得在非关联的私募机构兼职。关联方是指子公司（持股5%以上的金融机构、上市公司及持股20%以上的其他企业）、分支机构、关联方（受同一控股股东/实际控制人控制的金融机构、私募投资基金管理人、投资类企业、冲突业务企业、投资咨询及金融服务企业等）；若担任关联私募机构的相关职务，应说明工作内容，并判断法定代表人是否有精力身兼数职，如从法定代表人具有资深的行业经验，后续主要精力的投入倾向性为申请机构等角度进行判断。若法定代表人兼职为市场主体层面的"监事""经理"等职务，且公司为非关联的私募机构，则应当进行职务剥离。

（2）不得在与私募业务相冲突业务的机构兼职。与私募业务相冲突的业务主要有民间借贷、民间融资、配资业务、小额理财、小额贷款、P2P/P2B、众筹、保理、担保、房地产开发、交易平台等。若法定代表人在上述行业兼职，私募投资基金管理人应当根据实际情况，在提交《专项法律意见书》之前进行整改。

（3）法定代表人可以兼任总经理等岗位，但不能兼任风控负责人。

5. 新的法定代表人实际从业经历

如果法定代表人和高级管理人员负责投资方面，则需要提供以下相关投资经历的证明材料：

（1）之前任职公司出具的离职证明。

（2）投资业绩证明。

证券类：提供最近3年连续6个月以上（1年以上更优）可追溯的投资业绩证明材料（如私募基金合同载明为该产品的基金经理）。

股权类：股权（含创投）项目成功退出证明（包括但不限于管理产品的证明材料、退出材料等），或者3年及以上在申请机构拟投资行业的相关工作经验证明材料（包括但不限于在职证明工作经历情况说明）。

（3）其他材料。学历证书、个人业内获得的奖项、个人参与管理人股权激励计划的文件等。

若新的法定代表人仅负责公司日常管理工作，则私募机构需要配置一支专业的投研团队（如资深的投资总监、研究人员等）来负责投资。

6. 信息披露要求

私募基金法定代表人变更需要披露申请机构私募投资基金管理人的登记情况，新的法定代表人的基本情况，变更原因、变更过程及相关市场主体登记情况，向投资者披露情况，新的法定代表人对外兼职情况，新的法定代表人诉讼、处罚及信用情况，私募投资基金管理人实际控制人是否发生变更等。具体而言，包括以下内容：①向私募投资基金管理人的全体份额持有人进行信息披露。通常使用邮件形式，或者在有合格投资者身份认证的官网、公众号上进行公告；以邮件、信函等方式进行信息披露的，需要收到每一个持有人的确认知晓回执。②在信息披露备份系统提交私募投资基金管理人重大事项变更公告。公告内容需要写明变更事项、变更时间、变更缘由，且需要私募投资基金管理人盖章扫描后作为附件上传。

五、对私募投资基金管理人重大事项变更的特殊要求

（一）期限及整改次数要求

私募投资基金管理人进行主要出资人、实际控制人、法定代表人、执行事务合伙人（委派代表）等需提交重大事项变更法律意见的重大事项变更申请，首次提交后6个月内仍未办理通过或退回补正次数超过5次的，中国证券投资基金业协会将暂停申请机构新增产品备案直至办理通过。

（二）发生实质性变化

已登记私募投资基金管理人1年内法定代表人、执行事务合伙人（委派代表）、主要出资人、实际控制人均发生变化的，应重新提交针对发生变更后私募投资基金管理人登记《法律意见书》，根据《私募投资基金管理人登记法律意见书指引》对申请机构整体情况逐项发表法律意见，同时提交变更的内部程序证明材料、向投资人就该事项信息披露材料，并详细说明变更的原因。对于上述类型重大事项变更，中国证券投资基金业协会将视为新申请登记机构进行核查，并对变更缘由加大核查力度。

此外，中国证券投资基金业协会可能会要求对私募投资基金管理人的在管产品的运营情况、信息披露情况、未来展业计划、财务数据等进行说明。具体内容如下：

（1）律师核实申请机构目前在管产品的运营情况，是否有对外投资，是否运作合规等，并发表结论性意见。

（2）机构法定代表人、实际控制人发生变更，律师核实并在《法律意见书》中就以下信息披露情况是否符合自律规则及合同约定发表结论性意见：①私募投资基金管

理人是否已按要求在私募基金信息披露备份系统上传"重大事项临时报告";②私募基金的信息披露是否符合《私募投资基金信息披露管理办法》和基金合同的相关约定。

(3) 提交申请机构从事私募投资业务的商业计划书,详述公司未来发展方向、运作规划及当前业务需求等内容;说明目前项目储备,上传已约定的投资项目意向书、合作框架协议或尽职调查报告等具有效力的文件作为真实展业的证明。

(4) 机构有在管产品,律师核查无管理费收入的原因及合理性。根据《法律意见书》,公司有员工 X 人,律师应当说明 2023 年职工薪酬 X 万元是否合理,并发表结论性意见。

(三) 高级管理人员离职情形

私募投资基金管理人原高级管理人员离职后,私募投资基金管理人应当在 3 个月内完成聘任具备与岗位要求相适应的专业胜任能力的高级管理人员。

六、其他实操要点

根据中国证券投资基金业协会实际审核情况,需要注意以下事项:

(1) 随着监管趋严,私募投资基金管理人重大事项变更的审核要求,尤其是法定代表人、控股股东、实际控制人变更的审核要求与新登记管理人审核要求趋同。

(2) 私募投资基金管理人尽量不要同时提交多项重大事项变更,否则会导致提交资料庞杂,审核流程缓慢。

(3) 私募投资基金管理人在做重大事项变更过程中可以发新产品。

重大事项变更期间一般不影响产品的正常备案。但是,如果涉及需要出具《专项法律意见书》的重大事项变更,如法定代表人、控股股东、实际控制人变更,退回补正次数超过 5 次,或者在 6 个月内仍然没有完成,将会暂停产品备案。

(4) 私募投资基金管理人重大事项变更不能超过 5 次。该处的含义是每次进行重大事项变更时,退回补正次数不能超过 5 次,不是说重大事项变更只能有 5 次。

(5) 私募股权管理人"控股股东"的"法定代表人"变更,只需要在私募投资基金管理人重大事项变更中更新股东执照即可。

第二节 私募投资基金管理人重大事项变更的法律意见

本节的主要内容包括需要出具专项法律意见的重大变更情形、《重大事项变更法律意见书》注意事项、《法律意见书》核查事项、律师事务所出具法律意见未尽勤勉尽责义务的后果。

本节参考的法律法规等规范性文件主要包括《私募投资基信息披露管理办法》《律师办理私募投资基金合规法律业务操作指引(试行)(2023)》。

一、需要出具专项法律意见的重大变更情形

已登记的私募投资基金管理人申请变更控股股东、实际控制人、法定代表人、执行事务合伙人（委派代表）等重大事项或中国证券投资基金业协会审慎认定的其他重大事项的，私募投资基金管理人应当在完成市场主体变更登记后的 10 个工作日内，通过私募基金登记备案系统向中国证券投资基金业协会进行重大事项变更。具体方式为通过中国证券投资基金业协会 AMBERS 系统进行重大事项变更，并提交《私募投资基金管理人重大事项变更专项法律意见书》，对私募投资基金管理人重大事项变更的相关事项逐项明确发表结论性意见。还应当提供相关证明材料，充分说明变更事项缘由及合理性；已按基金合同、基金公司章程或者合伙协议的相关约定，履行基金份额持有人大会、股东大会或合伙人会议的相关表决程序；已按照《私募投资基金信息披露管理办法》相关规定和基金合同、基金公司章程或者合伙协议的相关约定，向私募基金投资者及时、准确、完整地进行了信息披露。

已登记私募投资基金管理人 1 年内法定代表人、执行事务合伙人（委派代表）、主要出资人、实际控制人均发生变化的，应重新提交针对发生变更后私募投资基金管理人登记《法律意见书》，根据《私募投资基金管理人登记法律意见书指引》对申请机构整体情况逐项发表法律意见，同时提交变更的内部程序证明材料、向投资人就该事项信息披露材料，并详细说明变更的原因。

二、《重大事项变更法律意见书》注意事项

（一）内容要求

《私募投资基金管理人重大事项变更法律意见书》应该对重大事项变更的相关事项逐项明确发表结论性意见，律师需要特别注意核查并论述以下内容：

（1）充分说明变更事项缘由及合理性。

（2）内部决策程序的履行状况，即是否已按基金合同、基金公司章程或合伙协议的相关约定，履行基金份额持有人大会、股东（大）会或合伙人会议的相关表决程序。

（3）信息披露义务履行状况，即是否已按照《私募投资基信息披露管理办法》相关规定和基金合同、基金公司章程或合伙协议约定的信息披露频率、内容、途径，向私募基金投资者及时、准确、完整地进行了信息披露，是否在信息披露备份平台办理了重大事项变更临时公告。律师需要特别注意核查信息披露是否已有效送达投资者。

（二）格式要求

（1）同时就数项重大事项进行变更的，可以出具一份《专项法律意见书》，但《法律意见书》中应说明相互关联的情况，并分别就提请变更的各类事项逐项发表意见。

（2）已登记的私募投资基金管理人进行内部整改涉及重大事项变更，且需要提交重大事项变更申请的，《法律意见书》应对整改并完成变更后的实际情况发表意见，并与公示信息保持一致。

（3）《重大事项变更法律意见书》的陈述文字应当逻辑严密，论证充分，所涉指代主体名称、出具的专业法律意见应具体明确。其所涉内容应当与基金管理人系统填报的信息保持一致；若系统填报信息与尽职调查情况不一致的，应当作出特别说明。

（4）其他格式要求可参见本章私募投资基金管理人登记法律意见书的格式要求部分。

三、《法律意见书》核查事项

（一）变更法定代表人、执行事务合伙人（委派代表）

1. 法定代表人、执行事务合伙人（委派代表）主体资格证明文件

核查拟任自然人法定代表人、执行事务合伙人（委派代表）的姓名、性别、证件类型及号码、证件扫描件、出生年月、国籍、通信地址、最高学历、毕业学校、学位/学历证明文件、办公电话、移动电话、电子邮件；核查拟任非自然人执行事务合伙人的名称、经营场所、法定代表人（或负责人）、联系人、联系人职务、联系人移动电话、联系人电子邮箱、营业执照及自设立以来的全部市场主体登记档案。

若法定代表人同时兼任总经理等管理岗位工作，需要确认新的法定代表人是否存在兼职；如存在兼职，是否符合中国证券投资基金业协会关于私募投资基金管理人高级管理人员兼职的相关要求；还需要按高级管理人员的任职要求核查法定代表人的教育背景和工作经历，确认其是否具有相应岗位的胜任能力。

2. 内部决策文件

审查私募投资基金管理人就法定代表人、执行事务合伙人（委派代表）变更事宜全部决策机构的全部决议。

3. 变更理由

承办律师可采取书面审查和面谈的查验方式，审查私募投资基金管理人变更法定代表人、执行事务合伙人（委派代表）的理由。

4. 信息披露情况

承办律师可采用书面审查、面谈及线上查询的方式，审查私募投资基金管理人就变更法定代表人、执行事务合伙人（委派代表）事宜向投资者及中国证券投资基金业协会进行信息披露、报送的时间及方式，以及向投资者进行的信息披露是否有效送达。

（二）变更实际控制人

1. 权益结构

查验私募投资基金管理人本次重大变更后的权益结构图，结合公司章程、合伙协议等文件确认实际控制方式。实际控制人应穿透至自然人、上市公司、国资控股企业或集体企业、受国外金融监管部门监管的境外机构。

2. 实际控制人主体资格证明文件

核查自然人实际控制人的姓名、性别、证件类型及号码、证件扫描件、出生年月、国籍、通信地址、最高学历、毕业学校、学位/学历证明文件、办公电话、移动电话、电子邮件；核查拟任非自然人实际控制人的名称、办公地址、法定代表人（或负责人）、联系人、联系人职务、联系人移动电话、联系人电子邮箱、营业执照及自设立以来的全部市场主体登记档案。

若实际控制人本身担任高级管理人员，则需要按照高级管理人员的任职要求进行核查。

3. 相关协议或安排

查验与私募投资基金管理人实际控制人权益相关的协议或类似安排，如股东协议、合伙协议、委托持股、一致行动协议等。

4. 变更理由及信息披露状况

查验内容参考上文"变更法定代表人/执行事务合伙人（委派代表）"相关部分。

5. 名称和经营范围更新

2021年之前对私募投资基金管理人名称和经营范围的要求是包含"基金管理""投资管理""资产管理""股权投资""创业投资"等相关字样。2021年调整为私募投资基金管理人应当在名称中标明"私募基金""私募基金管理""创业投资"等相关字样，并在经营范围中标明"私募投资基金管理""私募证券投资基金管理""私募股权投资基金管理""创业投资基金管理"等体现受托管理私募基金特点的相关字样。因此，对2021年之前登记已存续的私募投资基金管理人来说，如发生实际控制人变更时不符合新的监管要求，则需要根据新的名称和经营范围要求进行变更并经市场主体变更登记后，再提交包含《法律意见书》在内的重大变更登记申请。

6. 整体核查

由于实际控制人变更可能导致私募投资基金管理人的团队、制度、业务发生根本性变化，因此对于实际控制人发生变更的私募投资基金管理人，除以上必备核查要点外，律师可以按照新申请登记的要求对变更后的机构进行整体核查并发表意见。

（三）变更主要出资人

1. 拟变更主要出资人的主体资格证明文件

若拟变更主要出资人为自然人的，核查其姓名、性别、证件类型及号码、证件扫描件、出生年月、国籍、通信地址、最高学历、毕业学校、学位/学历证明文件、办公电话、移动电话、电子邮件；若拟变更主要出资人为非自然人的，核查其名称、经营场所、法定代表人（或负责人）、联系人、联系人职务、联系人移动电话、联系人电子邮箱、营业执照及自设立以来的全部市场主体登记档案。

若存在股权/份额代持安排，需核查实际股权/份额持有人的上述主体资格材料；直接或间接持有管理人权益的主体中若含有境外主体的，应核查相关主体的外商投资企业批准证书、经公证认证的境外主体的全套注册材料、中国证监会的批准文件等。

2. 相关协议或安排

查验与私募投资基金管理人变更主要出资人相关的协议或类似安排，如股权转让协议、增资协议、份额转让协议、入伙协议、退伙协议、公司章程、合伙协议等。

3. 内部决策文件

审查私募投资基金管理人就主要出资人变更事宜全部决策机构的全部决议。

4. 出资情况和出资能力

查验主要出资人的认缴出资额、实际出资额、出资资金是否为境外资金，并提供实缴出资证明，实缴出资证明包括验资证明、银行对账单等出资证明文件，以及市场主体登记材料等第三方出具的证明。涉及股权或份额转让的，审查交易主体之间的对价支付情况，并提供银行对账单等支付证明。

同时，就出资人的出资能力是否与认缴出资金额相符、出资来源是否合法问题发表结论性意见，应对出资人的资产证明进行核查。就自然人出资人，可为固定资产（非首套房屋产权证）、非固定资产（不限于薪资收入证明、完税证明、理财收入证明、配偶收入等）；若为银行账户存款或理财金额，可提供近半年银行流水及金融资产证明；若涉及家族资产，应说明具体来源等情况。就非自然人出资人，可以为出资人实缴出资凭证、最近一期的财务报表/最近1年的审计报告等。

5. 变更理由及信息披露状况

查验内容参考上文"变更法定代表人、执行事务合伙人（委派代表）"相关部分。

（四）变更控股股东

律师应详细描述变更前后的股权结构情况，并列明变更后完整的股东资料、各股东的认缴、实缴出资情况。对于变更为法人控股股东的，核查营业执照等设立文件，对于变更为自然人控股股东的，应核查身份证件；变更后股东是否涉及外资，若有则应说明穿透后境外股东是否符合现行法律法规的要求和中国证券投资基金业协会的规定。申请机构股权架构向上穿透超过3层的，申请机构应说明多层股权架构设置的合理性及必要性，上穿出资人如为SPV应说明设立目的及出资来源；另外，在《法律意见书》中对变更后控股股东控制的金融企业、资产管理机构或相关服务机构进行充分披露。若变更控股股东导致实际控制人发生变更的，应当在《法律意见书》中具体说明。

（五）变更高级管理人员

私募投资基金管理人原高级管理人员离职后，私募投资基金管理人应在 3 个月内完成聘任具备与岗位要求相适应的专业胜任能力的高级管理人员。

律师应当按照高级管理人员的任职要求核查高级管理人员兼职情况、教育背景、工作经历和岗位胜任能力。

（六）由重大事项变更引发的其他事项变更情况

由重大事项变更引发的其他事项变更应一同在《法律意见书》中进行论述并发表相关结论性意见，该"其他事项"可包括但不限于以下内容：

1. 新增关联方情况

若主要出资人、实际控制人、执行事务合伙人（委派代表）变更等重大变更事项使管理人新增关联方的，需对关联方主体资格、经营范围及实际展业情况、是否登记为私募投资基金管理人、是否与私募投资基金管理人存在关联交易和利益输送等情况进行查验。

需要注意：该关联方仅指私募投资基金管理人的子公司（持股 5% 以上的金融企业、上市公司及持股 20% 以上的其他企业）、分支机构和其他关联方（受同一实际控制人控制的金融企业、资产管理机构或相关服务机构）。

2. 合规、诚信状况

查验私募投资基金管理人及本次重大变更涉及的变更主体，即主要出资人、实际控制人、执行事务合伙人（委派代表）有关的刑事判决书、处罚决定、罚款缴纳凭证；关于任何政府部门此前、现在或预期将会对私募投资基金管理人或本次变更涉及新主体进行的调查或询问（包括正式与非正式的）的报告或重要通信；媒体负面报告、征信报告、是否受到行业协会的纪律处分、是否在资本市场诚信数据库中存在负面信息、是否被列入失信被执行人名单、是否被列入全国企业信用信息公示系统的经营异常名录或严重违法企业名录、是否在"信用中国"存在不良信用记录等。

四、律师事务所出具法律意见未尽勤勉尽责义务的后果

为切实维护私募基金行业正常经营秩序，敦促私募投资基金管理人规范运营，督促律师事务所勤勉尽责，真正发挥法律意见书制度的市场化专业制衡作用，进一步提高私募投资基金管理人登记工作的透明度，促进私募基金行业健康发展，自 2017 年 11 月 3 日起，在已登记的私募投资基金管理人公示制度基础上，中国证券投资基金业协会将进一步公示不予登记申请机构及所涉律师事务所、律师情况，并建立以下工作机制：

（1）中国证券投资基金业协会将定期对外公示不予办理登记的申请机构名称及不予登记原因，同时公示为该机构出具法律意见的律师事务所及经办律师名单。

（2）律师事务所及经办律师为1家被不予登记机构提供私募投资基金管理人登记相关法律服务，且出具了肯定性结论意见的，中国证券投资基金业协会将通过电话沟通、现场约谈等多种途径及时提醒该律师事务所及经办律师相关业务的尽职、合规要求。

（3）律师事务所的经办律师累计为2家及以上被不予登记机构提供私募投资基金管理人登记相关法律服务，且出具了肯定性结论意见的，出于审慎考虑，自其服务的第二家被不予登记机构公示之日起3年内，中国证券投资基金业协会将要求由该经办律师正在提供私募投资基金管理人登记相关法律服务的申请机构，提交现聘律师事务所的其他执业律师就申请机构私募投资基金管理人登记事项出具的复核意见；该申请机构也可以另行聘请其他律师事务所重新出具法律意见。同时，中国证券投资基金业协会将有关情况通报相关经办律师任职的律师事务所。

（4）律师事务所累计为3家及以上被不予登记机构提供私募投资基金管理人登记相关法律服务，且出具了肯定性结论意见的，出于审慎考虑，自其服务的第三家被不予登记机构公示之日起3年内，中国证券投资基金业协会将要求由该律师事务所正在提供私募投资基金管理人登记相关法律服务的申请机构，重新聘请其他律师事务所就私募投资基金管理人登记事项另行出具法律意见。同时，中国证券投资基金业协会将有关情况通报所涉律师事务所所在地的司法行政机关和律师协会。

（5）律师事务所及经办律师为已登记的私募投资基金管理人出具入会法律意见或者其他专项法律意见，存在虚假记载、误导性陈述或者重大遗漏，且出具了肯定性结论意见的，参照第（2）、（3）、（4）条原则处理。

律师事务所及经办律师为申请机构就私募投资基金管理人登记事项出具的法律意见为否定性结论意见，但申请机构拒绝向中国证券投资基金业协会提供的，律师事务所及经办律师可以将否定性结论意见及相关证明材料送达申请机构，同时抄送至中国证券投资基金业协会邮箱：pflegal@amac.org.cn（邮件以"申请机构名称－律师事务所名称/律师姓名－否定性结论意见"命名）。针对此种情形，相关机构经认定属于不予登记情形的，中国证券投资基金业协会将对外公示该机构信息，并注明律师事务所及经办律师发表了否定性结论意见。此种情形，不计入前述公示机制的累计案例次数。

私募投资基金管理人登记申请机构、律师事务所和其他中介服务机构，应当高度重视自身信誉，审慎选择业务合作对象，评估合作对象的资质以及业务开展能力。在申请私募投资基金管理人登记和提供相关服务的过程中，诚实守信、勤勉尽责，不应该损害自身、对方机构及投资者的合法权益。

第五章　私募投资基金管理人的注销

本章包括两节，即私募投资基金管理人的注销和私募投资基金管理人注销的程序。

第一节　私募投资基金管理人的注销

本节的主要内容包括注销的适用情形、向协会报告、办理时限、申请条件、申请资料。

本节参考的法律法规等规范性文件主要包括《私募投资基金监督管理条例》《私募投资基金登记备案办法》《私募投资基金监督管理暂行办法》《登记备案事项服务指南——私募投资基金管理人申请主动注销登记业务办理》《资产管理业务综合报送平台管理人登记业务操作指南（2023年）》。

一、注销的适用情形

私募投资基金管理人有下列情形之一的，登记备案机构应当及时注销私募投资基金管理人登记并予以公示：①自行申请注销登记；②依法解散、被依法撤销或者被依法宣告破产；③因非法集资、非法经营等重大违法行为被追究法律责任；④登记之日起12个月内未备案首只私募基金；⑤所管理的私募基金全部清算后，自清算完毕之日起12个月内未备案新的私募基金；⑥国务院证券监督管理机构规定的其他情形。

私募投资基金管理人有下列情形之一的，中国证券投资基金业协会注销其私募投资基金管理人登记并予以公示：①主动申请注销登记，理由正当；②登记后12个月内未备案自主发行的私募基金，或者备案的私募基金全部清算后12个月内未备案新的私募基金，另有规定的除外；③依法解散、注销，依法被撤销、吊销营业执照、责令关闭或者被依法宣告破产；④中国证监会、中国证券投资基金业协会规定的其他情形。

因为前款第①项规定的情形注销的，如果管理的私募基金尚未清算，私募投资基金管理人应当取得投资者的一致同意，或者按照合同约定的决策机制达成处理意见。

二、向协会报告

私募投资基金管理人依法解散、被依法撤销或者被依法宣告破产的，其法定代表人或者普通合伙人应当在 20 个工作日内向中国证券投资基金业协会报告，中国证券投资基金业协会应当及时注销基金管理人登记并通过网站公告。

三、办理时限

私募投资基金管理人主动注销登记：主动注销申请材料齐备后 20 个工作日。

中国证券投资基金业协会应当在私募投资基金管理人登记材料齐备后的 20 个工作日内，通过网站公告私募投资基金管理人名单及其基本情况的方式，为私募投资基金管理人办结登记手续。

四、申请条件

私募投资基金管理人无持续展业意愿或市场主体已不存在，可申请主动注销私募投资基金管理人登记。申请主动注销登记应首先完成所有在管私募基金的清算，并在 AMBERS 系统完成基金清算等事项；或管理的私募基金尚未清算，但符合《私募投资基金登记备案办法》第七十六条第二款①情形。

五、申请资料

申请注销的资料包括营业执照、组织机构代码证、税务登记证、变更申请单（变更申请单中应明确说明机构不再从事私募业务，向中国证券投资基金业协会申请注销登记）、责任声明（机构应郑重声明所提供材料和信息全部真实可靠，无弄虚作假行为。本次数据修改申请所造成的一切后果由机构自行承担）。

第二节　私募投资基金管理人注销的程序

本节的主要内容包括注销资料报送、办理程序和结果、结果公示。

一、注销资料报送

在线电子材料接收：通过"资产管理业务综合报送平台"官方网站（https://ambers.amac.org.cn）报送。

私募投资基金管理人主动注销在 AMBERS 系统的主要操作步骤如下：

（一）注销登记处理

1. "注销登记"页面入口

在系统首页右上角，单击"注销登记"按钮，可以进入机构注销登记申请页面。

---

① 因前款第一项规定的情形注销的，如管理的私募基金尚未清算，私募投资基金管理人应当取得投资者的一致同意，或者按照合同约定的决策机制达成处理意见。

2. 系统填报

当申请机构已经无正在运作的基金,可以按照系统提示填写材料,提交注销登记申请。

(二) 注销登记预处理

1. "注销登记预处理"页面入口

在系统首页右上角,单击"注销登记预处理"按钮,可进入机构注销登记预处理申请页面。

2. 系统填报

私募投资基金管理人主动申请注销登记,理由正当的,如管理的私募基金尚未清算,私募投资基金管理人应当取得投资者一致同意,或者按照合同约定的决策机制达成处理意见。单击"新增"按钮,按照系统提示填写材料,提交注销登记预处理申请。

二、办理程序和结果

私募投资基金管理人注销办理流程如图 5-1 所示。

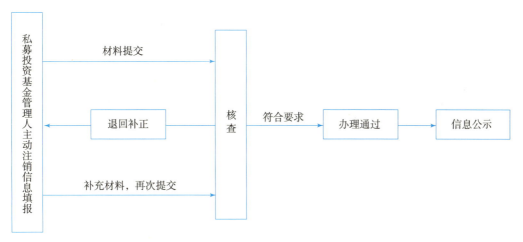

图 5-1 私募投资基金管理人注销办理流程

三、结果公示

对于主动注销登记,中国证券投资基金业协会作出办理通过的结果后,会实时通过 AMBERS 系统通知、定向向机构联系人发送邮件等方式送达办理结果。

社会各界可通过中国证券投资基金业协会官方网站信息公示界面 (https://gs.amac.org.cn) 的"已注销私募投资基金管理人公示"栏目查询已注销私募投资基金管理人名单。

第二部分　基金备案

本部分为与基金备案有关的专题，包括3章，分别为基金合同、基金备案、私募投资基金产品重大事项的变更。

第六章　基金合同

本章包括 4 节，分别为基金合同的基本含义、基金合同的内容、基金合同的条款、基金合同的效力。

第一节　基金合同的基本含义

本节的主要内容包括基本含义、规范性文件、基金合同的分类。

本节参考的法律法规等规范性文件主要包括《中华人民共和国合伙企业法》《中华人民共和国证券投资基金法》《私募投资基金登记备案办法》。

一、基本含义

私募基金应当制定并签订基金合同、公司章程或者合伙协议（以下统称基金合同），明确约定各方当事人的权利义务。除《中华人民共和国证券投资基金法》第九十二条、第九十三条规定的内容①外，基金合同还应当对下列事项进行约定：①股东会、合伙人会议或者基金份额持有人大会的召集机制、议事内容和表决方式等；②关联交易识别认定、交易决策和信息披露等机制；③信息披露的内容、方式、频率和投资者查询途径等相关事项；④基金财产不进行托管时的相关安排；⑤私募投资基金管理人

---

① 《中华人民共和国证券投资基金法》第九十二条　非公开募集基金，不得向合格投资者之外的单位和个人募集资金，不得通过报刊、电台、电视台、互联网等公众传播媒体或者讲座、报告会、分析会等方式向不特定对象宣传推介。

第九十三条　非公开募集基金，应当制定并签订基金合同。基金合同应当包括下列内容：

（一）基金份额持有人、基金管理人、基金托管人的权利、义务；

（二）基金的运作方式；

（三）基金的出资方式、数额和认缴期限；

（四）基金的投资范围、投资策略和投资限制；

（五）基金收益分配原则、执行方式；

（六）基金承担的有关费用；

（七）基金信息提供的内容、方式；

（八）基金份额的认购、赎回或者转让的程序和方式；

（九）基金合同变更、解除和终止的事由、程序；

（十）基金财产清算方式；

（十一）当事人约定的其他事项。

基金份额持有人转让基金份额的，应当符合本法第八十八条、第九十二条的规定。

因失联、注销私募投资基金管理人登记、破产等原因无法履行或者怠于履行管理职责等情况时，私募基金变更管理人、清算等相关决策机制、召集主体、表决方式、表决程序、表决比例等相关事项；⑥法律、行政法规、中国证监会和中国证券投资基金业协会规定的其他事项。

二、规范性文件

2016年4月18日，中国证券投资基金业协会发布《私募投资基金合同指引》（以下简称"合同指引"），该合同指引于2016年7月15日起施行。这是中国首部针对私募基金合同文本的系统性行业指引。中国证券投资基金业协会发布的合同指引包括分别适用于契约型基金、公司型基金和有限合伙型基金的以下3份：《私募投资基金合同指引1号（契约型私募基金合同内容与格式指引)》（以下简称"指引1号"）、《私募投资基金合同指引2号（公司章程必备条款指引)》（以下简称"指引2号"）、《私募投资基金合同指引3号（合伙协议必备条款指引)》（以下简称"指引3号"）。2022年6月22日，中国证券投资基金业协会在其官方网站公布了《登记备案事项服务指南——私募投资基金备案业务办理》，3份指引又以附件的方式予以了公示。

指引1号适用于契约型基金，即指未成立法律实体，而是通过契约的形式设立私募基金，基金管理人、投资者和其他基金参与主体按照契约约定行使相应权利，承担相应义务和责任。鉴于证券与股权相区分的原则，对于契约型私募证券投资基金，应当按照《契约型私募投资基金合同内容与格式指引》制定基金合同，而对于契约型私募股权或其他类型投资基金，应当参考《契约型私募投资基金合同内容与格式指引》制定基金合同。

指引2号适用于公司型基金，即指投资者依据《中华人民共和国公司法》，通过出资形成一个独立的公司法人实体，由公司自行或者通过委托专门的基金管理人机构进行管理，投资者既是基金份额持有者又是基金公司股东，按照公司章程行使相应权利、承担相应义务和责任。

指引3号适用于有限合伙型基金，即指投资者依据《中华人民共和国合伙企业法》成立投资基金有限合伙企业，由普通合伙人对合伙企业的债务承担无限连带责任，由基金管理人具体负责投资运作（普通合伙人可以自任基金管理人，也可以另行委托专业机构作为受托人具体负责投资运作）。

三、基金合同的分类

私募投资基金根据组织形式不同，可以分为契约型基金、公司型基金和有限合伙型基金。根据目前的基金备案情况以及实践操作，私募证券投资基金以契约型为主，而私募股权基金和创业投资基金以有限合伙型为主。

契约型基金具有易标准化、设立简便、份额转让便利等优势，对决策效率要求高的证券类基金较为适用；公司型基金具有投资者参与基金治理和投资决策程度高，法律保障充分等优势，实践中股权型特别是创投基金也较常采用该组织形式；有限合伙型基金与美元基金等国际通行做法接轨、具有"先分后税"的税收政策、区域化的税收减免、对未上市企业投资工商确权清晰等优势，较适合股权类基金。

（一）契约型基金

1. 基本含义

契约型基金本身不具备法律实体地位，其与基金管理人的关系为信托关系，因此契约型基金无法采用自我管理，且需要由基金管理人代其行使相关民事权利。根据基金合同的规定，基金管理人既可以承担有限责任也可以承担无限责任。基金管理人须先登记为私募投资基金管理人，再由已登记的私募投资基金管理人履行契约型基金备案手续。

2. 内部决策

基金合同当事人遵循平等自愿、诚实信用、公平原则订立基金合同，以契约方式订明当事人的权利和义务。在契约框架下，投资者通常作为"委托人"，把财产"委托"给基金管理人管理后，由基金管理人全权负责经营和运作，通常不设置类似合伙型基金常见的投资咨询委员会或顾问委员会，即使有设置，投资者往往也不参与其人员构成，契约型基金的决策权归属于基金管理人。

3. 收益分配

收益分配安排均可通过契约约定，但在实务中相关约定同样需要参照现行行业监管和业务指引的要求。

4. 税负

基金财产投资的相关税收，由基金份额持有人承担，基金管理人或者其他扣缴义务人按照国家有关税收征收的规定代扣代缴，但进行股权投资业务的契约型股权投资基金的税收政策有待进一步明确。《中华人民共和国信托法》及相关部门规章中并没有涉及信托产品的税收处理问题，税务机构目前也尚未出台关于信托税收的统一规定。在实务中，信托计划、资管计划以及契约型基金通常均不作为课税主体，也无代扣代缴个税的法定义务，由投资者自行缴纳相应税收。由于相关税收政策可能最终明确，并与现行的实际操作产生影响，因此中国证券投资基金业协会要求私募投资基金管理人需通过私募投资基金风险揭示书等，对契约型基金的税收风险进行提示。

（二）公司型基金

1. 基本含义

公司型基金本身是一个独立的法人实体，公司股东、投资人以其出资额为限承担有限责任，并共同参与公司治理。因此，公司型基金多采用自我管理，由公司董事会自聘管理团队进行管理。公司型基金也可以委托专业基金管理机构作为受托人具体负责投资运作，采取受托管理的，其管理机构须先登记为私募投资基金管理人，再由已登记的私募投资基金管理人履行公司型基金备案手续。

2. 内部决策

投资者出资成为公司股东，公司需依法设立董事会（执行董事）、股东大会（股东会）以及监事会（监事），通过公司章程对公司内部组织结构设立、监管权限、利益分配划分作出规定。公司型基金的最高权力机构是股东大会（股东会），在公司型基金中投资者权利较大，可以通过参与董事会直接参与基金的运营决策，或者在股东大会（股东会）层面对交由决策的重大事项或重大投资进行决策。由公司内部的基金管理运营团队进行投资管理时，通常是在董事会之下设置投资决策委员会，其成员一般由董事会委派；聘请外部管理机构进行投资运营管理时，董事会决定外部管理机构的选择并起监督职能，监督投资的合法、合规、风险控制和收益实现。在新的全球性"董事与经理分权"框架下，具体的项目投资决策等经营层面的决策也可以通过公司章程约定，由经理班子或者第三方管理机构行使，只有涉及保护投资者权益的重大决策才必须由董事会之类的机构行使。

3. 收益分配

收益分配时为"先税后分"，即按年度缴纳公司所得税之后，按照公司章程中关于利润分配的条款进行分配，收益分配的时间安排灵活性相对较低；同时，公司型基金的税后利润分配，如严格按照《中华人民共和国公司法》，需要在亏损弥补（如适用）和提取公积金（如适用）之后，分配顺序的灵活性也相对较低。

4. 税负

（1）增值税。在股权投资业务中，项目股息、分红收入属于股息红利所得，不属于增值税征税范围；项目退出收入如果是通过并购或回购等非上市股权转让方式退出的，也不属于增值税征税范围；若项目上市后通过二级市场退出，则需按税务机关的要求，计缴增值税。

（2）所得税。在基金层面，公司型基金从符合条件的境内被投企业取得的股息红利所得，无须缴纳企业所得税；股权转让所得，按照基金企业的所得税税率，缴纳企业所得税。公司型基金的投资者作为公司股东从公司型基金获得的分配是公司税后利润的分配。对于公司型投资者来说，以股息红利形式获得分配时，无须再缴纳所得税，故不存在双重征税；对于自然人投资者来说，需就分配缴纳股息红利所得税并由基金代扣代缴，因而需承担双重征税（公司所得税与个人所得税）。

（三）有限合伙型基金

1. 基本含义

有限合伙型基金本身也不是一个法人主体，其执行事务合伙人为普通合伙人（GP），GP负责合伙事务并对基金承担无限责任。从基金管理方式上来看，GP可以自任为私募投资基金管理人,也可以另行委托专业私募基金管理机构作为管理人具体负责投资管理运作。GP担任基金管理人的,由GP来进行私募投资基金管理人登记,再由已登记的基金管理人进行合伙型基金备案;另行委托专业基金管理机构作为受托人具体负责投资运作的,该专业基金管理机构应先登记为私募投资基金管理人,并由其履行私募基金备案手续。

2. 内部决策

基金的投资者以有限合伙人的身份存在,汇集股权投资所需的大部分资金,以其认缴的出资额为限对合伙企业债务承担责任,对外不可以代表合伙企业,仅在法律和监管约定的适当范围内参与的合伙企业事务可不被视为执行合伙事务。普通合伙人对合伙企业的债务承担无限连带责任,合伙企业投资与资产处置的最终决策权应由普通合伙人做出。合伙人会议是指由全体合伙人组成的、合伙企业合伙人的议事程序。在实务中,合伙协议中会对合伙人会议的召开条件、程序、职能或权力以及表决方式进行明确,合伙人会议并不对合伙企业的投资业务进行决策和管理。

3. 收益分配

收益分配时为"先分后税",即合伙企业的"生产经营所得和其他所得"由合伙人按照国家有关税收规定分别缴纳所得税,在基金层面不缴纳所得税。在实务中,有限合伙型基金的收益分配原则、时点和顺序可在更大自由度内进行适应性安排。

4. 税负

(1)增值税。合伙企业层面的项目股息、分红收入属于股息红利所得,不属于增值税征税范围;项目退出收入如果是通过并购或回购等非上市股权转让方式退出的,也不属于增值税征税范围;若项目上市后通过二级市场退出,则需要按税务监管机关的要求计缴增值税。

普通合伙人或基金管理人作为收取管理费及业绩报酬的主体时,需要按照适用税率计缴增值税和相关附加税费。

(2)所得税。合伙企业生产经营所得和其他所得采取"先分后税"的原则。合伙企业合伙人是自然人的,缴纳个人所得税;合伙人是法人和其他组织的,缴纳企业所得税。合伙型基金的投资者作为有限合伙人,收入主要为两类,即股息红利和股权转让所得。如果有限合伙人为自然人,两类收入均按照投资者个人的"生产经营所得",适用5%~35%的超额累进税率,计缴个人所得税;如果有限合伙人为公司,两类收入均作为企业所得税应税收入,计缴企业所得税。在实务中,有限合伙型基金通常由基金代扣代缴自然人投资者的个人所得税。合伙型基金的普通合伙人通常情况下为公司法人,如果普通合伙人同时担任基金管理人,其收入大致包括两类,即按投资额分得股息红利和股权转让所得、基金的管理费和业绩报酬,均应作为企业所得税应税收入,计缴企业所得税。如果普通合伙人本身为有限合伙企业,则同样按照"先分后税"的原则，在合伙制普通合伙人层面不缴纳企业所得税，需要再往下一层由每一位合伙人作为纳税义务人。

第二节　基金合同的内容

本节的主要内容包括总体监管思路和内容概述。

本节参考的法律法规等规范性文件主要包括《中华人民共和国证券投资基金法》《私募投资基金监督管理暂行办法》《律师办理私募投资基金合规法律业务操作指引（试行）（2023）》。

一、总体监管思路

与公募基金面向不特定公众且适用较为严格的监管标准不同，私募基金仅面向特定人群募集，一般不会对社会公众产生直接影响，因此监管思路一般采取适度监管的态度。合同指引没有采用固化的标准合同文本，而是通过指引的方式对基金合同进行规范，目的就是在实现保护投资者权益和规范行业秩序的基础上，给予私募基金适当的自治权力。

考虑到契约型基金不具备法律主体地位，缺少相关治理结构以及市场监管部门的监督，且准入门槛较低，信息透明度低，道德风险较大，指引1号着重对契约型基金的合同作出了比公司型基金、有限合伙型基金更为严格的标准。尽管如此，在不违反相关法律法规的前提下，基金合同当事人仍可根据实际情况约定指引规定内容之外的事项；对于公司型基金以及有限合伙型基金，考虑到其有独立的法律主体地位并在一定程度上已经受到市场监管部门等其他部门的监管，且其拥有法律规定的治理机构，有高度自治性，指引2号与指引3号仅就法律法规要求或者实践中对投资者有重大影响的必备条款进行了指引。

二、内容概述

（一）契约型私募基金合同

契约型私募基金合同主要是通过私募投资基金管理人、私募基金托管人和私募基金投资者三方通过签署一纸契约而形成的私募投资基金法律关系。由于契约型私募投资基金并非法律实体，相较于有限合伙型私募投资基金以及公司型私募投资基金来说，契约型私募投资基金更加灵活，且省去了市场主体备案登记的程序。私募投资基金管理人通过契约形式募集设立私募证券投资基金的，应当按照指引1号制定基金合同；私募投资基金管理人通过契约形式募集设立私募股权投资基金、创业投资基金和其他类型投资基金，参考指引1号制定基金合同。对于指引1号有明确要求的，基金合同中应当载明相关内容。在不违反《中华人民共和国证券投资基金法》《私募投资基金监督管理暂行办法》以及相关法律法规的前提下，基金合同当事人可以根据实际情况约定指引1号规定内容之外的事项。指引1号某些具体要求对当事人确实不适用的，当事人可以对相应内容作出合理调整和变动，但私募投资基金管理人应当在风险揭示书中向投资者进行特别揭示，并在基金合同报送中国证券投资基金业协会备案时出具书面说明。

需要特别注意以下事项：

（1）合同名称。基金合同的名称中须标识"私募基金""私募投资基金"相关的字样。

（2）合同主体。契约型私募基金进行托管的，私募投资基金管理人、私募基金托管人以及私募基金投资者三方应当共同签订基金合同。

（3）合同正文。基金合同正文包含释义、声明与承诺、私募基金基本情况、私募基金的募集和认购的有关事项、私募基金成立的条件和募集失败的处理方式、投资者申购和赎回私募基金的有关事项、当事人的权利义务、私募基金份额持有人大会及日常机构的设置及运行事宜、私募基金的投资和财产处理、交易及清算交收安排、私募基金的费用与税收、信息披露与报告制度、违约责任、争议的处理等事项。

契约型私募基金合同的基本结构如图6-1所示。

（二）公司章程

公司型私募投资基金是指投资者依据《中华人民共和国公司法》，通过出资形成一个独立的公司法人实体（以下简称"公司"），由公司自行或者通过委托专门的基金管理人机构进行管理的私募投资基金。公司型基金的投资者既是基金份额持有者又是公司股东，按照公司章程行使相应权利、承担相应义务和责任。

公司型私募基金合同主要是指公司型私募投资基金以公司章程的形式所签署的基金合同。公司型私募基金合同应当在公司的经营范围中包含"基金管理""投资管理""资产管理""股权投资""创业投资"等能体现私募投资基金性质相关的字样。

私募投资基金管理人通过有限责任公司或股份有限公司形式募集设立私募投资基金的，应当载明指引2号要求的必备条款。需要特别注意以下内容：

（1）股东出资、股东权利义务。除规定股东权利和义务的范围外，必须明确股东行使知情权的具体方式。

（2）入股、退股及转让。公司章程应列明股东增资、减资、入股、退股及股权转让的条件及程序。

（3）投资事项。公司章程应列明该公司型基金的投资范围、投资策略、投资运作方式、投资限制、投资决策程序、关联方认定标准及对关联方投资的回避制度、投资后对被投企业的持续监控、投资风险防范、投资退出等。

（4）管理方式。公司型基金可以采取自我管理，也可以委托其他私募基金管理机构管理。采取自我管理方式的，公司章程中应当明确管理架构和投资决策程序；采取委托管理方式的，公司章程中应当明确管理人的名称，并列明管理人的权限及管理费

图 6-1 契约型私募基金合同的基本结构

的计算和支付方式。

（5）托管事项。公司全体股东一致同意不托管的，应在公司章程中明确约定本公司型基金不进行托管，并明确保障投资基金财产安全的制度措施和纠纷解决机制。

（6）一致性。公司章程应当明确规定，若公司章程有多个版本且内容相冲突的，以在中国证券投资基金业协会备案的版本为准。

（7）报送披露信息。订明全体股东同意私募投资基金管理人或其他信息披露义务人应当按照中国证券投资基金业协会的规定对基金信息披露信息进行备份。

公司型私募基金合同的基本结构如图 6-2 所示。

（三）合伙协议

有限合伙型基金是指投资者依据《中华人民共和国合伙企业法》成立有限合伙企业（以下简称"合伙企业"），由普通合伙人对合伙债务承担无限连带责任，由基金管

图 6-2 公司型私募基金合同的基本结构

理人具体负责投资运作的私募投资基金。私募投资基金管理人通过有限合伙形式募集设立私募投资基金的，应当签署合伙协议，其中载明指引 3 号规定的必备条款。需要特别注意以下内容：

（1）执行事务合伙人。合伙协议应当约定由普通合伙人担任执行事务合伙人，执行事务合伙人有权对合伙企业的财产进行投资、管理、运用和处置，并接受其他普通合伙人和有限合伙人的监督。合伙协议应列明执行事务合伙人应当具备的条件及选择程序、执行事务合伙人的权限及违约处理办法、执行事务合伙人的除名条件和更换程序，同时可以对执行事务合伙人执行事务的报酬（包括绩效分成）及报酬提取方式、利益冲突及关联交易等事项作出约定。

（2）管理方式。合伙型基金的管理人可以是合伙企业执行事务合伙人，也可以委托给其他私募基金管理机构。合伙协议中应当明确管理人和管理方式，并列明管理人的权限及管理费用的计算和支付方式。

（3）托管事项。全体合伙人一致同意不托管的，应当在合伙协议中明确约定本合伙型基金不进行托管，并明确保障投资基金财产安全的制度措施和纠纷解决机制。

（4）投资事项。合伙协议应列明该合伙型基金的投资范围、投资运作方式、投资限制、投资决策程序、关联方认定标准及关联方投资的回避制度，以及投资后对被投企业的持续监控、投资风险防范、投资退出、所投资标的担保措施、举债及担保限制等作出约定。

（5）一致性。合伙协议应当明确规定，若合伙协议有多个版本且内容相冲突的，以在中国证券投资基金业协会备案的版本为准。

（6）报送披露信息。订明全体合伙人同意私募投资基金管理人或其他信息披露义务人应当按照中国证券投资基金业协会的规定对基金信息披露信息进行备份。

有限合伙型私募基金合同的基本结构如图6-3所示。

图6-3 有限合伙型私募基金合同的基本结构

第三节　基金合同的条款

本节的主要内容包括一般条款和特殊条款。

基金合同的条款通常可分为一般规定条款和特殊规定条款。一般规定条款为根据现行的规定在基金合同中都会有的条款，而特殊规定条款是根据基金的不同特点及特殊安排而设计的条款。

一、一般条款

（一）存续期限

1. 实操要点

股权基金存续期不少于 5 年，鼓励设立存续期 7 年及以上的股权基金；合伙协议若设置了延长期，产品备案只填常规到期日，不含延长期。

2. 条款示例

（1）各合伙人确认，本基金的存续期限的初始期限为 7 年（假设为 7 年），从本有限合伙企业设立日起算，其中本有限合伙企业设立日起前 3 年为投资期（"投资期"），其后 4 年为管理退出期。基金的存续期限至多可以延长两次，每次延长 1 年（"延展期"）。投资期届满后，基金不应从事新的项目投资活动，但完成投资期内已经签署条款书、意向书、框架性协议或有约束效力之协议的投资安排以及对已投资项目进行追加投资的除外。

（2）各合伙人确认，基金初始存续期届满，普通合伙人有权自行决定将基金的存续期限延长 1 年。如果首次延长期满，经普通合伙人提议并经代表有限合伙人实缴出资金额 1/2 以上的合伙人同意，可以将有限合伙企业的存续期限再延长 1 年（"延展期"）。

（3）存续期限（包括"延展期"，如有）结束后，除非合伙人会议另有决定，本有限合伙企业即进入清算。

（二）投资限制

1. 实操要点

基金不得从事的相关领域和业务，或投资特定业务领域需要经过相应的授权。

2. 条款示例

（1）未经合伙人大会同意，在任一时间，对同一被投资载体的投资金额不得超过基金认缴出资总额的 20%。

（2）未经合伙人大会同意，不得向他人提供贷款或提供担保，但基金对所投资企业的企业债权、可以转换为所投资企业股权的债权性质的投资，以及可以转换为所投资企业股权性质的投资安排不在此列。

（3）直接或间接投资于非自用不动产。

（4）投资于承担无限责任的项目。

（5）在二级市场通过公开交易投资于公开发行的股票和企业债券（为免疑义，该等股票不包括：①不能即时上市交易的上市公司定向增发的股票；②被投资载体上市后，基金仍持有的该被投资载体的股份及其配售部分以及在上市公司收购被投资载体情形下取得的上市公司的股票）。

（6）贷款进行投资。

（7）挪用非自有资金进行投资。

（8）投资其他基金。

（三）基金成立日

1. 实操要点

中国证券投资基金业协会备案清单要求基金成立日可以是合伙协议签署日或投资者首轮实缴款到位日，但具体产品备案反馈一般要求是后者。

2. 条款示例

除员工、社保基金、政府引导基金、企业年金、慈善基金外，单个有限合伙人实缴金额不低于 100 万元，且首轮实缴款全部到位，基金管理人可宣布基金成立。

（四）管理费

1. 实操要点

在协议中应明确基金管理人在基金存续期内基金管理费收取比例、基数、收费期限以及支付安排等。

2. 条款示例

（1）在管理费计算期间内，每个收费期间应支付的管理费金额＝管理费计算基数×管理费费率×该管理费收费期间的实际天数÷365。

（2）管理费计算期间为基金设立日起至基金管理退出期期满之日（如存在延展期，则为延展期期满之日）。原则上，每自然半年度为一个收费期间（或每个季度为一个收费期间）。其间，首个收费期间为自本基金设立日起至最近的一个自然半年度末日，最后一个收费期间为最后一个自然半年度起始日起至管理费计算期间届满之日。首个收费期间的管理费，基金应在首次募集首期出资到账截止日后 7 个自然日内支付，之后每个收费期间的管理费应于每个收费期间的第一个自然日由本有限合伙企业支付。如果基金进行后续募集的，则应就该次后续募集出资额向管理人或其指定主体补交自首次募集首期出资到账截止日起已发生收费期间的管理费，该等补交管理费的具体收取时间由普通合伙人根据基金的实际资金状况确定。为避免歧义，普通合伙人可自行决定推迟任何一期管理费的全部或任何部分的支付。

（3）对于基金管理费费率，投资期与管理退出期内，管理费费率为2%/年。若基金延期，则在延展期内管理费费率为1%/年。

（4）在投资期内，管理费计算基数为基金首次募集完成时的认缴出资总额，但如果本基金根据本协议进行后续募集，则管理费计算基数应为后续募集完成时的认缴出资总额，且应自本基金设立日起算。在投资期内，如果因有限合伙人违约等原因致使基金规模缩减，则管理费计算基数变更为减资后认缴出资总额，此前已支付的管理费亦根据调整后的管理费计算基数作相应调整，多支出部分从此后每年向基金管理人支付的管理费中扣减。本基金投资期结束后（包括管理退出期和延展期），自下一个收费期间起，管理费计算基数调整为在投项目成本。

（五）后续募集

1. 实操要点

股权基金应封闭运作。

2. 条款示例

同时满足以下条件，可新增或增加既存投资者认缴，增加的认缴不得超过备案时认缴的3倍：①依法托管；②投资期内；③投资于单一标的不超过基金认缴总额50%；④全体投资者一致同意。

（六）投资范围

1. 实操要点

单项目基金投资范围应明确标的，多项目宜明确领域；上市公司定增、协议转让、大宗交易，股权基金与证券基金均可参与投资。

2. 条款示例

本基金投资范围包括××领域未上市公司股权、上市公司定增、协议转让、大宗交易，股权及创投类基金份额。

（七）管理费及业绩报酬

实操要点

协议可以约定不收取管理费或业绩报酬，也可以约定对不同投资者收取不同管理费及业绩报酬，但要合理且合规。

（八）现金与非现金分配

1. 实操要点

基金进行清算，不要求注销主体。基金管理人可以在协议里对现金分配和非现金分配方式作出约定，按约定执行即可。

2. 条款示例

合伙基金清算之前，基金管理人应尽最大努力将基金投资变现、避免以非现金方式分配；如果基金管理人自行判断认为非现金分配更符合全体合伙人利益，则基金管理人可以决定该非现金分配方案，并进行分配。

基金取得的可分配现金收入，普通合伙人将在可行的条件下尽快进行分配。基金取得的来自投资项目的任何可分配现金收入（扣除预计费用）按以下原则和顺序分配：

（1）返还有限合伙人之累计实缴资本。按实缴出资比例向各有限合伙人分配，直至各有限合伙人均收回其全部实缴资本（"第一轮分配"）。

（2）返还普通合伙人实缴资本。如果经过第一轮分配后，本有限合伙企业仍有可分配现金收入，则向普通合伙人进行分配，直至其收回全部实缴资本（"第二轮分配"）。

（3）支付合伙人优先回报。如果经过第二轮分配后，本有限合伙企业仍有可分配的现金收入，则按实缴出资比例向全体合伙人进行分配，直至各合伙人之实缴资本实现按年化利率8%（复利）计算的优先回报［为计算优先回报之目的，以各期出资到账截止日或实际缴付之日（孰晚）开始计算优先回报］（"第三轮分配"）。

（4）弥补普通合伙人/基金管理人回报。如果经过第三轮分配后，本有限合伙企业仍有可分配的现金收入，则向普通合伙人/基金管理人分配，直至其取得相当于第三轮分配中所有有限合伙人取得的优先回报25%的金额（"第四轮分配"）。

（5）80/20分配。如果经过第四轮分配后，本有限合伙企业仍有可分配的现金收入，则其中的80%向各有限合伙人按实缴出资比例分配，剩余的20%向普通合伙人/基金管理人分配（"第五轮分配"）。

普通合伙人/基金管理人根据上述第（4）项和第（5）项获得的分配金额为普通合伙人/基金管理人的"超额收益"。

（九）循环投资

1. 实操要点

一般禁止、限制项目退出收回资金再次投资行为。

2. 条款示例

基金的可分配收入不得用于再投资，且执行事务合伙人应当在合伙企业收到任一项目投资收入后的60个自然日内立即分配。如果有特殊情形，则执行事务合伙人可根据届时合伙企业的投资情况，在上述60个自然日届满后再延长30个自然日进行收益分配。

（十）投资冷静期及募集回访

1. 实操要点

冷静期24小时必须设置，可不设置募集回访。

2. 条款示例

本基金为有限合伙人设置 24 小时冷静期，自合伙协议签署且缴付首轮实缴款之日起算。冷静期内有限合伙人有权解除协议。中国证券投资基金业协会要求实施募集回访前，暂不实施回访。

投资者在回访成功前有权解除基金合同。如果投资者解除合同的，则基金管理人或基金管理人委托的代理销售机构应在 7 个工作日之内将全部认购款项退还给投资人；未经回访成功，投资者缴纳的认购基金款项不得由募集结算专用账户划转至托管资金账户，基金管理人不得投资运作该认购基金款项。

3. 引申探讨

回访确认制度是《私募投资基金募集行为管理办法》赋予投资人的有力武器，但投资人想要据此行使合同解除权也并非易事，行权不能脱离《中华人民共和国民法典》的相关法律规定。未被回访时行使合同解除权的关键实际上是解除时间是否属于行权的合理期限。鉴于私募基金合同作为一种非传统的无名合同，法律法规中对有解除权的投资人提出解除合同的合理期限并未有明确的规定。司法实践中更多是结合私募基金回访确认制度的设立初衷、交易背景及事实情况综合判断其合理期限。

以下为 2 个实操案例予以进一步说明。

案例 1 投资者 A 以未接到回访确认为由，在购买私募基金 2 个月后要求解除基金合同并返还投资款，该案得到法院的支持。于冷静期后向投资者回访确认是被告作为募集机构应履行的合同义务，针对该义务是否已履行，根据《最高人民法院关于适用〈中华人民共和国民事诉讼法〉的解释》的规定，应由负有履行义务的当事人即被告承担举证责任。基金管理人没有及时提供已经回访的证据，法院最终判决被告未进行回访，原告有权依据前述合同约定要求解约。

案例 2 2021 年 2 月中旬，基金投资人李某、基金管理人与基金托管人三方签订《基金合同》，约定基金投资人认购 A 基金；2021 年 3 月上旬，基金管理人向基金投资人发出《投资确认函》；案外人 A 公司分别于 2021 年 5 月下旬及 2021 年 8 月下旬向基金投资人支付了 A 基金产品收益 25 000.00 元及 23 000.00 元；2021 年 11 月中旬，基金管理人发出 A 基金付息方式调整公告，表示因基金管理人资金运作计划调整，对所有份额持有人的付息时间进行统一调整。2021 年 12 月底，基金投资人向基金管理人和基金托管人发出《关于解除合同的通知》，由于基金管理人至今尚未进行回访，基金投资人宣告解除《基金合同》。

仲裁庭认为，该等解除权应在约定期限或对方催告后的合理期限内行使，否则该权利即告消灭。本案中基金投资人向基金管理人和基金托管人发出《关于解除合同的通知》时已不具有解除合同的权利。理由如下：基金合同设置"投资冷静期"及"回访确认"条款本意是为了保障投资者依法应当享有的合法权利，而非给予投资者一个不受期限和条件限制的解除权，而投资者签署合同并支付投资款至基金管理人向其发出《投资确认函》已相隔 10 日以上，基金投资人有充分的时间对其投资行为进行静思。基金投资人在收到《投资确认函》时已明确知晓基金管理人在未回访确认成功的情况下将其认购款项投入基金进行投资运作的事实。投资人理应在收到该函件后的合理期限内行使其解除权，而基金投资人直至 10 个月后才提出解除合同，期间更是两次收取了该基金项下分配的收益，基金投资人行使解除权的时间显然已经超过了合理期限，其解除合同的权利已经消灭。综上，仲裁庭认为基金投资人在发出《关于解除合同的通知》时，其以基金管理人未履行回访确认程序为由解除合同的权利已经消灭，故对于《关于解除合同的通知》中的该项解约理由不予认可。

（十一）不同基金间的利益冲突

1. 实操要点

基金管理人应向投资者披露可能存在的利益冲突情况。

2. 条款示例

本基金尚未完成认缴规模 70% 投资之前，除经合伙人会议（股东会）同意外，基金管理人不得设立与本有限合伙人投资策略、投资范围、投资阶段均实质相同的新基金。

（十二）关联交易

1. 实操要点

协议应在约定关联交易事前、事中信息披露及特殊决策机制和回避安排；备案时应当提交底层资产估值公允材料、关联交易风控机制、不损害投资者权益承诺。

2. 条款示例

发生关联交易时，出资最多前两名有限合伙人可对该等关联交易进行表决，一致同意方可投资；基金管理人应在 5 个工作日内向有限合伙人披露该等关联交易。

（1）全体合伙人知悉并确认，本有限合伙企业进行以下关联交易事项需经合伙人会议批准：本有限合伙企业与普通合伙人、基金管理人、关键人士及其关联人以及前述各方管理的人民币基金（"关联基金"）进行的交易，包括但不限于对该等实体增资或认购该等实体新增份额，或自该等实体购买或向其出售投资标的，或收益互换（为避免歧义，本有限合伙企业通过普通合伙人/基金管理人根据实际情况设立的其他特殊目的载体进行的投资不属于本条所述需经投资咨询委员会批准之事项）；普通合伙人、基金管理人认为需由合伙人会议批准的其他对本有限合伙企业权益有重大影响的关联交易事项。

（2）普通合伙人应以诚实信用原则，在普通合伙人与其关联基金之间合理分配投资机会。本有限合伙企业与关联基金以同等条件对投资标的进行共同投资的，应在共同投资完成后向合伙人会议作出说明。

（十三）会议的召开与表决

1. 实操要点

权利机构（如合伙人会议）会议必须设置，投资决策委员会与投资咨询委员会可以不设置。

2. 条款示例

普通合伙人或实缴出资 1/3 以上的有限合伙人提议，可召开合伙人会议。表决经实缴出资 2/3 以上合伙人同意方可通过。合伙人可通过邮件、短信、微信方式表决，达到同意数视为形成有效决议。

（十四）信息披露

1. 实操要点

信息披露的方式及时间等应与合伙协议约定方式及时间等相符。

2. 条款示例

基金管理人可以采用下列一种或多种方式向有限合伙人提供报告或进行通知：传真、电子邮件、短信、微信、官方网站、官方微信公众号、邮寄、中国证券投资基金业协会私募披露备案系统。

二、特殊条款

（一）关键人士条款

1. 实操要点

关键人士条款为基金合同非必备条款。关键人士是指为特定基金提供服务，对该基金的运作管理尤其是投资策略的执行产生决定性作用，进而对基金整体投资业绩产生重大影响的人。具体而言，既包括能够实际控制 GP 进而影响基金的整体运作管理的人，也包括具体负责基金投资策略的拟定与执行的投资决策人员。一般而言，关键人士应当为自然人，不是法人或其他机构。

2. 条款示例

关键人士为××，普通合伙人应确保关键人士投资期内在职，若关键人士离职则本基金暂停新投资。关键人士离职后 3 个月内未通过合伙人会议确定接任者的，则本基金终止投资期进入退出期。

如果在基金投资期内，关键人士中的任何一位或几位人士出现下述一种或者几种情况的：①永久丧失行为能力，②死亡，或③不在投资委员会任职，则构成"关键人士事件"，且本有限合伙企业投资期自动中止：

（1）自关键人士事件发生之日起，本有限合伙企业仅能从事存续性活动。为本协议之目的，存续性活动包括①持有、处置和以其他方式处理本有限合伙企业的投资和其他资产；②对投资期中止前已经签署条款书、意向书、框架性协议或有约束效力之协议的投资项目进行投资；③就前述第②项约定的投资项目，以及本有限合伙企业费用支付等目的，发出缴付出资通知；④从事其他非投资活动；⑤认为为以上目的而必要的其他活动。

（2）普通合伙人应立即将上述关键人士事件的该等情况告知各合伙人，并在其后3个月内提出关键人士的替代方案供合伙人会议讨论。替代方案经合伙人会议通过后，投资期立即恢复，并根据投资期中止的天数相应顺延。如果普通合伙人未能在上述3个月期限内提出合伙人认可的关键人士替代方案，则在上述期限届满后投资期终止。

（二）无托管条款

1. 实操要点

基金可以不托管，但必须有募集账户监督，协议中应明确保障私募基金财产安全的制度措施和纠纷解决机制。

2. 条款示例

本合伙企业的财产不进行托管，合伙企业的募集将依法开立募集监督账户。

（三）双GP

1. 实操要点

不限制合伙型基金存在双GP或多GP，但基金管理人应当只为一个。

2. 条款示例

普通合伙人××作为基金管理人，负责本基金募集、投资、投后管理事务，××作为普通合伙人负责其他经营管理并监督基金管理人。

（四）委托管理

1. 实操要点

GP与基金管理人分离的合伙基金，需要提供委托管理协议，GP与基金管理人存在关联关系的证明文件，关联关系指一方控制、共同控制另一方或对另一方施加重大影响。

2. 条款示例

普通合伙人、合伙企业聘请××作为合伙企业基金管理人，在本委托管理协议约定的权利义务范围内为合伙企业提供管理服务。

（五）临时借款及担保条款

1. 实操要点

基金不得从事借（存）贷、担保、明股实债等非私募基金投资活动，但允许以股权投资为目的，为被投企业提供符合监管规定的借款或担保。

2. 条款示例

本基金可按合伙协议约定为被投企业提供 1 年期限以内借款、担保，到期日不得晚于股权投资退出日，且余额不得超过合伙企业实缴金额的 20%。

（六）维持运作机制

1. 实操要点

基金合同及风险揭示书应当明确约定，私募投资基金管理人因失联、注销私募投资基金管理人登记、破产等原因无法履行或者怠于履行管理职责等情况时，私募基金变更基金管理人、清算等相关决策机制、召集主体、表决方式、表决程序、表决比例等相关事项。

2. 条款示例

如果基金管理人丧失继续管理本基金能力时，则其他合伙人可根据合伙协议约定更换基金管理人；60 日内未能更换的，本基金应根据合伙协议约定终止、解散、清算本合伙企业；应急处置过程中产生争议的，纠纷方可以根据争议解决条款处理。

第四节 基金合同的效力

本节的主要内容包括基金管理人未登记情况下基金合同的效力、无法构成基金合同法律关系情况下合同性质的认定、未备案私募基金合同的效力、约定基金备案为合同生效条件情形下未备案基金合同的效力、电子签名的基金合同。

本节参考的法律法规等规范性文件主要包括《中华人民共和国民法典》《中华人民共和国证券投资基金法》《中华人民共和国电子签名法》《私募投资基金监督管理暂行办法》《私募投资基金管理人登记和基金备案办法（试行）》《电子认证服务管理办法》。

一、基金管理人未登记情况下基金合同的效力

（一）效力性强制规定与管理性强制规定

效力性强制规定是指法律及行政法规明确规定违反了这些禁止性规定将导致合同无效的规范，或者虽然法律及行政法规没有明确规定违反之后将导致合同无效，但若使合同继续有效将使国家利益和社会公共利益受到损害的规范；管理性强制规定是指

法律及行政法规没有明确规定违反此类规范将导致合同无效，违反此类规范继续履行合同，将会受到国家行政制裁，但合同本身并不损害国家、社会公共利益以及第三人的利益，而只是破坏了国家对交易秩序的管理规范。

违反管理性强制规定并不必然无效，只有违反效力性强制规定的民事法律行为才会直接被认定无效。

（二）私募投资基金管理人尚未登记的展业行为属于违反管理性强制规定

私募投资基金管理人应当履行登记手续。未经登记，任何主体不得使用"基金""基金管理"等相关的字样进行证券投资活动。私募投资基金管理人在尚未登记的情况下，与投资者签署的基金合同并不必然无效，如不同时存在其他导致合同无效的情形，则相应的基金合同应属有效合同。

（三）私募投资基金管理人未登记导致基金合同无效的情形

如果该私募投资基金管理人不申请登记的目的是规避监管从而变相地对非特定对象、非合格投资者进行公开募集，或者超越了投资者数量的监管要求，即便不构成非法吸收公众存款罪、非法集资罪等刑事责任，由于显然影响到金融安全、损害社会公共利益，此时基金合同也属于无效合同。

二、无法构成基金合同法律关系情况下合同性质的认定

基金管理人如未登记，客观上无法构成基金合同法律关系。在司法实践中，通常会根据合同内容探究真实意思，该等合同的性质多被认定为借款合同性质或委托理财合同性质。

（一）认定为借款合同性质的案例

某人民法院认为，涉案的基金管理人未登记，基金产品未备案，基金管理人的实际控制人向投资者出具《连带责任保证责任承诺书》，承诺对投资款承担连带返还责任。任何合法的私募基金都必须经中国证券投资基金业协会备案登记，但涉案的"某某生物一号"产品无登记备案信息，不属于合法私募基金产品，被告 B 公司在私募投资基金管理人综合查询中亦无相关记录，综合查明的事实可以认定本案的由来是被告 B 公司、自然人 C 等打着私募基金的旗号进行的集资行为，由此引发的民事纠纷案由应定性为民间借贷。

（二）认定为委托理财合同的案例

（1）涉案基金合同不具备私募基金合同的构成要件。从合同内容上来看，涉案的《明星甲演唱会投资基金认购协议》虽然较为完整地涵盖了法律规定的私募基金合同基本要素，但 A 公司并非合格的私募投资基金管理人，涉案的明星甲演唱会投资基金也未经登记备案，因此从性质上来看，涉案的《明星甲演唱会投资基金认购协议》不具备私募基金合同的构成要件。

(2) 涉案合同名为投资基金，实为民间委托理财合同。审理法院认为，根据协议约定，合作期间自然人乙将指定账户中的资金委托 A 公司投资明星甲演唱会，承担风险并赚取收益，A 公司收取一定比例的管理费作为报酬。因此，涉案的《明星甲演唱会投资基金认购协议》属于名为私募基金投资，实为有偿的民间委托理财合同的情形。

(3) 应当参照基金管理人的标准去评判 A 公司的违约责任。审理法院认为，A 公司以基金管理人的身份与自然人乙订立投资基金协议，且协议第二条明确约定双方按照《中华人民共和国证券投资基金法》《私募投资基金监督管理暂行办法》《私募投资基金管理人登记和基金备案办法（试行）》等有关规定订立协议，虽然本案 A 公司并非适格的基金管理人，但对于作为投资者的自然人乙而言，可合理期待 A 公司作为基金管理人履行义务。因此，本案应当参照基金管理人的标准去评判 A 公司是否尽到了合同约定的"诚实信用、勤勉尽责"义务。本案中，A 公司未尽到尽职调查义务、全面披露信息义务、资金监管义务以及及时止损义务，应当承担相应的违约责任。

三、未备案私募基金合同的效力

（一）基本要求

非公开募集基金募集完毕，基金管理人应当向中国证券投资基金业协会备案。基金管理人应当在募集完毕后的 20 个工作日内通过 AMBERS 系统申请私募投资基金备案，并签署备案承诺函承诺已完成募集，承诺已知晓以私募投资基金名义从事非法集资所应承担的刑事、行政和自律后果。

（二）效力判断

基金管理人不办理基金备案的行为属于违反管理性强制规定。基金管理人已登记但私募基金未备案，如果不存在其他导致合同无效的情形，而仅是存在未办理基金备案的单一情形的，基金合同仍属有效。

四、约定基金备案为合同生效条件情形下未备案基金合同的效力

当事人对合同的效力可以约定附条件。附生效条件的合同，自条件成就时生效。因此，基金管理人和投资者有权约定私募基金备案为合同生效条件。以基金备案为基金合同生效条件在实务中存在着履行上的困境。交纳投资款是基金投资者在整个基金合同中的主要义务。如果约定基金合同必须在基金备案完成后方可生效，那么投资者交纳投资款将没有合同依据，基金管理人接收投资款也没有合同依据，而若是投资者不交纳合同款项，基金募集则无法成功，更难以满足备案的条件。

在司法实践中，法院通常认为，涉案基金管理人在合同未生效的情况下管理和运用委托资金并造成投资者资金损失，属于有过错的一方，投资者对此并无过错。

五、电子签名的基金合同

（一）电子签名

民事主体也可以通过符合法律法规要求的电子方式表达愿意接受合同约束的意思。在实践中，电子方式主要包括点击确认方式（通过互联网渠道销售的公募基金多采取该种方式）和电子签名方式（私募基金多采取该种方式）。因此，对于私募基金而言，所谓的"电子合同"的实质就是基金合同的一方当事人采用了电子签名的方式进行签署。如果基金合同一方或两方通过纸质方式签署了合同，而其他方通过电子签名方式签署合同，只要各方意思表示真实，基金合同也一样成立。

实操中常见的"电子签名认证证书"（"CA证书"）是第三方对一项电子签名的认证，是否使用CA证书和电子签名的效力之间并无必然联系。

（二）在投资者使用电子签名方式签署基金合同时，基金管理人应当注意的事项

（1）只有具有相应资质的CA机构方可提供电子认证服务。基金管理人可关注电子签约平台是否使用了有资质的CA机构颁发的CA证书。

（2）基金管理人可以关注电子签约平台的用户注册、认证程序、运营规则是否清晰、严谨，是否已经建立对平台用户相关操作的留痕、回溯机制。

（3）电子签约平台有义务根据基金管理人的要求提供与投资者电子签名相关的佐证材料，并配合基金管理人向CA机构申请出具鉴证报告。基金管理人可以关注电子签约平台的举证方案，也可以考虑与电子签约平台约定。

（4）基金管理人可以建立电子合同分类回收、留档机制和方案。

第七章 基金备案

本章包括4节，分别为基金备案的基本要求，私募证券投资基金备案，私募股权、创业投资基金备案，基金备案典型案例。

第一节 基金备案的基本要求

本节的主要内容包括基金备案的基本含义、基金备案的总体要求、申请条件、私募投资基金的条款要求、禁止性行为、不予或不能办理备案的情形、基金备案的流程、申报资料及注意事项、其他实操要点。

本节参考的法律法规等规范性文件主要包括《中华人民共和国证券投资基金法》《私募投资基金监督管理暂行办法》《私募投资基金管理人登记和基金备案办法（试行）》《私募投资基金命名指引》《私募投资基金募集行为管理办法》《关于加强私募投资基金监管的若干规定》《私募投资基金备案指引第1号——私募证券投资基金》《私募投资基金备案指引第2号——私募股权、创业投资基金》《私募投资基金备案指引第3号——私募投资基金变更管理人》《私募基金登记备案相关问题解答（四、六、八~十五）》《私募投资基金合同指引（1~3号）》《私募投资基金风险揭示书内容与格式指引》《私募投资基金投资者风险问卷调查内容与格式指引（个人版）》等。

一、基金备案的基本含义

（一）相关要求

私募投资基金登记备案不是行政审批。中国证券投资基金业协会对私募投资基金登记备案信息不做实质性事前审查，中国证券投资基金业协会为私募投资基金办理备案不构成对私募投资基金管理人投资能力的认可，也不构成对基金管理人和私募投资基金合规情况的认可，不作为对私募投资基金财产安全的保证。

私募投资基金未经备案不得进行对外投资，仅可以从现金管理为目的，投资于银行活期存款、国债、中央银行票据、货币市场基金等中国证监会认可的现金管理工具。

已登记的私募投资基金管理人不得管理未备案的私募基金产品。因此，如果存在募集设立私募基金但未备案的情况，从合规角度，应当尽快进行该基金的清算注销或基金管理人退出该产品。

自 2016 年 2 月 5 日起，新登记的基金管理人在办结登记手续之日起 6 个月内仍未备案首只私募基金产品的，中国证券投资基金业协会将注销基金管理人登记。自 2020 年 2 月 1 日起，将新登记及已登记但尚未备案首只产品的基金管理人完成首只私募基金产品备案时限由前述 6 个月延长至 12 个月。

（二）参考案例

中国证券投资基金业协会在对某基金管理人的反馈中要求，投资者净资产无法覆盖本基金的未实缴部分金额，请补充提供相关证明文件，若为财务报告需要为经过第三方审计的相关证明文件。

简析：中国证券投资基金业协会不再认可机构投资者盖章用印的财务报表作为资产证明材料，而是需要提供由第三方机构出具的审计报告。

二、基金备案的总体要求

（一）基本要求

（1）私募投资基金在募集和投资运作中，应严格遵守法律法规以及中国证券投资基金业协会不时发布和更新的自律规则。

（2）私募投资基金管理人（以下简称"管理人"）不得从事与私募投资基金有利益冲突的业务，不得将应当履行的受托人责任转委托。私募投资基金的备案信息中能且仅能体现一家管理人，协会 AMBERS 系统不再设置双（多）管理人选项。

（3）私募投资基金管理人应当在私募基金募集完毕后 20 个工作日内进行备案，并保证基金备案及持续信息更新中所提供的所有材料及信息（含系统填报信息）应真实、准确、完整，不存在任何虚假记载、误导性陈述或重大遗漏。管理人应当主动接受中国证券投资基金业协会对管理人及私募投资基金的自律管理，中国证券投资基金业协会将持续监测私募投资基金投资运作情况。

（二）信息及时报送披露

管理人应当及时报送私募投资基金重大事项变更情况及清算信息，根据基金类型和规模，按时履行私募投资基金月度、季度、年度更新和信息披露报送义务，并在规定时间内向中国证券投资基金业协会报送私募投资基金年度报告。

三、申请条件

申请备案的条件包括以下内容：

（1）已完成私募投资基金管理人登记并正常展业。
（2）私募投资基金已募集完毕。
（3）私募投资基金备案申请材料齐备、形式合规。
（4）符合私募投资基金行业相关法律法规、部门规章/规范性文件和行业自律规则相关要求。

四、私募投资基金的条款要求

（一）私募投资基金备案总体性要求

1. 不属于私募投资基金备案范围

私募投资基金不应是借（存）贷活动。下列不符合"基金"本质的募集、投资活动不属于私募投资基金备案范围：

（1）变相从事金融机构信（存）贷业务的，或直接投向金融机构信贷资产。

（2）从事经常性、经营性民间借贷活动，包括但不限于通过委托贷款、信托贷款等方式从事上述活动。

（3）私募投资基金通过设置无条件刚性回购安排变相从事借（存）贷活动，基金收益不与投资标的的经营业绩或收益挂钩。

（4）投向保理资产、融资租赁资产、典当资产等与私募投资基金相冲突业务的资产、股权或其收（受）益权。

（5）通过投资合伙企业、公司、资产管理产品（含私募投资基金，下同）等方式间接或变相从事上述活动。

2. 管理人职责

管理人应当遵循专业化运营原则，不得从事与私募投资基金有利益冲突的业务。管理人应当按照诚实信用、勤勉尽责原则切实履行受托管理职责，不得将应当履行的受托人责任转委托。私募投资基金的管理人不得超过1家。

3. 托管要求

私募投资基金托管人（以下简称"托管人"）应当严格履行其法定职责，不得通过合同约定免除其法定职责。基金合同和托管协议应当按照法律法规和自律规则明确约定托管人的权利义务、职责。在管理人发生异常且无法履行管理职责时，托管人应当按照法律法规及合同约定履行托管职责，维护投资者合法权益。托管人在监督管理人的投资运作过程中，发现管理人的投资或清算指令违反法律法规和自律规则以及合同约定的，应当拒绝执行，并向中国证监会和中国证券投资基金业协会报告。

契约型私募投资基金应当由依法设立并取得基金托管资格的托管人托管，基金合同约定设置能够切实履行安全保管基金财产职责的基金份额持有人大会日常机构或基金受托人委员会等制度安排的除外。私募资产配置基金应当由依法设立并取得基金托管资格的托管人托管。

私募投资基金通过公司、合伙企业等特殊目的载体间接投资底层资产的，应当由依法设立并取得基金托管资格的托管人托管。托管人应当持续监督私募投资基金与特殊目的载体的资金流，事前掌握资金划转路径，事后获取并保管资金划转及投资凭证。

管理人应当及时将投资凭证交付托管人。

4. 合格投资者

私募投资基金应当面向合格投资者通过非公开方式对外募集。合格投资者应当符合《私募投资基金监督管理暂行办法》的相关规定，具备相应风险识别能力和风险承担能力。单只私募投资基金的投资者人数累计不得超过《中华人民共和国证券投资基金法》《中华人民共和国公司法》《中华人民共和国合伙企业法》等法律规定的特定数量。

5. 穿透核查投资者

以合伙企业等非法人形式投资私募投资基金的，募集机构应当穿透核查最终投资者是否为合格投资者，并合并计算投资者人数。投资者为依法备案的资产管理产品的，不再穿透核查最终投资者是否为合格投资者和合并计算投资者人数。

管理人不得违反中国证监会等金融监管部门和中国证券投资基金业协会的相关规定，通过为单一融资项目设立多只私募投资基金的方式，变相突破投资者人数限制或者其他监管要求。

6. 投资者资金来源

投资者应当确保投资资金来源合法，不得汇集他人资金购买私募投资基金。募集机构应当核实投资者对基金的出资金额与其出资能力相匹配，且为投资者自己购买私募投资基金，不存在代持。

7. 募集推介材料

管理人应在私募投资基金招募说明书等募集推介材料中向投资者介绍管理人及管理团队基本情况、托管安排（如有）、基金费率、存续期、分级安排（如有）、主要投资领域、投资策略、投资方式、收益分配方案以及业绩报酬安排等要素。募集推介材料还应向投资者详细揭示私募投资基金主要意向投资项目（如有）的主营业务、估值测算、基金投资款用途以及拟退出方式等信息，私募证券投资基金除外。募集推介材料的内容应当与基金合同、公司章程和合伙协议（统称"基金合同"）实质一致。

8. 风险揭示书

管理人应当向投资者披露私募投资基金的资金流动性、基金架构、投资架构、底层标的、纠纷解决机制等情况，充分揭示各类投资风险。

私募投资基金若涉及募集机构与管理人存在关联关系、关联交易、单一投资标的、通过特殊目的载体投向标的、契约型私募投资基金管理人股权代持、私募投资基金未能通过中国证券投资基金业协会备案等特殊风险或业务安排，管理人应当在风险揭示书的"特殊风险揭示"部分向投资者进行详细、明确、充分披露。

投资者应当按照《私募投资基金募集行为管理办法》的相关规定，对风险揭示书中"投资者声明"部分所列的 13 项声明签字签章确认。管理人在 AMBERS 系统进行私募投资基金季度更新时，应当及时更新上传所有投资者签署的风险揭示书。

9. 募集完毕要求

管理人应当在募集完毕后的 20 个工作日内通过 AMBERS 系统申请私募投资基金备案，并签署《备案承诺函》承诺已完成募集，承诺已知晓以私募投资基金名义从事非法集资所应承担的刑事、行政和自律后果。此处的"募集完毕"可以从以下方面把握：

（1）已认购契约型私募投资基金的投资者均签署基金合同，且相应认购款已进入基金托管账户（基金财产账户）。

（2）已认缴公司型或合伙型私募投资基金的投资者均签署公司章程或合伙协议并进行市场主体确权登记，均已完成不低于 100 万元的首轮实缴出资且实缴资金已进入基金财产账户。管理人及其员工、社会保障基金、政府引导基金、企业年金等养老基金、慈善基金等社会公益基金的首轮实缴出资要求可从其公司章程或合伙协议约定。

10. 封闭运作

私募股权投资基金（含创业投资基金）和私募资产配置基金应当封闭运作，备案完成后不得开放认/申购（认缴）和赎回（退出），基金封闭运作期间的分红、退出投资项目减资、对违约投资者除名或替换以及基金份额转让不在此列。

已备案通过的私募股权投资基金或私募资产配置基金，若同时满足以下条件，可以新增投资者或增加既存投资者的认缴出资，但增加的认缴出资额不得超过备案时认缴出资额的 3 倍：

（1）基金的组织形式为公司型或合伙型。
（2）基金由依法设立并取得基金托管资格的托管人托管。
（3）基金处在合同约定的投资期内。
（4）基金进行组合投资，投资于单一标的的资金不超过基金最终认缴出资总额的 50%。
（5）经全体投资者一致同意或经全体投资者认可的决策机制决策通过。

11. 备案前临时投资

私募投资基金完成备案前，可以以现金管理为目的，投资于银行活期存款、国债、中央银行票据、货币市场基金等中国证监会认可的现金管理工具。

12. 禁止刚性兑付

管理人及其实际控制人、股东、关联方以及募集机构不得向投资者承诺最低收益、承诺本金不受损失，或限定损失金额和比例。

投资者获得的收益应当与投资标的实际收益相匹配，管理人不得按照类似存款计息的方法计提并支付投资者收益。管理人或募集机构使用"业绩比较基准"或"业绩报酬计提基准"等概念，应当与其合理内涵一致，不得将上述概念用于明示或者暗示基金预期收益，使投资者产生刚性兑付预期。

私募证券投资基金管理人不得通过设置增强资金、费用返还等方式调节基金收益或亏损，不得以自有资金认购的基金份额先行承担亏损的形式提供风险补偿，变相保本保收益。

13. 禁止资金池

管理人应当做到每只私募投资基金的资金单独管理、单独建账、单独核算，不得开展或者参与任何形式的"资金池"业务，不得存在短募长投、期限错配、分离定价、滚动发行、集合运作等违规操作。

14. 禁止投资单元

管理人不得在私募投资基金内部设立由不同投资者参与并投向不同资产的投资单元/子份额，规避备案义务，不公平对待投资者。

15. 组合投资

鼓励私募投资基金进行组合投资。建议基金合同中明确约定私募投资基金投资于单一资产管理产品或项目所占基金认缴出资总额的比例。

私募资产配置基金投资于单一资产管理产品或项目的比例不得超过该基金认缴出资总额的 20%。

16. 约定存续期

私募投资基金应当约定明确的存续期。私募股权投资基金和私募资产配置基金约定的存续期不得少于 5 年，鼓励管理人设立存续期在 7 年及以上的私募股权投资基金。

17. 基金杠杆

私募投资基金杠杆倍数不得超过监管部门规定的杠杆倍数要求。开放式私募投资基金不得进行份额分级。

私募证券投资基金管理人不得在分级私募证券投资基金内设置极端化收益分配比例，不得利用分级安排进行利益输送、变相开展"配资"等违法违规业务，不得违背利益共享、风险共担、风险与收益相匹配的原则。

18. 关联交易

私募投资基金进行关联交易的，应当防范利益冲突，遵循投资者利益优先原则和平等自愿、等价有偿的原则，建立有效的关联交易风险控制机制。上述关联交易是指私募投资基金与管理人、投资者、管理人管理的私募投资基金、同一实际控制人下的其他管理人管理的私募投资基金，或者与上述主体有其他重大利害关系的关联方发生的交易行为。

管理人不得隐瞒关联关系或者将关联交易非关联化，不得以私募投资基金的财产与关联方进行利益输送、内幕交易和操纵市场等违法违规活动。

私募投资基金进行关联交易的，应当在基金合同中明确约定涉及关联交易的事前、事中信息披露安排以及针对关联交易的特殊决策机制和回避安排等。

管理人应当在私募投资基金备案时提交证明底层资产估值公允的材料（如有）、有效实施的关联交易风险控制机制、不损害投资者合法权益的承诺函等相关文件。

19. 公司型与合伙型私募投资基金前置市场主体登记和投资者确权

公司型或合伙型私募投资基金设立或发生登记事项变更的，应当按照《中华人民共和国公司法》或《中华人民共和国合伙企业法》规定的程序和期限要求，向市场主体登记机关申请办理登记或变更登记。

20. 明示基金信息

私募投资基金的命名应当符合《私募投资基金命名指引》的规定。管理人应当在基金合同中明示私募投资基金的投资范围、投资方式、投资比例、投资策略、投资限制、费率安排、核心投资人员或团队、估值定价依据等信息。

契约型私募投资基金份额的初始募集面值应当为1元，在基金成立后至到期日前不得擅自改变。

21. 维持运作机制

基金合同及风险揭示书应当明确约定，在管理人客观上丧失继续管理私募投资基金的能力时，基金财产安全保障、维持基金运营或清算的应急处置预案和纠纷解决机制。

管理人和相关当事人对私募投资基金的职责不因中国证券投资基金业协会依照法律法规和自律规则执行注销管理人登记等自律措施而免除。已注销管理人和相关当事人应当根据《中华人民共和国证券投资基金法》、中国证券投资基金业协会相关自律规则和基金合同的约定，妥善处置在管基金财产，依法保障投资者的合法权益。

22. 材料信息真实完整

管理人提供的私募投资基金备案和持续信息更新的材料和信息应当真实、准确、完整，不存在任何虚假记载、误导性陈述或重大遗漏。管理人应当上传私募投资基金备案承诺函、基金合同、风险揭示书和实缴出资证明等签章齐全的相关书面材料。

中国证券投资基金业协会在办理私募投资基金备案时，如发现私募投资基金可能涉及复杂、创新业务或存在可能损害投资者利益的潜在风险，采取约谈管理人实际控制人、股东及其委派代表、高级管理人员等方式的，管理人及相关人员应当予以配合。

23. 信息披露

管理人应当在私募投资基金的募集和投资运作中明确信息披露义务人向投资者进行信息披露的内容、披露频度、披露方式、披露责任以及信息披露渠道等事项，向投资者依法依规持续披露基金募集信息、投资架构、特殊目的载体（如有）的具体信息、杠杆水平、收益分配、托管安排（如有）、资金账户信息、主要投资风险以及影响投资者合法权益的其他重大信息等。

管理人应当及时将上述披露的持续投资运作信息在私募投资基金信息披露备份系统进行备份。

24. 基金年度报告及审计要求

管理人应当在规定时间内向中国证券投资基金业协会报送私募投资基金年度报告。私募股权投资基金、私募资产配置基金的年度报告的财务会计报告应当经过审计。会计师事务所接受管理人、托管人的委托，为有关基金业务出具的审计报告等文件，应当勤勉尽责，对所依据的文件资料内容的真实性、准确性、完整性进行核查和验证。其制作、出具的文件有虚假记载、误导性陈述或者重大遗漏，给他人财产造成损失的，应当与委托人承担连带赔偿责任。

25. 重大事项报送

私募投资基金发生以下重大事项的，管理人应当在 5 个工作日内向中国证券投资基金业协会报送相关事项并向投资者披露：

（1）管理人、托管人发生变更的。
（2）基金合同发生重大变化的。
（3）基金触发巨额赎回的。
（4）涉及基金管理业务、基金财产、基金托管业务的重大诉讼、仲裁、财产纠纷的。
（5）投资金额占基金净资产 50% 及以上的项目不能正常退出的。
（6）对基金持续运行、投资者利益、资产净值产生重大影响的其他事件。

26. 信息公示

管理人应当及时报送私募投资基金重大事项变更情况及清算信息，按时履行私募投资基金季度、年度更新和信息披露报送义务。管理人未按时履行季度、年度、重大事项信息更新和信息披露报送义务的，在管理人完成相应整改要求之前，中国证券投资基金业协会将暂停受理该管理人新的私募投资基金备案申请。管理人未按时履行季度、年度、重大事项信息更新和信息披露报送义务累计达 2 次的，中国证券投资基金业协会将其列入异常机构名单，并对外公示。一旦管理人作为异常机构公示，即使整改完毕，至少 6 个月后才能恢复正常机构公示状态。

私募投资基金备案后，中国证券投资基金业协会将通过信息公示平台公示私募投资基金基本情况。对于存续规模低于 500 万元，或实缴比例低于认缴规模 20%，或个别投资者未履行首轮实缴义务的私募投资基金，在上述情形消除前，中国证券投资基金业协会将在公示信息中持续提示。

27. 基金合同的终止、解除与基金清算

基金合同应当明确约定基金合同终止、解除及基金清算的安排。对中国证券投资

基金业协会不予备案的私募投资基金，管理人应当告知投资者，及时解除或终止基金合同，并对私募投资基金财产清算，保护投资者的合法权益。

管理人在私募投资基金到期日起的 3 个月内仍未通过 AMBERS 系统完成私募投资基金的展期变更或提交清算申请的，在完成变更或提交清算申请之前，中国证券投资基金业协会将暂停办理该管理人新的私募投资基金备案申请。

28. 紧急情况暂停备案

中国证券投资基金业协会在办理私募投资基金备案过程中，若发现管理人有下列情形之一的，在下列情形消除前可以暂停备案：

（1）被公安、检察、监察机关立案调查的。

（2）被行政机关列为严重失信人，以及被人民法院列为失信被执行人的。

（3）被中国证监会及其派出机构给予行政处罚或被交易所等自律组织给予自律处分，情节严重的。

（4）拒绝、阻碍监管人员或者自律管理人员依法行使监督检查、调查职权或者自律检查权的。

（5）涉嫌严重违法违规行为，中国证监会及其派出机构建议的。

（6）多次受到投资者实名投诉，涉嫌违反法律法规、自律规则，侵害投资者合法权益，未能向中国证券投资基金业协会和投资者合理解释被投诉事项的。

（7）经营过程中出现不予登记情形的。

（8）其他严重违反法律法规和《私募投资基金管理人内部控制指引》等自律规则的相关规定，恶意规避相关规定要求，向中国证券投资基金业协会和投资者披露的内容存在虚假记载、误导性陈述或重大遗漏，经营管理失控，出现重大风险，损害投资者利益的。

（二）私募证券投资基金（含 FoF）特殊备案要求

1. 证券投资范围

私募证券投资基金的投资范围主要包括股票、债券、期货合约、期权合约、证券类基金份额以及中国证监会认可的其他资产。

2. 开放要求和投资者赎回限制

私募证券投资基金管理人应当统筹考虑投资标的流动性、投资策略、投资限制、销售渠道、潜在投资者类型与风险偏好、投资者结构等因素，设置匹配的开放期，强化对投资者短期申赎行为的管理。

基金合同中设置临时开放日的，应当明确临时开放日的触发条件，原则上不得利用临时开放日的安排继续认/申购（认缴）。

3. 规范业绩报酬

业绩报酬提取应当与私募证券投资基金的存续期限、收益分配和投资运作特征相匹配，单只私募证券投资基金只能采取一种业绩报酬提取方法，保证公平对待投资者。业绩报酬提取比例不得超过业绩报酬计提基准以上投资收益的 60%。

私募投资基金连续两次计提业绩报酬的间隔期不应短于 3 个月。鼓励管理人采用不短于 6 个月的间隔期。管理人在投资者赎回基金份额时或在私募投资基金清算时计提业绩报酬的，可以不受上述间隔期的限制。

4. 投资经理

管理人应当在基金合同中明确约定投资经理，投资经理应当取得基金从业资格并在中国证券投资基金业协会完成注册。投资经理发生变更应当履行相关程序并告知投资者。

（三）私募股权投资基金（含 FoF）特殊备案要求

1. 股权投资范围

私募股权投资基金的投资范围主要包括未上市企业股权、上市公司非公开发行或交易的股票、可转债、市场化和法治化债转股、股权类基金份额以及中国证监会认可的其他资产。

2. 股权确权

私募股权投资基金入股或受让被投企业股权的，应当及时向企业登记机关办理登记或变更登记。管理人应当及时将上述情况向投资者披露、向托管人报告。

3. 防范不同基金间的利益冲突

管理人应当公平地对待其管理的不同私募投资基金财产，有效防范私募投资基金之间的利益输送和利益冲突，不得在不同私募投资基金之间转移收益或亏损。在已设立的私募股权投资基金尚未完成认缴规模 70% 的投资（包括为支付基金税费的合理预留）之前，除经全体投资者一致同意或经全体投资者认可的决策机制决策通过之外，管理人不得设立与前述基金的投资策略、投资范围、投资阶段均实质相同的新基金。

（四）私募资产配置基金特殊备案要求

1. 投资方式

私募资产配置基金应当主要采用基金中基金的投资方式，80% 以上的已投基金资产应当投资于依法设立或备案的资产管理产品。

2. 杠杆倍数

分级私募资产配置基金投资跨类别私募投资基金的，杠杆倍数不得超过所投资的私募投资基金的最高杠杆倍数要求。

五、禁止性行为

禁止性行为包括以下情形：①申请基金不符合私募投资基金备案条件；②申请材料不满足真实、准确、完整要求；③法律法规、部门规章/规范性文件或自律规则规定的其他禁止性行为。

六、不予或不能办理备案的情形

（一）不予办理私募基金备案的情形

有下列情形之一的，中国证券投资基金业协会不予办理私募基金备案，并说明理由：①从事或者变相从事信贷业务，或者直接投向信贷资产，中国证监会、中国证券投资基金业协会另有规定的除外；②通过委托贷款、信托贷款等方式从事经营性民间借贷活动；③私募基金通过设置无条件刚性回购安排变相从事借贷活动，基金收益不与投资标的的经营业绩或者收益挂钩；④投向保理资产、融资租赁资产、典当资产等与私募基金相冲突业务的资产、资产收（受）益权，以及投向从事上述业务的公司的股权；⑤投向国家禁止或者限制投资的项目，不符合国家产业政策、环境保护政策、土地管理政策的项目；⑥通过投资公司、合伙企业、资产管理产品等方式间接从事或者变相从事本款第①项～第⑤项规定的活动；⑦不属于《私募投资基金登记备案办法》第二条第二款规定①的私募基金，不以基金形式设立和运作的投资公司和合伙企业；⑧以员工激励为目的设立的员工持股计划和私募投资基金管理人的员工跟投平台；⑨中国证监会、中国证券投资基金业协会规定的其他情形。

已备案的私募基金不得将基金财产用于经营或者变相经营前款第①项～第⑥项规定的相关业务。私募基金被中国证券投资基金业协会不予备案的，私募投资基金管理人应当及时告知投资者，妥善处置相关财产，保护投资者的合法权益。

（二）因私募投资基金管理人导致基金不能备案的情形

私募投资基金管理人有下列情形之一的，中国证券投资基金业协会暂停办理其私募基金备案，并说明理由：①《私募投资基金登记备案办法》第二十四条第一款规定的情形②；②被列为严重失信人或者被纳入失信被执行人名单；③私募投资基金管理人

---

① 《私募投资基金登记备案办法》第二条第二款　非公开募集资金，以进行投资活动为目的设立的公司或者合伙企业，资产由私募投资基金管理人或者普通合伙人管理的，其私募基金业务活动适用本办法。

② 《私募投资基金登记备案办法》第二十四条第一款　有下列情形之一的，协会中止办理私募投资基金管理人登记，并说明理由：

（一）拟登记机构及其控股股东、实际控制人、普通合伙人、主要出资人因涉嫌违法违规被公安、检察、监察机关立案调查，或者正在接受金融管理部门、自律组织的调查、检查，尚未结案；

（二）拟登记机构及其控股股东、实际控制人、普通合伙人、主要出资人出现可能影响正常经营的重大诉讼、仲裁或者法律风险，或者可能影响办理私募投资基金管理人登记的重大内部纠纷，尚未消除或者解决；

（三）拟登记机构及其控股股东、实际控制人、普通合伙人、主要出资人、关联私募投资基金管理人出现重大负面舆情，尚未消除；

（四）中国证监会及其派出机构要求协会中止办理；

（五）涉嫌提供有虚假记载、误导性陈述或者重大遗漏的信息、材料，通过欺骗、贿赂或者以规避监管、自律管理为目的与中介机构违规合作等不正当手段办理相关业务，相关情况尚在核实；

（六）法律、行政法规、中国证监会和协会规定的其他情形。

及其控股股东、实际控制人、普通合伙人、关联私募投资基金管理人出现可能危害市场秩序或者损害投资者利益的重大经营风险或者其他风险；④因涉嫌违法违规、侵害投资者合法权益等多次受到投诉，未能向中国证券投资基金业协会和投资者做出合理说明；⑤未按规定向中国证券投资基金业协会报送信息，或者报送的信息存在虚假记载、误导性陈述或者重大遗漏；⑥登记备案信息发生变更，未按规定及时向中国证券投资基金业协会履行变更手续，存在未及时改正等严重情形；⑦办理登记备案业务时的相关承诺事项未履行或者未完全履行；⑧采取拒绝、阻碍中国证监会及其派出机构、中国证券投资基金业协会及其工作人员依法行使检查、调查职权等方式，不配合行政监管或者自律管理，情节严重；⑨中国证监会及其派出机构要求中国证券投资基金业协会暂停备案；⑩中国证监会、中国证券投资基金业协会规定的其他情形。

七、基金备案的流程

自 2017 年 4 月 5 日起，各私募投资基金管理人均应当通过 AMBERS 系统提交管理人登记申请、备案私募基金，按要求持续更新管理人信息与私募基金运行信息，以及办理申请加入中国证券投资基金业协会成为会员与从业人员注册等相关事宜。

（一）备案前需要完成的工作

（1）应当设立管理人并完成管理人登记，且管理人应当正常展业，不存在被中国证券投资基金业协会不予备案基金的情形。

（2）管理人完成登记后，应进行以下工作：①进行基金投资对象的项目筛选、洽谈，制作相关商业文件；②设计基金名称、架构、投向，制作基金合同、募集说明书、风险揭示书等法律文件；③开立基金募集账户并签署资金监管监督协议，进行私募基金募集、推介，妥善签署投资者调查问卷、风险揭示书、完成风险评级；④办理公司型或有限合伙型基金产品的市场主体登记手续，完成基金法律架构搭建，取得公司型或有限合伙型基金的营业执照；⑤办理基金产品银行开户、税务登记相关事务，开立基金财产专户；⑥需要托管的，根据基金合同/合伙协议/公司章程约定选任托管机构，开立托管账户；⑦冷静期和回访确认成功后（非必备环节），将投资者交纳的认购基金款项由募集账户划转到基金财产账户或托管资金账户。

（3）管理人应当根据中国证券投资基金业协会 2020 年 3 月 20 日发布的《关于公布私募投资基金备案申请材料清单的通知》及其附件以及其他相关规范性文件规定的内容和格式要求准备备案材料。

（二）备案申请的时间要求

管理人应当在私募投资基金募集完毕后 20 个工作日内，通过 AMBERS 系统申请私募投资基金备案，并签署《备案承诺函》承诺已完成募集，承诺已知晓以私募投资基金名义从事非法集资所应承担的刑事、行政和自律后果。

私募投资基金管理人应当在登记后 12 个月内备案自主发行的私募基金，登记后 12 个月内未备案自主发行的私募基金的，中国证券投资基金业协会注销其私募投资基金管理人登记并予以公示。

（三）一般程序

一般程序包括申请、核查、退回补正、办结、结果公示等。

（1）申请是指私募投资基金管理人通过资产管理业务综合报送平台官方网站（https://ambers.amac.org.cn）填报私募投资基金相关信息、上传备案材料并提交。

（2）核查是指备案材料齐备性核查和形式合规性核查。其中，备案材料齐备性核查是指中国证券投资基金业协会按照《私募投资基金备案申请材料清单》对私募投资基金备案材料的齐备性进行反馈；形式合规性核查是指在备案材料齐备的基础上核查私募投资基金是否符合备案相关要求。

（3）退回补正指经核查后，中国证券投资基金业协会就相关问题反馈补正意见，并将申请退回给私募投资基金管理人。私募投资基金管理人应按照补正意见修正相关信息、补充相关材料并再次提交。

（4）办结指中国证券投资基金业协会对申请备案的私募投资基金做出备案通过或不予备案的办理意见。

（5）结果公示指在中国证券投资基金业协会官网信息公示界面（https://gs.amac.org.cn）公示备案通过的私募投资基金相关信息。

私募基金备案一般程序流程如图 7-1 所示。

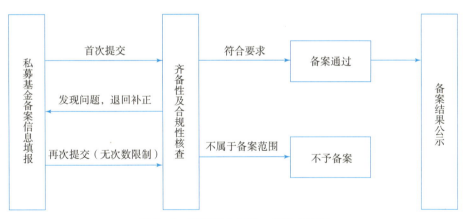

图 7-1　私募基金备案一般程序流程

（四）"分道制＋抽查制"程序

1. 基本内容

私募投资基金管理人提交的私募基金备案都需要中国证券投资基金业协会人工审核，但是如果管理人属于"分道制＋抽查制"改革试点，提交的私募基金备案可以自动通过。

私募基金产品备案"分道制+抽查制"改革试点于 2020 年推出，符合条件的私募投资基金管理人通过 AMBERS 系统提交私募基金备案申请后，将在中国证券投资基金业协会官网以公示该私募基金基本情况的方式完成该基金备案。也就是说，进入白名单的私募投资基金管理人提交的基金备案申请，不需要中国证券投资基金业协会进行人工审核，可以自动通过，也就是人们常说的"极速备案"。

极速备案的私募基金，在备案通过后将被随机抽查。抽查过程中如发现被抽查产品存在填报问题，中国证券投资基金业协会将向私募投资基金管理人反馈产品抽查意见。管理人可在 AMBERS 系统查看相关产品的抽查反馈意见，并且提交补正材料。

"分道制+抽查制"试点机构发行的产品会被定期抽查。如管理人存在占坑、先备后募、重大负面舆情、遭受监管处罚等情形的，相应产品可能面临注销的可能，管理人也可能因不符合要求而被取消试点资格。如果提交的私募基金涉及以下几种情况，会由自动办理转为人工审核：存续期过短、结构化安排、聘请投资顾问、跨境投资、每日开放。

私募基金产品变更中，如果涉及管理人、托管人、基金存续期限及私募证券基金结构化安排等事项的重大变更申请，需要由中国证券投资基金业协会人工审核。

2. 相关流程

"分道制+抽查制"包括申请、自动校验通过、结果公示、抽查、抽查补正、办结。符合条件的私募投资基金管理人通过中国证券投资基金业协会资产管理业务综合报送平台提交私募投资基金备案申请后，系统进行校验后自动通过，并于 T+1 日在中国证券投资基金业协会官网信息公示（https：//gs. amac. org. cn）进行公示。

（1）申请是指符合"分道制+抽查制"条件的私募投资基金管理人通过资产管理业务综合报送平台官方网站（https：//ambers. amac. org. cn）填报私募投资基金相关信息、上传备案材料并提交。

（2）自动校验通过是指符合"分道制+抽查制"条件的私募投资基金管理人通过资产管理业务综合报送平台提交私募投资基金备案申请，系统校验后自动通过。

（3）结果公示是指在中国证券投资基金业协会官网信息公示官方网站（https：//gs. amac. org. cn）公示备案通过的私募投资基金相关信息。

（4）抽查是指中国证券投资基金业协会视情况对自动通过的私募投资基金进行抽查，核实备案材料齐备性和形式合规性。

（5）抽查补正是指对抽查发现存在问题的私募投资基金，中国证券投资基金业协会就相关问题形成补正意见，并对私募投资基金管理人生成"抽查任务变更"待办事项。私募投资基金管理人按要求发起对私募投资基金的抽查任务变更，按中国证券投资基金业协会补正意见修改备案信息。

（6）办结是指中国证券投资基金业协会对私募投资基金的抽查任务变更申请作出

办理通过的意见。

"分道制+抽查制"程序流程如图7-2所示。

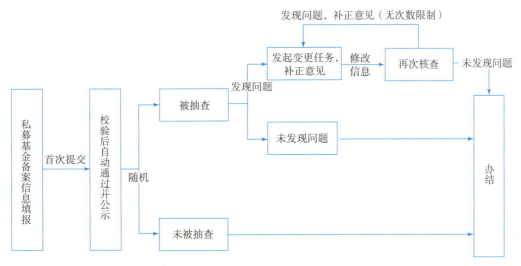

图7-2 "分道制+抽查制"程序流程

（五）办理结果及结果公示

1. 办理结果

办理结果包括备案通过和不予备案。

2. 结果公示

中国证券投资基金业协会作出备案通过和不予备案的核查结果后，会实时在资产管理业务综合报送平台更新产品备案状态。若备案通过，产品备案状态将更新为"已备案"，显示备案通过日期；若不予备案，产品备案状态将更新为"不予备案"。

对于备案通过的私募投资基金，中国证券投资基金业协会将于T+1日在官网信息公示官方网站（https://gs.amac.org.cn）公示私募投资基金相关信息。

八、申报资料及注意事项

（一）报送基本信息

各类私募基金募集完毕，私募投资基金管理人应当根据中国证券投资基金业协会的规定，办理基金备案手续，报送以下基本信息：

（1）主要投资方向及根据主要投资方向注明的基金类别。

（2）基金合同、公司章程或者合伙协议。资金募集过程中向投资者提供基金招募说明书的，应当报送基金招募说明书。以公司、合伙等企业形式设立的私募基金，还应当报送市场主体登记和营业执照正副本复印件。

(3) 采取委托管理方式的，应当报送委托管理协议。委托托管机构托管基金财产的，还应当报送托管协议。

(4) 中国证券投资基金业协会规定的其他信息。

(二) 备案材料清单

申请材料目录

(1) 管理人信息。管理人信息主要包括管理人名称（全称）、管理人组织机构代码、登记编号等信息。

(2) 基本信息。基本信息主要包括产品名称（全称）、基金成立日期、基金到期日、普通合伙人/执行事务合伙人（名称）、实缴出资额（万元）、认缴出资额（万元）、是否仅投资单一标的、主要投资方向等信息。

(3) 结构化信息/杠杆信息。结构化信息/杠杆信息主要包括是否为结构化产品等信息。

(4) 募集信息。募集信息主要包括募集机构、募集结算资金专用账户、募集行为程序确认、向投资者揭示基金风险、相关风险提示是否获得投资者承诺等信息。

(5) 合同信息。合同信息主要包括基金存续期限、投资范围、管理费、托管费、业绩报酬等信息。

(6) 托管及外包服务机构信息。托管及外包服务机构信息主要包括托管相关信息、基金财产银行账户信息、外包机构信息、投资顾问信息等信息。

(7) 投资经理或投资决策人信息。投资经理或投资决策人信息主要包括姓名、证件类型、证件号码、担任本产品投资经理的起始时间等信息。

(8) 投资者信息。投资者信息主要包括投资者名称、有效证件号码、合伙人类型、认缴金额（万元）、实缴金额（万元）等信息。

(9) 相关上传附件。上传附件包括备案承诺函、计划说明书/招募说明书/推介材料、基金销售协议（或有）、契约型私募基金合同/公司章程/合伙协议（原件及Word版本）、托管协议（或有）、电子合同服务协议（或有）、风险揭示书、实缴出资证明与基金成立日证明、私募投资基金投资者风险问卷调查、基金的国家企业信用信息公示系统公示信息截图（或有）、委托管理协议（或有）、募集结算资金专用账户监督协议或相关证明文件、管理人员工证明文件（或有）、外包服务协议（或有）、跨境投资许可证明文件（或有）、普通合伙人与管理人存在关联关系的证明文件（或有）、投资者资金来源承诺及出资能力证明（或有）、P2P关联机构说明函（或有）、投资顾问协议（仅适用于私募证券投资基金，或有）、信托计划事前报备表或中国信托登记有限责任公司信托登记系统初始登记完成通知书（仅适用于私募证券投资基金，或有）、产品架构图（仅适用于非证券类私募投资基金）、政府类引导基金批文（仅适用于非证券类私募投资基金，或有）、PPP项目入库证明（仅适用于非证券类私募投资基金，或有）、上市公司并购重组（含纾困）基金、抗疫基金、扶贫基金等符合特殊政策基金的业务支持文件（仅适用于非证券类私募投资基金，或有）、管理人在管基金展业情况说明（或有）、管理人（投顾）需要说明问题的文件（或有）。

（三）注意事项

在 AMBERS 系统中填写投资者信息时，如果产品没有外部投资者，弹框提示不能提交备案申请。在投资者信息页，如果私募基金产品没有外部投资者实缴出资（如只有员工跟投的），会被系统弹框提示，要求"首轮募集结束之后再提交备案"。

在实务中，还有一些机构在初次募集时，投资者均为管理人的关联方，投资款均为关联方的自有资金。对于该情况，中国证券投资基金业协会可能反馈询问该结构的合理性和必要性，并重点核查是否存在该等关联方为外部投资人代持基金份额等情况。

九、其他实操要点

（一）对"商业计划书"的材料要求

商业计划书应当清晰合理、具有可行性，与申请机构的业务方向、发展规划、人员配备等相匹配。

商业计划书应当对未来发展方向和运作规划作出详细说明，具体包括核心团队情况、资金募集计划、投资方向、投资计划等内容，不得套用模板。加盖申请机构公章，多页加盖骑缝章。

（二）基金存续期的要求

私募基金应当约定明确的存续期。私募股权基金约定的存续期除另有规定外，不得少于 5 年。鼓励私募投资基金管理人设立存续期不少于 7 年的私募股权基金。目前备案时基金存续期不支持勾选永续。

（三）搭设的投资结构是否需要备案为基金

判断搭设的投资结构是否为基金，应从私募基金的定义下包含的 5 个核心要素入手，即"非公开募集资金""合格投资者""以投资活动为目的""基金管理人管理""公司或合伙企业"。若某一投资结构满足"非公开募集资金""以投资活动为目的"的本质要求，则属于私募基金的范畴，同时应按照相关规定的要求，由"基金管理人管理"，且对象为"合格投资者"，组织形式采用"公司或合伙企业或契约型"。

（四）已备案基金下设 SPV 原则上不需要再次基金备案

已完成备案的基金下设 SPV 结构再对外进行股权投资原则上不需要备案，但若同时满足以下条件，则需要备案：①SPV 的 GP 是管理人；②SPV 存在外部募集行为，即除该私募基金及其私募投资基金管理人（含员工），以及该私募基金的投资人以外，存在其他外部投资者。尽管不需要备案为基金，但应当有托管人进行托管。

（五）私募投资基金管理人导致基金合同无效

私募投资基金管理人违反规定或者异常情形的，中国证券投资基金业协会将暂停基金产品备案。主要包括以下事项：

（1）私募投资基金管理人进行需提交法律意见的重大事项变更，首次提交后6个月内仍未通过或补正次数超过5次，将暂停新产品备案；私募投资基金管理人在办理需要出具法律意见的重大事项变更过程中，可以备案新产品。

（2）管理人在私募投资基金到期日起的3个月内仍未通过AMBERS系统完成私募投资基金的展期变更或提交清算申请的，在完成变更或提交清算申请之前，中国证券投资基金业协会将暂停办理该管理人新的私募投资基金备案申请。

（3）私募投资基金管理人未办结信息核查事项，将无法办理新设基金备案。

针对基金管理人疑似错报、漏报信息行为，中国证券投资基金业协会将通过AMBERS系统站内信件、邮件（以管理人在系统中填报邮箱地址为准）等方式，向基金管理人及其相关负责人发送信息核查通知，进行私募行业信息报送常态化核查。基金管理人应当自接到信息核查通知之日起3个工作日内按要求办结通知所列事项，逾期未办结者，将被列入信息报送异常机构在中国证券投资基金业协会官网对外公示。

（4）私募投资基金管理人未按时提交审计报告，将暂停产品备案。

（5）私募投资基金管理人未按时在信披系统报送相关信披报告累计达2次，将暂停产品备案。

（6）私募投资基金管理人未按时通过AMBERS系统履行季度、年度和重大事项更新义务累计达2次，将暂停产品备案。

（7）私募投资基金管理人被要求出具《经营异常专项法律意见书》，将暂停产品备案。私募投资基金管理人的7类异常经营情形主要包括：①按照《关于私募投资基金管理人在异常经营情形下提交专项法律意见书的公告》应当提交专项法律意见书的异常经营情形；②被列入信息报送异常机构，且超过12个月仍未完成整改的情形；③未在AMBERS系统选择机构类型的情形；④其他类私募投资基金管理人（不含QDLP等试点机构）无在管私募基金的情形；⑤除第④类情形外，在管私募基金全部清算后，超过12个月持续无在管私募基金的情形；⑥被金融监管部门、司法机关、其他行政机关认定为不能持续符合登记备案条件，或被认定为经营异常，且建议中国证券投资基金业协会启动自律处置程序的情形；⑦法律法规和中国证券投资基金业协会自律规则规定的其他不能持续符合登记备案条件的情形。

针对以上7类情形，如果被中国证券投资基金业协会要求在3个月内出具《专项法律意见书》，自中国证券投资基金业协会的通知发出之日起，私募投资基金管理人提交的重大事项变更、基金备案申请，以及关联方新设私募投资基金管理人的登记申请，将在通过《经营异常专项法律意见书》审核流程之后办理。

（8）私募投资基金管理人被列入企业信用信息公示系统严重违法企业公示名单的，完成整改前将暂停产品备案。

（9）私募基金高级管理人员未取得基金从业资格，暂停产品备案。

（10）私募投资基金管理人如果有其他行政及自律处罚，或被暂停产品备案。

（11）紧急情况暂停备案。

在下列情形消除前可以暂停备案：①被公安、检察、监察机关立案调查的；②被行政机关列为严重失信人，以及被人民法院列为失信被执行人的；③被中国证监会及其派出机构给予行政处罚或被交易所等自律组织给予自律处分，情节严重的；④拒绝、阻碍监管人员或者自律管理人员依法行使监督检查、调查职权或者自律检查权的；⑤涉嫌严重违法违规行为，中国证监会及其派出机构建议的；⑥多次受到投资者实名投诉，涉嫌违反法律法规、自律规则，侵害投资者合法权益，未能向中国证券投资基金业协会和投资者合理解释被投诉事项的；⑦经营过程中出现《私募投资基金登记备案相关问题解答（十四）》规定①的不予登记情形的；⑧其他严重违反法律法规和《私募投资基金管理人内部控制指引》等自律规则的相关规定，恶意规避相关要求，向中国证券投资基金业协会和投资者披露的内容存在虚假记载、误导性陈述或重大遗漏，经营管理失控，出现重大风险，损害投资者利益的。

（六）基金规模

基金的初始实缴募集资金规模的要求：①私募证券基金不低于1 000万元；②私募股权基金不低于1 000万元；③创业投资基金备案时首期实缴资金不低于500万元，但应当在基金合同中约定备案后6个月内完成1 000万元的实缴出资；④投向单一标的的私募基金不低于2 000万元。

第二节 私募证券投资基金备案

本节的主要内容包括推介材料、风险揭示书的信息披露，投资者的核查，募集监督协议及基金合同，基金名称及投资范围，私募投资基金备案申报材料及要求。

---

① 《私募投资基金登记备案相关问题解答（十四）》规定的不予登记情形：

一、申请机构违反《中华人民共和国证券投资基金法》《私募投资基金监督管理暂行办法》关于资金募集相关规定，在申请登记前违规发行私募基金，且存在公开宣传推介、向非合格投资者募集资金行为的。

二、申请机构提供，或申请机构与律师事务所、会计师事务所及其他第三方中介机构等串谋提供虚假登记信息或材料；提供的登记信息或材料存在误导性陈述、重大遗漏的。

三、申请机构兼营民间借贷、民间融资、配资业务、小额理财、小额借贷、P2P/P2B、众筹、保理、担保、房地产开发、交易平台等《私募投资基金登记备案相关问题解答（七）》规定的与私募基金业务相冲突业务的。

四、申请机构被列入国家企业信用信息公示系统严重违法失信企业名单的。

五、申请机构的高级管理人员最近3年存在重大失信记录，或最近3年被中国证监会采取市场禁入措施的。

六、中国证监会和中国证券投资基金业协会规定的其他情形。

本节参考的法律法规等规范性文件主要包括《私募投资基金登记备案办法》《私募投资基金备案指引第1号——私募证券投资基金》《私募投资基金备案材料清单（证券类）（2023年修订）》。

一、推介材料、风险揭示书的信息披露

（一）披露重要信息

私募投资基金管理人、基金销售机构向投资者募集资金，应当在募集推介材料、风险揭示书等文件中，就私募基金的管理人以及管理团队、投资范围、投资策略、投资架构、基金架构、托管情况、相关费用、收益分配原则、基金退出等重要信息，以及投资风险、运营风险、流动性风险等风险情况向投资者披露。

（二）"重要信息"的理解

"重要信息"包括下列内容：①私募证券基金有多名投资经理的，应当披露设置多名投资经理的合理性、管理方式、分工安排、调整机制等内容；②委托基金投资顾问机构提供证券投资建议服务的，应当披露基金投资顾问机构名称、投资顾问服务范围、投资顾问费用，以及更换、解聘投资顾问的条件和程序等内容；③私募证券基金进行份额分级的，应当披露分级设计及相应风险、收益分配、风险控制等内容；④中国证监会、中国证券投资基金业协会规定的其他内容。

私募投资基金管理人、基金销售机构应当确保募集推介材料中的信息真实、准确、完整。

二、投资者的核查

（一）穿透核查投资者

以合伙企业、契约等非法人形式，通过汇集多数投资者的资金直接或者间接投资于私募证券基金的，私募投资基金管理人、基金销售机构应当穿透核查每一层的投资者是否为合格投资者，并合并计算投资者人数。

下列投资者视为合格投资者，不再穿透核查和合并计算投资者人数：①社会保障基金、企业年金等养老基金，慈善基金等社会公益基金；②国务院金融监督管理机构监管的机构依法发行的资产管理产品、私募基金；③合格境外机构投资者、人民币合格境外机构投资者；④投资于所管理私募证券基金的私募投资基金管理人及其员工；⑤中国证监会规定的其他投资者。

前述私募投资基金管理人员工，是指与私募投资基金管理人签订劳动合同并缴纳社保的正式员工，签订劳动合同或者劳务合同的外籍员工、退休返聘员工，国家机关、事业单位、政府及其授权机构控制的企业委派的高级管理人员，以及中国证监会和中国证券投资基金业协会规定的其他从业人员。

（二）投资者出资能力

私募投资基金管理人、基金销售机构应当确保私募证券基金的投资者具备与其认（申）购基金相匹配的出资能力，投资者不得汇集他人资金认（申）购私募证券基金。

私募投资基金管理人应当确保提请办理备案手续的私募证券基金已完成真实募集，不得在基金备案完成后通过短期赎回基金份额等方式，规避最低出资、募集完毕等要求。

中国证券投资基金业协会办理私募证券基金备案时，可以视情况要求私募投资基金管理人提供投资者的出资能力证明等材料。

（三）书面风险揭示和问卷调查

私募投资基金管理人应当按照中国证监会和中国证券投资基金业协会的规定，向投资者进行书面风险揭示和问卷调查，国务院金融监督管理机构监管的机构、符合前述不再穿透核查和合并计算人数的投资者可以豁免签署风险揭示书和风险调查问卷等材料。

（四）首次出资的核查

单个投资者对私募证券基金的首次出资金额不得低于合格投资者最低出资要求，但下列投资者除外：①社会保障基金、企业年金等养老基金，慈善基金等社会公益基金；②投资于所管理私募证券基金的私募投资基金管理人及其员工；③中国证监会、中国证券投资基金业协会规定的其他投资者。

三、募集监督协议及基金合同

（一）募集监督协议

私募投资基金管理人或者基金销售机构应当按照中国证监会和中国证券投资基金业协会的规定，与募集监督机构签署募集监督协议，明确约定私募证券基金募集结算资金专用账户的控制权、责任划分以及保障资金划转安全等事项。

（二）基金合同

1. 存续期

私募证券基金的基金合同应当约定明确、合理的存续期，不得约定无固定期限。

2. 基金运作方式

1）基本要求。

私募证券基金的基金合同应当明确约定封闭式、开放式等基金运作方式。开放式私募证券基金的基金合同应当设置固定开放日，明确投资者认（申）购、赎回时间、频率、程序以及限制事项。未按照基金合同约定征得投资者同意，私募投资基金管理人不得擅自更改投资者认（申）购、赎回时间、频率、程序以及限制事项。

私募证券基金设置临时开放日的，应当在基金合同中明确约定临时开放日的触发条件仅限于因法律、行政法规、监管政策调整、合同变更或解除等情形，不得利用临时开放日进行申购。私募投资基金管理人应当在临时开放日前 2 个交易日通知全体投资者。

2）实操要点。

基金合同中可以约定运作方式采用封闭式、开放式或者其他方式，整体要求是基金的开放频率必须与投资标的流动性、投资策略、投资限制等相匹配。对于每个交易日开放的基金产品，中国证券投资基金业协会将关注投资标的流动性是否与基金申购、赎回的时间安排相匹配；基金合同中设置临时开放日的，需要约定临时开放日的触发条件。另外，还要关注管理人是否违规利用临时开放日安排继续认购和申购。

3）参考案例。

中国证券投资基金业协会在反馈问题中关注到，每周最多 5 个工作日，一周开放 3~4 个工作日和每日开放本质上没有差异，请基金管理人说明设置理由，不得利用分道制规避人工审核。

案例简析：对于基金份额类别的设置，由于不同的类别会涉及不同的封闭期、锁定期、申购费、赎回费、管理费及业绩报酬计提，容易造成不公平对待投资者的问题。私募投资基金管理人制定一个明确、清晰、可执行的书面划分标准，规定每类群体所对应的费率安排等。常见的投资者分类：①结构化产品中优先级份额、劣后级份额。②内部投资人和外部投资人。其中，内部投资人主要包括基金管理人、基金管理人管理的其他基金产品、基金管理人的员工等；为了给内部投资人充分让利，会不收取管理费和业绩报酬。③根据认购金额分类。这种情况一般针对封闭式基金或者有锁定期安排的基金，根据投资人出资金额的大小来约定不同的管理费用、业绩报酬计提标准，类似于不同等级的会员享受不同的待遇。

3. 基金份额类别的划分

私募证券基金设置不同基金份额类别的，应当公平对待各基金份额持有人。基金合同应当明确约定基金份额类别的划分标准等相关要素，对不同份额类别可以设置差异化的认（申）购费率、赎回费率、管理费率、销售服务费率及业绩报酬计提比例等，不得设置差异化的开放日、封闭期、份额锁定期、业绩报酬计提基准。

4. 份额分级

开放式私募证券基金不得进行份额分级。封闭式私募证券基金可以根据收益特征对份额进行分级。封闭式分级私募证券基金的名称应当包含"分级"或者"结构化"字样。

固定收益类私募证券基金优先级与劣后级的比例不得超过 3∶1；混合类、期货和衍生品类私募证券基金优先级与劣后级的比例不得超过 2∶1，权益类私募证券基金的优先级与劣后级的比例不得超过 1∶1。

分级私募证券基金的同级份额享有同等权益、承担同等风险；若存在中间级份额，中间级份额应当计入优先级份额。优先级份额投资者获取收益或者承担亏损的比例不得低于 30%，劣后级份额投资者获取收益或者承担亏损的比例不得高于 70%。

分级私募证券基金不得投资其他分级或者结构化金融产品，不得直接或者间接对优先级份额投资者提供保本保收益安排。分级私募证券基金的总资产不得超过该基金净资产的140%。

私募投资基金管理人不得在私募证券基金内部设立由不同投资者参与并投向不同资产的投资单元或者基金子份额。

5. 不得调节收益或亏损

私募投资基金管理人及私募证券基金不得通过设置增强资金、费用返还等方式调节基金收益或者亏损，不得以自有资金认购的基金份额先行承担亏损的方式提供风险补偿。

6. 费用

1）基本要求。

基金合同应当约定私募证券基金各项费用的计费标准、计费时点、计提方式、计提频率等相关事项。从私募证券基金财产中支出的费用应当与基金运营、服务直接相关，不得支出与基金运作无关的费用。

2）管理费。

私募投资基金管理人应当根据私募证券基金的投资范围、投资策略、产品结构等因素设置合理的管理费。私募投资基金管理人以外的其他主体不得收取管理费。私募投资基金管理人不得通过约定管理费返还等方式，变相向投资者提供保本保收益安排。

7. 业绩报酬计提

1）基本要求。

业绩报酬计提应当与私募证券基金的存续期限、收益分配和投资运作特征相匹配。单只私募证券基金只能采取一种业绩报酬计提方法，保证公平对待投资者。业绩报酬计提比例不得超过业绩报酬计提基准以上投资收益的60%。

私募证券基金连续两次计提业绩报酬的间隔期不应短于6个月。在投资者赎回基金份额时或者在私募证券基金清算时计提业绩报酬的，可以不受前述间隔期的限制。鼓励私募投资基金管理人在投资者持有基金份额期间不计提业绩报酬，以投资者赎回份额或者基金清算时的净值为基准计提业绩报酬。

私募投资基金管理人按照基金合同约定的计提比例、计提时点、计提频率和计提方法对基金业绩超出计提基准的部分计提业绩报酬的，应当以投资者取得正收益为前提，但同时符合下列条件的除外：①以获取基于指数的超额收益为目标，将业绩报酬计提基准设置为某个指数，并采用紧盯该指数的投资策略；②仅在投资者赎回或者基金清算时计提业绩报酬；③在募集推介材料及基金合同的醒目位置明确提示投资者可能会在亏损的情况下计提业绩报酬。

2）实操要点。

（1）对于私募证券基金，中国证券投资基金业协会重点关注业绩报酬计提，包括：

①基金合同中约定的业绩报酬计提需要以基金份额取得正收益为前提，基金存续期内投资者均为机构的除外；②要以基金整体性为原则计提业绩报酬，基金合同中不得设置多种业绩报酬计提规则（计提比例除外），不得基于特定标的或单一策略收益计提业绩报酬，即单只基金只能有一种业绩报酬计提方法；③基金合同中约定的业绩报酬计提比例不得超过业绩报酬计提基准以上投资收益的60%；④基金合同中约定的连续两次计提业绩报酬的间隔期应不短于3个月，鼓励管理人设置不短于6个月的计提间隔期，但目前不强制实施。被动计提业绩报酬不受上述间隔期限制，比如在投资者赎回基金份额时或在基金清算时计提业绩报酬。

（2）中国证券投资基金业协会在私募咨询系统中提出了几类差异化管理费费率的划分标准：①投资期限是指基金根据运行时间的不同差异化收取管理费。例如，第一年管理费费率为2%，第二年为1.5%，第三年为1%等。②投资金额是指基金根据投资者出资金额的不同差异化收取管理费。例如，出资额在100万~500万元的，管理费费率为2%，出资额在500万~1 000万元的，管理费费率为1.5%。③投资者类别是指基金根据投资者类型的不同差异化收取管理费。例如，"A类份额投资者"管理费费率为2%，"B类份额投资者"管理费费率为1.5%。④投资阶段是指基金根据项目投资阶段的不同差异化收取管理费。例如，"投资期"管理费费率为2%，"退出期"管理费费率为1.5%。

3）参考案例。

中国证券投资基金业协会在反馈问题中关注到，请基金管理人结合本基金投资策略、业务模式，详细说明收取5%管理费的原因及合理性。

四、基金名称及投资范围

（一）基金名称

私募证券基金的名称应当标明私募投资基金管理人名称简称以及"私募证券投资基金"字样，不得包含"理财""资管产品""资管计划"等相关字样，法律、行政法规、中国证监会和中国证券投资基金业协会另有规定的除外。

未经批准或者授权，不得在基金名称中使用与国家重大发展战略、金融机构、知名私募投资基金管理人相同或者近似等可能误导投资者的字样。不得在基金名称中使用违背公序良俗或者造成不良社会影响的字样。

（二）投资范围

私募证券基金的投资范围主要包括股票、债券、存托凭证、资产支持证券、期货合约、期权合约、互换合约、远期合约、证券投资基金份额，以及中国证监会认可的其他资产。

基金合同中应明确约定：①投资策略与基金的风险收益特征；②调整投资范围或者投资比例限制时应当履行的变更程序，并设置临时开放日允许投资者赎回；③中国证监会、中国证券投资基金业协会规定的其他内容。

五、私募投资基金备案申报材料及要求

根据《私募投资基金备案材料清单（证券类）(2023年修订)》，私募投资基金备案申报材料及其要求如表7-1所示。

表7-1 私募投资基金备案申报材料及其要求

序号	附件名称/适用情形	内容要求	特殊适用情形说明	签章要求
1	备案承诺函（盖章）	1. 下载使用最新模板。 2. 基金名称应当完整准确填写，并符合《私募投资基金备案指引第1号——私募证券投资基金》（以下简称《备案指引第1号》）第九条规定，应当标明私募投资基金管理人名称的简称以及"私募证券投资基金"字样，不得包含"理财""资管产品""资管计划"等字样，法律、行政法规、中国证监会和中国证券投资基金业协会另有规定的除外。 未经批准或者授权，不得在基金名称中使用与国家重大发展战略、金融机构、知名私募投资基金管理人相同或者近似等可能误导投资者的字样。不得在基金名称中使用违背公序良俗或者造成不良社会影响的字样		1. 落款处加盖管理人公章，法定代表人/执行事务合伙人（委派代表）及合规/风控负责人签章，多页加盖骑缝章。 2. 落款处填写本承诺函签署日期
2	计划说明书/招募说明书/推介材料（盖章）	1. 应当符合《私募投资基金登记备案办法》（以下简称《登记备案办法》）第二十八条、《备案指引第1号》第三条规定，列明私募基金的基金管理人以及管理团队、投资范围、投资策略、投资架构、基金架构、托管情况、相关费用、收益分配原则等重要信息，以及投资风险、运营风险、流动性风险等风险情况，并披露以下内容： (1) 私募证券基金有多名投资经理的，募集推介材料应当披露多名投资经理的合理性、管理方式、分工安排、调整机制等内容； (2) 委托基金投资顾问机构提供证券投资建议服务的，应当披露基金投资顾问机构名称、投资顾问服务范围、投资顾问费用，以及更换、解聘投资顾问的条件和程序等内容； (3) 私募证券基金进行份额分级的，应当披露分级设计及相应风险、收益分配、风险控制等内容。 2. 应当符合《备案指引第1号》第三条规定，提交私募投资基金管理人、基金销售机构在募集过程中真实使用的推介材料；如果在推介过程中使用多种不同形式的推介材料，包括但不限于PPT演示文稿、一页通、募集说明书等，则应当提交全部推介材料，披露的信息应当真实、准确、完整		募集推介材料应当在尾页承诺处加盖募集机构公章，多页加盖骑缝章

续表

序号	附件名称/适用情形	内容要求	特殊适用情形说明	签章要求
3	基金销售协议（盖章）	应当提交基金销售主协议与补充协议（如有）	基金存在委托募集	基金销售协议应有基金销售机构与基金管理人的完整签章与签署日期，多页加盖骑缝章
4	私募基金合同（盖章原件及Word版本）	应当符合《登记备案办法》第二十九条、《备案指引第1号》第九条~第二十条和《私募投资基金合同指引1号》规定，对下列事项进行约定： （1）基金份额持有人大会的召集机制、议事内容和表决方式等； （2）关联交易识别认定、交易决策、对价确定、信息披露和回避等机制； （3）信息披露的内容、方式、频率和投资者查询途径等； （4）私募投资基金管理人因失联、注销私募投资基金管理人登记、破产等原因无法履行或怠于履行管理职责等情况时，私募基金变更基金管理人、清算等相关决策机制、召集主体、表决方式、表决程序、表决比例等； （5）基金的存续期限； （6）管理费以及其他基金费用的计费标准、计费时点、计提方式、计提频率等； （7）单一标的的具体信息（基金仅投资于单一标的）； （8）详细列明投资策略，涉及多个投资策略的，应当逐一列明每个投资策略； （9）约定基金改变投资范围或者比例限制时应当履行的变更程序，并设置临时开放日保障投资者赎回私募证券基金的权利； （10）中国证券投资基金业协会规定的其他必备内容		1. 基金合同应有各方完整签章及签署日期。 2. 契约型基金只需上传一份投资者、管理人与托管人签章的基金合同。 3. 基金合同（Word版本）应上传清洁版本，请勿上传修订版、批注版等过程版本文件，Word版本的内容须与实际签署盖章版内容保持一致
5	电子合同服务协议（盖章）		采用电子合同	电子合同服务协议应有各方完整签章及签署日期
6	风险揭示书（盖章）	1. 参照资产管理业务综合报送平台（以下简称"AMBERS系统"）中的风险揭示书模板制定并签署。 2. 应当符合《登记备案办法》第二十八条规定，充分披露私募投资基金的资金流动性、基金架构、投资架构、底层标的、纠纷解决机制等信息，以及投资风险、运营风险、流动性风险等风险情况，"特殊风险揭示"部分应当披露下列所涉及风险：		1. 风险揭示书应有募集机构与投资者的完整签章与签署日期。 2. 投资者应按照《私募投资基金募集行为管理办法》的相关规定，对风险揭示书中"投资

续表

序号	附件名称/适用情形	内容要求	特殊适用情形说明	签章要求
6		（1）私募投资基金管理人与基金销售机构存在关联关系； （2）私募基金投资涉及关联交易； （3）私募基金通过特殊目的载体投向投资标的； （4）私募基金投向单一标的、未进行组合投资； （5）基金财产在境外进行投资； （6）私募基金存在分级安排或者其他复杂结构，或者涉及重大无先例事项； （7）私募证券基金主要投向收益互换、场外期权等场外衍生品标的，或者流动性较低的标的； （8）投资顾问为私募投资基金管理人关联方； （9）私募投资基金管理人的控股股东、实际控制人、普通合伙人发生变更，尚未在中国证券投资基金业协会完成变更手续； （10）其他重大投资风险或者利益冲突风险。 3.根据《备案指引第1号》第六条规定，下列投资者可以豁免签署风险揭示书： （1）国务院金融监督管理机构监管的机构； （2）社会保障基金、企业年金等养老基金，慈善基金等社会公益基金； （3）国务院金融监督管理机构监管的机构依法发行的资产管理产品、私募基金； （4）合格境外机构投资者、人民币合格境外机构投资者； （5）投资于所管理私募证券基金的私募投资基金管理人及其员工； （6）中国证监会规定的其他投资者		者声明"部分所列的13项声明签字签章确认。自然人投资者应在每项声明段尾签名，机构投资者应在声明首页、尾页盖章，加盖骑缝章。 3.备案时应上传所有投资者签署的风险揭示书。基金管理人在AMBERS系统进行私募投资基金季度更新时，应当及时更新上传所有投资者签署的风险揭示书
7	实缴出资证明与基金成立日证明（盖章）	1.实缴出资证明： （1）应当上传托管人开具的资金到账通知书； （2）基金备案通过前发生投资者基金份额转让的，应当上传基金份额转让各方签署的份额转让协议。 2.基金成立日证明： （1）基金成立日证明应当为托管人开具的资金到账通知书； （2）AMBERS系统产品备案模块中"基金成立日"字段应当按照基金成立日证明文件内容填报		募集规模证明为托管人开具的资金到账通知书的，应当加盖托管人公章

序号	附件名称/适用情形	内容要求	特殊适用情形说明	签章要求
8	私募投资基金投资者风险问卷调查（盖章）	1. 参照《私募投资基金投资者风险问卷调查内容与格式指引》签署风险问卷调查。 2. 根据《备案指引第1号》第六条规定，下列投资者可以豁免签署风险调查问卷： （1）国务院金融监督管理机构监管的机构； （2）社会保障基金、企业年金等养老基金，慈善基金等社会公益基金； （3）国务院金融监督管理机构监管的机构依法发行的资产管理产品、私募基金； （4）合格境外机构投资者、人民币合格境外机构投资者； （5）投资于所管理私募证券基金的私募投资基金管理人及其员工； （6）中国证监会规定的其他投资者		风险问卷调查应当有募集机构与投资者的完整签章与签署日期
9	募集结算资金专用账户监督协议或者相关证明文件（盖章）	1. 募集机构与募集监督机构不是同一机构时，应当上传募集结算资金专用账户监督协议；募集机构与募集监督机构为同一机构的，应当上传防火墙制度及防范利益冲突制度。 2. 当私募基金有多个募集机构时，应当上传所有募集机构与募集监督机构签署的募集监督协议。 3. 根据《私募投资基金募集行为管理办法》签署募集监督协议，募集监督协议应当具备下列内容： （1）明确私募基金募集结算资金专用账户用于统一归集私募基金募集结算资金、向投资者分配收益、给付赎回款项以及分配基金清算后的剩余基金财产等，确保资金原路返还； （2）明确对私募基金募集结算资金专用账户的控制权、责任划分及保障资金划转安全的机制； （3）明确募集结算资金从投资者资金账户划出，到达私募基金财产账户或者托管资金账户之前，属于投资者的合法财产； （4）私募基金募集结算资金专用账户开立、使用的机构不得将私募基金募集结算资金归入其自有财产； （5）禁止任何单位或者个人以任何形式挪用私募基金募集结算资金； （6）私募投资基金管理人、基金销售机构、基金销售支付机构或者基金份额登记机构破产或者清算时，私募基金募集结算资金不属于其破产财产或者清算财产； （7）中国证监会和中国证券投资基金业协会规定的其他内容		募集结算资金专用账户监督协议应有募集机构与募集监督机构的完整签章与签署日期

续表

序号	附件名称/适用情形	内容要求	特殊适用情形说明	签章要求
10	管理人员工证明文件（盖章）	1. 基金管理人员工证明文件应为所有跟投员工和基金管理人签订的劳动合同及基金管理人注册地社保局出具的社保证明。 2. 外籍员工、退休返聘员工可按要求提交劳务合同和近6个月的工资流水，退休返聘员工还应当提交退休证明；国家机关、事业单位、政府及其授权机构控制的企业委派的高级管理人员应当按要求提交劳动合同或者劳务合同、委派文件等材料。 3. 如果员工社保由第三方机构代缴，则应当上传员工劳动合同、社保缴费记录和基金管理人与代缴方签署的人事委托合同，同时代缴方应为具有人力资源服务资质的机构	投资者中存在员工跟投	社保缴费记录应当加盖社保主管部门章
11	外包服务协议（盖章）	应当符合《私募投资基金服务业务管理办法》等规定	基金有外包服务机构	外包服务协议应有基金管理人与外包服务机构完整签章及签署日期
12	投资顾问协议（盖章）		基金有投资顾问	投资顾问协议应有基金管理人与投资顾问机构完整签章及签署日期
13	跨境投资许可证明文件	包括签署的QDII（合格境内投资者）协议、商务部或者外汇管理局签发的跨境投资许可、金融办的批复等文件	基金涉及跨境投资	跨境投资许可证明文件应加盖相关机构签章
14	其他相关文件 投资者适当性文件（或有）	1. 出资能力证明应当为投资者的金融资产证明或未来收入证明等文件，且满足金融资产的预计变现价值与预计未来收入的总和可覆盖投资者对基金的累计实缴出资。 2. 自然人投资者的出资能力证明包含其持有的银行存款、有价证券、资产管理产品份额、私募证券基金份额、期货权益等流动性较强的金融资产，投资性不动产（不含首套房屋）和最近3年个人所得税完税证明等文件。 3. 机构投资者的出资能力证明包含上一年度审计报告等文件；上一年度审计报告尚未出具的，可提供前一年度审计报告和最近1个季度的财务报表	1. 投资者资金来源存疑。 2. 投资者对基金出资金额与其出资能力匹配存疑	1. 出资能力证明文件应加盖相关机构签章。 2. 审计报告应有会计师事务所的公章、至少2名注册会计师的专用章和手工签字

续表

序号	附件名称/适用情形	内容要求	特殊适用情形说明	签章要求
14	其他相关文件			
	外商独资和合资私募证券投资基金管理人技术系统落地及交易决策流程承诺函（或有）	基金管理人应当承诺在境内独立进行投资决策、境内安装系统终端、交易路径透明可追、交易数据完整可查、交易流程清晰可控、交易记录全程留痕	外商独资和合资私募证券基金管理人适用	落款处加盖管理人公章，多页加盖骑缝章。落款处填写本承诺函签署日期
	P2P关联机构说明函（或有）	基金管理人为P2P关联机构的，应当上传以下材料： 1. 基金管理人与P2P平台的关联关系和风险自查说明。 2. P2P平台方自身业务合规及风险自查说明。 3. 基金管理人及其实际控制人制定所涉P2P业务对私募基金的潜在衍生风险的处置预案。 4. 风险揭示书应当披露管理人为P2P关联机构以及P2P风险对产品的影响。 5. 其他相关说明文件	基金管理人为P2P关联机构	1. 基金管理人与P2P平台的关联关系和风险自查说明应当加盖基金管理人公章。 2. P2P平台方自身业务合规及风险自查说明应当加盖P2P平台公章。 3. 基金管理人及其实际控制人制定的所涉P2P业务对私募基金的潜在衍生风险的处置预案应当加盖基金管理人及其实际控制人签章。 4. 其他相关说明文件应当加盖机构签章
	基金管理人异常情况说明文件（或有）	包括但不限于基金管理人出具的内部合规意见、财务报告，或者托管人出具的尽职调查报告、律师事务所出具的《法律意见书》等材料	私募投资基金管理人存在较大风险隐患	相关文件应加盖相关机构签章
	私募基金特殊情况说明文件（或有）	1. 根据《登记备案办法》第四十二条规定，出具管理人前期备案时承诺事项的履行情况说明函，以及相关证明文件。 2. 根据《登记备案办法》第四十四条规定，按照中国证券投资基金业协会要求出具基金所涉重大无先例事项、复杂结构或者特殊类型投资标的等情形的说明函	1. 备案时相关承诺事项履行情况。 2. 私募基金涉及重大无先例事项，或者存在结构复杂、投资标的类型特殊等情形	1. 证明材料应当加盖出具证明材料机构的公章/业务章。 2. 说明函应加盖基金管理人公章

续表

序号	附件名称/适用情形	内容要求	特殊适用情形说明	签章要求
15	基金管理人（投顾）需要说明问题的文件			基金管理人（投顾）需要说明问题的文件应加盖相关机构签章

第三节 私募股权、创业投资基金备案

本节的主要内容包括推介材料、风险揭示书的信息披露，风险缓释，投资者的核查，基金名称，募集监督协议，私募股权基金的架构，转委托的限制，私募投资基金管理人设立合伙型私募股权基金，普通合伙人与管理人分离，投资范围，投资债券，债转股投资，私募股权基金采用分级安排，披露投资架构与期限错配，基金费用及业绩报酬计提，基金托管，封闭运作与扩募，开放申购或认缴，组合投资与单一标的投资，账户管理，有效防范私募股权基金之间的利益输送和利益冲突，超时备案，基金存续期，市场主体登记一致性，占坑及代持，关联交易，维持运作机制，推介材料及基金合同中禁止性要求，一年无在管基金的经营异常机构，基金展期，私募投资基金备案申报材料及要求。

本节参考的法律法规等规范性文件主要包括《私募投资基金登记备案办法》《关于加强私募投资基金监管的若干规定》《私募投资基金备案指引第 2 号——私募股权、创业投资基金》《私募投资基金备案材料清单（非证券类）（2023 年修订）》。

一、推介材料、风险揭示书的信息披露

（一）披露重要信息

私募投资基金管理人、基金销售机构向投资者募集资金，应当在募集推介材料、风险揭示书等文件中，就私募基金的管理人以及管理团队、投资范围、投资策略、投资架构、基金架构、托管情况、相关费用、收益分配原则、基金退出等重要信息，以及投资风险、运营风险、流动性风险等风险情况向投资者披露。

（二）"重要信息"的理解

"重要信息"包括下列内容：①关键人士（如有）或者投资决策委员会成员（如有）；②单一拟投项目或者首个拟投项目组合（如有）的主营业务、交易对手方（如有）、基金投资款用途、退出方式等；③中国证监会、中国证券投资基金业协会规定的其他内容。私募投资基金管理人、基金销售机构应当确保募集推介材料中的信息真实、

准确、完整。

(三) 提供的私募基金备案材料应当真实、准确、完整

1. 相关要求

私募投资基金管理人提供的私募基金备案材料应当真实、准确、完整，不存在任何虚假记载及误导性陈述。

2. 参考案例

部分私募基金合伙协议或风险揭示书存在不合规内容需修改或补充，私募投资基金管理人为尽快实现基金备案，未通知投资者重新签署，采取仅抽换合同修改页并附上原签署页面的不合规方式，作为"新签署"版本合伙协议再次提交。

案例简析：个别私募投资基金管理人在备案过程中提供抽页虚假材料，在投资者不知情的情况下修改合伙协议内容，不仅涉嫌欺诈投资者，也涉嫌向监管自律部门报送虚假材料。针对此类私募投资基金管理人，中国证券投资基金业协会已退回要求整改，并对造假违规私募投资基金管理人采取自律措施。

(四) 风险揭示书

1. 基本要求

(1) 关注风险揭示书是否参照 AMBERS 系统提供的"风险揭示书模板"制定，募集机构是否向投资者披露基金的资金流动性、基金架构、投资架构、底层标的、纠纷解决机制等情况，充分揭示各类投资风险。

(2) 基金若涉及以下情况，关注募集机构是否在风险揭示书的"特殊风险揭示"部分向投资者进行详细、明确、充分的披露：关联交易；投向单一标的；通过特殊目的载体间接投资底层资产；主要投向境外投资标的；未托管；契约型基金管理人股权代持；其他需要披露的特殊风险或业务安排。

2. 实操要点

风险揭示书可以在协会 AMBERS 系统中下载模板。风险揭示书包含一般风险和特殊风险。其中，一般风险主要是私募基金的资金流动性、基金架构、投资架构、底层标的、纠纷解决机制等情况。特殊风险可区分证券投资基金涉及的风险及股权投资基金涉及的风险，具体介绍如下：

(1) 私募证券投资基金涉及的风险：分级基金；投向单一标的；主要投向流动性较低标的；主要投向境外投资标的；主要投向收益互换、场外期权等场外衍生品标的；涉及其他高风险品种投资；其他需要披露的特殊风险或业务安排。

(2) 私募股权/创业投资基金涉及的风险：关联交易；投向单一标的；通过特殊目的载体间接投资底层资产；主要投向境外投资标的；未托管；契约型基金管理人股权代持；其他需要披露的特殊风险或业务安排。

经批准设立的金融机构，社会保障基金、企业年金等养老基金，慈善基金等社会公益基金可以豁免风险揭示书。

根据《私募投资基金登记备案办法》，在募集推介材料、风险揭示书中新增了以下要求：

（1）私募基金的募集推介材料、风险揭示书等文件中，应列明管理人及其管理团队、基金投资范围、投资策略、投资架构、基金架构、托管情况、相关费用、收益分配原则、基金退出等，并对投资风险、运营风险、流动性风险等进行披露。

（2）当私募投资基金管理人的控股股东、实际控制人、普通合伙人发生变更时，尚未在协会完成变更手续的，需在风险揭示书中披露该事项的具体情况。

（3）私募基金投向单一标的、未进行组合投资的，除对因未进行组合投资而可能受到的损失、纠纷解决机制进行揭示外，还应揭示投资标的的基本情况、投资架构等。

3. 参考案例

中国证券投资基金业协会在反馈问题中关注到，建议将每个投资者的风险揭示书单独形成一个 PDF，按投资者姓名命名该 PDF 文档，并压缩成 rar 格式上传。

二、风险缓释

（一）实操要点

风险缓释是指通过风险控制措施来降低风险的损失概率或影响程度。风险缓释产品由信托公司担任管理人成立信托计划，投资人分为一般投资人和特定投资人。其中，一般投资人是外部募集资金的客户，私募投资基金管理人作为特定投资人以自有资金跟投；在该信托计划中，私募投资基金管理人同时担任投资顾问，并且信托计划投资于基金管理人管理的私募基金产品，私募基金会设置预警线和止损线，基金管理人在信托计划层面跟投的比例高于清盘的亏损比例。另外，信托计划层面设置风险缓释机制，一般会设置 1 年左右的风险缓冲期，此后便转为正常的基金产品进行管理。在风险缓冲期内，如果产品发生亏损，基金管理人优先承担亏损。该等安排有保底保收益之嫌，应谨慎采用。

（二）参考案例

某基金投资者为信托计划，中国证券投资基金业协会要求详细说明信托计划层面的产品要素及投资者结构安排，基金管理人是否在信托计划层面跟投并在信托计划层面设置风险缓释安排，是否存在保本保收益的安排。

三、投资者的核查

（一）穿透核查投资者

以合伙企业、契约等非法人形式，通过汇集多数投资者的资金直接或者间接投资于私募股权基金的，私募投资基金管理人、基金销售机构应当穿透核查每一层的投资者是否为合格投资者，并合并计算投资者人数。

下列投资者视为合格投资者，不再穿透核查和合并计算投资者人数：①社会保障基金、企业年金等养老基金，慈善基金等社会公益基金；②国务院金融监督管理机构监管的机构依法发行的资产管理产品、私募基金；③合格境外机构投资者、人民币合格境外机构投资者；④投资于所管理私募股权基金的私募投资基金管理人及其员工；⑤中国证监会规定的其他投资者。

（二）投资者出资能力

私募投资基金管理人、基金销售机构应当确保私募股权基金的投资者具备与其认（申）购基金相匹配的出资能力，投资者不得汇集他人资金认（申）购私募股权基金。

中国证券投资基金业协会办理私募股权基金备案时，可以视情况要求私募投资基金管理人提供投资者的出资能力证明等材料。

（三）书面风险揭示和问卷调查

私募投资基金管理人应当按照中国证监会和中国证券投资基金业协会的规定，向投资者进行书面风险揭示和问卷调查，国务院金融监督管理机构监管的机构、符合前述不再穿透核查和合并计算人数的投资者可以豁免签署风险揭示书和风险调查问卷等材料。

（四）首次出资的核查

单个投资者对私募股权基金的首次出资金额不得低于合格投资者最低出资要求，但下列投资者除外：①社会保障基金、企业年金等养老基金，慈善基金等社会公益基金；②保险资金；③地市级以上政府出资产业投资基金；④投资于所管理私募股权基金的私募投资基金管理人及其员工；⑤中国证监会、中国证券投资基金业协会规定的其他投资者。

私募股权基金备案后，私募投资基金管理人不得允许投资者以抽逃出资或者虚假出资为目的，通过向私募股权基金借款等方式规避最低出资要求。

（五）审核要点

在实务中，监管机构通常关注以下内容：

（1）关注投资者是否符合合格投资者要求。投资者涉及合伙企业等非法人形式的，关注穿透后各层级是否均符合合格投资者要求，并合并计算投资者人数。同一投资者在不同层级均存在的，关注各层级是否均符合合格投资者要求。

（2）投资者涉及员工跟投且金额低于100万元的，关注是否上传与管理人签署的劳动合同及社保缴纳证明。若员工社保由第三方机构代缴，关注代缴方是否具有人力资源服务资质。若跟投员工为在AMBERS系统登记的兼职高级管理人员，关注是否上传与基金管理人签署的劳动合同以及由基金管理人发放的近6个月工资流水。成立员工跟投平台进行跟投的，关注员工跟投平台实缴金额是否大于（含）100万元。

（3）关注投资者对基金的认缴金额是否与其实际出资能力相匹配。投资者认缴金额与实缴金额差异较大的，关注是否出具出资能力证明文件。投资者在多只基金出资的，出资能力合并计算。出资能力证明为投资者的金融资产证明或未来收入证明等文件，且满足金融资产的预计变现价值与预计未来收入的总和可覆盖投资者对基金的累计实缴出资。其中，自然人投资者的出资能力证明文件包括但不限于银行存款、股票、债券、基金份额、资产管理计划、银行理财产品、信托计划、保险产品、期货权益等金融资产、投资类不动产/特殊动产等非金融资产和一定时期内的薪资收入流水、分红流水、投资收益流水及其完税证明等文件。机构投资者的出资能力证明文件包括但不限于验资报告、最近年度审计报告等文件。

（4）关注投资者是否为自己购买基金。关注是否存在代缴代付、代持行为。

（5）私募基金作为合伙型基金的投资者时，关注是否为有限合伙人。私募基金不得担任普通合伙人，承担无限连带责任。

（6）普通合伙人如为已登记基金管理人的，关注已登记基金管理人的业务类型是否为私募股权、创业投资基金管理人，关注是否存在私募证券管理人或其他类基金管理人通过担任普通合伙人的方式管理私募股权、创业投资基金的情况，变相突破专业化运营要求。

（六）参考案例

案例1 某基金在备案过程中被中国证券投资基金业协会要求补充提供投资者A覆盖认缴金额的后续实缴出资能力证明文件。

案例简析：中国证券投资基金业协会对于投资者的出资能力关注度更加严格，对于认缴和实缴出资差额较大的投资人，大概率会让基金管理人提供投资者的出资能力证明材料。

案例2 私募投资基金管理人甲提交私募股权基金乙备案申请，私募股权基金到期日为2030年3月。私募股权基金乙的其中一名投资者是已备案私募股权基金丙，私募股权基金丙到期日为2024年12月，早于私募股权基金乙的到期日，存在期限错配问题。

案例简析：上层私募基金的存续期限短于下层拟备案私募基金存续期限5年左右，在封闭式私募股权基金投资运作管理过程中，易引发流动性风险，损害投资者权益。因此，中国证券投资基金业协会已退回要求私募投资基金管理人整改。

四、基金名称

（一）基本要求

私募股权基金的名称应当标明"股权基金""股权投资"等相关字样，私募股权基金组织形式为契约型的，名称应当标明"私募股权基金"相关字样。创业投资基金的名称应当标明"创业投资基金"相关字样，但公司型或者合伙型创业投资基金的经营范围中标明"从事创业投资活动"相关字样等已体现创业投资策略的除外。

私募股权基金的名称中不得包含"理财""资管产品""资管计划"等相关字样，法律、行政法规、中国证监会和中国证券投资基金业协会另有规定的除外。未经批准或者授权，不得在基金名称中使用与国家重大发展战略、金融机构、知名私募投资基金管理人相同或者近似等可能误导投资者的字样。不得在基金名称中使用违背公序良俗或者造成不良社会影响的字样。

（二）参考案例

案例 1 中国证券投资基金业协会在反馈意见中要求基金管理人说明，本基金名称叫"全球精选"，请出函说明是否涉及跨境投资？如不涉及，建议修改基金名称以符合实际投资策略，避免误导投资者。

案例 2 中国证券投资基金业协会在反馈意见中要求基金管理人说明，拟备案基金申请备案为创业投资基金，请核实产品名称或者经营范围是否符合规定，即名称中是否含有"创业投资基金"相关字样或经营范围是否含有"创业投资"等相关字样。若不符，请进行相应调整并上传市场主体变更受理通知文件。

五、募集监督协议

私募投资基金管理人或者基金销售机构应当按照中国证监会和中国证券投资基金业协会的规定，与募集监督机构签署募集监督协议，明确约定私募股权基金募集结算资金专用账户的控制权、责任划分以及保障资金划转安全等事项。

六、私募股权基金的架构

私募股权基金的架构应当清晰、透明，不得通过设置复杂架构、多层嵌套等方式规避监管要求，收取不合理费用。私募投资基金管理人应当向投资者充分披露投资架构及投资者承担的费用等有关信息。

私募投资基金管理人不得在私募股权基金内部设立由不同投资者参与并投向不同资产的投资单元或者基金子份额，但因投资排除等机制导致前述情形的除外。

七、转委托的限制

私募投资基金管理人不得将资金募集、投资管理等职责委托他人行使，变相开展多基金管理人或者通道业务。

私募证券投资基金管理人或者其他类私募投资基金管理人不得通过担任合伙型私募股权基金的普通合伙人等方式，变相突破专业化运营要求。

八、私募投资基金管理人设立合伙型私募股权基金

私募投资基金管理人设立合伙型私募股权基金且担任合伙人的,应当为执行事务合伙人。私募投资基金管理人不担任合伙人的,应当与其中一名执行事务合伙人存在控制关系或者受同一控股股东、实际控制人控制。

九、普通合伙人与基金管理人分离

(一)相关要求

(1)普通合伙人与基金管理人分离时,关注普通合伙人是否与基金管理人存在关联关系。如果普通合伙人为个人,关注是否为基金管理人的实际控制人或法定代表人。关联关系指根据《企业会计准则第36号——关联方披露》和《企业会计准则解释第13号》,一方控制、共同控制另一方或对另一方施加重大影响,以及两方或两方以上同受一方控制、共同控制。

(2)关注基金管理人是否将受托管理职责转委托。在实操中,为防止私募投资基金管理人通道化且出于保证私募基金治理一致性及运行稳定性的考虑,中国证券投资基金业协会要求合伙型私募基金普通合伙人与私募投资基金管理人分离的,应存在关联关系。如果普通合伙人系由私募投资基金管理人高级管理人员团队及实际控制人、法定代表人出资情形,同样认定存在关联关系。

(二)参考案例

私募投资基金管理人甲提交私募股权基金乙备案申请,私募基金普通合伙人为A,属于普通合伙人与私募投资基金管理人分离情形。关于普通合伙人与私募投资基金管理人的关联关系,私募投资基金管理人甲表示,普通合伙人A出资人(控股股东)B女士为私募投资基金管理人清算部负责人,在私募投资基金管理人担任关键岗位职务,满足关联关系要求。

案例简析:B女士并非私募投资基金管理人高级管理人员,岗位也为清算部负责人,不满足实际控制人或法定代表人出资要求,已退回并要求私募投资基金管理人整改。

十、投资范围

(一)基本要求

基金合同、合伙协议或者公司章程(以下统称基金合同)应当约定主要投资行业、投资地域、投资阶段、投资集中度等,并符合私募股权基金投资范围要求。

私募股权基金的投资范围包括未上市企业股权,非上市公众公司股票,上市公司向特定对象发行的股票,大宗交易、协议转让等方式交易的上市公司股票,非公开发

行或者交易的可转换债券、可交换债券，市场化和法治化债转股，股权投资基金份额，以及中国证监会认可的其他资产。

（二）具体要求

1. 私募股权基金

私募股权基金投资应符合下列要求：

（1）投资未上市企业股权的，不得变相从事信贷业务、经营性民间借贷活动，不得投向从事保理、融资租赁、典当等与私募基金相冲突业务的企业股权，不得投向国家禁止或者限制投资以及不符合国家产业政策、环境保护政策、土地管理政策的企业股权。

（2）投资首发企业股票、存托凭证（以下统称股票）的，应当通过战略配售、基石投资（港股等境外市场）等方式，不得参与网下申购和网上申购。

（3）投资上市公司股票的，应当通过定向增发、大宗交易和协议转让等方式，不得参与公开发行或者公开交易，但所投资公司上市后基金所持股份的未转让及其配售部分和所投资公司在北京证券交易所上市后基金增持部分除外。

（4）投资上市公司可转换债券和可交换债券的，应当通过非公开发行或者非公开交易的方式。

（5）投资公开募集基础设施证券投资基金份额的，应当通过战略配售、网下认购和非公开交易等方式，不得参与面向公众投资者的发售和竞价交易。

（6）投资资产支持证券的，限于不动产持有型资产支持证券。

（7）投资区域性股权市场可转债的，投资金额应当不超过基金实缴金额的20%。

2. 创业投资基金

鼓励创业投资基金投资早期企业、中小企业和高新技术企业。除中国证监会和中国证券投资基金业协会另有规定外，创业投资基金不得直接或者间接投资下列资产：

（1）投资未上市企业股权的，不得变相从事信贷业务、经营性民间借贷活动，不得投向从事保理、融资租赁、典当等与私募基金相冲突业务的企业股权，不得投向国家禁止或者限制投资以及不符合国家产业政策、环境保护政策、土地管理政策的企业股权。

（2）投资首发企业股票、存托凭证（以下统称股票）的，应当通过战略配售、基石投资（港股等境外市场）等方式，不得参与网下申购和网上申购。

（3）投资上市公司股票的，应当通过定向增发、大宗交易和协议转让等方式，不得参与公开发行或者公开交易，但所投资公司上市后基金所持股份的未转让及其配售部分和所投资公司在北京证券交易所上市后基金增持部分除外。

（4）投资上市公司可转换债券和可交换债券的，应当通过非公开发行或者非公开交易的方式。

（5）投资公开募集基础设施证券投资基金份额的，应当通过战略配售、网下认购和非公开交易等方式，不得参与面向公众投资者的发售和竞价交易。

（6）投资资产支持证券的，限于不动产持有型资产支持证券。

（7）投资区域性股权市场可转债的，投资金额应当不超过基金实缴金额的20%。

鼓励创业投资基金投资早期企业、中小企业和高新技术企业。除中国证监会和中国证券投资基金业协会另有规定外，创业投资基金不得直接或者间接投资下列资产：

①不动产（含基础设施）；②前述第（2）项、第（4）项~第（6）项规定的资产；③上市公司股票，但所投资公司上市后基金所持股份的未转让及其配售部分除外。

（三）审核要点

在实务中，监管机构通常关注以下内容：

（1）关注基金合同中是否有关于基金投资范围的具体描述，如主要投资行业、投资地域、投资阶段、投资集中度等，关注基金合同约定的投资范围是否符合私募股权、创业投资基金投资范围要求。

（2）关注基金是否违规直接或间接进行下列投资（包括直接投资、通过基金合同约定的投资限制例外条款等方式进行投资）：①国家禁止或者限制投资的项目，不符合国家产业政策、环境保护政策、土地管理政策的项目；②借（存）贷、担保、明股实债等非私募基金投资活动，但是私募基金以股权投资为目的，按照合同约定为被投企业提供1年期限以内借款、担保的除外；③保理资产、融资租赁资产、典当资产等类信贷资产、股权或其收（受）益权；④金融资产交易中心发行的产品；⑤首发企业股票（战略配售和港股基石投资除外）；⑥上市公司股票（向特定对象发行、大宗交易、协议转让、所投资的企业上市后参股企业所持股份的未转让部分及其配售部分除外）；⑦从事承担无限责任的投资；⑧法律、行政法规和中国证监会禁止的其他投资活动。

此外，关注创业投资基金是否直接或间接投资（包括通过投资私募股权投资基金的方式进行投资等）基础设施、房地产、首发企业股票、上市公司股票（所投资的企业上市后参股企业所持股份的未转让部分及其配售部分除外）、上市公司可转债、上市公司可交债。

（3）以股权投资为目的，为被投企业提供借款、担保的，关注基金合同是否明确约定借款或者担保的期限、到期日及投资比例，其中借款或者担保期限不超过1年，到期日不晚于股权投资退出日，借款或者担保余额不超过私募股权、创业投资基金实缴金额的20%。

（4）基金通过可转债方式投资的，关注基金合同是否明确约定借款期限、借款利率、转股条件等内容，是否变相从事债权业务。如果基金合同未明确约定，则关注是否上传包含以上内容的说明材料。

（四）实操要点

（1）证券、股权等不同类型的基金投资范围要与规定相符合，遵循专业化经营原则。对于 FoF 类基金，也只能投资于同一类型的基金产品，不能跨领域投资。

（2）投资范围必须与基金产品类型、投资策略、投资方向相匹配。

（3）创业投资基金能投的只有已投企业 IPO（首次公开发行）后的配股，不能投定增、大宗交易、协议转让、私募可转债、可交债。

（4）禁止从事的投资行为。

①所有私募基金。不得从事证监会规定的禁止的投资活动，包括以下情形：借（存）贷、担保、明股实债等非私募基金投资活动，但是私募基金以股权投资为目的，按照合同约定为被投企业提供 1 年期限以内借款、担保除外；保理资产、融资租赁资产、典当资产等类信贷资产、股权或其收（受）益权；从事承担无限责任的投资；法律、行政法规和中国证监会禁止的其他投资活动。

②私募股权基金。不得从事下列投资：国家禁止或者限制投资的项目，不符合国家产业政策、环境保护政策、土地管理政策的项目；金融资产交易中心发行的产品；首发企业股票（战略配售和港股基石投资除外）；上市公司股票（向特定对象发行、大宗交易、协议转让、所投资的企业上市后参股企业所持股份的未转让部分及其配售部分除外）。

（五）参考案例

投资协议约定基金可通过向特定对象发行、大宗交易、协议转让或战略配售和港股基石投资等方式投资上市公司股票，但根据《私募投资基金监督管理暂行办法》第三十四条规定，"本办法所称创业投资基金，是指主要投资于未上市创业企业普通股或者依法可转换为普通股的优先股、可转换债券等权益的股权投资基金"。中国证券投资基金业协会关注，请基金管理人核实是否涉及以上投资。若是，备案股权类；若否，修改投资协议中的相关约定。

十一、投资债券

（一）实操要点

在实操中，基金投资范围涉及债券，针对存量私募基金参与非市场化债券发行的，中国证券投资基金业协会要求管理人承诺整改，说明整改方式、期限等，并且承诺后续私募基金合规运作。如果私募证券投资基金管理人主要投资方向为债券投资，或出资人、法定代表人、执行事务合伙人或其委派代表、高级管理人员曾从事债券投资或提交债券投资业绩的，应当提交未来展业不违规从事结构化发债的承诺函。监管部门收紧了私募基金投资债券的备案要求，主要涉及以下方面：

（1）不得涉及结构化发债。在部分反馈意见中，针对存量私募基金参与非市场化债券发行的，中国证券投资基金业协会要求管理人承诺整改，并说明整改方式、期限等，并且承诺后续私募基金合规运作。

（2）债券投资集中度。从近期的反馈意见来看，主要包括以下内容：①基金合同约定的投资范围中如果包含"债券"，基金管理人应设置投资单一债券比例不超过基金资产净值的25%；②投资于债券的私募基金产品，开放日需要与底层标的流动性相匹配，申赎开放频率不高于每月1天。

（二）参考案例

早期备案的一只私募基金提交展期申请的产品重大事项变更，中国证券投资基金业协会提出，如果基金拟投资标的涉及债券，请管理人分散投资，并在合同中明确约定基金资产投资同一债券标的占比不超过基金资产净值的25%。如果不涉及债券投资，请签署补充协议删除投资范围中债券相关内容。

案例简析：中国证券投资基金业协会在审核产品变更时都是按照新规或者现行窗口指导口径来进行的，需要满足最新的基金备案要求。私募投资基金管理人后续如果需要进行相关的变更事宜，基金管理人应当按照最新要求提前自查，做好整改。

十二、债转股投资

私募投资基金管理人不得直接或者间接从事民间借贷、担保、保理、典当、融资租赁、网络借贷信息中介、众筹、场外配资等任何与私募基金管理相冲突或者无关的业务，中国证监会另有规定的除外。

除以上有关借贷的规定外，私募股权基金以股权投资为目的，对被投企业进行附转股权的债权投资的，约定的转股条件应当科学、合理、具有可实现性，与被投企业或者其关联方的股权结构、商业模式、经营业绩、上市进度、知识产权和核心人员等相挂钩。满足转股条件的，应当及时将债权转为股权，并办理对被投企业或者其关联方的股权确权手续。未选择转股的，应当按照基金合同约定征得投资者同意或者向投资者披露未转股原因。

私募股权基金不得利用附转股权的债权投资变相从事借贷活动。

十三、私募股权基金采用分级安排

私募股权基金采用分级安排的，私募投资基金管理人应当向投资者充分披露私募股权基金的分级设计、完整的风险收益分配情形等信息。

投资本节"十、投资范围（二）具体要求1.私募股权基金第（2）项～第（6）项"规定资产的分级私募股权基金，应当符合利益共享、风险共担、风险与收益相匹配原则，优先级与劣后级的比例不得超过1∶1，优先级份额投资者获取收益或者承担亏损的比例不得低于30%，劣后级份额投资者获取收益或者承担亏损的比例不得高于70%。

十四、披露投资架构与期限错配

(一)披露投资架构

私募投资基金管理人应当向投资者披露投资架构,包含特殊目的载体(如有)、底层投资标的、基金交易对手方(如有),以及基金与特殊目的载体(如有)、特殊目的载体(如有)与交易对手方(如有)之间的划款路径等事项。

(二)期限错配

私募投资基金管理人应当合理确定私募股权基金所投资资产的期限,加强流动性风险管理。私募股权基金投资资产管理产品、其他私募股权基金,或者接受其他私募股权基金投资的,私募股权基金的到期日应当不早于下层资产管理产品、私募股权基金的到期日6个月以上,不晚于上层私募股权基金的到期日6个月以上。但有下列情形之一的除外:①上层基金全体投资者一致同意期限错配事项;②本基金承担国家或者区域发展战略需要;③上层基金为规范运作的母基金;④上层基金投资者中有社会保障基金、企业年金等养老基金,保险资金或者地市级以上政府出资产业投资基金等;⑤中国证监会、中国证券投资基金业协会规定的其他情形。

十五、基金费用及业绩报酬计提

(一)基金费用

基金合同应当约定私募股权基金各项费用的计费标准、计费时点、计提方式、计提频率等相关事项。从私募股权基金财产中支出的费用应当与基金运营、服务直接相关,不得支出与基金运作无关的费用。

私募投资基金管理人应当设置合理的管理费。私募投资基金管理人不收取管理费或者管理费明显低于管理基金。

(二)业绩报酬计提

私募股权基金的业绩报酬计提应当清晰、合理,与基金实际表现相挂钩,不得采取在特定基准线以上100%计提等类似存款计息的计提方式。

十六、基金托管

(一)应当托管的情形

私募股权基金存在下列情形之一的,应当由私募基金托管人托管:①私募股权基金的组织形式为契约型,但按照基金合同约定设置能够切实履行安全保管基金财产职责的基金份额持有人大会日常机构等制度措施的除外;②通过特殊目的载体开展投资的;③法律、行政法规、中国证监会和中国证券投资基金业协会规定的其他情形。

(二) 托管在通过特殊目的载体开展投资中的作用

私募股权基金通过特殊目的载体开展投资的，托管人应当持续监督私募股权基金与特殊目的载体的资金流向，事前掌握资金划转路径，事后获取并保管资金划转及投资凭证。私募投资基金管理人应当及时将投资凭证交付托管人。

(三) 实操要点

在实操中，监管机构通常会关注以下内容：

（1）关注契约型基金是否由依法设立并取得基金托管资格的托管人托管。

（2）关注通过公司、合伙企业等特殊目的载体间接投资底层资产的基金是否由托管人托管。

（3）关注托管人是否超过一家。

十七、封闭运作与扩募

(一) 基本要求

私募股权投资基金（含创业投资基金）和私募资产配置基金应当封闭运作，备案完成后不得开放认/申购（认缴）和赎回（退出），基金封闭运作期间的分红、退出投资项目减资、对违约投资者除名或替换以及基金份额转让不在此列。已备案通过的私募股权投资基金或私募资产配置基金，若同时满足以下条件，可以新增投资者或增加既存投资者的认缴出资，但增加的认缴出资额不得超过备案时认缴出资额的3倍：①基金的组织形式为公司型或合伙型；②基金由依法设立并取得基金托管资格的托管人托管；③基金处在合同约定的投资期内；④基金进行组合投资，投资于单一标的的资金不超过基金最终认缴出资总额的50%；⑤经全体投资者一致同意或经全体投资者认可的决策机制决策通过。

私募证券投资基金管理人应当统筹考虑投资标的流动性、投资策略、投资限制、销售渠道、潜在投资者类型与风险偏好、投资者结构等因素，设置匹配的开放期，强化对投资者短期申赎行为的管理。基金合同中设置临时开放日的，应当明确临时开放日的触发条件，原则上不得利用临时开放日的安排继续认/申购（认缴）。在实务中，基金管理人需要在基金合同里约定运作方式，是开放式、封闭式还是其他方式。如果是开放式运作的，还要在基金合同里约定投资者认/申购和赎回（退出）的时间、次数、程序。基金的开放频率必须与投资标的流动性、投资策略、投资限制等相匹配。特别是每个交易日都开放的基金，一定要特别关注投资标的的流动性是否能满足每日开放的要求，还要对投资范围、投资比例、投资限制、投资者认/申购和赎回等做出专门安排。例如，部分私募证券基金投资了上市公司定增和一些违约债，这种情况下，底层标的的流动性是不能满足每日开放要求的，故应科学设置开放日。

不满足扩募要求的私募股权、创业投资基金，关注基金合同中是否设置增加认缴等与后续扩募相关的条款。

（二）参考案例

中国证券投资基金业协会对某基金备案的反馈中关注，本基金不符合扩募条件，请在基金合同中删除新增投资者入伙、后续募集增加认缴出资等相关条款，请基金管理人通过修改基金合同或签署补充协议的方式在合同中约定该事项后重新上传。如果直接修改原合伙协议，则修改后的合伙协议应由投资者重新签署，并上传修改前后合伙协议。

十八、开放申购或认缴

（一）私募股权基金开放申购或者认缴的条件

私募股权基金开放申购或者认缴的，应当符合下列条件：①由私募基金托管人进行托管；②在基金合同约定的投资期内；③开放申购或者认缴按照基金合同约定经全体投资者一致同意或者经全体投资者认可的决策机制决策通过；④中国证监会、中国证券投资基金业协会规定的其他条件。

（二）超额认缴总规模的除外情形

私募股权基金开放申购或者认缴，增加的基金认缴总规模不得超过备案时基金认缴总规模的3倍，但符合下列情形之一的除外：

（1）既存投资者或者新增投资者中存在社会保障基金、企业年金等养老基金。

（2）既存投资者或者新增投资者中存在慈善基金等社会公益基金、保险资金或者地市级以上政府出资产业投资基金，并且前述投资者之一的实缴出资不低于1 000万元。

（3）既存投资者和新增投资者均为首期实缴出资不低于1 000万元的投资者，私募投资基金管理人、私募投资基金管理人员工直接或者间接通过合伙企业等非法人形式间接投资于本公司管理的私募股权基金，且实缴出资不低于100万元的除外。

（4）在中国证券投资基金业协会备案为创业投资基金，且开放申购或者认缴时，基金已完成不少于2个对早期企业、中小企业或者高新技术企业的投资。

（5）中国证监会、中国证券投资基金业协会规定的其他情形。

适用前述第（3）项要求的投资者为在中国证券投资基金业协会备案的私募基金以及合伙企业等非法人形式的，私募投资基金管理人应当穿透认定投资者是否符合第（3）项要求；增加基金认缴规模的，基金管理人应当依法履行信息披露义务，向投资者披露扩募资金的来源、规模、用途等信息。

十九、组合投资与单一标的投资

(一) 鼓励组合投资

鼓励私募股权基金进行组合投资。

(二) 严管单一标的投资

1. 披露单一标的投资

投资于单一标的的私募股权基金,其募集推介材料、基金合同应当明确约定私募股权基金仅投资于单一标的,并披露单一标的的具体信息。

2. 实操要点

在实操中,中国证券投资基金业协会收紧了对投资单一标的基金的备案,通常会要求:①初始实缴募集资金规模应不低于2 000万元。②关于单一标的的认定,需要穿透核查。特别是FoF基金,需要穿透到底层基金来审核是不是投资于单一项目。③投资单一标的时,由于已经是比较明确的投资项目,基金合同表述应清晰;如果投资单一项目,需要在风险揭示书中进行特别风险提示,对投资标的的基本情况、投资架构、因未进行组合投资而可能受到的损失、纠纷解决机制等进行书面揭示,并由投资者签署确认。

3. 参考案例

某基金投资单一标的,在备案时被中国证券投资基金业协会要求:按照《私募投资基金登记备案办法》第二十八条,在风险揭示书中揭示单一投资标的基本情况、投资架构、因未进行组合投资而可能受到的损失、纠纷解决机制等。

二十、账户管理

私募股权基金的财产账户应当以基金名义开立,私募投资基金管理人不得使用自己或者他人名义为私募股权基金开立账户和接收出资,不得使用基金财产为自己或者他人垫付资金。

二十一、有效防范私募股权基金之间的利益输送和利益冲突

私募投资基金管理人应当公平地对待其管理的不同私募股权基金财产,有效防范私募股权基金之间的利益输送和利益冲突,不得在不同私募股权基金之间转移收益或者亏损。

在已设立的私募股权基金尚未完成认缴规模70%的投资(含为支付基金税费的合理预留)时,除经全体投资者一致同意或者经全体投资者认可的决策机制决策通过外,私募投资基金管理人不得设立与前述基金的投资策略、投资范围、投资阶段、投资地域等均实质相同的新基金。

二十二、超时备案

（一）除外情形

私募投资基金管理人应当自私募基金募集完毕之日起 20 个工作日内，向中国证券投资基金业协会报送资料。私募投资基金管理人超过前述规定的时限提请办理私募股权基金备案手续的，私募股权基金应当符合下列要求：①实缴规模不低于 1 000 万元；②由私募基金托管人进行托管；③投资范围符合《私募投资基金登记备案办法》《私募投资基金备案指引第 2 号——私募股权、创业投资基金》等相关规定的要求；④《私募投资基金登记备案办法》和《私募投资基金备案指引第 2 号——私募股权、创业投资基金》关于私募股权基金备案的其他要求。

（二）后续处理

私募股权基金募集完成后 3 个月内，私募投资基金管理人未提请办理备案手续，或者自退回补正之日起 3 个月内未重新报送备案材料的，中国证券投资基金业协会不予办理私募基金备案。所管理的私募股权基金被中国证券投资基金业协会不予办理备案的，私募投资基金管理人应当及时告知投资者，解除或者终止基金合同和委托管理协议，妥善处置基金财产，及时清算并向投资者分配。

私募投资基金管理人未按要求提请办理基金备案手续的，在未完成相关基金备案或者整改前，中国证券投资基金业协会不予办理其他基金备案。

二十三、基金存续期

（一）相关要求

私募基金应当约定明确的存续期。私募股权基金约定的存续期除另有规定外，不得少于 5 年。鼓励私募投资基金管理人设立存续期不少于 7 年的私募股权基金。同时，基金合同约定的存续期和基金产品实际的存续期是两个不同的概念，合同约定存续期不得少于 5 年，并不意味着基金产品必须要运作 5 年，产品是可以提前清算的。

（二）实操要点

在实操中，监管机构通常会关注以下内容：

（1）关注基金合同、公司章程和合伙协议（以下统称基金合同）是否约定明确的存续期，关注是否属于无固定存续期的基金。

（2）关注基金合同约定的存续期是否不少于 5 年，其中存续期为投资期＋退出期，不包括延长期。

（三）参考案例

私募证券基金更换托管机构时，需要在中国证券投资基金业协会系统中补录基金存续期；监管机构要求：永续基金变更存续期，基金合同条款应当符合登记备案办法及备案关注要点要求，基金名称也应当符合命名指引及备案关注要点要求。

案例简析：目前进行私募基金备案时，基金存续期不支持勾选永续，不得设置无固定存续期的基金。

二十四、市场主体登记一致性

监管机构通常关注合伙型或公司型基金的名称、营业期限、合伙人或股东信息等是否与市场主体登记信息一致。投资者涉及合伙企业等非法人形式的，关注穿透后的投资者信息是否与市场主体登记信息一致。截至基金备案申请最新提交日期，合伙型或公司型基金发生合伙人或股东信息等变更但未完成市场主体变更登记流程的，关注是否上传市场主体变更受理函。如果因特殊情况未取得市场主体变更受理函，则关注是否上传市场主体变更承诺函。

二十五、占坑及代持

（一）实操要点

由于部分项目投资时间比较紧张，而投资人的资金没办法及时到位，投资人从打款开始会经历一个比较长的周期才能获得收益，为了节省时间管理人会选择由公司或者员工先进行市场主体登记、基金备案，随后将份额转让出去的"占坑""代持"行为。通常表现为，私募投资基金管理人同期批量提交多只私募基金备案申请，多只私募基金均为同一投资者（如为同一自然人或私募投资基金管理人管理的其他私募基金），且实缴到账金额极低，该投资者在私募基金备案通过后，短期内赎回私募基金份额，此后私募投资基金管理人才开始向真实投资者进行募集。"占坑""代持"行为一直是中国证券投资基金业协会重点监控的违规行为。

（二）参考案例

某私募投资基金管理人完成登记后进行首只基金产品的备案，基金管理人跟投时，认缴金额占比较大，但实缴金额较少，中国证券投资基金业协会要求基金管理人出函说明基金管理人是否是为自己购买私募基金，是否存在"占坑"或"代持"行为。

案例简析：私募投资基金管理人应当在募集完毕后申请私募基金备案，并签署备案承诺函承诺已完成募集。上述案例中，私募投资基金管理人违反相关要求，并未募集真实投资者资金即提交备案。针对此类情况，中国证券投资基金业协会已在备案环节通过退回询问私募投资基金管理人相关私募基金投资者是否为真实投资者等方式，要求私募投资基金管理人向真实投资者募集完毕后再提交备案，引导私募投资基金管理人合理、合规展业。后续，中国证券投资基金业协会将持续关注并规范备案"壳基金"行为，对于"壳基金"备案不予办理，而对于频繁提交"壳基金"备案且拒不整改的私募投资基金管理人，视情况采取自律措施。

二十六、关联交易

基金进行关联交易的，关注基金合同中是否明确约定涉及关联交易的事前、事中信息披露安排以及针对关联交易的特殊决策机制和回避安排等。关注风险揭示书中是否披露所涉及的关联交易详情，进行特别风险揭示。

二十七、维持运作机制

监管机构通常关注基金合同及风险揭示书是否明确约定，在基金管理人客观上丧失继续管理基金的能力时，基金财产安全保障、维持基金运营或清算的应急处置预案和纠纷解决机制。

中国证券投资基金业协会在日常自律管理中更加关注基金管理人是否具有持续运营的能力。对于已经长时间未备案新基金，或者近一年在管基金规模低于200万元的基金，基金管理人在备案新基金或者进行相关业务变更时，中国证券投资基金业协会要求基金管理人提供经审计的财务报表、员工及团队情况，说明股东变化情况、近期财务状况、展业情况等。员工需提供简历和社保证明。在管基金全部清算后，超过12个月持续无在管基金，这种情形的基金管理人有可能收到中国证券投资基金业协会要求出具《专项法律意见书》的通知，并且提交《专项法律意见书》时要完成新设基金产品的备案。

参考案例

某私募投资基金管理人自2020年以来已不再提取其在管基金的管理费，主营业务收入来源为咨询服务费，主营业务为居间服务。其市场主体登记的经营范围仅为投资管理，但是却与多名自然人分别签订《长期咨询服务协议》，向投资者推介项目并收取咨询服务费。该私募投资基金管理人自2020年之后也不再从事私募基金业务，因此被中国证券投资基金业协会撤销了基金管理人登记。

二十八、推介材料及基金合同中禁止性要求

（1）关注募集推介材料及基金合同中，是否明示或者暗示基金预期收益，使投资者产生刚性兑付预期。

（2）关注基金合同中是否约定短募长投、期限错配、分离定价、滚动发行、集合运作等违规条款。

（3）关注基金合同中是否约定由不同投资者参与并投向不同资产的投资单元/子份额，规避备案义务，不公平对待投资者。

二十九、一年无在管基金的经营异常机构

针对《关于加强经营异常机构自律管理相关事项的通知》中第（五）类经营异常机构（在管私募基金全部清算后，超过12个月持续无在管私募基金的情形），关注以

下情况：

（1）关注基金是否由依法设立并取得基金托管资格的托管人托管；关注基金是否真实对外募集，实缴规模是否达到 1 000 万元；关注是否上传托管人关于基金管理人的尽职调查底稿或已按尽职调查审核要点完成尽职调查的书面说明文件，尽职调查底稿或完成尽职调查的书面说明文件是否含有《托管人关于超过 12 个月持续无在管私募基金的私募投资基金管理人相关尽职调查审核要点》列举的 11 项内容，内容是否真实、准确、完整；关注风险揭示书中是否对基金管理人超过 12 个月无在管基金的情况进行特殊风险揭示。

（2）关注基金管理人过往是否有过"保壳"行为，即为满足登记后限期备案首只基金要求，防止被注销基金管理人资格，非真实募集、设立"私募基金"并在备案后快速清算；关注基金管理人是否通过重大变更承接其他基金管理人管理的存续基金，变相豁免新设私募基金备案要求；关注基金管理人登记备案是否有黑中介参与，是否存在其他合规疑点或违规问题。

三十、基金展期

（一）相关要求

私募投资基金管理人在私募投资基金到期日起的 3 个月内仍未通过 AMBERS 系统完成私募投资基金的展期变更或提交清算申请的，在完成变更或提交清算申请之前，中国证券投资基金业协会将暂停办理该基金管理人新的私募投资基金备案申请。该处规定表明，在基金到期日之后的 3 个月内，私募投资基金管理人要么提交展期申请，要么提交清算申请，否则会被暂停新产品备案。

（二）实操要点

（1）对于私募投资基金管理人长期存在清算基金的情况，中国证券投资基金业协会也在公示信息页面对以下两种情况进行了特别提示：①存在逾期未清算基金：指私募投资基金管理人存在超过到期日 3 个月且未提交清算申请的私募基金。②存在长期处于清算状态基金：指私募投资基金管理人存在提交清算开始后超过 6 个月未完成清算的私募基金。

（2）处于清算开始状态的基金不能再发起基金重大事项变更，无法展期。如果涉及多轮清算，私募投资基金管理人在 AMBERS 系统里已经提起了基金"清算开始"申请，即无法再进行展期变更。

（3）基金展期需要进行产品重大事项变更，涉及基金存续期限的变更需要由中国证券投资基金业协会人工审核，无法自动办理通过。一般情况下，基金展期的主要程序及报送的文件包括：①全体合伙人通过合伙人会议，一致同意基金延长投资期并作出相应决议；②全体合伙人签署新的基金合同或补充协议；③合伙型或公司型基金涉及市场主体登记到期日变更的，还需办理相应的市场主体变更登记手续；④在

AMBERS 系统提交产品重大事项变更申请，上传新签署的基金合同、变更决议文件、国家企业信用信息公示信息截图等。

三十一、私募投资基金备案申报材料及要求

根据《私募投资基金备案材料清单（非证券类）（2023 年修订）》，私募投资基金备案申报材料及其要求如表 7-2 所示。

表 7-2 私募投资基金备案申报材料及其要求

序号	附件名称/适用情形	内容要求	特殊适用情形说明	签章要求
1	备案承诺函（盖章）	1. 下载使用最新模板。 2. 基金名称应当完整准确填写，并符合《私募投资基金备案指引第 2 号——私募股权、创业投资基金》（以下简称《备案指引第 2 号》）第九条规定，私募股权基金的名称应当标明"股权基金""股权投资"等相关字样，其中契约型私募股权基金的名称应当标明"私募股权基金"相关字样。创业投资基金的名称应当标明"创业投资基金"相关字样，但公司型或者合伙型创业投资基金的经营范围中标明"从事创业投资活动"相关字样等已体现创业投资策略的除外。 名称中不得包含"理财""资管产品""资管计划"等相关字样，法律、行政法规、中国证监会和中国证券投资基金业协会另有规定的除外。 未经批准或者授权，不得在基金名称中使用与国家重大发展战略、金融机构、知名私募投资基金管理人相同或者近似等可能误导投资者的字样。不得在基金名称中使用违背公序良俗或者造成不良社会影响的字样		1. 落款处加盖管理人公章，法定代表人/执行事务合伙人（委派代表）及合规风控负责人签章，多页加盖骑缝章。 2. 落款处填写本承诺函签署日期
2	计划说明书/招募说明书/推介材料（盖章）	1. 应当符合《私募投资基金登记备案办法》第二十八条、《备案指引第 2 号》第三条规定，列明私募基金的基金管理人以及管理团队、投资范围、投资策略、投资架构、基金架构、托管情况、相关费用、收益分配原则等重要信息，以及投资风险、运营风险、流动性风险等风险情况，并披露关键人士（如有）或者投资决策会成员（如有）、单一拟投项目或者首个拟投项目组合（如有）的主营业务、交易对手方（如有）、基金投资款用途和退出方式等信息。 2. 应当符合《备案指引第 2 号》第三条规定，提交私募投资基金管理人、基金销售机构在募集过程中真实使用的推介材料，披露的信息应当真实、准确、完整		募集推介材料应当在尾页承诺处加盖募集机构公章，多页加盖骑缝章

续表

序号	附件名称/适用情形	内容要求	特殊适用情形说明	签章要求
3	基金销售协议（盖章）	应当提交基金销售主协议与补充协议（如有）	基金存在委托募集	基金销售协议应有基金销售机构与基金管理人的完整签章与签署日期，多页加盖骑缝章
4	私募基金合同、合伙协议、公司章程（盖章原件及Word版本）	应当符合《私募投资基金登记备案办法》第二十九条、第四十五条、《备案指引第2号》第十三条、第十八条、第二十三条和《私募投资基金合同指引（1~3号）》规定，对下列事项进行约定： （1）基金份额持有人大会或者合伙人会议的召集机制、议事内容和表决方式等； （2）关联交易的识别认定、交易决策、对价确定、信息披露和回避等机制； （3）信息披露的内容、方式、频率和投资者查询途径等； （4）基金财产不进行托管时的安排； （5）私募投资基金管理人因失联、注销私募投资基金管理人登记、破产等原因无法履行或者怠于履行管理职责等情况时，私募基金变更基金管理人、清算等相关决策机制、召集主体、表决方式、表决程序、表决比例等； （6）基金的存续期限； （7）管理费以及其他基金费用的计费标准、计费时点、计费方式、计费频率等； （8）单一标的的具体信息（基金仅投资于单一标的）； （9）为被投企业提供借款、担保的到期日、期限和余额占基金实缴金额的比例（私募股权基金以股权投资为目的，按照合同约定为被投企业提供借款、担保的）； （10）除国家另有规定外，不使用杠杆融资（创业投资基金）； （11）中国证券投资基金业协会规定的其他必备内容		1. 基金合同应有各方完整签章及签署日期。 2. 契约型基金只需上传一份投资者、基金管理人与托管人签章的基金合同。 3. 基金合同（Word版本）应上传清洁版本，请勿上传修订版、批注版等过程版本文件，Word版本的内容须与实际签署盖章版内容保持一致
5	托管协议（盖章）	托管协议应当按照法律、行政法规和金融管理部门规定明确约定托管人应当承担的职责	合伙型及公司型基金	托管协议应当有各方完整签章及签署日期

续表

序号	附件名称/适用情形	内容要求	特殊适用情形说明	签章要求
6	电子合同服务协议（盖章）		采用电子合同	电子合同服务协议应当有各方完整签章及签署日期
7	风险揭示书（盖章）	1. 参照 AMBERS 系统中的风险揭示书模板制定并签署。 2. 应当符合《私募投资基金登记备案办法》第二十八条规定，充分披露私募投资基金的资金流动性、基金架构、投资架构、底层标的、纠纷解决机制等信息，以及投资风险、运营风险、流动性风险等风险情况，"特殊风险揭示"部分应当披露下列所涉及风险： （1）基金财产不进行托管； （2）私募投资基金管理人与基金销售机构存在关联关系； （3）私募基金投资涉及关联交易； （4）私募基金通过特殊目的载体投向投资标的； （5）私募基金投向单一标的、未进行组合投资； （6）基金财产在境外进行投资； （7）私募基金存在分级安排或者其他复杂结构，或者涉及重大无先例事项； （8）财务顾问或者产业顾问为私募投资基金管理人关联方； （9）私募基金存在平行基金； （10）私募投资基金管理人的控股股东、实际控制人、普通合伙人发生变更，尚未在中国证券投资基金业协会完成变更手续； （11）其他重大投资风险或者利益冲突风险。 3. 根据《备案指引第 2 号》第六条规定，下列投资者可以豁免签署风险调查问卷： （1）国务院金融监督管理机构监管的机构； （2）社会保障基金、企业年金等养老基金，慈善基金等社会公益基金； （3）国务院金融监督管理机构监管的机构依法发行的资产管理产品、私募基金； （4）合格境外机构投资者、人民币合格境外机构投资者； （5）投资于所管理私募股权基金的私募投资基金管理人及其员工； （6）中国证监会规定的其他投资者		1. 风险揭示书应当有募集机构与投资者的完整签章与签署日期。 2. 投资者应当按照《私募投资基金募集行为管理办法》的相关规定，对风险揭示书中"投资者声明"部分所列的 13 项声明签字签章确认。自然人投资者应当在每项声明段尾签名，机构投资者应当在声明首页、尾页盖章，加盖骑缝章。 3. 备案时应当上传所有投资者签署的风险揭示书。基金管理人在 AMBERS 系统进行私募投资基金季度更新时，应当及时更新上传所有投资者签署的风险揭示书

续表

序号	附件名称/适用情形	内容要求	特殊适用情形说明	签章要求
8	产品结构图（盖章）	上传风险揭示书中披露的产品结构图，内容应当包含本基金投资者（向上穿透到顶）、管理人、GP（如有）、托管人（如有）与投资标的（向下穿透到底）及基金获取投资标的的交易对手方（如有）等要素，同时列明每一层的投资金额、投资方式（投资方式包括但不限于股权、债权与可转债投资）及投资比例等信息		产品结构图应当加盖管理人公章
9	实缴出资证明与基金成立日证明（盖章）	1. 实缴出资证明： （1）本基金有托管的，应当上传托管人开具的资金到账通知书； （2）本基金无托管的，应当上传投资者首轮实缴资金由基金募集账户打入基金财产账户的银行回单；如果未备案前首轮实缴资金无法到达基金财产账户，应当提交投资者首轮实缴资金打入基金募集账户的银行回单； （3）基金备案通过前发生投资者基金份额转让的，应当上传基金份额转让各方签署的份额转让协议。 2. 基金成立证明： （1）组织形式为契约型的，基金成立日证明应当为托管人开具的资金到账通知书； （2）组织形式为合伙型或者公司型的，基金成立日证明应当以基金合同签署日期或者投资者对本基金首轮实缴款到位时间为准； （3）AMBERS系统产品备案模块中"基金成立日"字段应当按照基金成立日证明文件内容填报		1. 实缴出资证明为托管人开具的资金到账通知书的，应当加盖托管人公章。 2. 实缴出资证明为银行回单的，应当加盖银行签章
10	私募投资基金投资者风险问卷调查（盖章）	1. 参照《私募投资基金投资者风险问卷调查内容与格式指引》签署风险问卷调查。 2. 根据《备案指引第2号》第六条规定，下列投资者可以豁免签署风险调查问卷： （1）国务院金融监督管理机构监管的机构； （2）社会保障基金、企业年金等养老基金、慈善基金等社会公益基金； （3）国务院金融监督管理机构监管的机构依法发行的资产管理产品、私募基金； （4）合格境外机构投资者、人民币合格境外机构投资者； （5）投资于所管理私募股权基金的私募投资基金管理人及其员工； （6）中国证监会规定的其他投资者		风险问卷调查应当有募集机构与投资者的完整签章与签署日期

续表

序号	附件名称/适用情形	内容要求	特殊适用情形说明	签章要求
11	基金的国家企业信用信息公示系统公示信息截图	1. 合伙型或者公司型基金设立或者发生登记事项变更的，应当按照《中华人民共和国合伙企业法》或者《中华人民共和国公司法》规定的程序和期限要求，向市场主体登记机关申请办理登记或者变更登记。 2. 截至本基金备案申请最新提交日期，合伙型或者公司型基金发生登记事项变更的，若已完成市场主体变更，应当上传变更后的国家企业信用信息公示系统公示信息截图；若未完成市场主体变更，除上传国家企业信用信息公示系统公示信息截图外，还应当上传包含变更信息的市场主体变更受理函。如果确无市场主体变更受理函，应当提交市场主体变更承诺函。 3. 国家企业信用信息公示系统公示信息截图应当包括企业名称、统一社会信用代码、执行事务合伙人或者法定代表人、合伙期限或者营业期限、主要经营场所或者住所、经营范围及全体合伙人或者股东信息等相关信息，其中合伙人或者股东信息应当与投资者明细、合伙协议或者公司章程信息保持一致。 4. 根据《私募投资基金登记备案办法》第四十五条和《备案指引第2号》第九条规定，私募股权基金的名称应当标明"股权基金""股权投资"等相关字样，其中契约型私募股权基金的名称应当标明"私募股权基金"相关字样。创业投资基金的名称应当标明"创业投资基金"相关字样，但公司型或者合伙型创业投资基金的经营范围中标明"从事创业投资活动"相关字样等已体现创业投资策略的除外	合伙型及公司型基金	1. 国家企业信用信息公示系统公示信息截图应当加盖管理人公章。 2. 市场主体变更受理函应当有市场主体登记机关完整签章和签署日期。 3. 市场主体变更承诺函应当加盖基金管理人公章
12	委托管理协议（盖章）	委托管理协议是由基金、执行事务合伙人（合伙型基金）和基金管理人签署的，委托基金管理人管理本基金的协议	1. 执行事务合伙人与基金管理人分离的合伙型基金。 2. 受托管理的公司型基金	1. 合伙型基金的委托管理协议应当有本基金、执行事务合伙人与基金管理人的完整签章与签署日期。 2. 公司型基金的委托管理协议应当有本基金与基金管理人的完整签章与签署日期

续表

序号	附件名称/适用情形	内容要求	特殊适用情形说明	签章要求
13	募集结算资金专用账户监督协议或者相关证明文件（盖章）	1. 募集机构与募集监督机构不是同一机构的，应当上传募集结算资金专用账户监督协议；募集机构与募集监督机构为同一机构的，应当上传防火墙制度及防范利益冲突制度。 2. 当私募基金有多个募集机构时，应当上传所有募集机构与募集监督机构签署的募集监督协议。 3. 根据《私募投资基金募集行为管理办法》签署募集监督协议，募集监督协议应当具备下列内容： （1）明确私募基金募集结算资金专用账户用于统一归集私募基金募集结算资金、向投资者分配收益、给付赎回款项以及分配基金清算后的剩余基金财产等，确保资金原路返还。 （2）明确对私募基金募集结算资金专用账户的控制权、责任划分及保障资金划转安全的机制。 （3）明确募集结算资金从投资者资金账户划出，到达私募基金财产账户或者托管资金账户之前，属于投资者的合法财产。私募基金募集结算资金专用账户开立、使用的机构不得将私募基金募集结算资金归入其自有财产；禁止任何单位或者个人以任何形式挪用私募基金募集结算资金；私募投资基金管理人、基金销售机构、基金销售支付机构或者基金份额登记机构破产或者清算时，私募基金募集结算资金不属于其破产财产或者清算财产。 （4）中国证监会、中国证券投资基金业协会规定的其他内容		募集结算资金专用账户监督协议应当有募集机构与募集监督机构的完整签章与签署日期
14	基金管理人员工证明文件（盖章）	1. 基金管理人员工证明文件应为所有跟投员工和管理人签订的劳动合同及基金管理人注册地社保局出具的社保证明。 2. 外籍员工、退休返聘员工可按要求提交劳务合同和近6个月的工资流水，退休返聘员工还应当提交退休证明；国家机关、事业单位、政府及其授权机构控制的企业委派的高级管理人员应当按要求提交劳动合同或者劳务合同、委派文件等材料。 3. 如员工社保由第三方机构代缴，应上传员工劳动合同、社保缴费记录和基金管理人与代缴方签署的人事委托合同，同时代缴方应为具有人力资源服务资质的机构	投资者中存在跟投金额低于100万元的员工	社保缴费记录应当加盖社保主管部门章

续表

序号	附件名称/适用情形	内容要求	特殊适用情形说明	签章要求
15	外包服务协议（盖章）	应当符合《私募投资基金服务业务管理办法》等规定	基金有外包服务机构	外包服务协议应当有基金管理人与外包服务机构完整签章及签署日期
16	跨境投资许可证明文件	包括签署的QDII协议、商务部或者外汇管理局签发的跨境投资许可、金融办的批复等文件	基金涉及跨境投资	跨境投资许可证明文件应当加盖相关机构签章
17	执行事务合伙人与基金管理人存在关联关系的证明文件	应当符合《私募投资基金登记备案办法》第三十四条、《备案指引第2号》第十二条规定，私募投资基金管理人不担任合伙人的，上传基金管理人与其中一名执行事务合伙人存在控制关系或者受同一控股股东、实际控制人控制的证明材料	执行事务合伙人与基金管理人分离的合伙型基金	关联关系说明文件应当加盖基金管理人公章
18	政府出资产业投资基金批文	1. 政府出资产业投资基金批文指财政部门或者财政部门会同有关行业主管部门报本级政府批准的批文等公示证明文件。 2. 上述批文应当包含政府出资产业投资基金与基金管理人等相关信息	政府出资产业投资基金	政府出资产业投资基金批文应当加盖相关机构签章
19	PPP项目入库证明（或有）	基金拟投PPP项目应当为政府和社会资本合作（PPP）综合信息平台项目库或者发改委的PPP项目库的入库项目，并上传拟投PPP项目的入库截图	基金拟投资PPP项目	PPP项目入库截图应当加盖基金管理人公章
20	附转股权的债权投资协议（或有）	根据《备案指引第2号》第十四条规定，除《关于加强私募投资基金监管的若干规定》中的借款外，私募股权基金以股权投资为目的，对被投企业进行附转股权的债权投资的，投资协议约定的转股条件应当科学、合理且具有可实现性，与被投企业或者其关联方的股权结构、商业模式、经营业绩、上市进度、知识产权和核心人员等相挂钩，不得利用附转股权的债权投资变相从事借贷活动	基金拟开展附转股权的债权投资	投资协议应当加盖相关机构签章

续表

序号	附件名称/适用情形	内容要求	特殊适用情形说明	签章要求
21	投资者出资能力证明（或有）	根据《备案指引第2号》第五条规定，私募投资基金管理人、基金销售机构应当确保私募股权基金的投资者具备与其认缴金额相匹配的出资能力。 1. 自然人投资者的出资能力证明包含其持有的银行存款、有价证券、资产管理产品份额、私募证券基金份额、期货权益等流动性较强的金融资产、投资性房地产（不含首套房屋）和最近3年个人所得税完税证明等文件； 2. 机构投资者的出资能力证明包含上一年度审计报告等文件，上一年度审计报告尚未出具的，可提供前一年度审计报告和最近1个季度的财务报表	投资者对基金的认缴金额与其出资能力匹配存疑	1. 出资能力证明文件应当加盖相关机构签章。 2. 审计报告应当有会计师事务所的公章、至少2名注册会计师的专用章和手工签字
22	豁免期限错配整改要求的相关证明材料（或有）	根据《备案指引第2号》第十七条规定，期限错配超过6个月的，应当符合下列要求之一： 1. 上层基金全体投资者一致同意期限错配事项，请提供投资者签署的同意函； 2. 申请备案基金承担国家或者区域发展战略需要的，请提供相关政府部门批文或者其他证明文件； 3. 上层基金为规范运作母基金的，请提供相关证明材料； 4. 上层基金投资者中包含社会保障基金、企业年金等养老基金，保险资金或者地市级以上人民政府出资产业投资基金等，请提供相关证明材料	私募股权基金的到期日早于下层资产管理产品、私募股权基金的到期日6个月以上，晚于上层私募股权基金的到期日6个月以上	1. 投资者同意函应当有符合合同约定比例的投资者签章。 2. 基金承担国家或者区域发展战略需要的证明文件应当加盖相关机构签章
23	P2P关联机构说明函（或有）	基金管理人为P2P关联机构的，应当上传以下材料： 1. 基金管理人与P2P平台的关联关系和风险自查说明； 2. P2P平台方自身业务合规及风险自查说明； 3. 基金管理人及其实际控制人制定所涉P2P业务对私募基金的潜在衍生风险的处置预案； 4. 风险揭示书应当披露基金管理人为P2P关联机构以及P2P风险对产品的影响； 5. 其他相关说明文件	基金管理人为P2P关联机构	1. 基金管理人与P2P平台的关联关系和风险自查说明应当加盖基金管理人公章。 2. P2P平台方自身业务合规及风险自查说明应当加盖P2P平台公章。 3. 基金管理人及其实际控制人制定的所涉P2P业务对私募基金的潜在衍生风险的处置预案应当加盖基金管理人及其实际控制人签章。 4. 其他相关说明文件应当加盖机构签章

续表

序号	附件名称/适用情形	内容要求	特殊适用情形说明	签章要求
24	其他相关文件（或有）	1. 基金管理人异常情况说明文件：包括但不限于基金管理人出具的内部合规意见、财务报告，或者托管人出具的尽职调查报告、律师事务所出具的法律意见书等材料。 2. 根据《私募投资基金登记备案办法》第四十四条规定，按照中国证券投资基金业协会要求出具基金所涉重大无先例事项、复杂结构或者特殊类型投资标的等情形的说明函。 3. 根据《私募投资基金登记备案办法》第四十二条规定，出具管理人前期备案时承诺事项的履行情况说明函，以及相关证明文件	1. 私募投资基金管理人存在较大风险隐患。 2. 私募基金涉及重大无先例事项，或者存在结构复杂、投资标的类型特殊等情形。 3. 备案时相关承诺事项履行情况	其他相关文件应当加盖相关机构签章
25	基金管理人（投顾）需要说明问题的文件			基金管理人（投顾）需要说明问题的文件应当加盖相关机构签章

第四节　基金备案典型案例

本节的主要内容为基金备案的几个典型案例，其参考了《私募基金备案案例公示（2021年第1期）》《私募基金备案案例公示（2022年第2期）》等相关案例。

案例1　员工持股计划拟备案为私募基金

1. 案例情况

私募投资基金管理人A提交上市公司员工持股计划B备案申请，B作为上市公司员工持股计划载体，拟以非交易过户方式受让该上市公司股票。

2. 案例分析

员工持股计划一般是指公司根据员工意愿，通过合法方式使员工获得本公司股份并长期持有，股份权益按约定分配给员工的制度安排，其目的主要是实现员工激励，建立和完善劳动者与所有者的利益共享机制。私募基金是指以非公开方式向合格投资者募集资金设立的投资基金，其设立目的为"受人之托，代人理财"，即私募投资基金管理人受投资者委托进行投资管理，实现资产增值以获取相应管理费及报酬，投资者按基金份额和约定承担风险并获取收益。因此，两者存在明显差异，故员工持股计划不属于私募基金备案范围，中国证券投资基金业协会已不予备案。

案例 2 一般有限合伙企业变更后拟备案为私募基金

1. 案例情况

合伙企业 A 于 2018 年成立，成立后作为一般实体企业运营并对外进行投资，未以私募基金形式运作。近期，由于合伙企业 A 投资的项目即将上市，为享受私募基金相关股东减持优惠政策，合伙企业 A 将原有普通合伙人变更为私募投资基金管理人 B，并重新签署合伙协议以补充基金合同必备要素，同时补充签署私募基金募集监督协议、风险揭示书、风险调查问卷等材料后，提交备案申请。

2. 案例分析

根据《中华人民共和国证券投资基金法》《私募投资基金监督管理暂行办法》《私募投资基金管理人登记和基金备案办法（试行）》，私募基金应当按照基金运作模式开展"募、投、管、退"活动。在募集期，私募投资基金管理人应当按照投资者适当性要求进行募集推介，确认合格投资者身份，签署公司章程或者合伙协议、基金合同，并聘请募集监督机构监督募集资金流向，确保资金划转安全；在投资管理期，应当按照事先约定的投资决策流程对外投资，进行投后项目跟踪和管理，并做好投资者信息披露工作；在退出期，应当以投资者利益优先为原则，选择合适交易对手方以及退出方式，并在分配完收益后进行清算。本案例中，合伙企业未以基金运作为目的设立，未按照私募基金相关法规要求进行募集、投资、管理，不符合私募基金特征，实质上并非私募基金，中国证券投资基金业协会已不予备案。

案例 3 私募投资基金管理人员工跟投平台拟备案为私募基金

案例情况：私募投资基金管理人 A 提交合伙企业 B 备案申请，该合伙企业投资者只有 2 名私募投资基金管理人员，未对外募集资金，是私募投资基金管理人为其高级管理人员专设的投资平台，为享受私募基金在地方的税收优惠政策，提交备案申请。

案例分析：根据《中华人民共和国证券投资基金法》《私募投资基金监督管理暂行办法》《私募投资基金管理人登记和基金备案办法（试行）》，私募基金应当面向合格投资者通过非公开方式对外募集资金。本案例中，合伙企业为私募投资基金管理人高级管理人员的投资平台，无外部投资者，不属于私募基金备案范围，中国证券投资基金业协会已不予备案。

案例 4 投资者不具备实缴出资能力

案例情况：私募股权基金管理人 A 提交私募股权基金 B 备案申请，其投资者为 3 只集合资金信托计划，均为认缴上亿元规模、实缴仅 100 万元情形。经核实，3 只集合资金信托计划均于近期设立且未募集完毕，信托计划账户内仅实缴 100 万元资金，不具备后续实缴出资能力，拟待私募股权基金 B 备案通过后，继续对外分批募集。

案例分析：私募基金投资者对私募基金的认缴金额应与其实际出资能力相匹配，

投资者认缴金额与实缴金额差异较大的，关注其是否具备后续实缴出资能力。上述案例中，拟备案私募股权基金投资者为集合资金信托计划，提交备案时并未募集完毕，不具备实缴出资能力，计划待私募基金备案通过后再继续募集资金。此类行为涉嫌"先备后募"，中国证券投资基金业协会已退回要求私募投资基金管理人进行整改，其投资者信托计划应募集完毕并具备实缴出资能力后再提交私募基金备案申请。

案例 5 "借道"私募基金进行监管套利

案例情况：私募证券投资基金管理人 A 提交私募证券基金 B 备案申请，私募证券基金 B 由证券公司 C 代销，拟百分之百投向证券公司 C 作为交易对手方的雪球结构收益凭证。根据基金合同约定，私募证券投资基金管理人 A 仅收取 0.15% 管理费，不收取业绩报酬。根据监管要求，目前已经严格限制资产管理计划投资雪球结构产品比例，个人投资者也无法直接购买场外衍生品，故证券公司 C "借道"私募基金进行投资。

案例分析：私募投资基金管理人应当按照诚实信用、勤勉尽责原则切实履行受托管理职责，不得将应当履行的受托责任转委托，也不得从事通道业务。上述案例中，通过资产管理计划无法实现百分之百投资雪球结构产品，故证券公司 C "借道"私募基金进行投资，私募证券基金 B 资金募集及投资标的主要由证券公司 C 主导确定，私募投资基金管理人 A 仅象征性收取管理费，不进行主动投资管理，具有明显的通道业务特征，属于监管套利行为。为实现监管套利目的，开展通道类业务，与私募投资基金管理人应开展主动投资管理要求相违背，中国证券投资基金业协会已对上述私募基金不予备案。

案例 6 与"黑中介"联合开展违规业务

案例情况一：违规委托"黑中介"代发"保壳"基金。

为满足登记后限期备案首只私募基金要求，私募投资基金管理人 A 全权委托中介机构"祺瑞府"提供首只私募基金 B 备案"保壳"服务。根据双方签署的咨询服务合同，服务过程中由"祺瑞府"以私募投资基金管理人 A 的名义募集、运作、管理首只私募基金，并使用私募投资基金管理人 A 提供的账号和密码提交私募基金备案申请。

案例情况一分析：私募投资基金管理人应当按照诚实信用、勤勉尽责原则切实履行受托管理职责，不得将应当履行的受托责任转委托；私募投资基金管理人应当在募集完毕后申请私募基金备案，并签署备案承诺函承诺已完成募集。上述案例中，首先，中介机构"祺瑞府"以私募投资基金管理人 A 名义募集、管理私募基金，实际掌控私募基金运作全流程，私募投资基金管理人 A 违规将应当履行的受托责任转让他人；其次，为便利中介机构代发"保壳"私募基金业务，私募投资基金管理人 A 将其中国证券投资基金业协会资产管理业务综合报送平台系统的账号和密码全权委托给中介机构，由第三方履行信息报送义务，未勤勉尽责；最后，为避免长期不展业被注销私募投资基金管理人身份，私募投资基金管理人联合中介机构，未募集真实投资者资金即提交备案，虚假展业。综上，私募投资基金管理人 A "保壳"行为性质较为恶劣，已严重违反相关要求。因此，中国证券投资基金业协会已对其采取自律措施，暂停备案业务，并将其违规线索移送监管机构。

案例情况二：利用"黑中介"虚假出资"占坑"。

私募投资基金管理人 A 提交私募基金 B 备案申请，私募基金 B 只有一个机构投资者 C，投资者 C 大额认缴、小额实缴，且其股东为"祺瑞府"关联方机构。私募投资基金管理人 A 拟待私募基金备案通过后，将机构投资者 C 认缴份额转让给真实投资者，以节省私募基金募集时间。

案例情况二分析：投资者应当为自己购买私募投资基金。上述案例中，私募投资基金管理人为节省募集时间，利用中介机构"祺瑞府"关联方虚假出资认购，通过备案后，再将其认缴份额转让给真实投资者，违反相关要求。经排查，中国证券投资基金业协会发现"祺瑞府"多次利用其关联方机构为不同私募投资基金管理人虚假出资备案"占坑"，严重扰乱备案秩序。中国证券投资基金业协会已对涉及的私募投资基金管理人采取自律措施，并将相关违规线索移送监管机构。后续，中国证券投资基金业协会将从严打击私募基金虚假出资认购行为，对疑似虚假出资的私募基金，按照《私募投资基金备案关注要点》要求私募投资基金管理人出具投资者出资能力证明。

第八章　私募投资基金产品重大事项的变更

本章共 3 节，包括私募投资基金产品重大事项的变更、私募投资基金产品重大事项变更的办理流程、私募投资基金变更基金管理人。

第一节　私募投资基金产品重大事项的变更概述

本节的主要内容包括基金产品重大事项的变更及有效处理、办理时限、申请条件、私募投资基金重大变更申请材料、自动办理变更事项、私募基金产品的重大事项与重大事项报告、其他实操要点。

本节参考的法律法规等规范性文件主要包括《中华人民共和国证券投资基金法》《私募投资基金监督管理暂行办法》《关于加强私募投资基金监管的若干规定》《私募投资基金管理人登记和基金备案办法（试行）》《私募投资基金命名指引》《私募投资基金募集行为管理办法》《私募基金登记备案相关问题解答（四、六、八～十五）》《私募投资基金合同指引（1号～3号）》《私募投资基金风险揭示书内容与格式指引》《私募投资基金投资者风险问卷调查内容与格式指引（个人版）》《私募投资基金备案指引第1号——私募证券投资基金》《私募投资基金备案指引第2号——私募股权、创业投资基金》《私募投资基金备案指引第3号——私募投资基金变更基金管理人》《私募投资基金变更管理人材料清单》《私募投资基金备案材料清单（证券类）（2023年修订）》。

一、基金产品重大事项的变更及有效处理

（一）私募基金信息重大事项适用的范围

下列私募基金信息重大事项发生变更的，私募投资基金管理人应当自变更之日起 10 个工作日内，向中国证券投资基金业协会履行变更手续：①基金合同约定的存续期限、投资范围、投资策略、投资限制、收益分配原则、基金费用等重要事项；②私募基金类型；③私募投资基金管理人、私募基金托管人；④负责份额登记、估值、信息技术服务等业务的基金服务机构；⑤影响基金运行和投资者利益的其他重大事项。

私募基金备案信息发生变更，有《私募投资基金登记备案办法》终止规定的情形，或者变更后不符合规定要求的，中国证券投资基金业终止办理变更，退回变更材料并

说明理由。

（二）有效处理

私募基金的基金管理人拟发生变更的，应当按照相关规定和合同约定履行变更程序，或者按照合同约定的决策机制达成有效处理方案。

就变更私募投资基金管理人无法按照前款规定达成有效决议、协议或者处理方案的，应当向协会提交司法机关或者仲裁机构就私募投资基金管理人变更做出的发生法律效力的判决、裁定或者仲裁裁决，中国证券投资基金业协会根据相关法律文书办理变更手续。

二、办理时限

私募投资基金重大变更：备案材料齐备后 20 个工作日内。

中国证券投资基金业协会应当在私募基金备案材料齐备后的 20 个工作日内，通过网站公告私募基金名单及其基本情况的方式，为私募基金办结备案手续。

三、申请条件

①已完成私募投资基金管理人登记并正常展业；②私募投资基金已备案通过；③私募投资基金重大变更申请材料齐备、形式合规；④符合私募投资基金行业相关法律法规、部门规章/规范性文件和行业自律规则相关要求。

四、私募投资基金重大变更申请材料

（一）材料清单

1. 私募证券投资基金

根据《私募投资基金备案材料清单（证券类）（2023 年修订）》，私募证券投资基金信息变更提供的材料及其要求如表 8－1 所示。

表 8－1　私募证券投资基金信息变更提供的材料及其要求

序号	附件名称/适用情形	内容要求	签章要求
1	基金产品名称变更	基金涉及产品名称变更的，应当符合《私募投资基金登记备案办法》第五十五条、《备案指引第 1 号》第九条①、	1. 变更决议文件应有全体投资者签字或盖章。

---

① 《私募投资基金备案指引第 1 号——私募证券投资基金》第九条　私募证券基金的名称应当标明私募投资基金管理人名称简称以及"私募证券投资基金"字样，不得包含"理财""资管产品""资管计划"等字样，法律、行政法规、中国证监会和协会另有规定的除外。

未经批准或者授权，不得在基金名称中使用与国家重大发展战略、金融机构、知名私募投资基金管理人相同或者近似等可能误导投资者的字样。不得在基金名称中使用违背公序良俗或者造成不良社会影响的字样。

续表

序号	附件名称/适用情形	内容要求	签章要求
1		第二十二条①规定，上传新签署的备案承诺函、基金合同、变更公告（如有）、信息披露文件（如有）以及变更决议文件等	2. 基金合同、投资者明细、实缴出资证明等相关文件的签章要求请参照产品备案各附件的签章要求。 3. 基金管理人出具的说明函应加盖基金管理人公章。 4. 涉及产品重大变更的相关上传附件应按"基金全称_附件名称_变更日期"格式命名。 5. 基金管理人应根据变更决议文件内容修改 AMBERS 系统产品重大变更模块中相关字段，且应在变更页面下方的"变更内容描述"处逐条描述产品变更内容
2	基金展期	基金展期应当符合《私募投资基金登记备案办法》第五十五条、《备案指引第1号》第十条②、第二十二条规定，上传补充协议或者履行基金合同中变更程序所涉及材料	
3	托管人变更	基金涉及托管人变更或变更为有托管的，应当符合《私募投资基金登记备案办法》第五十五条③、《备案指引第1号》第二十二条规定，上传托管人变更协议、重新签订的托管协议或基金合同	
4	外包服务机构变更	1. 基金涉及外包机构变更或变更为有外包机构的，应当符合《私募投资基金登记备案办法》第五十五条、《备案指引第1号》第二十二条规定，上传新签署外包服务协议以及变更决议文件等。 2. 基金解除外包服务的，应当符合《私募投资基金登记备案办法》第五十五条、《备案指引第1号》第二十二条规定，上传变更决议文件等	

---

① 《私募投资基金备案指引第1号——私募证券投资基金》第二十二条　私募证券投资基金发生《登记备案办法》第五十五条规定的信息变更的，私募投资基金管理人应当自变更之日起10个工作日内，向协会报送变更决议文件、变更事项说明函以及下列变更材料，履行变更手续：

（一）基金合同约定的存续期限、投资范围、投资策略、投资限制、收益分配原则、基金费用等事项变更的，还应当提交补充协议或者履行基金合同中变更程序所涉及材料；

（二）私募基金托管人变更的，还应当提交托管人变更协议、重新签订的托管协议或者基金合同；

（三）基金服务机构变更的，还应当提交重新签订的基金服务协议；

（四）影响基金运行和投资者利益的其他重大事项发生变更的，还应当提交相应变更事项所涉及材料；

（五）中国证监会、协会规定的其他材料。

私募证券基金发生上述信息变更的，私募投资基金管理人应当向投资者披露并采取设置临时开放日或者其他保障投资者赎回私募证券基金权利的措施，但变更内容有利于投资者的除外。

② 《私募投资基金备案指引第1号——私募证券投资基金》第十条　私募证券基金的基金合同应当约定明确、合理的存续期，不得约定无固定期限。

③ 《私募投资基金登记备案办法》第五十五条　私募基金下列信息发生变更的，私募投资基金管理人应当自变更之日起10个工作日内，向协会履行变更手续：

（一）基金合同约定的存续期限、投资范围、投资策略、投资限制、收益分配原则、基金费用等重要事项；

（二）私募基金类型；

（三）私募投资基金管理人、私募基金托管人；

（四）负责份额登记、估值、信息技术服务等业务的基金服务机构；

（五）影响基金运行和投资者利益的其他重大事项。

私募基金备案信息发生变更，有本办法第二十五条第一款第六项规定的情形，或者变更后不符合规定要求的，协会终止办理变更，退回变更材料并说明理由。

续表

序号	附件名称/适用情形	内容要求	签章要求
5	基金投资顾问变更	1. 基金涉及投资顾问变更或变更为有投资顾问的,投资顾问应当符合《私募投资基金登记备案办法》第五十五条和《备案指引第1号》第二十二条规定,上传新签署的投资顾问协议以及变更决议文件等。 2. 基金终止投资顾问协议的,应当符合《私募投资基金登记备案办法》第五十五条和《备案指引第1号》第二十二条规定,上传变更决议文件等	
6	募集监督机构变更	基金变更或新增募集监督机构的,应当符合《私募投资基金登记备案办法》第五十五、《备案指引第1号》第八条①、第二十二条规定,上传新签署的募集结算资金专用账户监督协议以及变更决议文件等	
7	投资经理变更	基金变更、罢免或新增投资经理或投资决策人的,应当符合《私募投资基金登记备案办法》第五十五条、《备案指引第1号》第二十②、第二十二条规定,上传投资经理或投资决策人变更决议文件等	
8	基金合同发生投资范围、投资策略、投资限制、费用计提及申购赎回等条款变更	基金合同发生投资范围、投资策略、投资限制、费用计提及申购赎回安排等重大条款变更的,应当符合《私募投资基金登记备案办法》第五十五条、《备案指引第1号》第二十二条规定,上传补充协议或者履行基金合同中变更程序所涉及材料等	

2. 私募股权投资基金

根据《私募投资基金备案材料清单(非证券类)(2023年修订)》,私募股权投资基金信息变更提供的材料及其要求如表8-2所示。

---

① 《私募投资基金备案指引第1号——私募证券投资基金》第八条 私募投资基金管理人或者基金销售机构应当按照中国证监会和协会的规定,与募集监督机构签署募集监督协议,明确约定私募证券基金募集结算资金专用账户的控制权、责任划分以及保障资金划转安全等事项。

② 《私募投资基金备案指引第1号——私募证券投资基金》第二十条 投资经理应当具有股票、债券、衍生品、证券投资基金等证券投资领域的投资管理或者研究经验,具备良好的诚信记录和职业操守。

基金合同应当明确约定投资经理及其变更程序。投资经理发生变更的,应当按照基金合同约定履行相关变更程序后将变更情况及时告知投资者,并设置临时开放日允许投资者赎回。

表 8-2 私募股权投资基金信息变更提供的材料及其要求

序号	附件名称/适用情形	内容要求	签章要求
1	合伙型基金非基金管理人GP变更	1. 应当符合《私募投资基金登记备案办法》第五十五条和《备案指引第2号》第二十七条①规定上传新签署的合伙协议、国家企业信用信息公示系统公示信息截图以及变更决议文件等 2. 合伙型基金中，基金管理人关联的执行事务合伙人变更的，应当符合《私募投资基金登记备案办法》第三十四条②、《备案指引第2号》第十二条③规定，上传基金管理人与新执行事务合伙人存在控制关系或者受同一控股股东、实际控制人控制的证明文件与委托管理协议等	1. 变更决议文件应当有全体投资者签字或者盖章。 2. 基金合同、投资者明细、实缴出资证明等相关文件的签章要求请参照产品备案各附件的签章要求。 3. 基金管理人出具的说明函应当加盖基金管理人公章。 4. 涉及产品重大变更的相关上传附件应当按"基金全称_附件名称_变更日期"格式命名
2	合伙型或者公司型基金投资者变更	合伙型或者公司型基金涉及新增或者减少投资者、基金增资或者减资以及投资者间基金份额转让等情形时，应当符合《私募投资基金登记备案办法》第五十五条和《备案指引第2号》第二十七条规定，上传以下材料：新签署的合伙协议、公司章程或者变更决议文件；实缴出资证明；国家企业信用信息公示系统公示信息截图；份额转让协议（如有）	
3	基金产品名称变更	基金涉及产品名称变更的，应当符合《私募投资基金登记备案办法》第五十五条、《备案指引第2号》第九条④和第二	

① 《私募投资基金备案指引第2号——私募股权、创业投资基金》第二十七条 私募股权基金发生《登记备案办法》第五十五条规定的信息变更的，私募投资基金管理人应当自变更之日起10个工作日内，向协会报送变更决议文件、变更事项说明函以及下列变更材料，履行变更手续：

（一）基金合同约定的存续期限、投资范围、投资策略、投资限制、收益分配原则、基金费用等事项变更的，还应当提交补充协议或者履行基金合同中变更程序所涉及材料；

（二）私募基金托管人变更的，还应当提交托管人变更协议、重新签订的托管协议或者基金合同；

（三）基金服务机构变更的，还应当提交重新签订的基金服务协议；

（四）影响基金运行和投资者利益的其他重大事项变更的，还应当提交相应变更事项所涉及材料；

（五）中国证监会、协会规定的其他材料。

私募股权基金发生基金类型变更的，相关程序和材料等要求由协会另行制定。

第三十五条 本指引下列用语的含义：

（七）变更之日：变更事项需要办理市场主体变更登记的，是指市场主体变更登记之日；变更事项无须办理市场主体变更登记的，是指相关协议或者决议生效之日。

② 《私募投资基金登记备案办法》第三十四条 私募投资基金管理人设立合伙型基金，应当担任执行事务合伙人，或者与执行事务合伙人存在控制关系或者受同一控股股东、实际控制人控制，不得通过委托其他私募投资基金管理人等方式规避本办法关于私募投资基金管理人的相关规定。

③ 《私募投资基金备案指引第2号——私募股权、创业投资基金》第十二条 私募投资基金管理人设立合伙型私募股权基金且担任合伙人的，应当为执行事务合伙人。私募投资基金管理人不担任合伙人的，应当与其中一名执行事务合伙人存在控制关系或者受同一控股股东、实际控制人控制。

④ 《私募投资基金备案指引第2号——私募股权、创业投资基金》第九条 私募股权基金的名称应当标明"股权基金""股权投资"等字样，私募股权基金组织形式为契约型的，名称应当标明"私募股权基金"字样。创业投资基金的名称应当标明"创业投资基金"字样，但公司型或者合伙型创业投资基金的经营范围中标明"从事创业投资活动"字样等已体现创业投资策略的除外。

私募股权基金的名称中不得包含"理财""资管产品""资管计划"等字样，法律、行政法规、中国证监会和协会另有规定的除外。未经批准或者授权，不得在基金名称中使用与国家重大发展战略、金融机构、知名私募投资基金管理人相同或者近似等可能误导投资者的字样。不得在基金名称中使用违背公序良俗或者造成不良社会影响的字样。

续表

序号	附件名称/适用情形	内容要求	签章要求
3		十七条规定，上传新签署的备案承诺函、基金合同、变更公告（如有）、信息披露文件（如有）以及变更决议文件等	5. 基金管理人应当根据变更决议文件内容修改AMBERS系统产品重大变更模块中相关字段，且应当在变更页面下方的"变更内容描述"处逐条描述产品变更内容
4	合伙型或者公司型基金注册地址变更	基金涉及注册地址变更的，应当符合《私募投资基金登记备案办法》第五十五条和《备案指引第2号》第二十七条规定，上传新签署的合伙协议、国家企业信用信息公示系统公示信息截图以及变更决议文件等	
5	基金展期	基金展期应当符合《私募投资基金登记备案办法》第五十五条和《备案指引第2号》第二十七条规定，上传补充协议或者履行基金合同中变更程序所涉及材料	
6	托管人变更	1. 基金涉及托管人变更或者变更为有托管的，应当符合《私募投资基金登记备案办法》第五十五条和《备案指引第2号》第二十七条规定，上传托管人变更协议、重新签订的托管协议或基金合同。 2. 基金解除托管的，应当符合《私募投资基金登记备案办法》第五十五条和《备案指引第2号》第二十七条规定，上传其他保障财产安全的制度措施和纠纷解决机制协议以及变更决议文件等	
7	外包服务机构变更	1. 基金涉及外包机构变更或者变更为有外包机构的，应当符合《私募投资基金登记备案办法》第五十五条和《备案指引第2号》第二十七条规定，上传新签署外包服务协议以及变更决议文件等。 2. 基金解除外包服务的，应当符合《私募投资基金登记备案办法》第五十五条和《备案指引第2号》第二十七条规定，上传变更决议文件等	
8	基金顾问变更	1. 基金涉及顾问变更或者变更为有顾问的，应当符合《私募投资基金登记备案办法》第五十五条和《备案指引第2号》第二十七条规定，上传新签署的顾问协议以及变更决议文件等。 2. 基金终止顾问协议的，应当符合《私募投资基金登记备案办法》第五十五条和《备案指引第2号》第二十七条规定，上传变更决议文件等	
9	募集监督机构变更	基金变更或者新增募集监督机构的，应当符合《私募投资基金登记备案办法》第五十五条、《备案指引第2号》第八条①和第二十七条规定，上传新签署的募集结算资金专用账户监督协议以及变更决议文件等	

---

① 《私募投资基金备案指引第2号——私募股权、创业投资基金》第八条 私募投资基金管理人或者基金销售机构应当按照中国证监会和协会的规定，与募集监督机构签署募集监督协议，明确约定私募证券基金募集结算资金专用账户的控制权、责任划分以及保障资金划转安全等事项。

续表

序号	附件名称/适用情形	内容要求	签章要求
10	投资经理变更	基金变更、罢免或者新增投资经理或者投资决策人的，应当符合《私募投资基金登记备案办法》第五十五条和《备案指引第2号》第二十七条规定，上传投资经理或者投资决策人变更决议文件等	
11	基金合同发生投资范围、投资策略、投资限制、费用计提及申购赎回等条款变更	1. 基金合同发生投资范围、投资策略、投资限制、费用计提及申购赎回安排等重大条款变更的，应当符合《私募投资基金登记备案办法》第二十九条①、第五十五条和《备案指引第2号》第二十七条规定，上传补充协议或者履行基金合同中变更程序所涉及材料等。 2. 基金发生重要事项变更并计划向新投资者募集的，应当符合《私募投资基金登记备案办法》第五十五条、《备案指引第2号》第三条②和第二十七条规定，提交重新制作的募集推介材料	

（二）私募基金产品重大事项变更简图

私募基金产品重大事项变更简图如图8-1所示。

五、自动办理变更事项

私募基金产品重大事项变更中，自动办理的事项主要包括以下几类。

1. 投顾类产品备案、重大变更和终止

私募投资基金管理人担任信托计划、保险资管计划、银行理财产品等资管产品投资顾问，在中国证券投资基金业协会备案的投顾类产品，其备案、重大变更、清算或投资顾问协议终止均由系统自动办理通过。

---

① 《私募投资基金登记备案办法》第二十九条　私募基金应当制定并签订基金合同、公司章程或者合伙协议（以下统称基金合同），明确约定各方当事人的权利义务。除《中华人民共和国证券投资基金法》第九十二条、第九十三条规定的内容外，基金合同还应当对下列事项进行约定：

（一）股东会、合伙人会议或者基金份额持有人大会的召集机制、议事内容和表决方式等；
（二）本办法第三十八条规定的关联交易识别认定、交易决策和信息披露等机制；
（三）信息披露的内容、方式、频率和投资者查询途径等相关事项；
（四）基金财产不进行托管时的相关安排；
（五）私募投资基金管理人因失联、注销私募投资基金管理人登记、破产等原因无法履行或者怠于履行管理职责等情况时，私募基金变更管理人、清算等相关决策机制、召集主体、表决方式、表决程序、表决比例等相关事项；
（六）法律、行政法规、中国证监会和协会规定的其他事项。

② 《私募投资基金备案指引第2号——私募股权、创业投资基金》第三条　私募投资基金管理人按照《登记备案办法》第三十九条的规定提请办理私募股权基金备案的，所提交的募集推介材料应当为私募投资基金管理人、基金销售机构在募集过程中真实使用的募集推介材料。

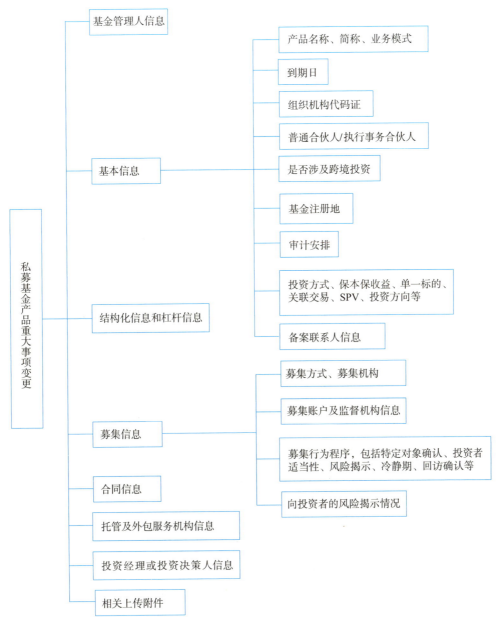

图 8-1 私募基金产品重大事项变更简图

2. 自主发行类产品的部分重大变更

私募投资基金管理人提交的涉及基金管理人、托管人、基金存续期限及私募证券基金结构化安排等事项的重大变更申请,由中国证券投资基金业协会人工审核;其他的基金产品重大事项变更均由系统自动办理通过。

3. 私募基金信披报告

私募投资基金管理人报送的基金产品定期信披报告,如月报、季报/季度更新、半年报、年报等,由系统自动通过,无须中国证券投资基金业协会人工审核,但系统会进行一些数据的自动校验。

如果基金管理人报送的信披报告出现错误，需要申请重报，那么首次申请重报是由系统自动通过，第二次及之后申请重报再由中国证券投资基金业协会人工确认。私募基金信披报告流程如图8-2所示。

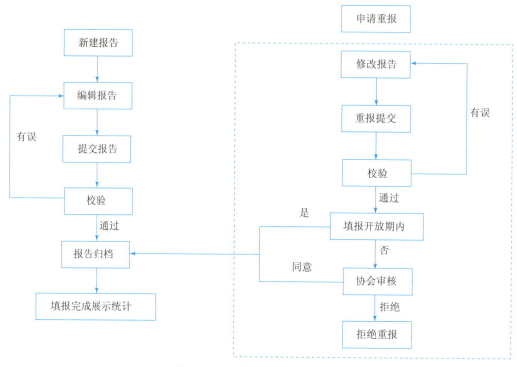

图8-2 私募基金信披报告流程

六、私募基金产品的重大事项变更与重大事项报告

私募基金产品的重大事项变更与重大事项报告在向中国证券投资基金业协会报送相关信息的过程中经常遇到。为了更好地把握两者，下面通过比较的方式予以梳理。

（一）两者的报送时限要求相同

两者的报送时限要求相同，即重大事项发生之后5个工作日内需要向中国证券投资基金业协会报送相关信息。

（二）两者报送的事项内容不同

私募基金产品重大事项变更，在AMBERS系统中通过"产品备案－产品重大变更－基金业务变更"进行提交，主要包括8大类型：基金管理人信息、基本信息、结构化信息和杠杆信息、募集信息、合同信息、托管及外包服务机构信息、投资经理或投资决策人信息、相关上传附件。

私募基金产品重大事项报告，在AMBERS系统中通过"产品备案－重大事项报告"进行提交，主要包括5类重大事项：巨额赎回、投资项目不能正常退出、仲裁或诉讼、重大舆情报道、其他事项。

（三）未按时报送的处罚后果不同

1. 私募基金产品重大事项变更

未按时向中国证券投资基金业协会报送累计达2次会被列入异常机构，一旦被列入信息报送异常机构，将被暂停产品备案，并对外公示。一旦公示，即使整改完毕，至少6个月后方可恢复正常机构公示状态。在各地证监局的私募专项检查中，如被查到没有及时报送私募基金产品重大事项变更情况，会被行政处罚或者被采取行政监管措施。

2. 私募基金产品重大事项报告

如果未按时报送，监管部门并未明确规定对应的处罚措施。但是，此类事项中涉及的巨额赎回、投资项目不能正常退出、仲裁或诉讼、重大舆情报道等情况一般都是比较严重的问题，容易产生投资纠纷，或者被投资人投诉，监管部门如果遇到这种问题也会对私募投资基金管理人进行相应的行政或自律处罚，严重者有可能被注销私募投资基金管理人登记。

七、其他实操要点

如果合伙型或公司型基金发生投资者变更，特别是新增投资者、基金规模扩大的，应满足关于私募股权投资基金（含创业投资基金）和私募资产配置基金应当封闭运作的要求。具体要求为同时满足以下条件，可以新增投资者或增加既存投资者的认缴出资，但增加的认缴出资额不得超过备案时认缴出资额的3倍：

（1）基金的组织形式为公司型或合伙型。
（2）基金由依法设立并取得基金托管资格的托管人托管。
（3）基金处在合同约定的投资期内。
（4）基金进行组合投资，投资于单一标的的资金不超过基金最终认缴出资总额的50%。

第二节 私募投资基金产品重大事项变更的办理流程

本节的主要内容包括确保变更后符合相关规定、将中国证券投资基金业协会所需该项重大变更事项所涉及的各项材料准备齐全、一般办理程序、合伙型及公司型基金投资者变更、自动办理自主发行类产品的部分重大变更。

在理解"重大事项变更"流程时，应注意中国证券投资基金业协会的重大事项变更业务是"私募投资基金重大事项变更后办理"，即变更事实已经发生，再上报中国证券投资基金业协会审核变更是否符合要求，是一个后置的合规性审查报送。

一、确保变更后符合相关规定

(一) 私募证券投资基金

中国证券投资基金业协会关注在基金名称、存续期限、投资范围、开放安排、基金份额类别、结构化安排、业绩报酬、托管情况、投资经理、投资者、募集推介材料、风险揭示书、募集监督、募集完毕备案、交易模式承诺函、禁止性要求等方面是否符合各项规定。

(二) 私募股权、创业投资基金

关注在基金名称、存续期限、投资范围、封闭运作、结构化安排、管理费、普通合伙人与管理人分离、托管情况、投资者、委托募集、募集推介材料、风险揭示书、募集监督、募集完毕备案、市场主体登记一致性、关联交易、维持运作机制、禁止性要求等方面是否符合各项规定。

二、将中国证券投资基金业协会所需该项重大变更事项所涉及的各项材料准备齐全

只要这些材料真实、准确、完整,就说明变更各环节步骤都完备地办理完成了。

三、一般办理程序

私募基金产品重大事项变更的一般程序主要包括申请、核查、退回补正、办结、结果公示等。

(一) 申请

该步骤是指私募投资基金管理人通过资产管理业务综合报送平台官方网站(https://ambers.amac.org.cn)填报私募投资基金重大变更相关信息、上传重大变更相关材料并提交。

(二) 核查

核查是指重大变更材料齐备性核查和形式合规性核查。其中,重大变更材料齐备性核查是指中国证券投资基金业协会按照《私募投资基金重大变更申请材料清单》对私募投资基金重大变更材料的齐备性进行反馈;形式合规性核查是指在重大变更材料齐备的基础上核查私募投资基金是否符合法律法规和相关自律规则要求。

(三) 退回补正

退回补正是指经核查后,中国证券投资基金业协会就相关问题反馈补正意见,并将申请退回给私募投资基金管理人。私募投资基金管理人应当按照补正意见修正相关信息、补充相关材料并再次提交。

（四）办结

办结是指中国证券投资基金业协会对私募投资基金的重大变更申请作出办理通过的意见。

（五）结果公示

结果公示是指在中国证券投资基金业协会官网信息公示界面（https://gs.amac.org.cn）公示重大变更后的私募投资基金相关信息。

对于重大变更通过的私募投资基金，中国证券投资基金业协会将于T+1日在中国证券投资基金业协会官网信息公示官方网站（https://gs.amac.org.cn）公示变更后的私募投资基金相关信息。

（六）办理流程图

私募投资基金产品重大事项变更办理流程如图8-3所示。

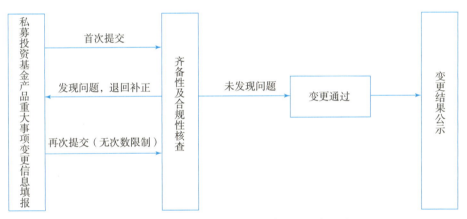

图8-3 私募投资基金产品重大事项变更办理流程

四、合伙型及公司型基金投资者变更

契约型基金是因为契约型只需要在每次季度更新时上传最新的投资者明细和风险揭示书，不用重大变更，因此下面以实操中常遇到的合伙型及公司型基金投资者变更为例进行说明，具体如表8-3所示。

表8-3 合伙型及公司型基金投资者变更步骤及要求

步骤	要求
1	新进入的投资者进行合格投资者的核查以及适当性流程
2	全体合伙人签订最新版的合伙协议
3	投资者在规定时间内向基金募集账户打入投资款项
4	申请市场主体变更登记变更合伙人

续表

步骤	要求
5	私募基金产品重大事项变更中更新投资者材料： （1）更新后的合伙协议（系统中无须删除原合伙协议） （2）最新版国家企业信用信息公示系统公示信息截图 （3）合伙企业决议文件（《中华人民共和国合伙企业法》中规定：新合伙人入伙，除合伙协议另有约定外，应当经全体合伙人一致同意） （4）产品结构图（如无托管，还需要上传全体新合伙人一致签署的无托管协议） （5）新合伙人风险调查问卷 （6）新合伙人打款银行回单（作为实缴出资证明上传） （7）信息变更承诺函（协会系统提供模板） （8）如市场主体正在变更中，需上传旧版国家企业信用信息公示系统公示信息截图（基金管理人盖章）、《市场主体变更受理函》
6	在最近的季度更新中更新投资者明细和风险揭示书

五、自动办理自主发行类产品的部分重大变更

（一）自动办理

（1）目前变更投资人是自动通过的，不用人工审核。根据中国证券投资基金业协会在2021年发布的《关于优化私募基金备案相关事项的通知》，对于投顾类产品的备案、重大变更和终止，自主发行类产品的部分重大变更，以及产品的清算开始，都将实现自动化办理。

（2）自动办理通过之后并不代表就可以不用满足合规要求，中国证券投资基金业协会定期抽查私募基金的备案、重大变更、清算材料，对涉嫌违反监管及自律规则、存在虚假记载、误导性陈述或者重大遗漏等问题的私募投资基金管理人，采取约谈、限期改正、列入异常经营程序等措施，规范合规展业行为。

（二）部分重大变更

私募投资基金管理人提交的未涉及基金管理人、托管人、基金存续期限及私募证券基金结构化安排等事项的重大变更申请，均由系统自动办理通过。除上面提到的基金管理人、托管人、存续期、证券基金结构化变更以外，其他的可以自动办理通过，如股权基金经常会遇到的LP变更、实缴出资变更等，都是自动通过的，但中国证券投资基金业协会后续可能会进行检查，要注意变更过程中的合规管理。

第三节 私募投资基金变更基金管理人

本节的主要内容包括私募基金变更基金管理人原因、基本原则、变更程序、新基金管理人的条件、由新管理人履行变更手续、原基金管理人失联处理、原基金管理人不同意向中国证券投资基金业协会履行基金管理人变更手续、变更基金管理人无法取

得一致意见的处置、少数投资者权益保障机制、不予办理基金管理人变更手续、私募投资基金变更基金管理人的递交资料及其要求。

本节参考的法律法规等规范性文件主要包括《中华人民共和国证券投资基金法》《私募投资基金监督管理暂行办法》《私募投资基金登记备案办法》《私募投资基金备案指引第 3 号——私募投资基金变更基金管理人》。

一、私募基金变更基金管理人的原因

（一）私募投资基金管理人的重要作用

私募投资基金管理人按照基金契约的规定运用基金资产投资并管理基金资产，且负责及时、足额地向基金持有人支付基金收益。如果私募投资基金管理人缺位，投资人因为和包括基金托管方、项目方、担保方均不存在直接的合同关系，基金持有人利益得不到保障。私募投资基金管理人与私募基金持有人保持联系。当私募基金出现诉讼、仲裁纠纷时，私募基金会以基金管理人名义，代表基金份额持有人利益行使诉讼权利或者实施其他法律行为。

（二）因基金管理人失联导致的基金管理人变更

基金份额持有人大会由全体基金份额持有人组成，行使包括决定更换基金管理人、基金托管人等职权；基金份额持有人大会应当有代表 1/2 以上基金份额的持有人参加方可召开，在决定更换基金管理人或者基金托管人等事项上，应当经参加大会的基金份额持有人所持表决权的 2/3 以上通过。同时规定，基金份额持有人大会由基金管理人召集，基金管理人未按规定召集或者不能召开的，由基金托管人召集。从操作上来看，公募基金关于投资人更换管理人的操作流程，是能够适用私募基金的。同时，由于在资产管理业务综合报送平台官方网站（http://ambers.amac.org.cn）上需要原基金管理人登录系统才能进行变更，在这种情况下，则需要遵循如图 8-4 所示的操作流程。

（三）业务经营等问题导致基金管理人变更

1. 专业化经营

同一私募投资基金管理人管理不同类别私募基金的，应当坚持专业化管理原则；管理可能导致利益输送或者利益冲突的不同私募基金的，应当建立防范利益输送和利益冲突的机制。

同一私募投资基金管理人不被允许兼营多种类型的私募基金业务，在实务中，可能出现想从事证券投资类的基金管理人将股权投资类的项目转移到其他基金管理人名下的情况。

2. 基金管理人破产

公开募集基金的基金管理人职责终止的，基金份额持有人大会应当在 6 个月内选任

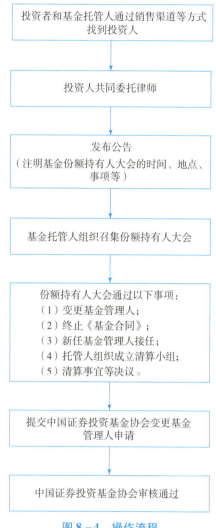

图 8-4 操作流程

新基金管理人;新基金管理人产生前,由国务院证券监督管理机构指定临时基金管理人。

私募投资基金管理人的相关情况可以参照公募基金管理人执行,私募投资基金管理人很少有国家机构临时指定。在实务中,基金管理人在倒闭前大部分投资者已经将基金份额赎回,若真的出现破产情况,也会有新任基金管理人继续处理清算的事务。

3. 同类基金管理人合并

同一实际控制人名下具有两个同类型的私募投资基金管理人,因此为了业务整合,这类基金管理人一般会合并成一个。

二、基本原则

私募基金原基金管理人(以下简称"原基金管理人")和变更后的私募基金新基

金管理人（以下简称"新基金管理人"）应当遵循投资者利益优先原则，明确基金管理人变更程序、职责划分情况和权利义务转移等，妥善处置基金财产。

中国证券投资基金业协会办理私募投资基金管理人变更不涉及私募投资基金管理人权利义务的设定、变更或者终止，不影响私募基金相关合同的效力或者相关合同当事人的权利义务，不作为确定私募投资基金管理人法定身份及其权利义务的依据。

三、变更程序

（一）内部程序

原基金管理人根据《基金合同》约定发起变更流程，一般为原基金管理人与托管人协商确定后，由原基金管理人召开份额持有人大会并签署决议文件，向所有份额持有人发送《征询意见函》，并获得所有份额持有人的书面同意。

具体而言，私募基金的基金管理人拟发生变更的，应当按照相关规定和基金合同、合伙协议或者公司章程（以下统称基金合同）约定履行变更程序。私募基金变更基金管理人须经持有基金份额2/3以上的投资者同意。

基金合同未约定变更基金管理人程序的，应当按照合同约定的决策机制，通过召开基金份额持有人大会、合伙人会议或者股东会等方式决议，并符合下列要求：①决议机构具有相应的决议权限；②决议程序符合法律、行政法规、中国证监会的规定和基金合同的约定，除另有规定外，决议事项应当经所持表决权占基金份额2/3以上的投资者同意；③决议内容符合法律、行政法规、中国证监会的规定和基金合同的约定；④决议内容未损害投资者合法权益。

（二）签署新的《基金合同》

新的基金管理人应当遵循规定完成适当性募集流程和非居民金融账户识别工作。

（三）提交系统

私募投资基金管理人发生变更的，原基金管理人应当自变更之日起10个工作日内向协会履行变更手续，按照规定提交材料并经新基金管理人确认。

（1）原基金管理人登录AMBERS系统官方网站（https://ambers.amac.org.cn），在"产品备案"栏目下选择"产品重大变更"，单击"基金业务变更"选项选择需要进行变更的产品，进入修改页面。

（2）在"基金管理人信息"页签单击"变更"按钮，单击"新增基金管理人"按钮添加新基金管理人，并将新基金管理人设置为信息填报人，并在页末填写变更时间、简述变更内容，单击"下一步"按钮。

（3）在"相关上传附件"页面单击"变更"按钮，在"基金合同"处上传投资人与新基金管理人签署的《基金合同》，在"变更基金管理人相关决议"处上传同意变更的份额持有人大会决议文件与托管出具的书面回执，在"信息变更承诺函"处上传原基金管理人盖章的承诺函。

（4）如果基金有其他信息发生变更，也需要在对应的页面下进行修改。填写所有变更内容后，单击"提交"按钮，如果有提示根据提示内容修改再提交。

（5）新基金管理人登录本机构平台，进入"产品备案"项下"基金管理人变更接收"，单击"接收"按钮。

（6）基金管理人均在系统中接收变更事项后，申请将成功提交至中国证券投资基金业协会后台办理。

（四）审核通过

审核通过后出具生效公告。

（五）缴清费用

变更事项生效后，托管机构的基金会计根据生效日期划断新旧基金管理人管理费、增值税金额，将生效日前的管理费与增值税划付给原基金管理人。生效日起，计提的管理费归属于新基金管理人，计提的增值税应该由新基金管理人进行代缴。

（六）账户变更

账户变更包括托管户变更、股东交易账号变更，并且将新的交易账户与托管户进行三方关联。

四、新基金管理人的条件

若成为新基金管理人，应符合以下条件：

（1）具备持续展业能力，且不存在《私募投资基金登记备案办法》第四十二条规定的情形①。

（2）有正在管理的私募基金，但原基金管理人、新基金管理人受同一实际控制人控制的除外。

---

① 《私募投资基金登记备案办法》第四十二条　私募投资基金管理人有下列情形之一的，协会暂停办理其私募基金备案，并说明理由：
（一）本办法第二十四条第一款规定的情形；
（二）被列为严重失信人或者纳入失信被执行人名单；
（三）私募投资基金管理人及其控股股东、实际控制人、普通合伙人、关联私募投资基金管理人出现可能危害市场秩序或者损害投资者利益的重大经营风险或者其他风险；
（四）因涉嫌违法违规、侵害投资者合法权益等多次受到投诉，未能向协会和投资者做出合理说明；
（五）未按规定向协会报送信息，或者报送的信息存在虚假记载、误导性陈述或者重大遗漏；
（六）登记备案信息发生变更，未按规定及时向协会履行变更手续，存在未及时改正等严重情形；
（七）办理登记备案业务时的相关承诺事项未履行或者未完全履行；
（八）采取拒绝、阻碍中国证监会及其派出机构、协会及其工作人员依法行使检查、调查职权等方式，不配合行政监管或者自律管理，情节严重；
（九）中国证监会及其派出机构要求协会暂停备案；
（十）中国证监会、协会规定的其他情形。

（3）符合专业化运营原则，新基金管理人业务类型与私募基金类型一致。
（4）中国证监会、中国证券投资基金业协会规定的其他要求。

五、由新基金管理人履行变更手续

私募基金有下列情形之一，无法由原基金管理人向中国证券投资基金业协会提请变更申请的，由新基金管理人向中国证券投资基金业协会履行变更手续：

（1）原基金管理人依法解散、注销，依法被撤销、吊销营业执照、责令关闭或者被依法宣告破产。
（2）原基金管理人被中国证券投资基金业协会注销、撤销登记。
（3）投资者、私募基金托管人或者其他基金合同当事人均无法与原基金管理人取得有效联系。
（4）其他特殊情形。

六、原基金管理人失联处理

投资者、私募基金托管人或者其他基金合同当事人均无法与原基金管理人取得有效联系的，中国证券投资基金业协会根据相关自律规则对原基金管理人进行失联处理。失联处理期间，中国证券投资基金业协会中止办理基金管理人变更手续。

原基金管理人与中国证券投资基金业协会取得有效联系并被终止失联程序，按照基金合同的约定与投资者达成有效决议、协议或者处理方案的，原基金管理人应当自变更之日起 10 个工作日内向中国证券投资基金业协会履行变更手续。

原基金管理人因失联被注销登记的，新基金管理人还应当按照下列要求履行变更手续：

（1）全体投资者一致同意变更基金管理人的，须由全体投资者、私募基金托管人（如有）签署同意变更基金管理人的协议。
（2）全体投资者未达成一致意见的，应当召开基金份额持有人大会、合伙人会议或股东会形成有效决议，经公证机关公证并由中国证监会备案的律师事务所发表法律意见。

法律意见书应当对基金份额持有人大会、合伙人会议或者股东会等召集及决议程序的合法性和有效性发表明确的结论性意见。

七、原管理人不同意向中国证券投资基金业协会履行基金管理人变更手续

原管理人不同意向中国证券投资基金业协会履行基金管理人变更手续的，新管理人可以向中国证券投资基金业协会提请变更申请，中国证券投资基金业协会将通过登记备案电子系统通知原基金管理人。原基金管理人应当自收到通知后 5 个工作日内向中国证券投资基金业协会提交不同意变更的说明材料，并在 20 个工作日内向中国证券

投资基金业协会提交人民法院受理通知书等提起诉讼的材料。

中国证券投资基金业协会自收到原基金管理人相关材料之日起中止办理基金管理人变更手续，逾期未提交的，中国证券投资基金业协会恢复办理基金管理人变更手续。法律、行政法规和中国证监会另有规定的，从其规定。

司法机关就私募投资基金管理人变更作出发生法律效力的判决、裁定的，原基金管理人或者新基金管理人应当及时向中国证券投资基金业协会提交相关法律文书，中国证券投资基金业协会根据相关法律文书办理变更手续。

八、变更基金管理人无法取得一致意见的处置

投资者就变更私募投资基金管理人无法达成有效决议、协议或者处理方案的，应当向中国证券投资基金业协会提交司法机关或者仲裁机构就私募投资基金管理人变更作出的发生法律效力的判决、裁定或者仲裁裁决，中国证券投资基金业协会根据相关法律文书办理变更手续。

九、少数投资者权益保障机制

私募基金按照基金合同约定已完成基金管理人变更程序，但仍有少数投资者未与新基金管理人签署基金合同的，新基金管理人应当建立少数投资者权益保障机制，保证公平对待所有投资者，确保少数投资者的基金份额权益不因基金管理人变更受到影响。

新基金管理人应当恪尽职守、勤勉尽责，持续做好基金合同签署工作，并及时向中国证券投资基金业协会提交新签署的基金合同。

十、不予办理基金管理人变更手续

（1）有《私募投资基金登记备案办法》第四十一条第一款规定[①]的不予备案情形。

[①] 《私募投资基金登记备案办法》第四十一条　有下列情形之一的，协会不予办理私募基金备案，并说明理由：

（一）从事或者变相从事信贷业务，或者直接投向信贷资产，中国证监会、协会另有规定的除外；

（二）通过委托贷款、信托贷款等方式从事经营性民间借贷活动；

（三）私募基金通过设置无条件刚性回购安排变相从事借贷活动，基金收益不与投资标的的经营业绩或者收益挂钩；

（四）投向保理资产、融资租赁资产、典当资产等与私募基金相冲突业务的资产、资产收（受）益权，以及投向从事上述业务的公司的股权；

（五）投向国家禁止或者限制投资的项目，不符合国家产业政策、环境保护政策、土地管理政策的项目；

（六）通过投资公司、合伙企业、资产管理产品等方式间接从事或者变相从事本款第一项至第五项规定的活动；

（七）不属于本办法第二条第二款规定的私募基金，不以基金形式设立和运作的投资公司和合伙企业；

（八）以员工激励为目的设立的员工持股计划和私募投资基金管理人的员工跟投平台；

（九）中国证监会、协会规定的其他情形。

（2）私募基金涉嫌非法集资、非法经营等重大违法违规行为。

（3）违反专业化运营原则，私募基金类型与私募投资基金管理人业务类型不一致。

（4）私募基金类型为其他类私募基金。

（5）私募基金已经进入清算程序。

（6）中国证监会及其派出机构、国务院金融监督管理机构要求中国证券投资基金业协会不予办理的。

（7）法律、行政法规、中国证监会和中国证券投资基金业协会规定的其他情形。

十一、私募投资基金变更基金管理人需的提交的材料及其要求

根据《私募投资基金变更基金管理人材料清单》，私募投资基金变更基金管理人需提交的主要材料及其要求如表8-4所示。

表8-4 私募投资基金变更基金管理人需提交的材料及其要求

序号	附件名称/适用情形	内容要求	签章要求
1	变更私募投资基金管理人的原因和合理性说明	应当说明本基金变更基金管理人的原因和必要性	说明材料应当加盖基金管理人公章
2	变更基金管理人的协议或者决议文件	1. 应当上传原基金管理人、新基金管理人、投资者、托管人（如有）共同签署的同意变更基金管理人的协议。 2. 私募基金通过召开基金份额持有人大会、合伙人会议或者股东会等方式变更基金管理人的，应当上传基金份额持有人大会、合伙人会议或者股东会通过的同意变更基金管理人的决议	变更协议或决议应当有各方完整签章及签署日期
3	解除原基金合同、合伙协议或者公司章程（以下统称基金合同）或者委托管理协议的法律文件（如有）	1. 基金合同或者委托管理协议的当事人协商一致解除的，应当上传解除协议。 2. 通过其他方式解除的，应当上传其他可以证明原基金合同或委托管理协议已经解除的法律文件	1. 基金合同解除协议应当有原基金管理人、投资者和托管人（如有）的完整签章及签署日期。 2. 合伙型基金解除委托管理的协议应当有本基金、执行事务合伙人与基金管理人的完整签章与签署日期。 3. 公司型基金解除委托管理的协议应当有本基金与基金管理人的完整签章与签署日期

续表

序号	附件名称/适用情形	内容要求	签章要求
4	新基金合同或者委托管理协议	1. 应当上传新基金管理人、托管人（如有）与全体投资者签署的新基金合同。有《私募投资基金备案指引第3号——私募投资基金变更基金管理人》（以下简称《备案指引第3号》）第十四条规定情形，应当上传代表2/3以上基金份额的持有人签署的新基金合同。 2. 执行事务合伙人与基金管理人分离的合伙型基金应当上传基金、执行事务合伙人和管理人签署的，委托基金管理人管理本基金的协议。 3. 受托管理的公司型基金应当上传基金和基金管理人签署的，委托基金管理人管理本基金的协议	1. 基金合同应当有各方完整签章及签署日期。 2. 合伙型基金的委托管理协议应当有本基金、执行事务合伙人与基金管理人的完整签章与签署日期。 3. 公司型基金的委托管理协议应当有本基金与基金管理人的完整签章与签署日期
5	私募基金托管人意见	私募基金由托管人进行托管的，应当上传托管人对新基金管理人是否符合《备案指引第3号》第五条规定发表的意见，内容包括： （1）新基金管理人是否具备持续展业能力，不存在《私募投资基金登记备案办法》第四十二条规定的情形； （2）新基金管理人是否有正在管理的私募基金，原基金管理人、新基金管理人受同一实际控制人控制的除外； （3）新基金管理人业务类型是否与私募基金类型一致； （4）中国证监会、中国证券投资基金业协会规定的其他情形	私募基金托管人意见应当加盖托管人签章
6	市场主体登记信息	1. 因变更基金管理人导致合伙型或者公司型基金发生登记事项变更的，应当按照《中华人民共和国合伙企业法》或者《中华人民共和国公司法》规定的程序和期限要求，向市场主体登记机关申请办理登记或者变更登记。 2. 截至本基金变更申请最新提交日期，合伙型或者公司型基金发生登记事项变更的，应当上传变更后的市场主体登记信息截图。 3. 市场主体登记信息应当包括企业名称、统一社会信用代码、执行事务合伙人（及其委派代表）或者法定代表人、合伙期限或者营业期限、主要经营场所或者住所、经营范围及全体合伙人或者股东信息等相关信息，其中合伙人或者股东信息应当与合伙协议或者公司章程信息保持一致	市场主体登记信息应当加盖基金管理人公章

续表

序号	附件名称/适用情形		内容要求	签章要求
7	信息变更承诺函		1. 下载使用最新模板。 2. 基金名称应当完整准确填写	1. 信息变更承诺函应当有原基金管理人与新基金管理人的完整签章与签署日期。 2. 原基金管理人依法注销或者存在《备案指引第3号》第十一条、第十二条规定情形的，信息变更承诺函应当有新基金管理人的完整签章与签署日期
8	其他相关文件（或有）	《公证书》	因原基金管理人失联被中国证券投资基金业协会注销登记，投资者通过召开基金份额持有人大会、合伙人会议或股东会形成有效变更基金管理人决议的，应经公证机关公证，新基金管理人应当按照《备案指引第3号》第十一条第三款规定上传《公证书》	
		《法律意见书》	因原基金管理人失联被中国证券投资基金业协会注销登记，投资者通过召开基金份额持有人大会、合伙人会议或股东会形成有效变更基金管理人决议的，新基金管理人应当按照《备案指引第3号》第十一条第三款规定，上传经中国证监会备案的律师事务所出具的《法律意见书》。《法律意见书》应当对基金份额持有人大会、合伙人会议或者股东会等召集及决议程序的合法性和有效性发表明确的结论性意见	
		司法机关或者仲裁机构作出的判决、裁定或者仲裁裁决	1. 原基金管理人不同意变更基金管理人的，原基金管理人或者新基金管理人应当按照《备案指引第3号》第十二条规定，上传司法机关就私募投资基金管理人变更作出的发生法律效力的判决、裁定。 2. 投资者就变更私募投资基金管理人无法达成有效决议、协议或者处理方案的，原基金管理人或者新基金管理人应当按照《登记备案办法》第五十六条、《备案指引第3号》第十三条规定，上传司法机关或者仲裁机构就私募投资基金管理人变更作出的发生法律效力的判决、裁定或者仲裁裁决	

续表

序号	附件名称/适用情形	内容要求	签章要求
8	其他相关文件（或有） 少数投资者权益保障机制	私募基金按照基金合同约定已完成基金管理人变更程序，但仍有少数投资者未与新基金管理人签署基金合同的，新基金管理人应当按照《备案指引第3号》第十四条规定，建立少数投资者权益保障机制，保证公平对待所有投资者，确保少数投资者的基金份额权益不因基金管理人变更受到影响	少数投资者权益保障机制应当有新基金管理人、已与新基金管理人签署基金合同的全体投资者的完整签章与签署日期

第三部分　基金运营

　　本部分为与基金运营有关的专题，即通常所说的"募投管退"（募集资金、私募基金投资、私募基金管理、私募基金退出）。此外，本部分也整理了部分典型专项基金的知识点，包括创业投资基金、合格境外有限合伙人（QFLP）境内投资基金、国有私募股权基金、上市公司并购基金、不动产基金、合格境内有限合伙人（QDLP）境外投资基金。

第九章 募集资金

本章开始进入基金运营部分，基金运营首先从募集资金开始。本章的主要内容包括募集资金的基本要求、募集资金的方式、募集资金的推介、募集资金的程序、募集资金的对象（合格投资者）、基金业务外包、自律管理、投资者投资注意事项。

第一节 募集资金的基本要求

本节的主要内容包括基金募集行为的基本含义、私募基金向投资者募集、资金来源、穿透核查、风险披露、募集主体、私募投资基金管理人履行受托人义务、禁止性募集行为、规范募集资金的适用。

本节参考的法律法规等规范性文件主要包括《私募投资基金监督管理条例》《私募投资基金监督管理暂行办法》《私募投资基金登记备案办法》《私募投资基金募集行为管理办法》《律师办理私募投资基金合规法律业务操作指引（试行）（2023）》。

一、基金募集行为的基本含义

私募投资基金募集行为是指私募投资基金管理人、在中国证监会注册取得基金销售业务资格并已成为中国证券投资基金业协会会员的机构（以下统称"基金募集机构"）及其从业人员以非公开方式向投资者募集资金的行为。

在中国基金业协会办理私募投资基金管理人登记的机构可以自行募集其设立的私募基金，在中国证监会注册取得基金销售业务资格并已成为中国证券投资基金业协会会员的机构（以下简称"基金销售机构"）可以受私募投资基金管理人的委托募集私募基金。其他任何机构和个人不得从事私募基金的募集活动。

募集行为包含推介私募基金，发售基金份额（权益），办理基金份额（权益）认/申购（认缴）、赎回（退出）等活动。

私募行为不同于非法募集。私募基金不得变相自融、不得向社会公开宣传、不得承诺资金不受损失或者最低收益、不得向合格投资人之外的单位和个人募集资金，单只私募基金投资者累计人数不得超过规定人数。例如，《私募投资基金监督管理暂行办法》明确规定基金份额持有人累计不得超过200人。募集资金过程中同时有上述禁止性行为的，既违反了私募基金管理有关法律规定，又违反了《中华人民共和国商业银行法》《防范和处置非法集资条例》等关于禁止非法集资的规定，已经不是"私募"

行为，而是非法集资，应当依法予以打击。投资私募基金要求投资人具有更高的风险识别和承受能力。

二、私募基金向合格投资者募集

私募基金应当向合格投资者募集或者转让，单只私募基金的投资者累计不得超过法律规定的人数。私募投资基金管理人不得采取为单一融资项目设立多只私募基金等方式，突破法律规定的人数限制；不得采取将私募基金份额或者收益权进行拆分转让等方式，降低合格投资者标准。前款所称合格投资者，是指达到规定的资产规模或者收入水平，并且具备相应的风险识别能力和风险承担能力，其认购金额不低于规定限额的单位和个人。合格投资者的具体标准由国务院证券监督管理机构规定。

私募投资基金管理人应当向投资者充分揭示投资风险，根据投资者的风险识别能力和风险承担能力匹配不同风险等级的私募基金产品。

私募基金不得向合格投资者以外的单位和个人募集或者转让；不得向为他人代持的投资者募集或者转让；不得通过报刊、电台、电视台、互联网等大众传播媒介，电话、短信、即时通信工具、电子邮件、传单，或者讲座、报告会、分析会等方式向不特定对象宣传推介；不得以虚假、片面、夸大等方式宣传推介；不得以私募基金托管人名义宣传推介；不得向投资者承诺投资本金不受损失或者承诺最低收益。

投资者应当确保投资资金来源合法，不得非法汇集他人资金投资私募基金。

三、资金来源

私募投资基金管理人、基金销售机构应当按照规定核实投资者对基金的出资金额与其出资能力相匹配。投资者应当以真实身份和自有资金购买私募基金，确保投资资金来源合法，不得非法汇集他人资金进行投资。

四、穿透核查

以合伙企业、契约等非法人形式投资私募基金的，除另有规定外，私募投资基金管理人、基金销售机构应当穿透核查最终投资者是否为合格投资者，并合并计算投资者人数。

五、风险披露

私募投资基金管理人、基金销售机构向投资者募集资金，应当在募集推介材料、风险揭示书等文件中，就私募基金的基金管理人以及管理团队、投资范围、投资策略、投资架构、基金架构、托管情况、相关费用、收益分配原则、基金退出等重要信息，以及投资风险、运营风险、流动性风险等风险情况向投资者披露。

有下列情形之一的，私募投资基金管理人应当通过风险揭示书向投资者进行特别提示：①基金财产不进行托管；②私募投资基金管理人与基金销售机构存在关联关系；③私募基金投资涉及关联交易；④私募基金通过特殊目的载体投向投资标的；⑤基金财产在境外进行投资；⑥私募基金存在分级安排或者其他复杂结构，或者涉及重大无先例事项；⑦私募证券基金主要投向收益互换、场外期权等场外衍生品标的，或者流动性较低的标的；⑧私募投资基金管理人的控股股东、实际控制人、普通合伙人发生变更，尚未在中国证券投资基金业协会完成变更手续；⑨其他重大投资风险或者利益冲突风险。

私募基金投向单一标的、未进行组合投资的，私募投资基金管理人应当特别提示风险，对投资标的的基本情况、投资架构、因未进行组合投资而可能受到的损失、纠纷解决机制等进行书面揭示，并由投资者签署确认。

六、募集主体

（一）基本含义

除以下两类机构外，其他任何机构和个人不得从事私募基金的募集活动：

（1）在中国证券投资基金业协会办理私募投资基金管理人登记的机构。

（2）在中国证监会注册取得基金销售业务资格并已成为中国证券投资基金业协会会员的机构。

私募投资基金管理人委托基金销售机构募集私募基金的，应当以书面形式签订基金销售协议，基金销售机构负责向投资者说明相关内容。私募投资基金管理人委托基金销售机构募集私募基金的，不得因委托募集免除私募投资基金管理人依法承担的责任。

（二）募集资金基本原则

基金募集机构应当恪尽职守、诚实信用、谨慎勤勉，防范利益冲突，履行说明义务、反洗钱义务等相关义务，承担特定对象确定、投资者适当性审查、私募基金推介及合格投资者确认等相关责任。募集机构及其从业人员不得从事侵占基金财产和客户资金、利用私募基金相关的未公开信息进行交易等违法活动。

（三）人员资格要求

从事私募基金募集业务的人员应当具有基金从业资格（包含原基金销售资格），应当遵守法律、行政法规和中国证券投资基金业协会的自律规则，恪守职业道德和行为规范，应当参加后续执业培训。

（四）保密义务

募集机构应当对投资者的商业秘密及个人信息严格保密。除法律法规和自律规则另有规定的，不得对外披露。

(五) 妥善保存

募集机构应当妥善保存投资者适当性管理以及其他与私募基金募集业务相关的记录及其他相关资料，保存期限自基金清算终止之日起不得少于 10 年。

(六) 投资者适当性管理

1. 建立投资者适当性管理制度

基金募集机构应当制定适当性内部管理制度，至少包括以下内容：

（1）对基金管理人进行审慎调查的方式和方法。

（2）对基金产品或者服务的风险等级进行设置、对基金产品或者服务进行风险评价的方式或方法。

（3）对投资者进行分类的方法和程序、投资者转化的方法和程序。

（4）对普通投资者风险承受能力进行调查和评价的方式和方法。

（5）对基金产品或者服务和投资者进行匹配的方法。

（6）投资者适当性管理的保障措施和风控制度。

2. 适当性自查报告

基金募集机构应每半年开展一次投资者适当性管理自查。自查内容包括但不限于投资者适当性管理制度建设及落实情况、人员考核及培训情况、投资者投诉处理情况、发现业务风险及时整改情况，以及其他需要报告的事项。

3. "双录"环节

"双录"是指在基金募集过程中进行的录音录像的行为，其主要情形包括：

（1）普通投资者转化为专业投资者。

（2）向普通投资者销售高风险产品或者提供相关服务履行特别的注意义务。

（3）根据投资者和产品或者服务的信息变化情况，主动调整投资者分类、产品或者服务分级以及适当性匹配意见，并告知投资者上述情况。

（4）向普通投资者销售产品或者提供服务前进行风险告知。

4. 适当性回访

基金募集机构要建立健全普通投资者回访制度，对购买基金产品或服务的普通投资者定期抽取一定比例进行回访，对持有 R5 等级基金产品或者服务的普通投资者增加回访比例和频次。

基金募集机构对回访时发现的异常情况进行持续跟踪，对异常情况进行核查，存在风险隐患的及时排查，并定期整理总结，以完善投资者适当性制度。

(七) 开立专户

基金募集机构或相关合同约定的责任主体应当开立私募基金募集结算资金专用账户，用于统一归集私募基金募集结算资金、向投资者分配收益、给付赎回款项以及分配基金清算后的剩余基金财产等,确保资金原路返还。

私募基金募集结算资金是指由基金募集机构归集的,在投资者资金账户与私募基金财产账户或托管资金账户之间划转的往来资金。募集结算资金从投资者资金账户划出,到达私募基金财产账户或托管资金账户之前,属于投资者的合法财产。

(八)与监督机构签署账户监督协议

基金募集机构应当与监督机构签署账户监督协议,明确对私募基金募集结算资金专用账户的控制权、责任划分及保障资金划转安全的条款。监督机构应当按照法律法规和账户监督协议的约定,对募集结算资金专用账户实施有效监督,承担保障私募基金募集结算资金划转安全的连带责任。

取得基金销售业务资格的商业银行、证券公司等金融机构,可以在同一私募基金的募集过程中同时作为基金募集机构与监督机构。符合前述情形的机构应是当建立完备的防火墙制度,防范利益冲突。

监督机构是指中国证券登记结算有限责任公司、取得基金销售业务资格的商业银行、证券公司以及中国证券投资基金业协会规定的其他机构。监督机构应当成为中国证券投资基金业协会的会员。

私募投资基金管理人应当向中国证券投资基金业协会报送私募基金募集结算资金专用账户及其监督机构信息。

(九)纠纷处理

基金募集机构要建立完备的投资者投诉处理体系,准确记录投资者投诉内容。基金募集机构应当妥善处理适当性相关的纠纷,与投资者协商解决争议,采取必要的措施支持和配合投资者提出的调解;与普通投资者发生纠纷的,应当提供相关资料,证明其已向投资者履行相应义务。

(十)投资者适当性自查

私募投资基金管理人应当每半年开展一次适当性自查,形成自查报告,自查报告无须向监管机构报送,存档备查即可。自查内容包括但不限于以下内容:①投资者适当性管理制度建设及落实情况;②人员考核及培训情况;③投资者投诉处理情况;④发现业务风险及时整改情况;⑤其他需要报告的事项。

七、私募投资基金管理人履行受托人义务

私募投资基金管理人应当履行受托人义务,承担基金合同、公司章程或者合伙协议(以下统称"基金合同")的受托责任。委托基金销售机构募集私募基金的,不得因委托募集免除私募投资基金管理人依法承担的责任。

八、禁止性募集行为

任何机构和个人不得为规避合格投资者标准,募集以私募基金份额或其收益权为

投资标的的金融产品,或者将私募基金份额或其收益权进行非法拆分转让,变相突破合格投资者标准。基金募集机构应当确保投资者已知悉私募基金转让的条件。

投资者应当以书面方式承诺其为自己购买私募基金,任何机构和个人不得以非法拆分转让为目的购买私募基金。

九、规范募集资金的适用

涉及私募基金募集结算资金专用账户开立、使用的机构不得将私募基金募集结算资金归入其自有财产。禁止任何单位或者个人以任何形式挪用私募基金募集结算资金。私募投资基金管理人、基金销售机构、基金销售支付机构或者基金份额登记机构破产或者清算时,私募基金募集结算资金不属于其破产财产或者清算财产。

第二节　募集资金的方式

本节的主要内容为募集资金的方式。募集资金可以分为自行募集和委托募集两种,本节将围绕这两种方式进行探讨。

本节参考的法律法规等规范性文件主要包括《私募投资基金监督管理暂行办法》《私募投资基金募集行为管理办法》《律师办理私募投资基金合规法律业务操作指引(试行)(2023)》。

一、自行募集

(一)基本要求

私募投资基金管理人自行销售私募基金的,应当采取问卷调查等方式,对投资者的风险识别能力和风险承担能力进行评估,由投资者书面承诺符合合格投资者条件;应当制作风险揭示书,由投资者签字确认;私募投资基金管理人委托销售机构销售私募基金的,基金销售机构应当采取前款规定的评估、确认等措施。

投资者风险识别能力和承担能力问卷及风险揭示书的内容与格式指引,由中国证券投资基金业协会按照不同类别私募基金的特点制定。

(二)实操要点

(1)私募投资基金管理人,可以自行募集,只能销售自己发行并管理的基金产品,不能销售其他私募投资基金管理人的产品。

(2)私募投资基金管理人中从事基金销售业务的相关人员需要取得基金从业资格证。

(3)私募投资基金管理人的出资人、实际控制人、关联方不得从事私募基金募集宣传推介。

二、委托募集

（一）审慎选择代销机构

私募投资基金管理人委托基金销售机构募集私募基金的，不得因委托募集免除私募投资基金管理人依法承担的责任。

私募投资基金管理人委托其他机构销售本机构发行的产品或者提供服务，应当审慎选择受托方，确认受托方具备销售相关产品或者提供服务的资格和落实相应适应性义务要求的能力，应当制定并告知销售方所委托产品或者提供服务的适当性管理标准和要求，销售方应当严格执行。

（二）基金销售协议

私募投资基金管理人委托基金销售机构募集私募基金的，应当以书面形式签订基金销售协议，并将协议中关于私募投资基金管理人与基金销售机构权利义务划分以及其他涉及投资者利益的部分作为基金合同的附件。基金销售机构负责向投资者说明相关内容。基金销售协议作为基金合同附件中涉及关于基金销售的内容不一致的，以基金合同附件为准。

对在委托销售中违反适当性义务的行为，委托销售机构和受托销售机构应当依法承担相应法律责任，并在委托销售合同中予以明确。

（三）实操要点

（1）基金销售机构需要满足以下3个条件：①在中国证监会注册；②取得基金销售业务资格；③成为中国证券投资基金业协会会员。

（2）根据目前的监管规定，基金销售机构只能代销私募证券基金，不能代销私募股权、创业投资基金。如果是委托销售，私募投资基金管理人需要和销售机构以书面形式签订基金销售协议。

第三节　募集资金的推介

本节的主要内容包括募集基金推介的基本含义、推介资料的要求、禁止的推介行为、禁止的媒介渠道、典型案例。

本节参考的法律法规等规范性文件主要包括《中华人民共和国公司法》《中华人民共和国合伙企业法》《私募投资基金募集行为管理办法》《私募投资基金变更基金管理人材料清单》。

一、募集基金推介的基本含义

基金募集机构应当自行或者委托第三方机构对私募基金进行风险评级，建立科学有效的私募基金风险评级标准和方法。基金募集机构应当根据私募基金的风险类型和评级结果，向合格投资者推介与其风险识别能力和风险承担能力相匹配的私募基金。

通过设置特定对象确定程序的官方网站、客户端、微信公众号等互联网媒介向合格投资者进行宣传推介是合规的。

二、推介资料的要求

（一）基本要求

私募基金推介材料应当由私募投资基金管理人制作并使用。私募投资基金管理人应当对私募基金推介材料内容的真实性、完整性、准确性负责。除私募投资基金管理人委托募集的基金销售机构可以使用推介材料向特定对象宣传推介外，其他任何机构或个人不得使用、更改、变相使用私募基金推介材料。

（二）推介材料内容

基金募集机构应当采取合理方式向投资者披露私募基金信息，揭示投资风险，确保推介材料中的相关内容清晰、醒目。私募基金推介材料内容应与基金合同主要内容一致，不得有任何虚假记载、误导性陈述或者重大遗漏。如果有不一致的，应当向投资者特别说明。私募基金推介材料内容包括但不限于：①私募基金的名称和基金类型；②私募投资基金管理人名称、私募投资基金管理人登记编码、基金管理团队等基本信息；③中国证券投资基金业协会私募投资基金管理人以及私募基金公示信息（含相关诚信信息）；④私募基金托管情况（如无，应以显著字体特别标注）、其他服务提供商（如律师事务所、会计师事务所、保管机构等），是否聘用投资顾问等；⑤私募基金的外包情况；⑥私募基金的投资范围、投资策略和投资限制概况；⑦私募基金收益与风险的匹配情况；⑧私募基金的风险揭示；⑨私募基金募集结算资金专用账户及其监督机构信息；⑩投资者承担的主要费用及费率，投资者的重要权利（如认购、赎回、转让等限制、时间和要求等）；⑪私募基金承担的主要费用及费率；⑫私募基金信息披露的内容、方式及频率；⑬明确指出该文件不得转载或给第三方传阅；⑭私募基金采取合伙企业、有限责任公司组织形式的，应当明确说明入伙（股）协议不能替代合伙协议或公司章程，说明根据《中华人民共和国合伙企业法》或《中华人民共和国公司法》，合伙协议、公司章程依法应当由全体合伙人、股东协商一致，以书面形式订立；⑮申请设立合伙企业、公司或变更合伙人、股东的，并应当向市场主体登记机关履行申请设立及变更登记手续；⑯中国证券投资基金业协会规定的其他内容。

三、禁止的推介行为

基金募集机构及其从业人员推介私募基金时，禁止有以下行为：①公开推介或者变相公开推介；②推介材料虚假记载、误导性陈述或者重大遗漏；③以任何方式承诺投资者资金不受损失，或者以任何方式承诺投资者最低收益，包括宣传"预期收益""预计收益""预测投资业绩"等相关内容；④夸大或者片面推介基金，违规使用"安全""保证""承诺""保险""避险""有保障""高收益""无风险"等可能误导投资人进行风险判断的措辞；⑤使用"欲购从速""申购良机"等片面强调集中营销时间限制的措辞；⑥推介或片面节选少于6个月的过往整体业绩或过往基金产品业绩；⑦登载个人、法人或者其他组织的祝贺性、恭维性或推荐性的文字；⑧采用不具有可比性、公平性、准确性、权威性的数据来源和方法进行业绩比较，任意使用"业绩最佳""规模最大"等相关措辞；⑨恶意贬低同行；⑩允许非本机构雇佣的人员进行私募基金推介；⑪推介非本机构设立或负责募集的私募基金；⑫法律、行政法规、中国证监会和中国证券投资基金业协会禁止的其他行为。

四、禁止的媒介渠道

基金募集机构不得通过下列媒介渠道推介私募基金：①公开出版资料；②面向社会公众的宣传单、布告、手册、信函、传真；③海报、户外广告；④电视、电影、电台及其他音像等公共传播媒体；⑤公共、门户网站链接广告、博客等；⑥未设置特定对象确定程序的基金募集机构官方网站、微信朋友圈等互联网媒介；⑦未设置特定对象确定程序的讲座、报告会、分析会；⑧未设置特定对象确定程序的电话、短信和电子邮件等通信媒介；⑨法律、行政法规、中国证监会规定和中国证券投资基金业协会自律规则禁止的其他行为。

五、典型案例

A私募投资基金管理人向不特定投资者公开宣传推介私募产品的主要方式包括：①通过盲打电话、盲发短信等方式向不特定对象宣传推介；②要求客户将产品转介绍给其他亲友；③私募投资基金管理人网站未设置必要的合格投资者调查问卷等前期确认程序，不特定投资者留下联系方式后，销售人员向其推介产品；④私募投资基金管理人通过官方网站或微信公众号推送宣传推介材料。

中国证券投资基金业协会对A私募投资基金管理人进行了纪律处分：取消相关私募投资基金管理人的会员资格，并将相关私募投资基金管理人的负责人加入黑名单。

第四节 募集资金的程序

私募基金募集应当履行下列程序：特定对象的确定、投资者适当性匹配、基金风险揭示、合格投资者确认、投资者签约、投资者打款、投资冷静期、回访确认、豁免情形。

本节参考的法律法规等规范性文件主要包括《私募投资基金募集行为管理办法》《律师办理私募投资基金合规法律业务操作指引（试行）（2023）》。

一、特定对象的确定

(一) 以合法途径宣传私募投资基金管理人

基金募集机构仅可以通过合法途径公开宣传私募投资基金管理人的品牌、发展战略、投资策略、管理团队、高级管理人员信息以及由中国证券投资基金业协会公示的已备案私募基金的基本信息。私募投资基金管理人应确保前述信息真实、准确、完整。

(二) 采取问卷调查等方式履行特定对象确定程序

1. 基本要求

基金募集机构应当向特定对象宣传推介私募基金。未经特定对象确定程序，不得向任何人宣传推介私募基金。

2. 通过调查问卷进行能力评估

在向投资者推介私募基金之前，基金募集机构应当采取问卷调查等方式履行特定对象确定程序，对投资者风险识别能力和风险承担能力进行评估。投资者应当以书面形式承诺其符合合格投资者标准。

合格投资者的评估结果有效期最长不得超过3年。基金募集机构逾期再次向投资者推介私募基金时，需要重新进行投资者风险评估。同一私募基金产品的合格投资者持有期间超过3年的，无须再次进行投资者风险评估。

合格投资者风险承担能力发生重大变化时，可主动申请对自身风险承担能力进行重新评估。

3. 调查问卷的主要内容

基金募集机构应建立科学有效的投资者问卷调查评估方法，确保问卷结果与投资者的风险识别能力和风险承担能力相匹配。基金募集机构应当在投资者自愿的前提下获取投资者问卷调查信息。问卷调查主要内容应当包括但不限于以下内容：

（1）投资者基本信息，其中个人投资者基本信息包括身份信息、年龄、学历、职业、联系方式等信息；机构投资者基本信息包括市场主体登记中的必备信息、联系方式等信息。

（2）财务状况，其中个人投资者财务状况包括金融资产状况、最近3年个人年均收入、收入中可用于金融投资的比例等信息；机构投资者财务状况包括净资产状况等信息。

（3）投资知识，包括金融法律法规、投资市场和产品情况、对私募基金风险的了解程度、参加专业培训情况等信息。

（4）投资经验，包括投资期限、实际投资产品类型、投资金融产品的数量、参与投资的金融市场情况等。

（5）风险偏好，包括投资目的、风险厌恶程度、计划投资期限、投资出现波动时的焦虑状态等。

（三）特定对象

基金募集机构通过了解自然人、机构以及投资产品的基本信息确定所募集对象的基本信息。其中，自然人包括基金管理人员工跟投以及非员工跟投；机构包括境内法人机构（公司等）、境内非法人机构（一般合伙企业等）、财政直接出资、本基金管理人跟投、境外机构；投资产品包括私募基金产品、证券公司及其子公司资产管理计划、基金公司及其子公司资产管理计划、期货公司及其子公司资产管理计划、信托计划、商业银行理财产品、保险资产管理计划、慈善基金、捐赠基金等社会公益基金、养老基金、社会保障基金、企业年金、政府类引导基金、境外资金（QFII、RQFII等）。

通过特定对象确定程序，基金募集机构可以对投资者是否属于合格投资者、属于哪一类投资者、是否存在不适合投资私募基金产品的情形等进行确认，进而确定进行何种募集流程、适用何种募集文件、是否可以豁免部分募集手续，为开展后续募集工作奠定基础。

（四）设置在线特定对象确定程序

基金募集机构通过互联网媒介在线向投资者推介私募基金之前，应当设置在线特定对象确定程序，投资者应承诺其符合合格投资者标准。前述在线特定对象确定程序包括但不限于以下内容：①投资者如实填报真实身份信息及联系方式；②基金募集机构应通过验证码等有效方式核实用户的注册信息；③投资者阅读并同意基金募集机构的网络服务协议；④投资者阅读并主动确认其自身符合关于合格投资者的规定；⑤投资者在线填报风险识别能力和风险承担能力的问卷调查；⑥基金募集机构根据问卷调查及其评估方法在线确认投资者的风险识别能力和风险承担能力。

二、投资者适当性匹配

"投资者适当性"程序具体包括建立科学有效的私募基金风险评级标准和方法、投资者类型风险匹配及投资者确认，相对应的文件包括私募基金风险评级标准及评级结果、投资者类型及风险匹配告知书和投资者确认函、风险不匹配警示函及投资者确认书。

（一）投资者风险承受能力测评

基金募集机构通过前述的风险测评问卷对普通投资者的风险识别能力和风险承担能力进行评估。

基金募集机构结合投资者填写的调查问卷评分结果确定投资者的风险承受能力，对投资者进行分类。对投资者的分类并无强制性标准，如按照投资者风险承受能力由高至低分为进取型、成长型、平衡型、稳健型和保守型。

合格投资者的评估结果有效期最长不得超过 3 年。逾期再次向投资者推介私募基金时，需要重新进行投资者风险评估。

在实操中，私募投资基金管理人需要建立投资者评估数据库，为投资者建立信息档案，并对投资者风险等级进行动态管理，这也是监管检查时会关注的内容。投资者评估数据库要包含但不限于以下内容：①投资者填写信息表及历次变动的内容；②普通投资者过往风险测评结果；③投资者风险承受能力及对应风险等级变动情况；④投资者历次申请转化为专业投资者或普通投资者情况及审核结果；⑤基金募集机构风险评估标准、程序等内容信息及调整、修改情况；⑥中国证券投资基金业协会及基金募集机构认为必要的其他信息。

（二）产品风险等级划分

基金募集机构应当自行或者委托第三方机构对私募基金进行风险评级，并根据私募基金的风险类型和评级结果，向投资者推介与其风险识别能力和风险承担能力相匹配的私募基金。

基金募集机构销售的基金产品或服务信息发生变化的，要及时依据基金产品或者服务风险等级划分参考标准，重新评估其风险等级。基金募集机构还要建立长效机制，对基金产品或者服务的风险定期进行评价更新。

（三）投资者适当性匹配

基金募集机构销售私募基金，应当根据私募基金的风险类型和评级结果，向投资者推介与其风险识别能力和风险承担能力相匹配的私募基金。

在实务中，进行适当性匹配之后，需要向投资者发送风险匹配告知书或者风险不匹配警示函。如果风险匹配，就可以继续下一步；如果风险不匹配，私募投资基金管理人应该中止购买流程，不能主动向投资者推介基金产品。但是，如果投资者主动要求购买风险等级高于其风险承受能力的产品时，并且投资人不属于风险承受能力最低类别的投资者，私募投资基金管理人应当就产品风险高于其承受能力进行特别的书面风险警示，投资者仍坚持购买的，可以向其销售相关产品。

三、基金风险揭示

（一）基本要求

在投资者签署基金合同之前，基金募集机构应当向投资者说明有关法律法规，说明投资冷静期、回访确认等程序性安排以及投资者的相关权利，重点揭示私募基金风险，并与投资者签署风险揭示书。

风险揭示书的内容包括但不限于以下内容：①私募基金的特殊风险，包括基金合同与中国证券投资基金业协会合同指引不一致所涉风险、基金未托管所涉风险、基金委托募集所涉风险、外包事项所涉风险、聘请投资顾问所涉风险、未在中国证券投资基金业协会登记备案的风险等；②私募基金的一般风险，包括资金损失风险、基金运营风险、流动性风险、募集失败风险、投资标的的风险、税收风险等；③投资者对基金合同中投资者权益相关重要条款的逐项确认，包括当事人权利义务、费用及税收、纠纷解决方式等；④基金未备案风险、关联交易、基金通过 SPV 投资均为特殊风险，需要进行特别揭示。

（二）实操要点

（1）风险揭示书中需要加入投资者查询账号的相关内容，即私募投资基金管理人需承诺负责信披备份系统投资者查询账号的维护和管理工作，及时办理账号的开立、启用、修改和关闭。

（2）私募投资基金管理人还需要承诺在基金合同中约定基金管理人客观丧失继续管理私募基金能力的情形下的基金财产安全保障、维持基金运营或清算的应急处置预案和纠纷解决机制。在实操中经常遇到私募投资基金管理人未在基金合同中约定相关内容而被中国证券投资基金业协会反馈的情形。

（3）如果是单一投资标的，合伙协议以及风险揭示书中，一定要写明单一投资标的的标的公司，并加上标的公司的主营业务；招募说明书中增加估值测算，投资款的用途和退出的方式等，否则会被反馈。

（4）通过 SPV 投资，不能照搬模板，要根据所备案基金的特点揭示相关风险。

（5）如果涉及特殊交易架构，风险揭示书中需要在特殊风险处揭示交易架构可能会带来的一些风险，比较稳妥的方法是附上基金交易结构图。

（6）投资者声明中的 13 项内容需要逐一签字。

除此之外，私募投资基金管理人还应当向投资者说明有关法律法规，说明投资冷静期、回访确认等程序性安排以及投资者的相关权利。

四、合格投资者确认

基金募集机构应当要求投资者提供必要的资产证明文件或收入证明，合理审慎地审查投资者是否符合私募基金合格投资者标准，并确保单只私募基金的投资者人数累计不得超过法律规定的特定数量。任何机构和个人不得为规避合格投资者标准，募集以私募基金份额或其收益权为投资标的的金融产品，或者将私募基金份额或其收益权进行非法拆分转让，变相突破合格投资者标准。基金募集机构应当确保投资者已知悉私募基金转让的条件。投资者应当以书面方式承诺其为自己购买私募基金，任何机构和个人不得以非法拆分转让为目的购买私募基金。

在实务中，在审核投资人提供的证明文件时，要审慎严谨，通过材料能够充分证明投资人符合合格投资者的要求，否则会因存在瑕疵，无法确切地核实其身份而遭受监管处罚等合规风险。

五、投资者签约

确认投资者符合合格投资者标准之后,私募投资基金管理人就可以与投资人签署基金合同。如果是合伙型基金,还需要同步进行合伙企业的市场主体确权工作,注册投资类合伙企业或者进行投资人变更等,较为复杂。

六、投资者打款

(一)资金账户

基金合同签署成功,投资人需要按照约定进行打款操作,即打款到募集监督账户。在基金设立过程中,一般会有以下几个资金账户:

(1)募集户,全称为私募基金募集结算资金专用账户,用于统一归集私募基金募集结算资金、向投资者分配收益、给付赎回款项以及分配基金清算后的剩余基金财产等,确保资金原路返还。私募投资基金管理人需要与监督机构签署账户监督协议,明确对私募基金募集结算资金专用账户的控制权、责任划分及保障资金划转安全的条款。

在向中国证券投资基金业协会提交基金备案时,必须提供私募基金募集结算资金专用账户及其监督机构信息,因此这个账户是必备的。

(2)托管户,也就是我们通常所说的基金财产账户。在实践中,私募投资基金管理人与基金托管机构签署托管协议,开立托管资金专门账户,用于托管资金的归集、存放与支付,托管机构对基金资金的使用情况进行监督,主要是为了确保基金财产的独立和安全。

(3)基本户,仅针对合伙型基金,合伙企业在市场主体登记后需要开设基本户。在无托管的模式下,基金财产账户一般是指基本户。

(二)募集资金划转的流程

(1)证券类契约型:投资者资金账户→募集户→托管户。

(2)股权类合伙型:投资者资金账户→募集户→托管户(如有)→基本户→标的公司账户。退出时资金要遵循同进同出的原则,原路返回给投资者。

七、投资冷静期

各方应当在完成合格投资者确认程序后签署私募基金合同。基金合同应当约定给投资者设置不少于 24 小时的投资冷静期,基金募集机构在投资冷静期内不得主动联系投资者。

(1)私募证券投资基金合同应当约定,投资冷静期自基金合同签署完毕且投资者交纳认购基金的款项后起算。

(2)私募股权投资基金、创业投资基金等其他私募基金合同关于投资冷静期的约定可以参照前款对私募证券投资基金的相关要求，也可以自行约定。

投资冷静期自基金合同签署完毕且投资者交纳认购基金的款项后起算。

八、回访确认

（一）回访的内容

基金募集机构应当在投资冷静期满后，指派本机构从事基金销售推介业务以外的人员以录音电话、电邮、信函等适当方式进行投资回访。回访过程不得出现诱导性陈述。基金募集机构在投资冷静期内进行的回访确认无效。回访应当包括但不限于以下内容：①确认受访人是否为投资者本人或机构；②确认投资者是否为自己购买了该基金产品以及投资者是否按照要求亲笔签名或盖章；③确认投资者是否已经阅读并理解基金合同和风险揭示的内容；④确认投资者的风险识别能力及风险承担能力是否与所投资的私募基金产品相匹配；⑤确认投资者是否知悉投资者承担的主要费用及费率，投资者的重要权利、私募基金信息披露的内容、方式及频率；⑥确认投资者是否知悉未来可能承担投资损失；⑦确认投资者是否知悉投资冷静期的起算时间、期间以及享有的权利；⑧确认投资者是否知悉纠纷解决安排。

（二）回访成功与否及是否退还认购款项

基金合同应当约定，投资者在基金募集机构回访确认成功前有权解除基金合同。出现前述情形时，基金募集机构应当按合同约定及时退还投资者的全部认购款项。

未经回访确认成功，投资者交纳的认购基金款项不得由募集账户划转到基金财产账户或托管资金账户，私募投资基金管理人不得投资运作投资者交纳的认购基金款项。

（三）实操要点

（1）在 24 小时冷静期内的回访无效。

（2）在回访确认成功前，投资者有权解除基金合同。

（3）未经回访确认成功，投资者交纳的认购基金款项不得由募集账户划转到基金财产账户或托管资金账户，私募投资基金管理人不得投资运作投资者交纳的认购基金款项。

（4）回访确认为非必须项，如果基金合同里约定了不进行回访，可以省略该步骤；但如果基金合同中未约定，则必须要进行回访。

（5）私募投资基金管理人需要进行的回访不止这一次，还有日常工作中的投资者适当性回访。

九、豁免情形

投资者为专业投资机构的，可以豁免上述投资冷静期、回访确认两项程序。

私募基金投资者属于以下情形的，可以不执行前述募集程序中的特定对象确认、投资者适当性匹配、基金风险揭示、合格投资者确认、投资者冷静期、回访确认等环节：

（1）社会保障基金、企业年金等养老基金，慈善基金等社会公益基金。
（2）依法设立并在中国证券投资基金业协会备案的私募基金产品。
（3）受国务院金融监督管理机构监管的金融产品。
（4）投资于所管理私募基金的私募投资基金管理人及其从业人员。
（5）法律法规、中国证监会和中国证券投资基金业协会规定的其他投资者。

第五节　募集资金的对象（合格投资者）

本节的主要内容包括合格投资者的基本含义、向非合格投资者募集资金、实操要点。

本节参考的法律法规等规范性文件主要包括《私募投资基金监督管理暂行办法》《私募投资基金登记备案办法》《私募基金登记备案相关问题解答（三）》《律师办理私募投资基金合规法律业务操作指引（试行）（2023）》。

一、合格投资者的基本含义

（一）合格投资者标准

私募基金必须向合格投资者募集。私募基金的合格投资者是指具备相应风险识别能力和风险承担能力，投资于单只私募基金的金额不低于100万元且符合下列相关标准的单位和个人。私募基金合格投资者需同时满足以下标准：

（1）具备相应风险识别能力和风险承担能力。
（2）投资于单只私募基金的金额不低于100万元。
（3）符合下列相关标准的单位和个人：①净资产不低于1 000万元的单位；②金融资产不低于300万元或最近3年个人年均收入不低于50万元的个人。

同时，下列投资者视为合格投资者：

（1）社会保障基金、企业年金等养老基金，慈善基金等社会公益基金。
（2）依法设立并在中国证券投资基金业协会备案的私募基金产品。
（3）投资于所管理私募基金的私募投资基金管理人及其从业人员。
（4）法律法规、中国证监会和中国证券投资基金业协会规定的其他投资者。

（二）专业投资者

投资于私募基金的合格投资者可以分为专业投资者和普通投资者，两者适用不同的募集流程和文件。律师可以协助基金募集机构做好专业投资者和普通投资者区分相关内部制度，并设计不同的募集流程、募集文件。

符合下列条件之一的是专业投资者：

（1）经有关金融监管部门批准设立的金融机构，包括证券公司、期货公司、基金管理公司及其子公司、商业银行、保险公司、信托公司、财务公司等；经中国证券投资基金业协会备案或者登记的证券公司子公司、期货公司子公司、私募投资基金管理人。

（2）上述机构面向投资者发行的理财产品，包括但不限于证券公司资产管理产品、基金管理公司及其子公司产品、期货公司资产管理产品、银行理财产品、保险产品、信托产品、经中国证券投资基金业协会备案的私募基金。

（3）社会保障基金、企业年金等养老基金，慈善基金等社会公益基金，合格境外机构投资者（QFII）、人民币合格境外机构投资者（RQFII）。

（4）同时符合下列条件的法人或者其他组织：①最近1年年末净资产不低于2 000万元；②最近1年年末金融资产不低于1 000万元；③具有2年以上证券、基金、期货、黄金、外汇等投资经历。

（5）同时符合下列条件的自然人为专业投资者：①金融资产不低于500万元，或者最近3年个人年均收入不低于50万元；②具有2年以上证券、基金、期货、黄金、外汇等投资经历，或者具有2年以上金融产品设计、投资、风险管理及相关工作经历，或者属于经有关金融监管部门批准设立的金融机构专业投资者的高级管理人员、获得职业资格认证的从事金融相关业务的注册会计师和律师。

专业投资者之外的，符合法律法规要求，可以从事基金交易活动的合格投资者为普通投资者。

（三）投资者人数要求

私募基金应当向合格投资者募集，单只私募基金的投资者人数累计不得超过《中华人民共和国证券投资基金法》《中华人民共和国公司法》《中华人民共和国合伙企业法》等法律规定的特定数量。

（四）穿透核查及其例外

以合伙企业、契约等非法人形式，通过汇集多数投资者的资金直接或者间接投资于私募基金的，私募投资基金管理人或者私募基金销售机构应当穿透核查最终投资者是否为合格投资者，并合并计算投资者人数。但是，符合下列情形的投资者，不再穿透核查最终投资者是否为合格投资者和合并计算投资者人数：①社会保障基金、企业年金等养老基金，慈善基金等社会公益基金；②依法设立并在中国证券投资基金业协会备案的投资计划；③中国证监会规定的其他投资者。

（五）合格投资者自身要求

投资者应当充分了解私募基金的投资范围、投资策略和风险收益等信息，根据自身风险承担能力审慎选择私募投资基金管理人和私募基金，自主判断投资价值，自行承担投资风险。

二、向非合格投资者募集资金

下面将从反面说明应避免的情况，即向非合格投资者募集资金。

（一）向非合格投资者募集资金的主要表现形式

向非合格投资者募集资金主要包括以下3个表现形式：

（1）未满足投资门槛（投资于单只私募基金的金额不低于100万元）的要求。

（2）未满足资产标准（净资产不低于1 000万元的单位、金融资产不低于300万元或最近3年个人年均收入不低于50万元的个人）的要求。

（3）突破人数限制（单只私募基金的投资者人数累计不得超过《中华人民共和国证券投资基金法》《中华人民共和国公司法》《中华人民共和国合伙企业法》等法律法规规定的特定数量）。

（二）认定为向非合格投资者募集资金的其他情形

以凑单、拼单等方式，变相突破合格投资者制度关于投资门槛、资产标准或人数限制等方面的要求，或者通过为单一融资项目设立多只私募投资基金的方式，变相突破投资者人数限制或者其他监管要求。

三、实操要点

（一）投资于所管理私募基金的私募投资基金管理人的从业人员视为合格投资者

在实务中，律师需要注意以下情形：

（1）从合规管理角度来看，"从业人员"和"员工"需要甄别。例如，没有取得基金从业资格的后勤行政人员跟投的，不属于从业人员，不能当然豁免合格投资者确认流程。

（2）如果员工通过持股SPV合伙企业间接跟投，并且这个SPV没有备案为私募基金，结合中国证券投资基金业协会的反馈以及相关案例，私募投资基金管理人员工通过SPV投资从而作为二级投资者的，同样可以被视为合格投资者，即私募投资基金管理人员工对SPV合伙企业的认缴出资额可以低于100万元，同时SPV合伙企业本身需要满足合格投资者条件，即净资产不低于1 000万元，并且投资于单只私募基金的金额不低于100万元。

（3）有几类特殊的人员要注意，不能视为私募投资基金管理人员工进行跟投，不能豁免合格投资者要求：①退休返聘人员，因为与私募投资基金管理人仅有劳务关系而非劳动关系；②私募投资基金管理人母子公司的员工，因未直接与基金管理人签订劳动合同；③私募投资基金管理人的股东如果是私募投资基金管理人的全职员工或符合兼职员工跟投标准的，可视为员工进行跟投，否则不能视为私募投资基金管理人员工进行跟投。

（二）兼职员工是否可以跟投

目前，监管对于私募投资基金管理人的高级管理人员有合理理由可以在关联机构兼职，但是普通员工绝对不能兼职，也就是说不存在兼职员工的说法；同时，员工跟投需要在备案系统中上传劳动合同以及近6个月的工资流水。

（三）合伙企业、契约等非法人形式的投资者穿透核查

对于合伙企业、契约等非法人形式的投资者，应当穿透核查最终投资者是否为合格投资者，并合并计算投资者数量。但是，依法设立并经中国证券投资基金业协会备案的集合投资计划，视为单一合格投资者。

第六节 基金业务外包

本节的主要内容包括外包服务机构的选聘、外包服务法律文件审查、基金销售机构牌照申请法律服务。

本节参考的法律法规等规范性文件主要包括《私募投资基金监督管理暂行办法》《私募投资基金登记备案办法》《律师办理私募投资基金合规法律业务操作指引（试行）（2023）》。

私募基金外包服务是指私募基金业务外包服务机构为基金管理人提供销售、销售支付、份额登记、估值核算、信息技术系统等业务的服务。基金业务外包服务机构包括为私募投资基金管理人提供募集服务的基金销售机构，为私募基金募集机构提供支付结算服务、私募基金募集结算资金监督、份额登记等与私募基金募集业务相关服务的机构。前述基金业务外包服务机构应当遵守中国证券投资基金业协会基金业务外包服务相关管理办法。

一、外包服务机构的选聘

选聘外包服务机构应注意以下几个方面：

（1）外包服务机构是否已在中国证券投资基金业协会备案并成为会员。

（2）协助基金管理人对外包服务机构开展尽职调查，了解其人员储备、业务隔离措施、软硬件设施、专业能力、诚信状况、过往业绩等情况。

（3）协助基金管理人核查外包服务机构是否存在与外包服务相冲突的业务，以及外包服务机构是否采取有效的隔离措施。

（4）核查外包服务机构在开展外包业务的同时，提供托管服务的，核查其是否设立专门的团队与业务系统，外包业务与基金托管业务团队之间是否建立必要的业务隔离，是否有效防范潜在的利益冲突并披露给投资者。同时，还要核查托管人是否依法

设立并取得基金托管资格。外包服务机构是否从事与其存在股权关系以及有内部人员兼任职务情况的基金管理人管理的基金托管业务。

（5）核查外包服务机构中办理基金销售、销售支付业务的机构是否设置有效机制，切实保障销售结算资金安全。办理私募基金销售、销售支付业务的机构开立销售结算资金归集账户的，核查是否有监督机构负责实施有效监督，核查是否在监督协议中明确保障投资者资金安全的连带责任条款。核查开展基金销售业务的各参与方是否签署书面协议明确各方权责。核查协议内容是否包括对基金持有人的持续服务责任、反洗钱义务履职及责任划分、基金销售信息交换及资金交收权利义务等。

（6）基金管理人委托外包服务机构办理基金份额（权益）登记的，核查办理基金份额登记业务的机构是否设置有效机制，切实保障投资人资金安全。核查办理私募投资基金份额（权益）登记业务的外包服务机构是否为依法开展公开募集证券投资基金份额登记的机构或其绝对控股子公司、获得公开募集证券投资基金销售业务资格的证券公司（或其绝对控股子公司）及商业银行。

（7）私募投资基金管理人如果聘请投资顾问的，应当通过中国证券投资基金业协会公示平台核查其是否具有投顾资格。

二、外包服务法律文件审查

律师需查验基金外包服务协议内容并在《法律意见书》中披露相关法律风险。具体核查事项应注意以下几个方面：

（1）私募投资基金管理人是否与外包服务机构订立书面外包服务协议，且该外包服务机构是否经中国证券投资基金业协会备案，并加入中国证券投资基金业协会成为会员，该外包服务机构是否具备中国证券投资基金业协会关于基金外包服务机构的其他要求。

（2）外包服务协议是否明确约定私募投资基金管理人和外包服务机构双方的权利义务及违约责任。

（3）外包服务协议是否载明未经基金管理人同意，外包服务机构不得将已承诺的基金业务外包服务转包或变相转包为类似条款。

（4）如果私募投资基金管理人委托基金销售机构销售的，私募投资基金管理人是否与基金销售机构以书面形式签订基金销售协议。该书面基金销售协议中关于私募投资基金管理人与基金销售机构权利义务划分以及其他涉及投资者利益的部分是否作为基金合同的附件。

（5）办理私募基金销售、销售支付业务的机构，如果开立销售结算资金归集账户的，是否与监督机构签署监督协议中明确保障投资者资金安全的连带责任条款。

三、基金销售机构牌照申请法律服务

（一）申请主体

可以申请基金销售业务资格的主体有商业银行（含在华外资法人银行）、证券公司、期货公司、保险机构、证券投资咨询机构、独立基金销售机构以及中国证监会认定的其他机构从事基金销售业务。

（二）申请步骤

律师应当参考以下步骤协助符合条件的基金销售机构申请人申请获得基金销售牌照资格：

（1）尽职调查及方案制定。律师应通过与客户的沟通以及核查客户的基本情况，形成对客户是否有申请资格的初步意见，并根据客户的机构类型，制定尽调清单。通过审阅客户提供的材料、实地走访、人员访谈等方式，根据尽调清单，逐条核查客户是否符合申请要求；尽调期间，可为客户设计整改方案，提供完善意见，协助客户符合基金销售资格的审批要求。

（2）协助完善软、硬件设施。代表客户与第三方谈判，协助客户遴选系统提供商、会计师事务所、资金托管机构并参与公司与之谈判以及合同的起草、风险防控等；协助完成基金销售部门机构设置和网点设置；协助核查技术设施情况，协助系统提供商开展场检培训、模拟场检；协助开展基金销售相关人员培训。

（3）审查相关制度、协议及文件的合规性。审查申请机构是否具有完善的销售业务管理制度、销售业务操作流程、基金销售业务资金清算流程、账户管理制度、销售适用性制度和反洗钱内部控制制度等，并就该等制度的合规性提供法律意见和整改意见。审查《代理销售协议》《认购协议》等相关协议是否合规或是否存在法律风险，并提出整改意见。审查《基金投资人风险承受能力调查问卷》《投资人权益须知》以及《关联关系说明》等相关条件是否合规，并提出整改意见。

（4）协助报送材料及处理申报过程中可能出现的问题。协助准备相关申请材料，协助将材料报送给中国证监会或地方证监局，并协助应对中国证监会或地方证监局审查过程中可能出现的质询、反馈和补报材料等情况；跟踪场检，针对公司的突发状况提供解决方案。

（5）协助补正材料。申请注册机构应当按照规定补正材料，律师协助其补正材料。中国证监会派出机构依照规定进行审查，并做出注册或不予注册的决定。

（6）后续服务事项。获得基金销售资格后，律师可协助客户办理设立分支机构、基金销售支付结算备案、基金宣传推介材料、变更事项备案等后续事项。

第七节　自律管理

本节的主要内容包括现场、非现场检查和纪律处分。

本节参考的法律法规等规范性文件主要是《私募投资基金募集行为管理办法》。

一、现场、非现场检查

中国证券投资基金业协会可以按照相关自律规则，对会员及登记机构的私募基金募集行为合规性进行定期或不定期的现场和非现场自律检查，会员及登记机构应当予以配合。

二、纪律处分

（一）违规行为

（1）私募投资基金管理人委托未取得基金销售业务资格的机构募集私募基金的，中国证券投资基金业协会不予办理私募基金备案业务。

（2）募集机构在1年之内2次被采取谈话提醒、书面警示、要求限期改正等纪律处分的，中国证券投资基金业协会可对其采取加入黑名单、公开谴责等纪律处分；在2年之内2次被采取加入黑名单、公开谴责等纪律处分的，中国证券投资基金业协会可以采取撤销基金管理人登记等纪律处分，并移送中国证监会处理。

（3）在中国证券投资基金业协会登记的基金业务外包服务机构就其参与私募基金募集业务的环节违反规定，中国证券投资基金业协会可以采取相关自律措施。

（4）募集机构、基金业务外包服务机构及其从业人员因募集过程中的违规行为被中国证券投资基金业协会采取相关纪律处分的，中国证券投资基金业协会可视情节轻重记入诚信档案。

（5）募集机构、基金业务外包服务机构及其从业人员涉嫌违反法律、行政法规、中国证监会有关规定的，移送中国证监会或司法机关处理。

（二）相关处分

基金募集机构在开展私募基金募集业务过程中违反相关规定，中国证券投资基金业协会可以视情节轻重对募集机构采取要求限期改正、行业内谴责、加入黑名单、公开谴责、暂停受理或办理相关业务、撤销基金管理人登记等纪律处分；对相关工作人员采取要求参加强制培训、行业内谴责、加入黑名单、公开谴责、认定为不适当人选、暂停基金从业资格、取消基金从业资格等纪律处分；情节严重的，移送中国证监会处理。

第八节 投资者投资注意事项

本节的主要内容包括投资者注意事项及典型案例。

一、投资者注意事项

作为私募基金的投资者，应具有一定的经济实力，了解资本市场的规则体系，能结合自身的分析判断做出投资决策，并在投资之后对私募管理机构和托管机构给予持续关注和监督。下面主要介绍投资者在选择基金产品时应注意的相关事项。

(一) 宣传"套路"要警惕

高风险是私募基金的本质属性，揭示风险是私募机构的义务。推介业务时过度包装、过度宣传，且不敢或刻意回避讲风险、讲隐患的私募机构投资者要警惕。私募基金销售中往往存在以下宣传"套路"。

1. 以"登记备案"不当增信

一方面，私募机构的登记备案不是行政审批，仅是事后登记备案，私募投资基金管理人宣传私募机构是中国证监会或中国证券投资基金业协会批准的正规持牌金融机构，私募基金是合规的投资产品，属于误导投资者，莫轻信；另一方面，登记备案是对申请文件的形式审查，只对申请文件的完整性和规范性做出要求。中国证券投资基金业协会对私募机构并不做实质审核，也不设许可门槛，私募投资基金管理人利用投资者的认识偏差，宣传中将登记备案等同于监管部门的信用背书行为，利用备案信息自我增信是违法行为。

2. 以"托管人托管"不当增信

私募基金不强制要求托管，托管人职责不完全等同于基金管理人职责，基金托管也不等于资金进入了"保险箱"，投资者不应迷信"托管"，谨防基金管理人以"××银行/券商托管"为宣传噱头，不当增信。

3. 其他违规宣传"套路"

例如，宣传承诺保本保收益或者高收益、定期付息；虚构或夸大投资项目，以虚假宣传造势、利用亲情诱骗等手段，骗取投资者的资金；宣传基金产品设置多重增信，尤其是投资标的大股东个人增信、关联机构增信；利用传销式销售方式，构建庞大的销售队伍、众多分支机构和销售网点，高额销售奖励，介绍身边人买基金即可得高额佣金。

(二) 购买渠道要正规

切记通过非法渠道购买，警惕披着"金融创新"外衣的违规募资。私募投资基金管理人及其产品应当在中国证券投资基金业协会登记备案,建议投资者在购买私募产品前,先在中国证券投资基金业协会官方网站进行查询。在购买私募产品时,应仔细阅读相关产品介绍,了解买的是谁的产品、到底与谁签约、资金划到何处以及具体投向何处等。

(三) 投资要量力而行

(1) 对本人资质进行判断。投资者要从自身实际出发,判断是否符合合格投资者的标准。

(2) 对风险承受能力进行评估。私募基金有高风险、高收益的特征,同时还有初始投资额的门槛要求,因此在认购私募基金时,应当对本人的风险承受能力进行评估,如果不能承受或承受风险能力较弱时,应当审慎购买。

(四) 事前要摸清底细

投资者在认购前可以在中国证券投资基金业协会官方网站上查询私募机构及其备案的私募基金的基本情况、在国家企业信用信息公示系统上查询市场主体登记信息。

(五) 决策要理性谨慎

许多机构以高收益为噱头吸引投资者,甚至打着私募基金的名义诈骗、非法集资,因此投资者要保持清醒的头脑,切勿因高收益的吸引而放松警惕、盲目投资。

(六) 投后要持续关注

投资者在认购私募基金产品后,要持续关注私募基金产品的投资、运作情况,要求私募投资基金管理人按照约定履行信息披露义务。投资者若发现私募投资基金管理人失联、跑路,基金财产被侵占、挪用,基金存在重大风险等情况,要及时向中国证券投资基金业协会或私募投资基金管理人注册地所在地证监局反映,或者在纠纷发生后及时通过仲裁、诉讼途径维护自身合法权益;若发现私募投资基金管理人涉嫌诈骗、非法集资等犯罪线索的,要及时向公安、司法机关报案。

二、典型案例

案例1 公开宣传违规[①]

H公司是在中国证券投资基金业协会登记的私募投资基金管理人。2014年年底,H公司设立了h基金,并请保险公司销售团队进行代销。保险销售团队主要针对购买了保险理财产品的客户,向其宣传推介h基金,宣称是保险公司为回馈老客户特别推出的正规产品,年化收益率达到9%,并有正规银行托管。部分投资者相信了上述宣传,于是签订了基金合同,约定投资金额5万~150万元,投资期限为1年;2017年,

---

① 参见"中国证券投资基金业协会"官方网站,网址为:https://investor.amac.org.cn/investwarn/fxjswgalfx/wgal/gkxcp/202103/t20210312_11253.html。

部分投资者发现基金到期无法兑付，且 H 公司已经人去楼空。随后，监管部门核查，发现 H 公司仅在中国证券投资基金业协会备案了 h 基金 1 只产品，投资者数量为 3 名，认缴金额 1 亿元，实缴金额 0 元。该基金实际于 2014 年年底—2016 年年底共发行 4 期，涉及投资者 700 多人，其中大部分投资者的投资金额都不超过 100 万元，托管银行信息也不属实。目前，公安机关以涉嫌非法吸收公众存款罪移送检察院审查起诉。

案例简析：为拓宽募资渠道，方便投资者，部分基金私募机构与银行、保险等机构合作进行代销私募基金，而个别不法分子，利用投资者对银行、保险机构的信任，或复制保险营销、传销等手段，以欺骗手段向非合格投资者兜售私募基金。

私募基金本姓"私"，只能面向合格投资者募集资金，不得公开推介、宣传、打广告。然而，不法分子利用私募基金从事非法活动，公开宣传往往是必经之路。否则，就难以在短时间内大量吸纳资金，难以募新还旧维持资金链，难以诱骗非合格投资者"入局"……因此，现实中虚假宣传、夸大宣传、误导性宣传比比皆是，拉上"政府平台""国企背景""银行保险合作"等大旗的手段层出不穷。监管部门也发现，非法集资的"伪私募"一般通过大量招聘低学历人员，采取"底薪＋提成"的方式激励其兜售所谓的"私募基金产品"；销售人员往往为了高比例提成收入，通过召开宣传推介会、陌生拜访、微信宣传等方式公开宣传产品高息、保本，诱导投资者。

案例 2　持牌金融机构不将产品备案[①]

2016 年年底，监管部门陆续收到对 A 公司的举报，涉及该公司 6 只产品、30 余名投资人，金额合计 1 090 万元。监管部门核查发现，A 公司在中国证券投资基金业协会备案 4 只产品，但举报人购买的私募基金产品均为未备案产品。对此，监管部门立即开展深入核查，发现 A 公司实际募集规模可能是其备案规模的 80 倍，立即向深圳公安部门进行了案件线索移送。A 公司属于典型的"备少募多"，利用登记备案不当增信从事违法犯罪行为。

案例简析：当前，不法分子利用部分私募基金投资者不能正确区分"登记备案"与"行政许可"的区别，通过在中国证券投资基金业协会登记并备案少量产品或虚报信息骗取登记备案，以此为幌子，向投资者鼓吹属于持牌金融机构，虚构项目诱骗投资者，大量募集资金后挪为己用，给社会造成极大危害。

现实中，一些动机不纯的基金私募机构往往通过虚报信息骗取登记备案、先备后募、备少募多等各种手段，利用投资者对"登记备案"法律属性的误解，不当增信，达到自己不可告人的目的，极具欺骗性。因此，投资者投资私募基金，要切记多一分学习，多一分保障，做到明规则、识风险。

关于"登记备案"，至少应该了解以下内容：

[①] 参见"中国证券投资基金业协会"官方网站，网址为：https://investor.amac.org.cn/investwarn/fxjswgalfx/wgal/cpjrjgp/202103/t20210312_11225.html。

一是"登记备案"不是"行政审批",私募投资基金管理人宣传基金私募机构是中国证监会或中国证券投资基金业协会批准的正规持牌金融机构,私募基金是经过审批的投资产品,属于误导投资者,莫轻信。

二是私募基金登记备案不构成对私募投资基金管理人投资能力、持续合规情况的认可;不作为对基金财产安全的保证。私募投资基金管理人利用投资者的认识偏差,宣传中将登记备案等同于行政审批,利用备案信息自我增信是对监管部门的变相"绑架",也是对投资者的严重误导。

三是各类私募投资基金管理人均应当向中国证券投资基金业协会申请登记,各类私募基金募集完毕,均应当向中国证券投资基金业协会办理备案手续。投资者要及时登录中国证券投资基金业协会官方网站(www.amac.org.cn)查询所购买的私募基金的备案情况,核实信息是否准确一致。否则,应当及时向中国证券投资基金业协会或监管部门反映。

案例3 保本保收益案例[①]

A集团是J基金管理有限公司(以下简称J公司)的实际控制人。2017年,在J公司j私募基金产品资金募集过程中,A集团为推动产品尽快募集资金,与投资者一对一签署了基金份额回购协议,承诺将在1年后,以本金112%的价格购买投资者所持有的全部基金份额。1年后,A集团并未如约回购基金份额。经监管部门核查,j私募基金产品的资金并未投到合同约定的项目,而是被A集团挪作他用,涉嫌集资诈骗。目前,公安机关已对A集团以及J公司展开刑事调查。

案例简析:私募机构不得向投资者承诺投资本金不受损失或者承诺最低收益,但仍有私募机构通过关联方担保、关联方承诺回购等方式,变相承诺保本保收益,欺骗投资者。

通过上述案例,提醒投资者注意以下事项:

一是投资有风险,千万不要相信"保本"的宣传。天下没有"包赚不赔"的生意,私募基金也不例外。基金私募机构虽然是专业投资机构,但即使是知名的基金私募机构也存在投资失败的案例。因此,投资者要牢记,投资有风险,投资私募基金不是放贷,任何保本或保收益承诺都是投资陷阱,都是"不靠谱"的。

二是不要贪图短期回报、高息回报。股权类私募基金主要投资于非上市公司股权,具有投资周期长、退出难度大的特点,一般很难在短期内收回投资,也难以在短期内锁定投资回报。投资者要牢记,所谓的短期收回投资、高息回报不过是违法违规者抛出的诱饵。

三是认真比对基金私募机构公示信息,审慎做出投资决策。投资者投资前,要通

[①] 参见"中国证券投资基金业协会"官方网站,网址为:https://investor.amac.org.cn/investwarn/fxjswgalfx/wgal/bbbsyp/202103/t20210312_11256.html。

过中国证券投资基金业协会查询比对私募投资基金管理人的信息,发现异常的,应当及时向监管部门反映。上述案例中,A集团是通过"买壳"成为J公司的大股东,但中国证券投资基金业协会公示的J基金管理有限公司股东信息,并未显示A集团是其大股东。如果投资者在购买产品前,对J公司的上述异常情况予以充分关注,在很大程度上就可以避免上当受骗。

案例4 合法投资者案例[①]

L基金公司设立b投资基金,分A、B两类份额。其中,A类份额预期年化收益15%~16.8%,投资期限为12个月;B类份额享有预期年化收益率20%以上,投资期限为15个月。M基金公司直接认购b投资基金的A类份额。b投资基金募集完成后,由托管方将募集款划至某银行委贷账户,通过委托贷款的方式,投资于某房地产项目。b投资基金募集总规模为8 000万元。表面上,该基金由19名合格投资者认购,但核查发现A类份额和M基金公司存在异常。M基金公司与L基金公司系同一实际控制人,为规避合格投资者监管要求,专门成立了M基金公司,用于吸收非合格投资者资金,其中M基金公司认购的1 638万元b投资基金A类份额,通过拆分收益权,最终由68名非合格投资者认购,这些投资者投资金额均低于100万元。

案例简析:募集资金是私募基金运作的核心环节。私募基金因其高风险、高收益的特征,在国内外均实行严格的合格投资者制度。然而,受利益驱动,基金私募机构变相降低合格投资者标准募资的情况时有发生。基金私募机构通过拆分收益权,突破合格投资者标准便是其中一种手段;更有甚者,打着"拆分"的名义,从事非法集资。

现实中还存在少数不具备私募基金投资条件、经测试不适合私募基金投资的个人投资者,在私募基金高收益的诱惑下,往往篡改真实信息承诺符合合格投资者标准,汇集多人资金凑单、拼单变相突破100万元投资底线,当投资出现问题时已悔之晚矣。

私募基金投资风险远大于一般基金产品,监管部门为保护中小投资者的利益,对私募基金的投资与转让建立了合格投资者标准。私募基金的合格投资者是指具备相应风险识别能力和风险承担能力,投资于单只私募基金的金额不低于100万元且符合相关标准的单位和个人。同时,规定"投资者转让基金份额的,受让人应当为合格投资者"。自然人投资者作为私募市场的重要参与者,必须从自身实际出发,量力而行,对照私募基金合格投资者标准进行判断,再选择与自己风险承受能力相匹配的产品,切勿心存侥幸。特别是投资者明确向销售人员表明自己投资金额无法达到单只基金投资100万元的基本标准时,销售人员甚至煽动以"拼单""凑单""基金份额拆分转让"等方式突破合规投资者底线,这属于严重违规行为。投资者不能认为私募基金降低门槛向非合格投资者募集没什么大不了,甚至以为"占了便宜",应对这一类销售人员保

[①] 参见"中国证券投资基金业协会"官方网官,网址为:https://investor.amac.org.cn/investwarn/fxjswgalfx/wgal/hgtzzp/202103/t20210312_11272.html。

持高度警惕，坚决制止。

案例5 "非法集资"案例[①]

S公司以从事私募基金投资为由，向群众吸收资金，涉及人数众多，集资金额巨大，是典型的以私募基金为名进行非法集资的违法违规行为。

S公司是在中国证券投资基金业协会登记的私募证券投资基金管理人，S公司关联机构L公司亦为登记的私募证券投资基金管理人，两家公司共备案了数十只私募基金。监管部门检查发现，S公司存在公开宣传、向非合格投资者募集、承诺最低收益等违法行为，非法集资特征明显，主要违法行为如下：

（1）打款人并非备案基金投资者。虽然给S公司打款的自然人都备注了购买私募基金产品，但均不是S公司在中国证券投资基金业协会产品备案中显示的投资者。

（2）通过S公司账户汇集大量自然人资金。大量自然人直接打款到S公司账户，数额从数十万元到数百万元不等，打款的备注均为购买私募产品，汇集到的资金数额巨大。上述自然人直接打款到基金管理人自身的银行账户而非托管券商开立的募集资金专户，显然不符合正常的私募基金购买方式。

（3）汇集资金去向不明。S公司账户汇集的资金，小部分被用作缴纳物业水电等公司日常运行费用，其余大部分转到股东个人账户，被拆散成数千元一笔打往多个个人账户，或转给关联方、其他股东等，还有的用于购买汽车、房产等。

案例简析：非法集资分为非法吸收公众存款和集资诈骗。非法吸收公众存款是指违反国家金融管理法律规定，向社会公众（包括单位和个人）吸收资金的行为，同时具备4个条件：①未经有关部门依法批准或者借用合法经营的形式吸收资金；②通过媒体、推介会、传单、手机短信等途径向社会公开宣传；③承诺在一定期限内以货币、实物、股权等方式还本付息或者给付回报；④向社会公众即不特定对象吸收资金。集资诈骗罪与非法吸收公众存款罪的区别主要在于犯罪的主观故意不同：集资诈骗罪是行为人采用虚构事实、隐瞒真相的方法意图永久非法占有社会不特定对象的资金，具有非法占用的主观故意。

在市场鱼龙混杂的情况下，投资者必须"擦亮眼睛"，正确认识私募，准确定位自我，做到"三看三不"，增强风险意识，提高自我保护能力。具体内容如下：

一要看人。购买私募基金产品前，通过中国证券投资基金业协会官方网站查询了解基金私募机构。对基金私募机构执业能力的判断不能仅仅依据经营场所的装修档次及工作人员的着装品质，要仔细了解高级管理人员的职业背景、学历情况、从业经历等信息，不要盲目地相信"有关系""有资源"等毫无凭据的说辞。

二要看产品。要自觉抵制"保本保收益""高收益无风险""快速致富"等噱头诱

[①] 参见"中国证券投资基金业协会"官网，网址为：https://investor.amac.org.cn/investwarn/fxjswgalfx/wgal/ffjzp/202103/t20210312_11284.html。

惑，头脑保持冷静，多一分怀疑，少一分侥幸。如果私募基金宣传推介材料中含有"定期付息、到期还本"等字样，或是私募投资基金管理人、其股东或实际控制人、关联方直接或间接承诺"保本保收益"，即提示这是一个违规产品，请勿购买。

　　三是看合同。投资者看合同时，要重点关注合同中是否明确提示投资风险、投资范围或投资标的，核实相关条款与宣传推介内容是否一致，是否托管，是否约定纠纷解决途径等。

　　四是量力而行"不贪小利"。投资者要从自身实际出发，量力而行，对照私募基金合格投资者判断自身是否能够投资私募基金产品。在满足合格投资者标准的前提下，再选择与自己风险承受能力相匹配的产品。

　　五是文件签署"不走过场"。投资者应当认真对待有关个人投资者资格审查等适当性审查环节，充分认识《风险揭示书》《合格投资者承诺书》《风险测评调查问卷》等的重要性，认真审阅合同条款，而不是草草浏览文件、简单签字了事。

　　六是投资前后"不做甩手掌柜"。投资者在了解自身情况的前提下，应当充分了解所投产品，知道买的是谁的产品，与谁签约，由谁管理，资金划到何处，具体投向何方。发现私募投资基金管理人管理基金存在违法违规情况的，及时向监管部门反映；发现私募投资基金管理人涉嫌诈骗、非法集资等犯罪线索的，及时向公安机关报案。

第十章　私募基金投资

本章共 4 节，主要包括私募基金投资的基本要求、私募基金的投资架构、私募基金投资产品类型、私募基金的投资流程。

第一节　私募基金投资的基本要求

本节的主要内容包括投资范围、投资能力要求、投资层级、兼营与私募基金可能存在冲突业务的后果、实操要点。

本节参考的法律法规等规范性文件主要包括《私募投资基金登记备案办法》《私募投资基金监督管理条例》。

一、投资范围

私募基金可以分为私募证券基金和私募股权基金，根据此投资范围也予以同步区分。

（一）私募证券基金的投资范围

私募证券基金的投资范围主要包括股票、债券、存托凭证、资产支持证券、期货合约、期权合约、互换合约、远期合约、证券投资基金份额，以及中国证监会认可的其他资产（如交易所挂牌的非公开发行的可转换债券和可交换债券、股票质押融资、上市公司定增、新三板挂牌企业股权以及其他基础资产为股权投资的资产支持证券）。

私募证券类基金不可以投资银行承兑票据、区域性股权市场（四板）的可转债产品［区域性股权市场（四板）的产品属于非标准化产品，私募证券类基金管理人不得突破专业化经营原则］。

（二）私募股权基金的投资范围

私募股权基金的投资范围包括未上市企业股权，非上市公众公司股票，上市公司向特定对象发行的股票，大宗交易、协议转让等方式交易的上市公司股票，非公开发行或者交易的可转换债券、可交换债券，市场化和法治化债转股，股权投资基金份额，以及中国证监会认可的其他资产。私募股权投资基金的闲置资金可以投资国债逆回购，不可以投资金交所固收类基金；私募股权投资基金只可投资基础资产为股权投资的资产支持证券。此外，私募股权基金还可以投资非上市企业可转债（备案时说明投资场所、具体标的、交易方式及比例，比例上建议不超过基金规模的20%。如果超过该比例，建议出函说明）、整个基金规模不超过20%比例的区域性股权市场（四板）的可转债产品、交易所挂牌的非公开发行的可转换债券和可交换债券（原则上不得投资交易所挂牌的公开发行的可转换债券和可交换债券；如果是对未上市企业附转股权的债权投资，建议进一步说明采用该投资方式的原因和投资占比）。

私募股权基金不可以投资保理资产、融资租赁资产、典当资产等与私募投资基金相冲突业务的资产及其股权或其收（受）益权、资产支持证券、金交所固收类基金、场外证券业务（如商业承兑汇票）、A股的场外质押、A股IPO的新股认购、A股上市公司公开增发等。

（三）一般私募基金财产的限制领域

私募基金财产不得用于经营或者变相经营资金拆借、贷款等业务。私募投资基金管理人不得以要求地方人民政府承诺回购本金等方式变相增加政府隐性债务。

二、投资能力要求

私募基金应当具有保障基本投资能力和抗风险能力的实缴募集资金规模。私募基金初始实缴募集资金规模除另有规定外应当符合下列要求：①私募证券基金不低于1 000万元；②私募股权基金不低于1 000万元，其中创业投资基金备案时首期实缴资金不低于500万元，但应当在基金合同中约定备案后6个月内完成符合前述初始募集规模最低要求的实缴出资；③投向单一标的私募基金不低于2 000万元。契约型私募基金份额的初始募集面值应当为1元，在基金成立后至到期日前不得擅自改变。

三、投资层级

私募基金的投资层级应当遵守国务院金融管理部门的规定。但符合国务院证券监督管理机构规定条件，将主要基金财产投资于其他私募基金的私募基金不计入投资层级。创业投资基金、政府引导私募基金的投资层级，由国务院有关部门规定。

四、兼营与私募基金可能存在冲突业务的后果

私募投资基金管理人违规开展投资顾问业务，开展或者变相开展冲突业务或者无关业务的，中国证券投资基金业协会可以采取书面警示、要求限期改正等自律管理或者纪律处分措施；情节严重的，可以采取公开谴责、暂停办理备案、限制相关业务活动等自律管理或者纪律处分措施。

五、实操要点

（一）已备案完的私募基金是否可以追加投资

私募股权、创业投资基金是需要封闭运作的，在满足一定条件的情况下才可以扩募。如果是私募证券基金，开放式基金是可以在后续开放时进行基金的认/申购的。需要注意的是只有固定开放日可以申购赎回，临时开放日只能赎回不能申购。

（二）基金错配

私募基金可能会出现 A 私募基金去投 B 私募基金的情况，这种情况下中国证券投资基金业协会在备案的过程当中会关注上面一层 A 私募基金和下面一层 B 私募基金的基金存续期限是否一致。如果存在不一致的情况，下面一层 B 私募基金在备案的时候会受到影响，中国证券投资基金业协会会要求上面一层 A 私募基金的基金管理人去修改基金存续时间和到期时间。

（三）员工跟投

1. 跟投员工减资或转让基金份额

私募股权基金备案完成后，投资者不得赎回或者退出。有下列情形之一的，不属于前述赎回或者退出：①基金封闭运作期间的分红；②进行基金份额转让；③投资者减少尚未实缴的认缴出资；④对有违约或者法定情形的投资者除名、替换或者退出；⑤退出投资项目减资；⑥中国证监会、中国证券投资基金业协会规定的其他情形。员工跟投应当遵守上述规定。

2. 私募投资基金管理人的兼职员工能否视为员工进行跟投

若该员工为符合要求的私募投资基金管理人兼职高级管理人员，与私募投资基金管理人签署劳动合同、近期由私募投资基金管理人发放连续 6 个月及以上的工资，该员工将被认定为实际在私募投资基金管理人处履职，进而认定其为员工跟投。

3. 私募基金投资者中只有私募投资基金管理人及其员工将不予备案

私募基金应当面向合格投资者通过非公开方式对外募集资金。私募基金投资者中只有私募投资基金管理人及其员工，无外部募集行为，不属于私募基金备案范围。

（四）私募股权基金不能投资法院拍卖的流通股

私募股权基金的投资范围包括未上市企业股权，非上市公众公司股票，上市公司向特定对象发行的股票，大宗交易、协议转让等方式交易的上市公司股票，非公开发行或者交易的可转换债券、可交换债券，市场化和法治化债转股，股权投资基金份额，以及中国证监会认可的其他资产。

法院拍卖过程是公开的，所以法院拍卖的流通股不属于上市公司非公开发行或交易的股票，私募股权基金不得投资法院拍卖的流通股。

（五）私募股权基金投资房地产项目

私募股权基金可以投资商业地产和工业地产，但不能投向国家禁止或者限制投资的项目以及不符合国家产业政策、环境保护政策、土地管理政策的项目。私募股权基金从事不动产投资业务，可参照《不动产私募投资基金试点备案指引（试行）》的要求。

（六）私募股权基金（含创业投资基金）的投资限制类范围

1. 不属于私募投资基金的备案范围

（1）从事或者变相从事信贷业务，或者直接投向信贷资产，中国证监会、中国证券投资基金业协会另有规定的除外。

（2）通过委托贷款、信托贷款等方式从事经营性民间借贷活动。

（3）私募基金通过设置无条件刚性回购安排变相从事借贷活动，基金收益不与投资标的的经营业绩或者收益挂钩。

（4）投向保理资产、融资租赁资产、典当资产等与私募基金相冲突业务的资产、资产收（受）益权，以及投向从事上述业务的公司的股权。

（5）投向国家禁止或者限制投资的项目以及不符合国家产业政策、环境保护政策、土地管理政策的项目。

（6）通过投资公司、合伙企业、资产管理产品等方式间接从事或者变相从事本款第（1）项~第（5）项规定的活动。

（7）不属于《私募投资基金登记备案办法》第二条第二款规定的私募基金①，不以基金形式设立和运作的投资公司和合伙企业。

（8）以员工激励为目的设立的员工持股计划和私募投资基金管理人的员工跟投平台。

（9）中国证监会、中国证券投资基金业协会规定的其他情形。

2. 私募股权基金（含创业投资基金）投资范围不应当包含的内容

（1）投向金融资产交易中心发行的产品。

（2）首发企业股票（战略配售和港股基石投资除外）。

（3）上市公司股票（向特定对象发行、大宗交易、协议转让、所投资的企业上市后参股企业所持股份的未转让部分及其配售部分除外）。

（4）从事承担无限责任的投资。

此外，创业投资基金不得直接或间接投资（包括通过投资私募股权投资基金的方式进行投资等）基础设施、房地产、首发企业股票、上市公司股票（所投资的企业上

---

① 《私募投资基金登记备案办法》第二条第二款　非公开募集资金，以进行投资活动为目的设立的公司或者合伙企业，资产由私募投资基金管理人或者普通合伙人管理的，其私募基金业务活动适用本办法。

市后参股企业所持股份的未转让部分及其配售部分除外)、上市公司可转债、上市公司可交债。

第二节 私募基金的投资架构

本节的主要内容包括私募基金通过 SPV 对外投资、嵌套基金（FoF 基金)、双（多）GP 基金、S 基金、结构化夹层基金、平行基金、私募资产配置基金。

本节参考的法律法规等规范性文件主要包括《私募投资基金监督管理条例》《关于促进股权投资企业规范发展的通知》《私募投资基金登记备案办法》《公开募集证券投资基金运作指引第 2 号——基金中基金指引》《私募投资基金非上市股权投资估值指引（试行)》《有限合伙企业国有权益登记暂行规定》《关于规范金融机构资产管理业务的指导意见》《司法部、证监会负责人就〈私募投资基金监督管理条例〉答记者问》《私募基金登记备案相关问题解答（十五)》《律师办理私募投资基金合规法律业务操作指引（试行）(2023)》。

一、私募基金通过 SPV 对外投资

（一）基本含义

一个私募投资基金管理人募集了多个基金，再将多个基金投资于其管理的同一个基金或其设立的实体作为 SPV，再投向具体的投资标的，这一投资路径十分常见。原则上，监管部门并不禁止私募基金通过自己管理的关联方进行对外投资。

（二）监管部门及律师核查注意事项

从监管规定而言，这种通过关联方对外投资的行为属于基金关联交易行为。律师应注意核查该关联交易是否违反监管规则规定的程序要件，私募基金关联交易的信息披露和决策机制实施情况应当符合法律法规、中国证券投资基金业协会自律规范以及基金合同的约定，核查私募基金关联交易对价是否公允，以及根据关联交易的背景、关联交易的履行情况等综合判断私募基金关联交易的目的是否存在诸如操纵市场、转移利润或财产、逃避税收、向关联方输送利益等恶意。

二、嵌套基金（FoF 基金）

（一）基本含义

基金中基金（以下简称 FoF 基金）是指以基金为主要投资标的的证券投资基金，通过持有其他证券投资基金而间接持有股票、债券等证券资产，是一种结合了基金产品创新和销售渠道创新的新品种，可进一步分散投资风险、优化资产配置，降低多样化基金投资门槛。FoF 基金的概念原适用于证券投资基金，中国证监会出台了《公开

募集证券投资基金运作指引第 2 号——基金中基金指引》。

FoF 基金模式同样适用于私募股权投资领域，其中出现了母基金的概念，并将其缩写成 PEFoF。母基金是一种专门投资于其他基金的基金，也称为基金中的基金（fund of fund），其通过设立私募股权投资基金，进而参与到其他股权投资基金中。母基金利用自身的资金及其管理团队优势，选取合适的权益类基金进行投资；通过优选多只股权投资基金，分散和降低投资风险。

国内各地政府发起的创业投资引导基金、产业引导基金通常是以母基金的运作形式存在的。政府利用母基金的运作方式，可以有效地放大财政资金，选择专业的投资团队，引导社会资本介入，快速培育本地产业，特别是政府希望扶持的新兴产业。

（二）监管要求

1. 《关于促进股权投资企业规范发展的通知》

为规范在中华人民共和国境内设立的从事非公开交易企业股权投资业务的股权投资企业（含以股权投资企业为投资对象的股权投资母基金）的运作和备案管理，国家发展改革委办公厅发布了《关于促进股权投资企业规范发展的通知》。其中指出，"投资者人数限制。股权投资企业的投资者人数应当符合《中华人民共和国公司法》和《中华人民共和国合伙企业法》的规定。投资者为集合资金信托、合伙企业等非法人机构的，应打通核查最终的自然人和法人机构是否为合格投资者，并打通计算投资者总数，但投资者为股权投资母基金的除外。"根据"非法人机构穿透原则"的要求，即如果一个基金的合伙人或股东是一个合伙企业或信托等非法人机构，需要穿透该非法人机构，核查其背后的法人或自然人，来计算投资者人数，且该等被穿透后的最终投资者也需要满足单个投资者 1 000 万元的最低出资要求。非法人机构穿透原则目前唯一的例外是在发展改革委备案的"股权投资母基金"。由于国内绝大多数私募基金无法满足每个投资者 1 000 万元的最低出资额要求，因而"股权投资母基金"为其规避该项要求的一个选择。

2. 嵌套的私募基金备案

按照"私募基金适用资管新规关于嵌套层数的限制规定且私募基金属于资管产品并构成一层嵌套"的监管逻辑，对于私募股权投资基金（创业投资基金和政府出资产业投资基金除外），目前合规的嵌套架构为"资管产品（含私募基金）—私募基金—直投项目"，但不排除中国证券投资基金业协会在具体基金产品备案审核时，根据产品嵌套的原因和合理性，对两层以上嵌套的私募基金予以备案。

3. 上、下层基金的安排相匹配

上层基金对外投资的对象也为基金的，需要格外关注下层基金在以下方面的约定是否与上层基金的安排相匹配：

（1）信息披露与保密义务豁免。下层基金的信息披露义务要能够满足上层基金对自身投资人信息披露义务规定的内容，同时需要确保下层基金的保密条款不限制上层基金对其投资者的相关披露。

（2）存续期限。需特别关注下层基金的存续到期时间。如果下层基金晚于上层基金，则需要考虑合理设置上层基金的期限延长，或提前安排退出事宜。如果下层基金为私募股权投资基金或创业投资基金，应当封闭运作，备案完成后不得开放认/申购（认缴）和赎回（退出），基金封闭运作期间的分红、退出投资项目减资、对违约投资者除名或替换以及基金份额转让不在此列。备案完成后如果上层基金从下层基金退出，只能通过份额转让方式退出，因此有必要对下层基金的期限进行提前调查与布局。中国证券投资基金业协会近期的私募基金备案公示案例中，上层基金的基金存续期限短于下层基金的基金存续期限5年。中国证券投资基金业协会认为，在封闭式私募股权基金投资运作管理过程中，短募长投、期限错配易引发流动性风险，损害投资者权益，因此下层基金直接被退回整改。这也提示在上层基金对外投资时，需要注意下层基金的存续期限不能过多长于上层基金的存续期限。

（三）出资进度安排

需要将下层基金的出资要求与上层基金的出资进度进行比对，否则可能会对下层基金构成出资违约。

（四）FoF 基金投资于其他基金产品的资金比例要求

私募证券类 FoF 基金是指主要投向证券类私募基金、信托计划、券商资管、基金专户等资产管理计划的私募基金。尽管中国证监会发布的《公开募集证券投资基金运作指引第 2 号——基金中基金指引》要求"将80%以上的基金资产投资经证监会依法核准或注册的公开募集的基金份额的基金"。但是，对私募证券类 FoF 基金投资其他基金产品的资金比例，现行监管法规没有明确规定。

（五）流动性及双重收费问题

FoF 基金是双层结构，在设计产品开放日时要考虑底层基金的开放日。当投资者有赎回需求时，母基金管理人首先需要在子基金管理人开放日时赎回底层标的，底层标的的赎回款到账之后才可将资金打到投资者账户。直销赎回款到账一般是 5 个工作日。

双重收费问题较为普遍。FoF 基金的费用主要包括直接费用和间接费用。直接费用是基金运作中直接产生的费用，包括管理费、托管费、业绩报酬及其他基金运营费用；间接费用是投资基金时的隐含费用。

三、双（多）GP 基金

（一）监管要求

中国证券投资基金业协会并未禁止"双 GP"模式，只是禁止"双基金管理人"模式，即私募投资基金管理人只能有一个，GP 可以有多个，但需要说明合理性。私募投资基金管理人设立合伙型基金，应当担任执行事务合伙人，或者与执行事务合伙人存在控制关系或受同一控股股东、实际控制人控制，不得通过委托其他私募投资基金管理人等方式规避关于私募投资基金管理人的相关规定。

如果私募投资基金管理人担任其中一个 GP，则私募投资基金管理人需要同时担任执行事务合伙人，或者与执行事务合伙人存在强关联关系；如果私募投资基金管理人不担任 GP，私募基金采用委托管理模式，则私募投资基金管理人需要与执行事务合伙人（之一）存在强关联关系；强关联关系是指双方存在控制关系或者受同一控股股东、实际控制人控制。

（二）基本模式

模式一，双 GP 单牌照模式。该模式由两名 GP 以及若干 LP 组成，其中一名 GP 为私募投资基金管理人，另一名 GP 则并非私募投资基金管理人，不从事基金募集、管理工作。无论哪种情形，未经私募投资基金管理人登记的 GP 不得从事私募基金相关业务，特别是不得开展基金募集。管理费必须由经登记的私募投资基金管理人收取，非基金管理人不能收取。

模式二，双 GP 双牌照模式。该模式下两名 GP 均具有基金管理人资格，双方择一担任私募基金的基金管理人。另一名 GP，即使已经私募投资基金管理人登记，仍不应当就该有限合伙型基金开展基金募集或管理活动，以免被认定为存在"管理未备案的私募基金"这一违规情形。

（三）资料提供

GP 与私募投资基金管理人存在关联关系的证明文件的要求主要包括以下内容：

（1）适用情形：GP 与私募投资基金管理人分离的合伙型基金需要上传 GP 与私募投资基金管理人存在关联关系的证明文件。

（2）内容要求：私募投资基金管理人与执行事务合伙人存在控制关系或者受同一控股股东、实际控制人控制。

（3）签章要求：关联关系说明文件需加盖私募投资基金管理人公章。

（四）实操要点

（1）中国证券投资基金业协会于 2019 年 8 月在 AMBERS 系统中的私募投资基金管理人信息填报一栏取消了多个基金管理人信息填报端口，已备案的基金也无法新增其他基金管理人。此举是彻底禁止私募基金的双基金管理人模式，还是允许双基金管理人模式的存在但要求该类双基金管理人管理下的私募基金仅能备案在一个基金管理人项下？结合中国证券投资基金业协会的基金产品备案审核口径，以及《私募投资基金监督管理暂行规定》关于私募投资基金管理人不得"管理未备案的私募基金"这一规定，双基金管理人模式已不具有可行性。但是，双 GP 仍有存在的合理性和操作上的可行性。

（2）是否为"借通道"行为主要看两个GP对管理职责的划分。如果备案基金管理人仍承担了基金的募集、投资及信息披露等主要工作，未备案的"基金管理人"更多从事的是上述业务之外的运营工作，那么该模式也是合规的，在以往的基金备案中通常也能获得中国证券投资基金业协会通过。

（3）衡量两个GP对管理职责划分的一个重要参考指标就是管理费用的分成与收入结构。通常情况下，管理费用的分成比例越高表明实际参与基金管理的程度越高，收入结构中超额收益的比重越大表明参与投资管理的程度越高。设置双GP就是为了能合理收取费用。私募基金的常见费用包括认购费、申购费、赎回费、管理费、业绩报酬等，而其中最常见的则是管理费和业绩报酬。对于管理费，中国证券投资基金业协会通过备案窗口口径明确只能由私募投资基金管理人收取，其他费用则在有合理理由的情况下可以由非私募投资基金管理人收取。

四、S基金

（一）基本含义

在私募投资基金领域，S基金（secondary fund）是一类专门从其他投资者手中收购标的资产、基金份额或标的资产组合的基金产品。相对于传统私募投资基金直接投资，S基金往往通过搭设一些特定的交易结构及模式，从其他私募投资基金或者间接投资者手中收购已有项目的企业股权或基金份额。S基金在基金份额二级市场寻找优质标的基金，与该等基金中有流动性需求的原投资人交易，自原投资人处受让基金份额，原投资人收到转让价款，退出标的基金。

S基金的交易模式有多种，其中最典型的模式是S基金受让合伙型基金的LP所持有的基金份额。其交易流程即合伙份额转让，即持有私募股权基金份额的原LP基于各种各样的原因，需要转让份额，S基金受让这笔份额，并支付给原LP相应的交易对价。完成后，S基金成为该私募股权基金的LP，原LP退出。私募投资基金的份额转让如果公开进行，将直接构成非法金融活动，份额交易可能会被认定为无效，同时基金份额持有人、基金管理人、交易组织方及相关负责人将面临行政处罚风险。

（二）S基金交易模式

在S基金交易中，会根据具体基金情况及双方要求，设置不同的交易模式，按照交易标的可以分为基金份额交易和投资组合交易两种常见模式。

基金份额交易根据不同条件，又可以分为以下不同交易模式：

（1）捆绑性交易，即在买方收购出资份额时，捆绑承诺对该基金管理人未来募集的新基金予以出资的交易方式。

（2）部分交易，即卖方转让整体出资份额的一部分同时保留另外一部分，买方通过受让份额成为新的基金份额持有人。但在该等交易下，需要注意基金以及被投公司的穿透人数限制问题。

（3）未出资承诺融资交易，即买方购买私募股权基金份额持有人的未出资之出资承诺，同时作为对价，买方将根据该合约享有一定数额或比例的基金优先级收益，而卖方将被免除相应未出资部分份额的相关出资义务。

（三）对拟交易的基金份额所在的私募基金进行尽调

在此交易模式中，S基金可能需要提前对拟交易的基金份额所在的私募基金进行尽调，了解基金投资人的权利和基金合同约定，基金募集合规性、投资和收益情况，投资储备项目和在管项目情况，是否存在异常退出情形。尽调基础资料包括以下内容：私募投资基金管理人概况、私募投资基金管理人管理机构设置及管理团队情况、过往投资业绩介绍、以往成功退出项目介绍；标的基金概况、募资情况、投资方向、投资策略、退出机制、基金相关费用及利益分配等，要关注基金的整体运作情况，可结合尽调资料对基金整体的"募投管退"环节进行审查。此外，基金的基金管理人或交易相对方基金份额持有人，可能会对S基金进行反向尽调，了解S基金是否存在投资于基金的备案的障碍，是否对下层基金的投资领域存在限制，基金期限是否匹配，是否可能存在多层嵌套等违规风险。

（四）律师核查要求

S基金交易重点在于关注交易主体适格、标的份额瑕疵、付款及交割约定不明、份额转让有效性及交易主体间信息不对称等风险。除常规条款外，应该对具体问题具体分析，进行灵活处理，尽可能使交易流程高效流畅，从而有效保障S基金投资者的利益。

在交易过程中，律师需要特别关注待转让的有限合伙型基金的份额有无可转让性，合伙协议是否有禁止或限制合伙人对外转让合伙份额的约定。如果有，那么因为合伙企业的人合性特点，这种约定是有效并且约束各合伙人的。另外，有些合伙协议可能会约定转让合伙份额需经GP同意并符合合格投资者要求，这些约定需要提前关注和考虑。此外，还需要确认合伙份额是否存在质押等权利负担。除此之外，其他合伙人的优先购买权也可能对交易安排和效率造成影响，一般要在取得其他合伙人放弃优先购买权的书面文件后启动相关交易。

（五）估值模式

市场中较为常见的S交易估值方式以目标基金底层投资组合估值为基础，参照《私募投资基金非上市股权投资估值指引（试行）》及相关规定对单个项目进行估值后，结合目标私募基金投资占比、轮次、基金费用成本扣除、收益分配方案等因素来综合计算估值。

（六）合伙企业份额属于国有资产的适用

如果合伙企业份额属于国有资产，那么需要根据《有限合伙企业国有权益登记暂行规定》，对国有资产监督管理机构对本级人民政府授权履行出资人职责的国家出资企业（不含国有资本参股公司，下同）及其拥有实际控制权的各级子企业对有限合伙企业出资所形成的权益及其分布状况进行登记，并根据《企业国有资产交易监督管理办法》，进行国有产权的评估、进场交易，否则可能导致交易无效。

（七）S 基金在 Pre-IPO 项目中的应用

现有基金资金已用完或已进入投资期，无法开展跟进投资，因此由现有基金在投资项目中筛选出底层项目，接续基金继续投资于该等底层项目的 Pre-IPO 或后续轮次投资。在该等架构下，私募投资基金管理人成立新的接续基金从现有基金中受让现存底层项目，以及投资底层项目的后续轮次投资。

五、结构化夹层基金

（一）基本含义

夹层基金的组织结构一般采用有限合伙制，有一个 GP 作为基金管理者，提供 1% 的资金，但需承担无限责任，其余资金提供者为 LP，提供 99% 的资金，但只需承担所提供资金份额内的有限责任。基金收益的 20% 分配给私募投资基金管理人，其余 80% 分配给有限合伙人。

对于融资企业来说，典型的夹层基金融资结构可分为 3 层：银行等低成本资金所构成的优先层、融资企业股东资金所构成的劣后层以及夹层资金所构成的中间层。优先层承担最小风险，同时作为杠杆，提高了中间层的收益。通过这种设计，夹层基金在承担合理风险的同时，能够为投资者提供较高收益。

（二）投资者

夹层投资的风险收益特征较为适合保险公司、商业银行、投资银行、养老基金、对冲基金等各类机构投资者进行投资。我国尚缺乏足够多的机构投资者，目前国内夹层基金主要资金来源是金融机构自有资金、部分私人高端客户、企业投资基金等，但自 2013 年开始，越来越多的机构投资者已经开始逐步向夹层基金注资。

（三）收益分配

基金进行可分配财产分配时，按照"优先级投资者投资本金＞劣后级投资者投资本金＞优先级投资者门槛收益＞劣后级投资者门槛收益＞剩余收益分配"或者"优先级投资者投资本金＞优先级投资者门槛收益＞劣后级投资者投资本金＞劣后级投资者门槛收益＞剩余收益分配"的顺序进行分配。

（四）监管要求

商业银行在中华人民共和国境内不得从事信托投资和证券经营业务，不得向非自用不动产投资或者向非银行金融机构和企业投资。

2010年9月中国保险监督管理委员会（以下简称"中国保监会"）印发《保险资金投资股权暂行办法》（以下简称《办法》）首次放开保险资金投资私募基金的投资途径；2014年5月，中国保监会对《办法》进行了修订，允许对保险资金运用的投资比例进行进一步调整，保险资金运用的市场化程度将继续提高。

公募产品和开放式私募产品不得进行份额分级。分级私募产品的总资产不得超过该产品净资产的140%。分级私募产品应当根据所投资资产的风险程度设定分级比例（优先级份额/劣后级份额，中间级份额计入优先级份额）。固定收益类产品的分级比例不得超过3∶1，权益类产品的分级比例不得超过1∶1，商品及金融衍生品类产品、混合类产品的分级比例不得超过2∶1。发行分级资产管理产品的金融机构应当对该资产管理产品进行自主管理，不得转委托给劣后级投资者。分级资产管理产品不得直接或者间接对优先级份额认购者提供保本保收益安排。前述分级资产管理产品是指存在 级份额以上的份额为其他级份额提供一定的风险补偿，收益分配不按份额比例计算，由资产管理合同另行约定的产品。

2018年4月，《关于规范金融机构资产管理业务的指导意见》（简称《资管新规》）正式出台，监管机构对银行、信托、证券、公募基金、期货、保险资产管理机构、金融资产投资公司等金融机构旗下资管产品的嵌套层级进行了统一。金融机构资管产品涉及多层嵌套的，均需要穿透审查；同时，一层资管产品至多只能再投资一层资管产品，且被投资的资管产品不得再投资公募基金以外的其他资管产品，即金融机构资管产品最多只能嵌套两层。

私募基金的投资层级应当遵守国务院金融管理部门的规定，但符合国务院证券监督管理机构规定条件，将主要基金财产投资于其他私募基金的私募基金不计入投资层级。与此同时，《司法部、证监会负责人就〈私募投资基金监督管理条例〉答记者问》中明确指出，对母基金、创业投资基金、政府性基金等具有合理展业需求的私募基金，《私募投资基金监督管理条例》"在已有规则基础上豁免一层嵌套限制"。

目前，中国证券投资基金业协会尚没有明确私募基金的嵌套细则，有待进一步观察。

（五）投资领域

夹层基金在挑选投资领域时除考虑市场价值本身的因素外，重点挑选产权登记操作性强、具有较强可流转性以及价值属性高的领域，如矿产资源、基础设施、股权质押等领域。

私募股权投资基金采用分级安排主要投资上市公司股票（向特定对象发行、大宗交易、协议转让等）的，关注分级基金的杠杆倍数是否不超过1倍，关注优先级份额投资者与劣后级份额投资者是否满足利益共享、风险共担、风险与收益相匹配的原则，即当分级基金整体净值大于1时，劣后级份额投资者不得承担亏损；当分级基金整体净值小于1时，优先级份额投资者不得享有收益；同一类别份额投资者分享收益和承担亏损的比例一致。关注是否设置极端的优先级与劣后级收益分配比例，对优先级份额投资者获取收益或承担亏损的比例低于30%、劣后级份额投资者获取收益或承担亏损的比例高于70%的重点关注。

（六）投资模式

夹层投资主要结合债性及股性工具进行非标准化设计，重点选择一些具有一定资产的行业和公司进行投资，并多采用结构化的产品设计提高投资回报。夹层投资通过股权、债权的结合，可以实现多种投资模式。

夹层投资本身非常灵活，每家机构在具体模式设计上不尽相同。夹层投资可以在权益债务分配比重、分期偿款方式与时间安排、资本稀释比例、利息率结构、公司未来价值分配、累计期权等方面进行协商并灵活调整。

六、平行基金

（一）基本含义

平行基金通常是指由同一或关联的私募投资基金管理人在同一时期募集设立并以相似的投资策略进行投资运作的多只私募基金。如果是不同的管理团队管理或是采用毫无关联的投资策略进行投资的两只私募基金，一般不会将它们认定为平行基金，但平行基金的发展并未局限于其语义的含义中，私募基金的管理团队、财务团队及法务团队在私募基金募集、设立、投资和运营过程中为其拓展了更宽的展现平台。例如，尽管Parallel也有"同时"的意思，但多只平行基金并非均需完全同时募集设立、投资、项目退出和存续，它们设立可能有早晚，项目投资时也不一定同时进行，项目退出也不一定同步，未来清算解散也可能有先后。

（二）双币平行基金

1. 基本含义

平行基金架构在境内外私募基金运作中均已有较为广泛的运用，设立双币平行基金——境内外同时设立两只私募基金，委托同一基金管理人进行投资管理，寻找项目时两支基金同时进行投资，一般是各占投资额的50%。这两只基金在规模上相当、存续时间也大致一样，但在法律上，这两只基金是相互独立的，并不隶属于对方。

双币平行基金模式是外资PE（私募股权投资）间接落地，在中国开展私募投资业务的一种新型合作模式，即在海外和国内分别募集两个规模差不多的投资基金，分属外资PE和中国本土PE，通过有共同利益的管理公司把两个基金模拟成一个基金进行分配和清算。寻找目标时，两只基金同时进行投资，一般是各占投资额的50%。

在双币平行基金模式下，外资PE在我国境外建立一家创业投资基金，国内创业投资机构在国内建立一家创业投资基金或公司。原则上，这两家基金平行存在，在法律上各自独立，但这两家基金在相互磋商，确立合作意向的基础上，共同在国内建立一家创业投资管理公司,并委托这家公司同时管理国内外两只基金。

2. 操作过程

创业投资管理公司作为一个机构,行使私募投资基金管理人的职能,负责寻找项目,审核项目,尽职审查。一旦投资项目确定,即向境外基金和国内基金同时推荐项目,申请所需投资的款额。投资后,管理公司直接参与所投项目公司的运作及管理,帮助其成长。必要时,管理公司也积极帮助所投公司进行再融资。待企业成功后,可以采取境外上市或国内上市,境外基金和国内基金(公司)可以通过股权协议转让的方式顺利完成退出。

3. 优势

对于共同投资的模式,针对在境内投资的情形,通常由人民币平行基金先向被投企业投资所有的额度,锁定交易。如果外国投资者拟进入的行业领域在负面清单之外,则等到外币基金通过结汇手续审批后,再根据两个基金约定的各自出资比例,由人民币基金转让相应股权给外币基金。共同投资模式使项目投资和退出路径清晰,也可以根据境内、境外项目的需求适时调配资金,部分投资还能享受我国或投资标的所属国外资投资的优惠政策。同时,这种模式的恰当运用,在项目投资时,还可以通过对不同国别完成投资作为避险手段对冲不同国家汇率升跌等因素产生的汇兑损失风险。这种方式寻求较大程度地减少外国投资者境内投资和境内投资者境外投资所适用的外汇管制法规所要求的审批。

4. 收益分配及税务处理

平行基金的核心问题是境内外两只基金之间对取得的投资收益如何进行境内外之间的划拨与分配,尤其是境内取得的收益如何汇出境外,主要须关注商务部门对外国投资者并购境内企业的登记管理和外管部门对资本项目下直接投资的管理。投资收益在两个平行基金之间的分配主要有两个时间节点:①取得收益以后;②项目实现 IPO 以后。

在税务处理方面,如果平行基金设立采用有限合伙制形式,其税务问题与有限合伙制基金大致相同。值得注意的是,境外的有限合伙制基金通常被视为中国企业所得税法下的非居民企业,其来源于中国境内的股息红利等所得需要缴纳中国境内的预提所得税。

(三)实操要点

平行基金之间原则上应按比例投资于被投企业,并按比例退出,各方之间共同进退。由于在募资过程中不同平行基金的规模会发生变化,各平行基金在基金最终交割前在所投目标公司中持有的股权比例与平行基金间应达成的投资额度比例并不匹配,故通常须在最终交割后进行至少一次的比例调整。各平行基金在目标公司层面持股比例的调整并非一次简单的股权转让,还会牵涉转让定价、股权转让税务处理、目标公司层面的转股限制以及基金层面的关联交易豁免等一系列复杂问题。因此，私募投资基金管理人也可以考虑通过中间层投资架构进行投资。此外，各平行基金间的投资额度比例可能并非一成不变，个别投资者的投资豁免、出资违约、因管理费豁免导致可使用资金增加等情形均可能导致平行基金间的投资额度比例发生变化，需要在《合伙协议》中设置合理的应对机制。

除上述条款外，平行基金条款还应对平行基金架构带来的技术性问题作出约定，包括但不限于治理架构（如顾问委员会及合伙人大会是否合并投票）、经济利益（如费用分摊）等。

在执行共同投资安排过程中，各平行基金可以直接投资于被投企业，也可以通过中间层投资架构（通常为有限合伙企业）进行投资，两者各有利弊。直接投资安排的投资和退出比较灵活，且较易于申请和适用税收优惠，但不便于进行后续的比例调整（实操中频繁进行市场主体登记变更并不现实），而使用中间层投资架构有助于更灵活地调整各平行基金的投资额度比例。如果合伙企业未备案为基金，或会增加额外的沟通成本，有的目标公司甚至要求基金的投资载体必须是经过中国证券投资基金业协会备案的基金产品（该情况通常发生于被投企业即将在中国境内上市的情形）。

由于多只平行基金在投资时均会受其他平行基金当地返投要求的影响，基金管理人也应当考虑在募集时或运行过程中向各平行基金的投资人及潜在投资人披露返投要求的存在，从而尽量确保对投资方披露的完整性，充分履行诚实信用、谨慎勤勉的受托管理义务和法律法规要求的披露义务。

（四）监管要求

私募投资基金管理人应当在私募基金募集期间向投资人提供的宣传推介材料中说明基金架构（包括是否为母子基金、是否有平行基金）。

私募投资基金管理人在募集和管理平行基金期间，应当谨慎处理关联交易和利益冲突。通常，私募股权基金的《合伙协议》会约定顾问委员会的设立、运作和回避安排作为防范利益冲突、控制风险的防火墙，关联交易和利益冲突应提前征得顾问委员会同意以确保交易公允性。如果关联交易仅因平行基金架构本身产生（如调整在目标公司中的持股比例），应考虑在《合伙协议》明确予以豁免或约定处理机制。此外，私募投资基金管理人应在风险揭示书及后续报告中对关联交易和利益冲突进行充分的事前、事后披露，以满足合规要求。

七、私募资产配置基金

私募资产配置基金申请备案时，应当符合自律规则的规定。此外，申请备案的私募资产配置基金还应当符合下列要求：

（1）初始规模要求。私募资产配置基金初始募集资产规模应不低于5 000万元。

（2）封闭运作要求。私募资产配置基金合同应当约定合理的募集期，且自募集期结束后的存续期不少于 2 年。私募资产配置基金存续期内，应当封闭运作。

（3）组合投资要求。私募资产配置基金应当主要采用基金中基金的投资方式，80%以上的已投基金资产应当投资于已备案的私募基金、公募基金或者其他依法设立的资产管理产品。

私募资产配置基金投资于单一资产管理产品或标的的比例不得超过该基金资产规模的 20%。

（4）杠杆倍数要求。结构化私募资产配置基金投资跨类别私募基金的，杠杆倍数（优先级份额/劣后级份额，中间级份额计入优先级份额）不得超过所投资的私募基金的最高杠杆倍数要求。

（5）基金托管要求。私募资产配置基金应当由依法设立并取得基金托管资格的基金托管人托管。基金托管人不得从事与其存在股权关系以及有内部人员兼任职务情况的基金管理人管理的基金托管业务。

（6）信息披露要求。私募资产配置基金进行信息披露时，应当符合《私募投资基金信息披露管理办法》及中国证券投资基金业协会相关自律规则的规定，明确信息披露义务人向投资者进行信息披露的内容、披露频度、披露方式、披露责任以及信息披露渠道等事项。

（7）关联交易要求。私募资产配置基金管理人运用基金财产投资基金管理人、托管人及其控股股东、实际控制人、关联机构或者与其有重大利害关系的机构的权益性资产或者从事其他重大关联交易的，应当防范利益冲突，遵循持有人利益优先原则，建立健全内部审批机制和评估机制，符合基金的投资目标和投资策略，按照市场公允价值执行，并按照中国证券投资基金业协会规定，履行信息披露义务。

（8）单一投资者的基金要求。仅向单一的个人或机构投资者（依法设立的资产管理产品除外）募集设立的私募资产配置基金，除投资比例、托管安排或者其他基金财产安全保障措施等由基金合同约定外，其他安排参照上述要求执行。

第三节　私募基金投资产品类型

本节的主要内容包括私募基金投资产品的主要分类、几类私募投资基金产品的基本含义。

本节参考的法律法规等规范性文件主要包括《有关私募投资基金"业务类型/基金类型"和"产品类型"的说明》《律师办理私募投资基金合规法律业务操作指引（试行）（2023）》。

一、私募基金投资产品的主要分类

根据中国证券投资基金业协会发布的《有关私募投资基金"业务类型/基金类型"

和"产品类型"的说明》等产品备案填报的说明及操作指引,私募基金产品按照不同的分类标准可以分为不同的类型。

(一) 按照主要投资方向分类

按照主要投资方向分类,可以分为以下几类:①私募证券投资基金(对应的产品类型为权益类基金、固收类基金、混合类基金、期货类及其他衍生品类基金、其他类基金);②私募证券类FoF基金;③私募股权投资基金[对应的产品类型为并购基金、房地产基金、基础设施基金、上市公司定增基金(主要投资于上市公司定向增发的"上市公司定增基金",基金类型可选择"股权投资基金")];④私募股权投资类FoF基金;⑤创业投资基金(对于主要投资新三板拟挂牌和已挂牌企业的"新三板基金",建议按照创业投资基金备案);⑥创业投资类FoF基金;⑦其他私募投资基金(对应的产品类型为红酒艺术品等商品基金、其他类基金);⑧其他私募投资类FoF基金。

(二) 按照基金管理类型分类

契约型基金可以分为自主发行类和投资顾问类。其中,私募基金管理机构自主担任基金管理人发行的私募基金产品,属于自主发行类的基金产品;私募基金管理机构作为信托计划、保险资产管理计划、券商资产管理计划、基金公司专户、基金子公司专户、期货资产管理计划等的投资顾问的基金产品,属于投资顾问类的基金产品。有限合伙型基金可以分为外部管理型和内部管理型。其中,内部管理型为普通合伙人自任为私募投资基金管理人;外部管理型为普通合伙人另行委托专业私募基金管理机构作为基金管理人具体负责投资管理运作。公司型基金可以分为自我管理型和委托管理型。其中,自我管理型由公司董事会自聘管理团队进行管理;委托管理型为委托专业基金管理机构作为受托人具体负责投资运作。

(三) 按照组织形式分类

按照组织形式分类,可以分为契约型基金、公司型基金、合伙型基金和其他组织形式基金。

二、几类私募投资基金产品的基本含义

根据投资范围的不同,可以进一步划分相关不同类别的产品,其主要包括以下几类:

(1) 股票类基金,是指根据合同约定的投资范围,投资于股票或股票型基金的资产比例高于80%(含)的私募证券基金。

(2) 固收类基金,是指根据合同约定的投资范围,投资于银行存款、标准化债券、债券型基金、股票质押式回购以及有预期收益率的银行理财产品、信托计划等金融产品的资产比例高于80%(含)的私募证券基金。

(3) 混合类基金,是指合同约定的投资范围包括股票、债券、货币市场工具但无

明确的主要投资方向的私募证券投资基金。

（4）期货及其他衍生品类基金，是指根据合同约定的投资范围，主要投资于期货、期权及其他金融衍生品、现金的私募证券投资基金。

（5）并购基金，是指主要对处于重建期企业的存量股权展开收购的私募股权基金。

（6）房地产基金，是指从事一级房地产项目开发的私募基金，包括采用夹层方式进行投资的房地产基金。

（7）基础设施基金，是指投资于基础设施项目的私募基金，包括采用夹层方式进行投资的基础设施基金。

（8）上市公司定增基金，是指主要投资于上市公司定向增发的私募股权投资基金。

（9）红酒艺术品等商品基金，是指以艺术品、红酒等商品为投资对象的私募投资基金。

（10）私募资产配置基金，是指底层标的为各类资产的私募基金，与一般性私募基金相比，"变相"突破了专业化经营的要求，底层标的可以是证券、股权、其他类资产。根据中国证券投资基金业协会的要求，私募资产配置基金应当主要采用基金中基金的投资方式，即私募资产配置基金中80%的已投资出去的资金不能直接投资于底层资产，而应当投资于已备案的私募基金、公募基金或者其他依法设立的资产管理产品。在前述私募基金类型中，其他3类私募FoF都不能"跨大类"投资，属于私募证券投资基金的FoF，不允许投资一级市场；属于私募股权、创业投资基金的FoF不允许投资二级市场。私募资产配置基金虽然同样是以FoF的方式投资，但是可以突破以往中国证券投资基金业协会对其他3类私募FoF"专项经营"的要求，同时投资于一、二级市场。

第四节　私募基金的投资流程

本节的主要内容包括项目寻找与项目评估、签署投资协议、投资交割。

一、项目寻找与项目评估

（一）项目来源

项目来源渠道主要包括行业研究（跟踪和研究国内外新技术的发展趋势、资本市场的动态，采用资料调研、项目库推荐、访问企业等方式寻找项目信息）、中介机构推荐（中介机构包括律师事务所、会计师事务所、证券公司、商业银行、财务顾问等机构）、天使投资人或同行推介、企业家联盟及各级商会组织推荐、行业专家推荐、政府机构推荐（如中国各地方政府金融办、上市办、各级高新技术开发区管委会等）、行业展会、创业计划大赛、创投论坛等。

（二）项目初步筛选

项目初步筛选是指基金经理根据企业家提交的投资建议书或商业计划书，初步评估项目是否符合私募股权基金初步筛选标准，是否具有良好发展前景和高速增长潜力，进而存在进一步投资的可能。对于少数通过初步评估的项目，私募股权基金将派专人对项目企业进行考察，最终确定是否进行深入接触。

项目初评是指基金经理在收到创业项目的基础资料后，根据基金的投资风格和投资方向要求，对创业项目进行初步评价。私募股权基金通常都有一套自己的投资政策，包括投资规模、投资行业、投资阶段选择等，因此在项目初评阶段，基金经理通常根据直觉或经验就能很快作出判断。

（三）初步尽职调查

根据项目企业提供的商业计划书对创业项目进行综合研究评价后，基金经理通常会组织对创业者进行访谈，询问有关问题，并让创业者就一些关键问题做一次口头介绍或讲演。基金经理可以通过这次会面获取更多有关项目的信息，核实商业计划书中所描述的创业项目的主要事项，了解私募股权基金能够以何种程度参与企业管理和监控，创业者愿意接受何种投资方式和退出途径，考察创业者的素质及其对创业项目成功的把握。初步尽职调查的项目及关注要点如表 10 - 1 所示。

表 10 - 1 初步尽职调查的项目及关注要点

尽职调查项目	关注要点
商业计划书	行业特征：目标市场是否是一个不断成长的市场？ 产品或服务的技术开发：技术是否新颖？操作是否简易？技术开发是否可行？市场吸引力、市场可能需求、成长潜力是否够大？ 经营目标与前景预测：分析企业历史经营业绩与未来经营情况，并对未来经营作出评价。 管理团队成员的能力评估：管理构架与职责安排是否合理？对管理层关键人物的经历、职业道德与相关收入作出综合分析。 财务状况与盈利预测评估：对项目未来几年的资金需求、运用与流动状态作出判断，以此作为是否给予资金支持的重要依据。 风险管理与控制评估：识别和评价各种风险与不确定性。 投资收益评估：对融资规模、资金的期限结构、资金的投入方式等作出评价
技术评估	技术因素评估：产品技术的历史情况；产品技术目前的水平；产品技术未来发展趋势；产品技术的理论依据和在实际生产中的可行性；产品技术的竞争力，产品技术的专利、许可证、商标等无形资产状况；产品技术在同行业所处的地位；政府对产品技术的有关政策。 经济因素评估：项目方案是否成本最低，效益和利润是否最大？ 社会因素：是否符合国家科技政策和国家发展规划目标？是否符合劳动环境和社会环境？是否有助于人民生活水平的改善和提高

续表

尽职调查项目	关注要点
市场情形	市场容量：是否有足够的市场容量？ 市场份额：直接市场份额及相关市场份额的大小。 目标市场：是否定位好目标客户？目标市场规模是否庞大？ 竞争情况：竞争对手的数量有多少？是否存在占绝对优势地位的竞争者？一般性竞争手段是什么？ 新产品导入率：是否有替代产品？ 市场进入障碍：是否有较高的规模经济性？是否有专利权？是否需政府审批
管理团队评估	企业家素质：是否有支撑其持续奋斗的禀赋？是否熟悉所从事的行业？是否诚实正直？是否有很强的领导能力？是否懂经济、善管理，精明能干？是否具有合作精神？是否具有很强的人格魅力？ 管理队伍的团队精神：是否已组建分工明确、合理的管理团队？ 管理队伍的年龄范围：35~50岁，既有丰富的实际经验，又有活跃的思想，能较快吸收新知识和新信息。 管理队伍的个人素质：管理队伍应包括精通每个主要部门业务的、能力很强的个人
退出方式及产业价值评估	退出方式：退出依据是否可靠？最可能的退出方式及各种方式的可能性程度？合同条款中有无保护投资权益的财务条款及财务保全措施等？ 产业价值：对项目的产业价值、战略前景、产业化途径等进行深入的量化研究

（四）进一步考察与立项

项目初步尽职调查通常由投资经理或投资管理小组完成，通过项目立项程序，引入更高级的投资管理团队成员或直接提交投资决策成员对项目质量进行判断，再决定是否投入更多资源对目标公司进行深入的投资评估。在这一阶段，主要关注企业和管理层的核心经历，是否有丰富的经验与资源；项目概况（包括基本情况、相关批文、证件、产品定位、资金投入与融资要求、生产计划等）；重点关注产品或服务的独创性或比较优势；主要客户群或潜在客户群、营销策略；项目面临的主要风险（市场风险、原材料供应风险、环保风险）。项目立项的作用在于节约基金的管理成本，将有限的资源集中到更具潜力的项目上。

（五）签署框架合作协议

在开始正式尽调之前，一般会与项目企业签订投资框架协议。投资框架协议即投资条款清单，由投资方提出，投资框架协议的内容通常作为投融资双方下一步协商的基础，对双方都不具有法律约束力。投资框架协议内容一般包括以下内容：资金安排（投资总额、投资价格、证券类型、股权分配、分期投资条款等）；投资保护（包括红利支付政策、证券转换约定、反稀释条款、退出条款、表决权、优先购股权、股价调整等）；管理控制与激励（包括董事会安排、投票权、财务报表和报告制度、管理层的肯定性条款和否定性条款以及员工股票期权计划等）；相关费用的承担方式和排他性条款等。其中，价值评估是投资的核心部分，贯穿项目初审到签署正式投资协议的全部谈判过程。

价值评估是指公司对外投资过程中关键的一步，无论是项目投资还是项目退出，都需要对项目企业进行价值评估。对创业企业的价值评估方法主要有收益法、市场法、成本法。

收益法是指通过估算被评估项目在未来的预期收益，并采用适宜的折现率折算成现值，然后累加求和，得出被评估项目价值的一种价值评估方法。根据预期收益估算方式的不同，收益法又可以分为实体现金流量折现法、现金流量折现法、现金流量评估法等。

市场法是指在市场上选择若干相同或近似的项目或企业作为参照物，针对各项价值影响因素，将被评估项目分别与参照物逐个进行价格差异的比较调整，再综合分析各项调整结果，确定被评估项目价值的一种价值评估方法。

成本法是指用现时条件下的重新购置或建造一个全新状态的被评估项目所需的全部成本，减去被评估项目已经发生的实体性陈旧贬值、功能性陈旧贬值和经济性陈旧贬值，得到的差额作为被评估项目价值的一种价值评估方法。

对于创业企业而言，比较适用的价值评估方法是市场法和收益法。虽然从理论上讲，收益法考虑了企业未来持续经营的现金流，是比较成熟的估值方法，但其计算复杂，对参数假设敏感性高，因此在国内的私募股权市场上，较为常用的方法还是市场法。

（六）正式尽职调查

1. 基本含义

尽职调查（due diligence）又称谨慎性调查，其内容包括企业的背景与历史、企业所在的产业、企业的营销、制造方式、财务资料与财务制度、研究与发展计划等各种相关的问题。

2. 重大意义

尽职调查对项目投资决策意义重大。首先，尽职调查能够帮助私募股权基金了解项目企业情况，减少合作双方信息不对称的问题；最后，尽职调查结果也为合作双方奠定了合理估值及深入合作的基础；最后，尽职调查对有关的单据、文件进行调查，这本身就是一个保存和整理证据的过程，相关情况能以书面证据的方式保存下来，以备查询或留作他用。因而，详尽准确的尽职调查是私募股权基金客观评价项目，做好投资决策的重要前提条件。

3. 尽职调查的方法

在实务中，尽职调查的主要方法包括但不限于以下方法：

（1）审阅文件资料。审阅文件资料是指通过公司市场主体登记注册、财务报告、业务文件、法律合同等各项资料审阅,发现异常及重大问题。

(2)参考外部信息。参考外部信息是指通过网络、行业杂志、业内人士等信息渠道,了解公司及其所处行业的情况。

(3)相关人员访谈。相关人员访谈是指与企业内部各层级、各职能人员,以及中介机构的充分沟通。

(4)企业实地调查。企业实地调查是指查看企业厂房、土地、设备、产品和存货等实物资产。

(5)小组内部沟通。小组内部沟通是指调查小组成员来自不同背景及专业,其相互沟通也是达成调查目的的方法。

4. 尽职调查遵循的原则

(1)证伪原则。证伪原则要求站在"中立偏疑"的立场,循着"问题-怀疑-取证"的思路展开尽职调查,用经验和事实来发觉目标企业的投资价值。

(2)实事求是原则。实事求是原则要求投资经理依据私募股权投资机构的投资理念和标准,在客观公正的立场上对目标进行调查,如实反映目标企业的真实情况。

(3)事必躬亲原则。事必躬亲原则要求投资经理一定要亲临目标企业现场,进行实地考察、访谈,亲身体验和感受,而不是根据道听途说作出判断。

(4)突出重点原则。突出重点原则需要投资经理发现并重点调查目标企业的技术或产品特点,避免陷入"眉毛胡子一把抓"的境地。

(5)以人为本原则。以人为本原则要求投资经理在对目标企业从技术、产品、市场等方面进行全面考察的同时,重点关注管理团队创新能力、管理能力、诚信程度的评判。

(6)横向比较原则。横向比较原则需要投资经理对同行业的国内外企业发展情况,尤其是结合该行业已上市公司在证券市场上的表现进行比较分析,以期发展目标企业的投资价值。

5. 尽职调查的主要内容

尽职调查的主要内容覆盖创业项目及项目企业的运营、规章制度及有关契约、财务等多个方面,其中财务会计情况、经营情况和法律情况这3方面是调查重点。由于尽职调查涉及的内容繁多,对实施尽职调查人员的素质及专业性要求很高,因此私募股权基金通常要聘请中介机构,如会计师事务所、律师事务所等协助调查,为其提供全面的专业性服务。尽职调查的主要内容如表10-2所示。

表10-2 尽职调查的主要内容

调查对象	主要内容
企业实地考察	核实商业计划书的真实性;核实净资产、设备;审核以往史料和财务报表;考察组织架构和人事档案

续表

调查对象	主要内容
会见管理团队	观察管理团队人员素质；了解他们的经验和专长；管理层成员经验和个性是否相互配合
业务伙伴和前投资者	对项目企业管理者的评价；了解建立合作和终止合作/投资的原因
潜在客户和供应商	市场空间及市场占有率；市场销路；市场潜力的大小和增长速度；原材料价格、质量和供应渠道情况
技术专家、行业专家	产品性能、技术水准；是否有替代技术或产品；行业和技术的发展趋势；验证技术的先进性、可行性、可靠性
银行、会计师、律师、证券公司	企业过去的融资、偿债和资信状况；财务报表的准确性；专利、案件诉讼
同类公司市场价值调查	项目企业未来的价值和盈利前景；投入资金所占股份
竞争对手	对项目企业市场竞争力和占有率的评价；对管理人员素质的评价
相关行业企业的管理层	对项目的评估

（七）内部投资决策

股权投资基金管理人通常设立投资决策委员会行使投资决策权。投资决策委员会委员可由股权投资基金管理人的高级管理团队成员担任，也可聘请外部专家担任。通常由投资管理人董事会或执行事务合伙人负责制定投资决策委员会聘任和议事规则。投资经理或项目小组完成尽职调查之后，向投资决策委员会提交尽职调查报告、投资建议书和其他文件资料，由投资决策委员会进行最终投资决策。

二、签署投资协议

投资决策委员会审查通过投资项目后，投融资双方对投资协议条款进行谈判，最终签署投资协议，约定双方的权利义务。

投资协议的关键法律条款主要包括以下几方面。

（一）交易结构条款

投资协议应当对交易结构进行约定。交易结构即投融资双方以何种方式达成交易，主要包括投资方式、投资价格、交割安排等内容。

投资方式包括认购标的公司新增加的注册资本、受让原股东持有的标的公司股权，少数情况下也向标的公司提供借款等，或者以上两种或多种方式相结合。确定投资方式后，投资协议中还需约定认购或受让的股权价格、数量、占比，以及投资价款支付方式，办理股权登记或交割的程序（如市场主体登记）、期限、责任等内容。

（二）先决条件条款

在签署投资协议时，标的公司及原股东可能还存在一些未落实的事项，或者可能发生变化的因素。为保护投资方利益，一般会在投资协议中约定相关方落实相关事项、或对可变因素进行一定的控制，构成实施投资的先决条件，包括但不限于以下条件：

（1）投资协议以及与本次投资有关的法律文件均已经签署并生效。

（2）标的公司已经获得所有必要的内部（如股东会、董事会）、第三方和政府（如须）批准或授权；全体股东知悉其在投资协议中的权利义务并无异议，同意放弃相关优先权利。

（3）投资方已经完成关于标的公司业务、财务及法律的尽职调查，且本次交易符合法律政策、交易惯例或投资方的其他合理要求；尽职调查发现的问题得到有效解决或妥善处理。

（三）承诺与保证条款

对尽职调查中难以取得客观证据的事项，或者在投资协议签署之日至投资完成之日（过渡期）可能发生的妨碍交易或有损投资方利益的情形，一般会在投资协议中约定由标的公司及其原股东作出承诺与保证，包括但不限于以下内容：

（1）标的公司及原股东为依法成立和有效存续的公司法人或拥有合法身份的自然人，具有完全的民事权利能力和行为能力，具备开展其业务所需的所有必要批准、执照和许可。

（2）各方签署、履行投资协议，不会违反任何法律法规和行业准则，不会违反公司章程，也不会违反标的公司已签署的任何法律文件的约束。

（3）在过渡期内，原股东不得转让其所持有的标的公司股权或在其上设置质押等权利负担。

（4）在过渡期内，标的公司不得进行利润分配或利用资本公积金转增股本；标的公司的任何资产均未设立抵押、质押、留置、司法冻结或其他权利负担；标的公司未以任何方式直接或者间接地处置其主要资产，也没有发生正常经营以外的重大债务；标的公司的经营或财务状况等方面未发生重大不利变化。

（5）标的公司及原股东已向投资方充分、详尽、及时地披露或提供与本次交易有关的必要信息和资料，所提供的资料均是真实、有效的，没有重大遗漏、误导和虚构；原股东承担投资交割前未披露的或有税收、负债或者其他债务。

（6）投资协议中所作的声明、保证及承诺在投资协议签订之日及以后均为真实、准确、完整。

（四）公司治理条款

投资方可以与原股东就公司治理的原则和措施进行约定，以规范或约束标的公司及其原股东的行为，如董事、监事、高级管理人员的提名权，股东（人）会、董事会的权限和议事规则，分配红利的方式，保护投资方知情权，禁止同业竞争，限制关联交易，关键人士的竞业限制等。例如以下条款：

（1）一票否决权条款，即投资方指派一名或多名人员担任标的公司董事或监事，有些情况下还会指派财务总监，其对大额资金的使用和分配、公司股权或组织架构变动等重大事项享有一票否决权，保证投资资金的合理使用和投资后企业的规范运行。

（2）优先分红权条款。《中华人民共和国公司法》规定："股东按照实缴的出资比例分取红利……但是，全体股东约定不按照出资比例分取红利或者不按照出资比例优先认缴出资的除外。""公司弥补亏损和提取公积金后所余税后利润……股份有限公司按照股东持有的股份比例分配，但股份有限公司章程规定不按持股比例分配的除外。"因此，股东之间可以约定不按持股比例分配红利，为保护投资方的利益，可以约定投资方的分红比例高于其持股比例。

（3）信息披露条款。为保护投资方作为标的公司小股东的知情权，一般会在投资协议中约定信息披露条款，如标的公司定期向投资方提供财务报表或审计报告、重大事项及时通知投资方等。

（五）反稀释条款

为防止标的公司后续融资稀释投资方的持股比例或股权价格，一般会在投资协议中约定反稀释条款（anti-dilution term），包括反稀释持股比例的优先认购权条款（first refusal right），以及反稀释股权价格的最低价条款等。

（1）优先认购权。投资协议签署后至标的公司上市或挂牌之前，标的公司以增加注册资本方式引进新投资者，应在召开相关股东（大）会会议之前通知本轮投资方，并具体说明新增发股权的数量、价格以及拟认购方。本轮投资方有权但无义务，按照其在标的公司的持股比例，按照同等条件认购相应份额的新增股权。

（2）最低价条款。投资协议签署后至标的公司上市或挂牌之前，标的公司以任何方式引进新投资者，应当确保新投资者的投资价格不得低于本轮投资价格。如果标的公司以新低价格进行新的融资，则本轮投资方有权要求控股股东无偿向其转让部分公司股权，或要求控股股东向本轮投资方支付现金，即以股权补偿或现金补偿的方式，以使本轮投资方的投资价格降低至新低价格。

（六）估值调整条款

估值调整条款又称为对赌条款（valuation adjustment mechanism，VAM），即标的公司控股股东向投资方承诺，未实现约定的经营指标（如净利润、主营业务收入等），或不能实现上市、挂牌或被并购目标，或出现其他影响估值的情形（如丧失业务资质、重大违约等）时，对约定的投资价格进行调整或者提前退出。估值调整条款包括以下内容：

（1）现金补偿或股权补偿。如果标的公司的实际经营指标低于承诺的经营指标，则控股股东应当向投资方进行现金补偿〔应补偿现金=（1－年度实际经营指标÷年度保证经营指标）×投资方的实际投资金额－投资方持有股权期间已获得的现金分红和现金补偿〕或者以等额的标的公司股权向投资方进行股权补偿。但是，股权补偿机制可能导致标的公司的股权发生变化，影响股权的稳定性，在上市审核中不易被监管机构认可。

（2）回购请求权（redemption option）。如果在约定的期限内，标的公司的业绩达不到约定的要求或不能实现上市、挂牌或被并购目标，投资方有权要求控股股东其他股东购买其持有的标的公司股权，以实现退出；也可以约定溢价购买，溢价部分用于弥补资金成本或基础收益。如果投资方与标的公司签署该条款，则触发回购义务时将涉及减少标的公司的注册资本，操作程序较为复杂，不建议采用。

此外，根据最高人民法院的司法判例，投资方与标的公司股东签署的对赌条款是签署方处分其各自财产的行为，应当认定为有效；投资方与标的公司签署的对赌条款则涉及处分标的公司的财产，可能损害其他股东、债权人的利益，或导致股权不稳定和潜在争议，因而会被法院认定为无效。因此，无论是现金或股权补偿还是回购，投资方都应当与标的公司股东签署协议并向其主张权利。

（七）出售权条款

为了在标的公司减少或丧失投资价值的情况下实现退出，投资协议中也约定出售股权的保护性条款，包括但不限于以下条款：

（1）随售权/共同出售权条款（tag-along rights）。如果标的公司控股股东拟将其全部或部分股权直接或间接地出让给任何第三方，则投资方有权但无义务；在同等条件下，优先于控股东或者按其与控股股东之间的持股比例，将其持有的相应数量的股权售出给拟购买待售股权的第三方。

（2）拖售权/强制出售权条款（drag-along right）。如果在约定的期限内，标的公司的业绩达不到约定的要求或不能实现上市、挂牌或被并购目标，或者触发其他约定条件，投资方有权强制标的公司的控股股东按照投资方与第三方达成的转让价格和条件，和投资方共同向第三方转让股份。该条款有时也是一种对赌条款。

（八）清算优先权条款

如果标的公司经营亏损最终破产清算，投资方未能及时退出，可以通过清算优先权条款（liquidation preference right）减少损失。

我国现行法律不允许股东超出出资比例分取清算剩余财产。《中华人民共和国公司法》规定，"公司财产在分别支付清算费用、职工的工资、社会保险费用和法定补偿金，缴纳所欠税款，清偿公司债务后的剩余财产，有限责任公司按照股东的出资比例分配，股份有限公司按照股东持有的股份比例分配"。

虽然有以上规定，但是股东之间可以约定再分配补偿机制。例如，投资协议中可以约定，发生清算事件时，标的公司按照相关法律及公司章程的规定依法支付相关费用、清偿债务、按出资比例向股东分配剩余财产后，如果投资方分得的财产低于其在标的公司的累计实际投资金额，控股股东应当无条件补足；也可以约定溢价补足，溢价部分用于弥补资金成本或基础收益。

三、投资交割

投资协议正式生效后，进入投资交割环节，股权投资基金管理人将约定的投资款项按照约定的时间和金额划转至被投企业或其他股东的账户；若股权投资基金办理了托管，划款操作需要经过托管人的核准办理。被投企业应当依据投资协议以及相关法律法规规定进行市场主体变更登记，并依据投资协议约定变更公司章程。

第十一章 私募基金管理

本章共 3 节，主要包括私募基金监管概述、私募基金投后管理、私募基金托管。

第一节 私募基金监管概述

本节的主要内容包括外部监管、内部监管、托管人托管、不得从事行为、实操要点。

本节参考的法律法规等规范性文件主要包括《私募投资基金监督管理条例》《私募投资基金登记备案办法》。

一、外部监管

（一）集中监测

国务院证券监督管理机构应当建立健全私募基金监测机制，对私募基金及其投资者份额持有情况等进行集中监测，具体办法由国务院证券监督管理机构规定。

（二）协会监管

私募投资基金管理人存在较大风险隐患，私募基金涉及重大无先例事项，或者存在结构复杂、投资标的类型特殊等情形的，中国证券投资基金业协会按照规定对私募投资基金管理人拟备案的私募基金采取提高投资者要求、提高基金规模要求、要求基金托管、要求托管人出具尽职调查报告或者配合询问、加强信息披露、提示特别风险、额度管理、限制关联交易，以及要求其出具内部合规意见、提交法律意见书或者相关财务报告等措施。

私募投资基金管理人的资本实力、专业人员配备、投资管理能力、风险控制水平、内部控制制度、场所设施等，应当与其业务方向、发展规划和管理规模等相匹配。不匹配的，中国证券投资基金业协会可以采取前款规定的措施；情节严重的，采取暂停办理其私募基金备案的自律管理措施。

二、内部监管

（一）基本原则

私募投资基金管理人应当遵循专业化管理原则，聘用具有相应从业经历的高级管理人员负责投资管理、风险控制、合规等工作。私募投资基金管理人应当遵循投资者利益优先原则，建立从业人员投资申报、登记、审查、处置等管理制度，防范利益输送和利益冲突。

（二）管理职责委托行使的限制

私募投资基金管理人不得将投资管理职责委托他人行使。私募投资基金管理人委托其他机构为私募基金提供证券投资建议服务的，接受委托的机构应当为《中华人民共和国证券投资基金法》规定的基金投资顾问机构。私募投资基金管理人委托他人履行职责的，其依法应当承担的责任不因委托而减轻或者免除。私募投资基金管理人不得超过1家。

（三）合伙型基金管理人

私募投资基金管理人设立合伙型基金，应当担任执行事务合伙人，或者与执行事务合伙人存在控制关系或者受同一控股股东、实际控制人控制，不得通过委托其他私募投资基金管理人等方式规避《私募投资基金登记备案办法》关于私募投资基金管理人的相关规定。

（四）关联交易管理制度

私募投资基金管理人应当建立健全关联交易管理制度，不得以私募基金财产与关联方进行不正当交易或者利益输送，不得通过多层嵌套或者其他方式进行隐瞒。

私募投资基金管理人运用私募基金财产与自己、投资者、所管理的其他私募基金、其实际控制人控制的其他私募投资基金管理人管理的私募基金，或者与其有重大利害关系的其他主体进行交易的，应当履行基金合同约定的决策程序，并及时向投资者和私募基金托管人提供相关信息。

私募股权基金管理人应当在经审计的私募股权基金年度财务报告中对关联交易进行披露。

（五）审计

私募投资基金管理人应当按照规定聘请会计师事务所对私募基金财产进行审计，向投资者提供审计结果，并报送登记备案机构。

（六）确权管理

私募投资基金管理人运用基金财产进行股权投资，或者持有的被投企业股权、财产份额发生变更的，应当根据《中华人民共和国公司法》《中华人民共和国合伙企业法》等法律法规的规定，及时采取要求被投企业更新股东名册、向市场主体登记机关办理登记或者变更登记等合法合规方式进行投资确权。基金托管人应当督促私募投资基金管理人及时办理前款规定的市场主体登记或者变更登记。私募投资基金管理人应当及时将相关情况告知基金托管人并按照基金合同约定向投资者披露。

（七）基金财产独立

原则上，基金财产、基金管理人固有财产、基金托管人固有财产彼此独立。基金财产的债务由基金财产本身承担，基金份额持有人以其出资为限对基金财产的债务承担责任，但基金合同法另有约定的，从其约定；基金财产独立于基金管理人、基金托管人的固有财产。基金管理人、基金托管人不得将基金财产归入其固有财产；基金管理人、基金托管人因基金财产的管理、运用或者其他情形而取得的财产和收益，归入基金财产；基金管理人、基金托管人因依法解散、被依法撤销或者被依法宣告破产等原因进行清算的，基金财产不属于其清算财产。

基金财产的债权，不得与基金管理人、基金托管人固有财产的债务相抵销；不同基金财产的债权债务，不得相互抵销；非因基金财产本身承担的债务，不得对基金财产强制执行。

有关私募基金投资基金管理人的内部控制详见"第二章　第二节　私募投资基金管理人的内部控制"。

三、托管人托管

私募基金财产进行托管的，私募基金托管人应当依法履行职责。私募基金托管人应当依法建立托管业务和其他业务的隔离机制，保证私募基金财产的独立和安全。

私募基金托管人应当按照法律、行政法规、金融管理部门规定以及合同约定履行基金托管人应当承担的职责，维护投资者合法权益。私募基金的托管人不得超过1家。

四、不得从事行为

私募投资基金管理人、私募基金托管人及其从业人员不得从事下列行为：①将其固有财产或者他人财产混同于私募基金财产；②利用私募基金财产或者职务便利，为投资者以外的人牟取利益；③侵占、挪用私募基金财产；④泄露因职务便利获取的未公开信息，利用该信息从事或者明示、暗示他人从事相关的证券、期货交易活动；⑤法律、行政法规和国务院证券监督管理机构规定禁止的其他行为。

五、实操要点

关联交易

私募投资基金管理人应当建立健全关联交易管理制度，在基金合同中明确约定关联交易的识别认定、交易决策、对价确定、信息披露和回避等机制。关联交易应当遵循投资者利益优先、平等自愿、等价有偿的原则，不得隐瞒关联关系，不得利用关联关系从事不正当交易和利益输送等违法违规活动。

私募股权基金管理人应当在经审计的私募股权基金年度财务报告中对关联交易进行披露。

第二节 私募基金投后管理

本节的主要内容包括投后管理的必要性、投后管理的目标、影响投后管理的重要因素、投后管理的主要内容、投后管理的特别注意事项。

一、投后管理的必要性

（一）把控风险

投后部门需要把控的不仅包括基金的经营风险，也涵盖已投企业在经营环境和市场大趋势不断变化下，周遭各因素带来的不确定性。投后的项目跟踪与监控有利于及时了解被投企业经营运作情况，从而可以根据具体情况采取具体措施，保障资金安全，提高投资收益，并减少信息不对称等潜在问题，还可以尽可能降低企业的试错成本，尽量少走弯路，促进被投企业向更好的方向发展。

（二）增强企业软实力

投资机构的增值服务有利于提升被投企业自身价值，增加投资收益；投资机构有足够的经验和能力帮助被投企业处理后续融资、兼并收购、企业上市及上市后资本市场运作等问题，有效帮助被投企业充分利用资本市场。

（三）提高投资机构投资水平

在投前部门短期内完成企业投资后，投后人员通过长期的跟进回访，甚至于纠错打磨后，有利于提高投资机构内部投前部门后续的投资决策及调整投资布局。

二、投后管理的目标

私募股权投资基金实施投资后管理的总体目标是规避投资风险，加速风险资本的增值过程，追求最大的投资收益。为了达到总体目标，私募股权投资基金要根据已投资企业情况制定各个投资后管理阶段的可操作性强、易于监控的目标。同时，通过深入了解及规范被投企业，助力投资企业改进经营管理及控制风险，推动被投企业健康发展；通过被投资企业的发展实现私募股权投资基金的价值最大化。

三、影响投后管理的重要因素

投后管理是一项复杂的系统工程，具有长期性、专业性和不确定性等特点。投后管理的实施以及效果受到宏观环境方面的宏观因素、被投企业以及投资机构、本身等多重微观因素的影响和制约。

（一）投资股权比例

投资机构在被投企业的占股比例越大，话语权越大，如果可以争取到董事会中一定数量的董事，甚至是一票否决权，投后管理工作的投后监管和增值服务可以通过董事会决议影响被投企业的重大决策。同时，投后管理机构还可以派驻财务经理长期驻守被投企业，对被投企业的财务进行监管。在股权比例较小的情况下，投后监管和增值服务的提供有较大难度。

（二）被投企业所处的发展阶段

对处于不同成长阶段的被投企业，投资机构对其在投后管理中参与的程度与介入的方式有很大的不同。早期的被投企业，创业者缺少创业管理经验，管理团队往往不健全，企业网络资源缺乏，上下游的供应链尚未搭建或者不完善，投资机构与被投企业关系更密切。对于发展较为成熟的被投企业，其拥有更多的空间和话语权，投资机构介入程度相对不高。

（三）被投企业所处的行业

投资机构对被投企业采用何种投后管理模式以及参与程度如何需要根据被投企业在何领域来决定。通常，高科技型被投企业的创业者属于技术型人才，在商业和市场方面的开发能力不足，投资机构会发挥自己的优势深度协助创业者做好该方面的增值服务。另外，投资机构会有选择性地投资某些熟悉的行业和领域，使投资的企业在某一领域内形成生态圈，便于上下游资源整合和优化，从而深入介入被投企业资本运作工作。

（四）被投企业创业者的配合

被投企业创业者的配合程度会影响投资机构的投后管理工作成效。如果被投企业创业者对投资机构较为信任，且愿意将企业发展方向及业务发展中所遇到的问题与投资机构商讨，则其所能享受的增值服务会更加周到细致。

四、投后管理的主要内容

投后管理是整个股权投资体系中非常重要的环节，主要包括项目跟踪、监控活动和提供增值服务两部分。

（一）项目跟踪、监控活动

1. 获取信息的主要方式

投后管理的有效实施，以充分获取被投企业的各类信息为前提。投资机构一般通过以下渠道和方式获得被投企业的信息，参与投后管理：

（1）参与被投企业的股东大会、董事会、监事会，了解公司的重大运营事件，知晓三会决议。

（2）密切跟踪被投企业运营状况，获取公司财务报表、经营数据等文件，了解公司资产、负债、业务、财务状况、运营、经营成果、客户关系、员工关系发展情况，及时了解被投企业发展动向。按照季度、半年、年度定期向项目组总监以上人员、风控、财务、总裁办负责人、总裁提供相应的投后项目综合管理评估报告，以便综合反映相关重要信息，预警风险。对出现重大不利变化情况时，应向公司进行汇报，并与被投企业协商解决。

（3）日常联络和沟通工作。投资机构与被投企业主要管理人员进行沟通的方式主要有电话、会面、到企业实体考察等。投后管理部门根据被投企业的实际情况，每半年至少安排一次定期走访或者内控稽查，以便更加充分了解被投企业的实际经营情况，形成走访或稽查报告，对被投企业发生的重大异常情况应及时上报决策部门，为公司提供更为可靠的决策依据。

2. 项目跟踪与监控

投资机构作为外部投资者，要减少或消除信息不对称，规避企业家的委托代理风险等潜在问题，需要做好项目跟踪与监控。

1）做好指标监控。

该指标监控主要包括所在行业内外部跟踪与分析（包括供需、成本、竞争格局、利润水平等行业内部环境跟踪与分析，以及行业政策、行业上下游等行业外部环境跟踪与分析）以及行业发展前景跟踪与分析（包括行业周期分析、商业模式分析、行业技术分析等）。

2）项目跟踪与监控。

该指标主要包括经营策略及变化跟踪，债务人生产经营运转情况跟踪，盈利模式及竞争力跟踪，上下游交易情况、关联交易跟踪与调查，税务情况跟踪，环保及安全生产情况跟踪，发展规划执行情况跟踪等。

3）财务数据的调查与跟踪。

该指标主要包括资产负债表重点项目调查与跟踪、利润表重点项目跟踪与分析、现金流量表的跟踪与分析、财务比率跟踪与分析等。

4）项目跟踪与监控的主要方式。

（1）跟踪协议条款执行情况。按照签订的《投资协议》《投资协议补充协议》《股东协议》等，对协议规定的相关条款进行分类汇总，按时督促并落实相关条款的内容。具体内容包括但不限于以下内容：审核投资款项支付的先决条件是否达成，是否满足付款条件；对协议中约定投资方派驻董事、财务总监的，应及时办理任命程序；在协议签订或支付投资款后，及时督促被投企业办理股东变更、章程修改等手续；如果投资后被投企业经营触发相关回购、共同出售、估值调整等条款时，应及时制定处理方案。投资机构需定期检查协议条款的执行情况，切实维护自身的合法权益。当协议执行中存在重大风险或不确定性时，应当立即采取相应的补救措施。

（2）监控被投企业的各类经营指标与财务状况。投资机构应当可以对被投企业财务状况进行监控与分析，对被投企业进行风险监控。要求被投企业定期提供财务报表和业绩报告，同时跟踪可能对公司生产经营、业绩、资产等产生重大影响的事宜，采取改善措施。投资项目所形成的所有文档均应与投后管理部门共享，公司档案管理责任部门对每一个项目建立独立档案并妥善保管。投后管理部门掌握的基本信息包括项目名称、项目经理、投资主体、投资时间、投资金额、股比、项目简介、董监高信息、各项经营数据报表、投后项目综合管理评估报告等。

在必要情况下，通过提议召开董事会行使相关权利。跟踪被投企业经营情况，对被投企业发生的重大经济事项或重大经济事故应及时上报决策部门，重大事件报告中需详细描述事件过程，事件对被投企业的定性或定量影响，需要协调的问题以及问题的初步解决方案，经公司审核同意后执行。

（3）参与被投企业的公司治理。参与被投企业的公司治理主要是参与被投企业的股东会、董事会和监事会，通过提出议案或参与表决的方式，监控被投企业的经营管理，降低投资后的委托代理风险。

（二）提供增值服务

1. 增值服务的内涵

增值服务为投资者向被投企业给出所有有价值的增值性服务的总称。目的是最大限度地实现企业的价值增值，这是私募投资基金管理人投资后实现对被投企业管理的核心。私募股权投资家在投资时不单单是投入股权资本，而且要给予十分关键的增值服务，以便投资者对被投企业进行管理，在私募股权常规性和决策性管理的过程中常常出现价值增值服务，帮助投资管理团队建设、信息支持、法律顾问等咨询服务内容。因此，增值服务是价值再创造的过程，是投资人"投后"的要务之一。增值服务一般情况下不介入企业日常管理，以便充分发挥企业团队的创业精神或原有优势。投后管理部门逐步建立起适合的外部资源体系。

增值服务是私募股权投资基金核心竞争力的表现。增值服务贯穿于投资后管理的整个环节，在投资机构的投资运作流程中具有十分重要的作用。在股权的市场环境中，增值服务能力能够协助被投企业健康快速发展，有效降低投资风险，增加投资机构品牌内涵和价值，从而提高投资机构软实力。

投资机构对处在不同成长阶段的被投企业的投资后管理中参与程度和侧重点不同，主要体现在以下两个方面：一方面，对于处于早期阶段的被投企业，投资机构重点协助其进行规范管理、业务开拓和后续再融资等；另一方面，对于发展较为成熟的被投企业，投资机构重点协助其进行资源导入、兼并收购和上市推动等。

2. 增值服务的主要内容

（1）协助完善公司治理架构。投资机构本身比较关注被投企业的公司治理结构，因此可以为被投企业提供合理意见与建议，帮助被投企业建立更加规范的公司治理结构。

（2）协助建立规范的财务管理体系。投资机构利用自身在财务管理体系上的专业经验和能力，协助被投企业引入专业财务管理人员，帮助其建立起以规范管理、风险管理和全面预算为基本准则的现代财务管理体系。

（3）为企业提供管理咨询服务。投资机构为被投企业提供的管理咨询服务包括战略、组织、财务、人力资源、市场营销等方面的咨询建议。

（4）协助进行后续再融资工作。

（5）协助上市和并购整合。投资机构因其对资本市场有较高的熟悉度以及较强的资本运作能力，在为被投企业提供资本运作增值服务方面，承担了更多的责任。

（6）提供人才专家等外部关系网络。投资机构可以为被投企业带来许多人才专家资源。

（三）其他事项

1. 交割后义务的履行情况

把项目所有的交割后条件做成流程表，定期跟进，或者将投资款按照交割后义务的履行节点分成若干期到位。

2. 投资条款的变更

由于投资行业项目时间跨度非常大，在投资完成后往往因市场环境、行业情况、公司融资等内外因素而发生变化，有时主营业务、商业模式可能都会发生完全的颠覆。投资时设置的对赌业绩指标、董监事会席位等条款可能不再合时宜，需要进行修改和调整。

3. 价值实现与退出

根据对被投企业的研判，包括经营分析报告、财务分析报告、重大事件报告，外部机会以及运营过程中的资本运作安排，选择适当时机提出退出建议或者方案，提交公司决策机构讨论，协助实施项目退出。对出现风险的企业，强化如人员监控、处置等保值服务。

项目退出机制主要包括首次公开发行（IPO）、买壳或借壳上市、管理层/股东回购、股份转让，以及破产清算。

五、投后管理的特别注意事项

（一）管理模式的建立

该模式是在投资机构与被投企业进行投资谈判并在签署投资协议的过程中完成的，投资机构必须在正式投资协议中明确其相应管理权利。其主要方式有：①派驻董事。

因为投资人一般进行的都是财务投资并不追求控股,故一般只能派驻一名董事,无法掌控董事会的通过事项,可要求其他管理权利。②派驻财务负责人。由于投资人与被投企业之间的信息不对称,投资后易发生道德风险,故派驻财务负责人或副职负责人也非常重要。③派驻其他管理人员,可以视情况而定。

(二)提高管理意识,增强执行力

股权投资管理企业应该在企业内部设立专门的投后管理部门,并配备专业的投后管理人员。每个投后管理人员都有明确的工作范围和职责,保证每一个被投企业得到适当的投后管理。

投后部门的多项举措需要最终落实才具有价值,避免纸上谈兵。好的方案在团队探讨认定后,应尽快落实。

(三)投资机构内部有效配合

1. 高级管理人员对投后管理的重视程度

投后部门的价值应被高级管理人员高度重视起来,除了必要的激励、参与和适度放权,机构还要从战略层面提升投后管理的价值,打造机构强大的软实力后盾。

2. 制度化、流程化

在完成项目尽调并投资打款后直到项目完全退出之前都属于投后管理的期间,投资机构,尤其是中小型投资机构,在忙于奔波项目的同时也需要建立完善的内部管理体系,流程化操作。

3. 投前投后搭配,避免内部消耗

在投前投后职责明确、节点清晰的情况下,前后要互相配合,避免内部消耗。

(四)投后是服务,也是管理

投资机构的投后部门需要明白自己的定位。投后管理第一角色是服务,这也就保证了在执行业务的过程中,不得影响企业的正常运营。其设立的根本意义在于尽可能减少已投项目的各种风险,确保企业保值增值,从而确保投资机构的投资价值。投后部门不仅是已投项目的服务部门,还要尽可能地提供各种管理咨询,并完成项目退出。

第三节 私募基金托管

本节的主要内容包括基金托管的基本含义、基金托管人的选聘、基金托管人职责、基金托管法律文件审查、有关托管人法律地位的探讨。

本节参考的法律法规等规范性文件主要包括《中华人民共和国证券投资基金法》《私募投资基金监督管理暂行办法》《私募投资基金登记备案办法》《证券投资基金托管业务管理办法》《私募投资基金服务业务管理办法(试行)》《律师办理私募投资基

金合规法律业务操作指引（试行）（2023）》。

一、基金托管的基本含义

基金托管是指由依法设立并取得基金托管资格的商业银行或者其他金融机构担任托管人，按照法律法规的规定及基金合同的约定，对基金履行安全保管基金财产、办理清算交割、复核审查资产净值、开展投资监督、召集基金份额持有人大会、信息披露等职责的行为。

除基金合同另有约定外，私募基金应当由基金托管人托管。基金合同约定私募基金不进行托管的，应当在基金合同中明确保障私募基金财产安全的制度措施和纠纷解决机制。私募基金的托管人不得超过1家。

二、基金托管人的选聘

（1）基金托管资格。商业银行从事基金托管业务，应当经中国证监会和中国银行业监督管理委员会核准，依法取得基金托管资格。其他金融机构从事基金托管业务，应当经中国证监会核准，依法取得基金托管资格。未取得基金托管资格的机构，不得从事基金托管业务。

外国银行分行申请基金托管资格，净资产等财务指标可按境外总行计算；其境外总行应当具有完善的内部控制机制，具备良好的国际声誉和经营业绩，近3年基金托管业务规模、收入、利润、市场占有率等指标居于国际前列，近3年长期信用均保持在高水平；所在国家或者地区具有完善的证券法律和监管制度，相关金融监管机构已与中国证监会或者中国证监会认可的机构签定证券监管合作谅解备忘录，并保持着有效的监管合作关系。

金融机构提供的综合托管服务、资金保管服务不属于托管。私募基金综合托管资格，不等同于私募基金托管机构业务资格。

律师可根据法律法规的相关要求，协助拟申请成为基金托管人的机构申请基金托管资格。

（2）基金托管人应在中国证券投资基金协会完成登记并已成为协会会员。

（3）基金托管人与私募投资基金管理人不得为同一机构，不得相互出资或持有股份。基金托管人不得被委托担任同一私募基金的服务机构，除该基金托管人能够将其托管职能和基金服务职能进行分离，恰当地识别、管理、监控潜在的利益冲突，并披露给投资者。

（4）基金托管人资产、经营状况良好，公司治理结构完善，内部控制有效，组织运营规范，最近3年内无重大违法违规记录。

（5）基金托管人的专门基金托管部门负责人、高级管理人员和其他从业人员从业资格、从业年限和从业人员数量符合相关规定要求。

（6）基金托管人应当具有健全的清算、交割业务制度，依法执行私募投资基金管理人的投资指令，及时办理清算、交割事宜。

（7）基金托管人应当配备独立的基金托管营业场所、完备的安全防范设施，以及与基金托管业务有关的其他设施和相关制度。

（8）基金托管人按照法律、行政法规和国务院证券监督管理机构的规定，建立了托管业务和其他业务的隔离机制，能够有效防范利益冲突，保证基金资产的独立和安全。

（9）基金托管人应当按照法律法规等规定要求，完成基金托管业务的筹备工作，通过中国证监会及其派出机构的现场检查验收，并在完成市场主体变更登记后，向中国证监会申领经营证券期货业务许可证。在取得经营证券期货业务许可证前，不得对外开展基金托管业务。

三、基金托管人职责

（1）安全保管基金财产，对所托管的不同基金财产分别设置账户，确保基金财产的完整与独立。

（2）办理与基金托管业务活动有关的信息提供事项，除法律、行政法规和其他有关规定、监管机构及审计要求外，不得向任何机构或者个人泄露相关信息和资料。

（3）承担市场结算参与人职责的，应当建立健全结算风险防控制度和监测系统，动态评估不同产品和业务的结算风险，持续督促基金管理人采取措施防范风险。

（4）基金托管人与私募投资基金管理人应当按照《企业会计准则》及中国证监会的有关规定进行估值核算，对各类金融工具的估值方法予以定期评估。如果发现基金份额净值计价出现重大错误或者估值出现重大偏离的，应当提示私募投资基金管理人依法履行披露和报告义务。

（5）应当按照法律法规的规定以及基金合同的约定办理与基金托管业务有关的信息披露事项，包括但不限于以下事项：披露基金托管协议；对基金定期报告等信息披露文件中有关基金财务报告等信息及时进行复核审查并出具意见；在基金年度报告和中期报告中出具托管人报告；就基金托管部门负责人变动等重大事项发布临时公告。

（6）在私募投资基金管理人发生异常且无法履行管理职责时，基金托管人应当按照法律法规及合同约定履行托管职责，维护投资者权益。

（7）监督私募投资基金管理人的投资运作，及时提示私募投资基金管理人违规风险，发现私募投资基金管理人的投资活动违反法律法规的，应当拒绝执行并及时向中国证券投资基金业协会、证券监督管理机构报告。

（8）应当按照规定按时报送托管年度报告，对资产管理计划财务会计报告、年度报告出具意见。

（9）私募资产配置基金应当由依法设立并取得基金托管资格的基金托管人托管。

基金托管人不得从事与其存在股权关系以及有内部人员兼任职务情况的基金管理人管理的基金托管业务。

（10）国务院证券监督管理机构规定的其他职责。

律师可以根据上述职责要求审核基金合同、托管协议等相关文件，明确基金托管人的权利义务。

四、基金托管法律文件审查

律师根据私募投资基金管理人的委托审核基金托管协议的，应当注意基金托管协议是否对基金托管人与私募投资基金管理人之间的业务监督与协作等职责以及结算条款进行明确约定，注意审查基金合同中是否载明以下与基金托管有关的必备事项：

（1）契约型基金合同由基金托管人与私募投资基金管理人、投资人共同签订；如果为公司型或合伙型私募基金，则由基金托管人、私募投资基金管理人以及私募基金共同签署托管合同。

（2）基金托管人的基本情况，包括但不限于姓名/名称、住所、联系人、通信地址、联系电话等信息。

（3）明确基金托管人的权利义务，基金托管人的服务内容、服务范围、基金托管费用的计提方式和计算方法等。基金托管人为商业银行的，需要注意订明禁止基金托管人从事托管合同未约定的其他行为。

（4）明确基金财产账户与基金托管人自有财产账户以及其他基金财产账户相独立。非银行金融机构开展基金托管业务，应当为其托管的基金选定具有基金托管资格的商业银行作为资金存管银行，并开立托管资金专门账户，该账户不得存放其他性质资金。

（5）需要明确投资者适当性管理、对托管产品本金及收益提供保证或承诺等事项职责归属。

（6）明确基金托管人保存基金托管业务活动的记录、账册、报表和其他相关资料；明确基金托管人办理就基金托管业务活动有关的信息披露事项；明确基金托管人对基金财务会计报告、中期和年度基金报告及时进行复核并出具意见。

（7）基金托管人承诺按照恪尽职守、诚实信用、谨慎勤勉的原则安全保管基金财产，并履行合同约定的其他义务。

（8）订明私募投资基金管理人应定期向投资者报告经基金托管人复核的基金份额净值。明确复核、审查私募投资基金管理人计算的基金资产净值和基金份额申购、赎回价格。

（9）私募基金由基金托管人托管的，应当具体订明私募投资基金管理人在运用基金财产时向基金托管人发送资金划拨及其他款项收付的投资指令的事项。

（10）根据《私募投资基金监督管理暂行办法》及其他有关规定，订明基金托管人的权利和义务。

此外，基金托管人与私募投资基金管理人、服务机构、经纪商等相关方，应当就账户信息、交易数据、估值对账数据、电子划款指令、投资者名册等信息的交互时间及交互方式、对接人员、对接方式、业务实施方案、应急预案等内容签订操作备忘录或各方认可的其他法律文本，对私募基金服务事项进行单独约定。律师对上述备忘录或其他法律文件进行审核。

若基金合同约定私募基金不进行托管的，律师应当注意审核在基金合同中是否已明确私募投资基金管理人应建立保障私募基金财产安全的制度措施和纠纷解决机制。同时，律师应该特别注意私募股权投资基金通过公司、合伙企业等特殊目的载体间接投资底层资产的目前均应当托管。

五、有关托管人法律地位的探讨

（一）适用托管人的几种特殊情形

1. 契约型私募投资基金

契约型私募投资基金应当由依法设立并取得基金托管资格的托管人托管，基金合同约定设置能够切实履行安全保管基金财产职责的基金份额持有人大会日常机构或基金受托人委员会等制度安排的除外。

2. 私募资产配置基金

私募资产配置基金应当由依法设立并取得基金托管资格的托管人托管。

3. 通过特殊目的载体间接投资底层资产

私募投资基金通过公司、合伙企业（SPV）等特殊目的载体间接投资底层资产的，应当由依法设立并取得基金托管资格的托管人托管。托管人应当持续监督私募投资基金与特殊目的载体的资金流，事前掌握资金划转路径，事后获取并保管资金划转及投资凭证。私募投资基金管理人应当及时将投资凭证交付托管人。

（二）基金托管人是否承担私募投资基金管理人的连带责任

随着证券监管部门对私募基金暴雷的持续加强处置，如果私募投资基金管理人失联或者失去管理能力，以及产品产生亏损或者清算不及时，基金托管人很可能成为被告，并面临承担一定责任的风险。

（三）承担受托人的责任

共同受托人处理信托事务对第三人所负债务，应当承担连带清偿责任。第三人对共同受托人之一所做的意思表述，对其他受托人同样有效。共同受托人之一违反信托目的处分信托财产或者因违背管理职责、处理信托事务不当致使信托财产受到损失的，其他受托人应当承担连带赔偿责任。

《证券期货经营机构私募资产管理业务管理办法》对中国证监会监管范围的私募基

金运作实际上规定了基金托管人需要承担受托人地位（是否包括有限合伙不明确）。

中国证券投资基金业协会一度将基金托管人的托管职责在本质上界定为《中华人民共和国信托法》项下的"共同受托"责任，对基金托管人托管职责持较为严格的标准。2018年7月13日，中国证券投资基金业协会在官方微信发布《关于上海意隆等4家私募投资基金管理人实际控制人失联事件的公告》，要求托管银行在私募投资基金管理人无法正常履行职责的情况下，按照法律规定和基金合同的约定，切实履行共同受托职责，包括通过召集基金份额持有人会议和采取保全基金财产等措施，尽最大可能维护投资者权益。

（四）私募股权基金要特别注意合同之间的约定义务

私募基金管理人、基金托管人在履行各自职责的过程中，违反法律规定或者基金合同约定，给基金财产或者基金份额持有人造成损害的，应当分别对各自的行为依法承担赔偿责任；因共同行为给基金财产或者基金份额持有人造成损害的，应当承担连带赔偿责任。

《私募投资基金监督管理暂行办法》也并未将基金托管人和私募投资基金管理人的责任承担方式规定为共同受托责任，而是强调托管协议或基金合同中基金托管人的约定职责。

托管银行的托管职责不包含以下内容，法律法规另有规定或托管合同另有约定的除外：①投资者的适当性管理；②审核项目及交易信息真实性；③审查托管产品以及托管产品资金来源的合法合规性；④对托管产品本金及收益提供保证或承诺；⑤对已划出托管账户以及处于托管银行实际控制之外的资产的保管责任；⑥对未兑付托管产品后续资金的追偿；⑦主会计方未接受托管银行的复核意见进行信息披露产生的相应责任；⑧因不可抗力，以及由于第三方（包括但不限于证券交易所、期货交易所、中国证券登记结算公司、中国期货市场监控中心等）发送或提供的数据错误及合理信赖上述信息操作给托管资产造成的损失；⑨提供保证或其他形式的担保；⑩自身应当尽职责之外的连带责任。

在实操中，对于契约型私募证券投资基金，投资人与基金托管人的法律关系适用《中华人民共和国证券投资基金法》的信托法律关系安排；对于非契约型私募证券投资基金和私募股权投资基金，投资人和基金托管人的法律关系不能简单判断为信托法律关系，因为法律依据不足。此外，私募股权投资基金不是一个资金和所购买产品的闭环，没有办法跟踪所有资金的流向，因此，作为基金托管人应当注意相关合同的约定。从现有司法/仲裁案例来看，合同对基金托管人职责的约定很重要，在基金托管人不存在违反合同约定的行为时，其对投资者的损失通常不承担法律责任。

（五）基金托管人在"募投管退"中的实操义务

1. 基金募集阶段

在基金募集阶段，私募投资基金管理人将募集资金通过募集账户转入托管账户，向基金托管人提交相关证明（成立公告或起始运作通知书等），基金托管人核实后出具"资金到账证明文件"。通常托管条款会约定，只有完成这一系列程序后，基金托管人才开始履行托管职责。由于基金托管人并非基金募集机构，所以其对私募投资基金管理人的募集行为并无法定监督义务。

2. 基金投资阶段

在投资阶段，基金托管人的主要义务体现为以下方面：①安全保管托管账户内的基金财产，确保基金财产和基金托管人、私募投资基金管理人的固有财产隔离；②审核私募投资基金管理人的投资指令是否符合合同约定的投资范围，并相应进行资金划付，基金托管人可以要求私募投资基金管理人传真提供投资指令（如有）、相关交易凭证、合同或其他有效会计资料，以确保基金托管人有足够的资料来判断指令的有效性；③按照基金合同的约定对基金资产进行估值核算并形成托管报告。

基金托管人没有尽职主要体现为以下方面：①基金托管人没有注意到投资指令没有加盖形式一致的印鉴；②没有严格审核指令要素，如因弄错账户信息而导致资金错误划转；③基金托管人没有注意到指令载明的投资对象不符合合同约定的投资范围，或者基金托管人没有收到投资协议作为证明材料。

在司法和仲裁实践中，对基金托管人的投资审查义务的界定主要是形式审查，对扩展到实质审查非常谨慎。

3. 基金投后管理阶段

在投后管理阶段，对于私募股权投资基金而言，由于资金已经划出托管账户，脱离于基金托管人实际控制之外，所以托管条款一般会明确约定不再承担保管和监督职责。

4. 基金退出阶段

在清盘退出阶段，基金托管人的职责一般是与私募投资基金管理人一并成立清算小组，并通过清算小组参与资产变现，出具清算报告，分配基金财产等。一般基金合同规定除法律法规规定或基金合同另有约定外，基金份额持有人大会由私募投资基金管理人召集；私募投资基金管理人未按规定召集或不能召集时，由基金托管人召集；基金托管人认为有必要召开基金份额持有人大会的，应当向私募投资基金管理人提出书面提议。基金托管人并无主动召集或者组织清算的义务，但在一般基金合同中基金托管人往往是清算组成员之一。

（六）基金托管人责任归集的注意事项

（1）要区分私募证券投资基金与私募股权投资基金，两者在资金流向和资金安全监管上有明显差异。

（2）要甄别正常投资风险与违法违约损失，基金托管人对投资风险不承担责任。

（3）无论是基金托管人存在违约还是侵权行为，在责任承担方面，原则上只对因自身行为造成的损失承担赔偿责任，即结合行为和损害结果之间是否具有因果关系以及原因力的大小来确定最终的损害赔偿金额。

（4）如果法律法规另有规定或基金合同当事人另有约定，则应当从其约定。因此，不能完全排除托管银行在特定情形下承担连带责任的可能。

第十二章 私募基金退出

本章共3节，主要包括私募基金退出概述、私募基金清算、创业投资基金退出的特别注意事项。

第一节 私募基金退出概述

本节的主要内容包括基本含义、退出路径、实操要点、税收处理、建议措施。

本节参考的法律法规等规范性文件主要包括《中华人民共和国公司法》《中华人民共和国合伙企业法》《最高人民法院〈关于民事诉讼证据的若干规定〉》《私募投资基金登记备案办法》《私募投资基金监督管理条例》《国家税务总局关于〈关于个人独资企业和合伙企业投资者征收个人所得税的法规〉执行口径的通知》《关于创业投资企业个人合伙人所得税政策问题的通知》。

一、基本含义

私募股权基金（包括私募股权投资基金和创业投资基金）的运作流程包括募集、投资、管理以及退出（"募投管退"）4个阶段。股权投资的退出机制是指投资人在其所投资的企业发展相对成熟或稳定后，将其持有的权益资本在市场上出售以收回投资并实现投资的收益。私募股权投资的特点为循环投资，退出是股权投资循环的最后一个环节，也是核心环节，其实现了资本循环的流动性特点。因此，建立畅通的退出机制能为创业资本提供持续的流通性和发展性。

私募股权基金的目的在于选择恰当的时机以及合适的退出路径从目标企业退出，而不是控制和经营目标企业。因为只有顺利退出，将所持有的股权变现，才能收回投资从而实现资本增值，之后用退出资金进行再投资，使资金高效运转，形成一个良性循环。

退出机制关系到投资人与被投企业双方主体。对投资人而言，退出机制与其投资的收回以及投资收益的实现密切相关；对被投企业而言，退出机制是与投资人合作关系以及利益共同性和利益差别性关系的结束。

私募股权基金备案完成后，投资者不得赎回或者退出。有下列情形之一的，不属于前述赎回或者退出：①基金封闭运作期间的分红；②进行基金份额转让；③投资者减少尚未实缴的认缴出资；④对有违约或者法定情形的投资者除名、替换或者退出；⑤退出投资项目减资；⑥中国证监会、中国证券投资基金业协会规定的其他情形。私募股权基金开放认购、申购或者认缴，应当符合中国证监会和中国证券投资基金业协会的相关要求。

由于私募投资基金管理人无法正常履行职责或者出现重大风险等情形，导致私募基金无法正常运作、终止的，由基金合同约定或者有关规定确定的其他专业机构，行使更换私募投资基金管理人、修改或者提前终止基金合同、组织私募基金清算等职权。

二、退出路径

私募基金的退出路径主要包括借助资本市场退出、股权转让与回购退出、通过相关协议的特别规定退出、私募股权二级市场份额转让（S基金）退出、强制与清算退出、其他退出方式。

（一）借助资本市场退出

1. 多层次基本市场

1）多层次基本市场体系的形成。

中国资本市场是随着经济体制改革的进程而逐步发展起来的。改革开放40多年来，我国资本市场得到了长足的发展，形成了新四板、产权交易所、全国股转系统、北京证券交易所（简称"北交所"）、科创板及创业板、主板的中国特色的多层次市场体系。上海证券交易所（简称"上交所"）包括主板和科创板，深圳证券交易所（简称"深交所"）包括主板和创业板。

多层次资本市场的架构①如图12-1所示。

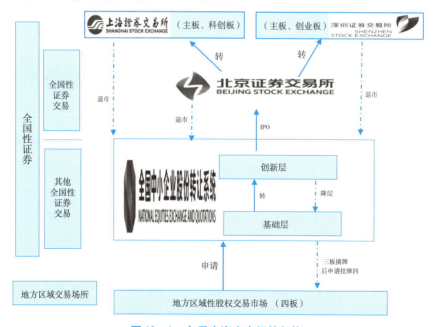

图12-1 多层次资本市场的架构

---

① 陈卓，王贺. 北交所IPO：北京证券交易所制度规则透析与上市实务操作指南［M］. 北京：中国法制出版社，2022：15.

2）互联互通、层层递进。

我国目前的 A 股市场体系形成了层层递进、能上能下、互联互通的格局。我国目前的地方区域性股权交易市场（四板）上托管或挂牌的公司可以申请向全国中小企业股份转让系统（新三板）挂牌；新三板分为基础层和创新层，基础层挂牌的公司在符合转层的条件下，可以申请由基础层挂牌公司转层至创新层；在股转系统挂牌满 1 年的创新层公司可以申请在北交所上市。在北交所上市满 1 年的公司在符合 A 股其他板块上市要求的前提下，可以申请转板至 A 股其他上市板块（如上交所的科创板、深交所的创业板）。

对于 A 股上市公司（包括北交所、上交所、深交所）在不符合 A 股上市条件下可以退市至新三板的退市板块继续交易；新三板挂牌公司可以申请摘牌后继续到四板进行托管或者挂牌交易。

目前，我国私募股权基金通过多层次资本市场的退出路径主要有 IPO 退出、挂牌转让等。

2. 通过 IPO 退出

公开上市就是首次公开募股发行（initial public offerings，IPO），一般是在被投企业经营达到理想状态时进行的。私募股权投资人通过 IPO 的方式将其持有的目标企业的股权转换成能够在二级市场上流通买卖的股票，当规定的锁定期（限售期）届满后，再将所持股份通过股票市场出售或转让，进而获得投资收益实现资本增值。IPO 退出通常在所有退出方式里收益最高，是目前最受境内股权投资基金欢迎的退出方式。但是，如果退出所需的时间成本和资金成本较高，需要深入的尽职调查和大量准备工作，在禁售期内不能完全退出有较大风险，以短期股价上升为目标不利于企业发展等；限制出售的条款使 PE 投资者在公开招股的一定时期后才能自由出售其所拥有的股份，限制了资本的流动性；企业上市后会受资本市场行情和自身发展情况的影响，所需达到的标准和过程也比较烦琐。

3. 通过借壳间接上市的方式退出

借壳上市是指一家母公司通过把资产注入一家市值较低的已上市公司，得到该公司一定程度的控股权，利用其上市公司地位，使母公司的资产得以上市。借壳上市的优点主要有缩短上市时间、中介费用低、无须公开非上市公司的各项指标等。但是，借壳上市需要选择一个好的"壳"（即上市身份），而出售"壳"的上市公司通常已经在经营和治理方面出现问题，因此大股东才会出售"壳"。为了让"壳"出卖价格更高，出卖方往往可能隐瞒一些隐性债务，这时需要对"壳"公司进行尽职调查，查清"壳"公司的债权债务关系，规避法律风险，且借壳上市后，控股股东及实际控制人等相关方新发行的用于认购资产的股份也受到限售期的约束。

4. 通过挂牌转让的方式退出

挂牌转让的平台目前主要包括两类，即全国中小企业股份转让系统（新三板）和地方区域性股权交易市场（四板），两者都是场外市场。如果对于符合"创新型、创业型、成长型"标准的中小微企业来说，私募股权基金可以通过新三板市场挂牌转让退出，转让方式可以选择做市转让方式、协议转让方式或者其他转让方式。对私募股权投资人或个人投资者来说，非上市股权挂牌转让的准入壁垒更低，协议转让和做市转让制度更灵活，能更快实现退出。但是，挂牌转让的价格通常远远低于公开市场上市或借壳上市退出的价格。

（二）股权转让与回购退出

1. 股权转让

（1）当被投企业的价值达到预期时，私募股权基金把目标企业的股权当成一种产品，将所持有的被投企业的股权出售给有意愿的收购方，从而实现资金的顺利退出。并购退出程序简单、所需时间短，适用于各类性质、规模和发展阶段的企业。对私募股权基金来说，并购退出没有禁售期，可以立即变现，而且能实现一次性退出。但是，并购退出需要恰当的并购时机、合适的并购方和合理的估值，且并购退出的收益率远低于公开上市和挂牌转让退出。此外，同类企业的并购还应注意是否构成垄断相关规定的约束。

（2）在私募股权基金内部，转让退出是指投资人可以通过转让其持有的私募基金权益的方式，在基金存续期间退出，包括向该基金的其他现有投资人转让和向第三方转让。投资人转让私募股权基金的权益后，该基金仍以原有规模继续运营。

（3）契约型、公司型和合伙型私募基金的投资人均可以通过转让方式退出私募基金。契约型私募基金的投资人可以转让其持有的基金份额，公司型私募基金的投资人可以转让其持有的公司股权，合伙型私募基金的投资人则可以转让其拥有的合伙份额。私募基金投资人在转让基金份额、公司股权或合伙份额时，都需要注意该转让行为必须满足特定的条件。例如，私募股权基金对合格投资人有明确规定，故受让基金份额的新投资人仍需要符合合格投资人的要求。

2. 企业回购

（1）对于私募股权基金来说，回购退出方式安全、收益稳定、程序简便，是一种保底的退出方式。但是，回购退出实现的前提是管理层能够找到好的融资杠杆，为回购提供资金支持。企业回购（buy back）是指投资期期限届满或投资协议约定条件触发，企业从投资人手中赎回其所持有股权。这种退出方式存在两种情形：一是投资期满创业企业的管理层为了保持公司的独立性而选择的备用方式，这种情形下回购股份对投资人带来的收益并不差；二是基于投资协议中约定条款内容触发而发生的回购，如对赌条款、违约条款等，这时的回购是惩罚性的，也是项目投资的提前退出。投资人与被投企业的控股股东或实际控制人签订的股权回购协议，由被投企业或其控股股东或实际控制人按照商定价格购回股权。协议约定在满足一定条件的情况下，投资有权要求控股股东回购自己的股权。被投企业有实际控制人的，一般要求实际控制人为回购主体，或者由实际控制人对名义上的控股股东的回购提供担保。

（2）如果投资人希望通过减资方式退出投资，在私募基金内部及外部程序上均需要严格依照《中华人民共和国公司法》有关规定进行，其操作流程实质上与公司减资程序一致。基金公司的董事会应制定减少注册资本的方案，基金公司的股东会应作出股东会决议，关于定向减资的股东会决议是多数决还是一致决的问题，司法实践中尚有争议。再者，基金公司应编制资产负债表及财产清单，通知债权人并进行报纸公告。基金公司的债权人在有效期限内，有权要求公司清偿债务或者提供相应的担保，基金公司对于债权人的要求应予以积极回应。此外，基金公司应办理公司市场主体变更登记。此外，投资人也应关注在基金合同中，合同是否就减资退出进行了特别约定，包括特定的批准程序、减资退出的特殊生效条件等。

（3）如果私募基金股东含国有出资，那么在办理股权转让、减资等程序时，该等手续也应当满足《企业国有资产交易监督管理办法》等法律法规关于国有资产的特殊规定。具体而言，应当重点关注是否需要进场交易、是否需要上级主管部门批准等。

（三）通过相关协议的特别规定退出

（1）契约型私募基金是指通过契约形式设立的私募基金，当私募投资基金管理人与投资人签订基金合同，投资人经常以解除基金合同作为请求依据进行退出。常见的解除理由包括私募投资基金管理人未履行信息披露义务、未履行适当性义务、存在过错导致基金合同目的不能实现等。例如，在司法实践中，有法院认为适当性义务的关键为风险告知义务，风险揭示的履行形式及风险提示内容至关重要。首先，在风险揭示义务的履行形式上，案涉基金合同针对以下部分进行了提示：①《认购风险揭示书》部分，字体格式进行了加粗，并附有投资者签字；②投资者填写了《风险承受能力调查问卷》；③案涉基金合同声明与承诺部分，采用加粗字体告知了相应风险；④案涉基金合同包含了风险揭示部分。

（2）合伙型私募基金投资人可以根据合伙协议与退伙有关约定，退出私募基金。在合伙协议中对退伙条件进行约定，可以作为私募投资基金管理人与投资人的重点关注条款。例如，私募投资基金管理人可以与投资人约定，若基金累计亏损达到一定比例，投资人有权选择退伙或将其在合伙企业（基金）中的财产份额转让给第三方，以便为投资人的退出提供较为便利的途径。在合伙型私募基金的争议案件中，也有投资人以私募投资基金管理人或私募基金违反合伙协议为由，主张解除合伙协议，以此退出对私募基金的投资。此外，在拟定合伙企业的退出条件时，不仅应注意退出条款需要符合《中华人民共和国合伙企业法》等有关法律规定，也需要关注是否有来自特殊类型基金的资金（如政府引导基金）。

（四）私募股权二级市场份额转让（S基金）退出

与传统私募股权基金退出方式不同，基金份额转让（即S基金交易）既可以通过资产打包（基金重组）的方式实现被投企业的股权转让，也可以通过转让所持基金份额的方式实现退出，而后一种转让方式并不涉及基金底层被投企业的股权变更。在交易对象上，S 基金与传统私募股权基金也不同，传统基金直接收购企业股权，交易的对象是企业；S 基金是从投资者手中收购企业股权或基金份额，交易对象为其他投资者。

S 基金主要优势在于改善私募股权基金的流动性。对于投资人而言，折价向 S 基金变卖所持基金份额，能够迅速回补主业的现金流。自 2020 年 12 月起，中国证监会先后批复同意在北京、上海两地的地方区域性股权市场开展私募股权和创业投资份额转让试点，扩宽股权投资和创业投资的退出渠道。

（五）强制退出与清算退出

1. 强制退出

强制退出具体是指在私募基金存续期间，个别投资人因法律法规的规定或基金合同的约定事项而被强制要求退出基金。例如，合伙型私募基金的投资人发生《中华人民共和国合伙企业法》规定的当然退伙情形。在司法实践中，已有法院参照《中华人民共和国合伙企业法》《中华人民共和国公司法》的相关规定进行合伙型基金的强制清算。基金强制清算案件的流程如图 12-2 所示。

图 12-2　基金强制清算案件的流程

2. 清算退出

清算退出是指私募股权投资基金通过对被投企业清算（解散清算、破产清算）从而实现退出的一种途径。清算退出是 3 种类型的私募基金都可能面临的退出方式。例如，契约型私募基金在基金到期后面临到期清算；合伙型私募基金如果产生了《中华人民共和国合伙企业法》关于解散的事由，则面临合伙企业的解散清算；公司型私募基金如果产生了关于公司的解散事由或由于资不抵债进入破产清算程序，则投资者需要通过清算方式退出私募基金。

私募股权基金的清算退出大部分都属于非破产清算，即标的企业主动启动清算程序来解散企业。当企业经营管理出现了严重问题无法继续经营或者是持续经营会给企业造成更大的损失，原有股东和管理层也不愿意继续经营时，为了阻止企业的亏损继续扩大，只有对被投企业进行清算，及时退出项目、收回成本，最大化降低投资风险。由于私募股权投资的高风险特点，使得私募股权基金在投资时往往与被投企业约定优先清算权，即在被投企业进行清算时，能够优先获得该企业的清算价值，保证其最大限度能够回收初始投资。但是，《中华人民共和国公司法》规定了公司财产清算偿还的先后顺序，且在这中间特定财产的债权人还可能行使别除权。此外，请求强制清算可以解决基金清算以及清算财产的分配问题。如果基金没有资产或者没有足够的资产可供分配，投资人可能直接提起诉讼或仲裁，要求私募投资基金管理人承担违约或者赔偿责任。

（六）其他退出方式

此外，基金的退出方式还包括通过以物抵股、以债抵股、以股换股、司法诉讼、仲裁等。

二、实操要点

（一）退出条件视为已成就

在实践中，因私募投资基金管理人行为导致投资人退出条件未充分满足，私募投资基金管理人在诉讼中又以该等退出条件未满足对投资人退出请求进行抗辩的情况时有发生。私募投资基金管理人作为协议相对方，在协议中已同意投资人与第三方的份额转让行为，却未积极主动去基金托管人办理基金变更登记手续，其行为属于"当事人为自己的利益不正当阻止条件成就"，应视为协议生效条件已成就。私募投资基金管理人应根据规定提交账簿、记账原始凭证等财务资料，证明基金是否达到约定的亏损标准；若未能举证证明的，则应承担举证不能后果，并认定退出条件已成就。

（二）对解除基金合同的认定标准相对严格

在契约型、合伙型基金中，投资人常以私募投资基金管理人过错导致基金合同目的不能实现为由，主张解除基金合同（合伙协议），退出基金关系。但在司法实践中对解除基金合同的认定标准基本较为统一且相对严格，由于解除基金合同的后果直接表现为返还投资款本金和支付资金占用费用，故对于投资人资金已实际被投入约定事项的，人民法院往往对判决解除基金合同持谨慎态度。

（三）以底层资产完成清算为前提

基金的清算结果是认定投资损失的重要依据而非唯一依据。有其他证据足以证明投资损失情况的，人民法院可以综合其他在案证据依法认定损失。

在既往投资人索赔纠纷中，投资人面临的一大难题即为投资损失是否确定。原则上，人民法院通常以清算程序作为确定投资损失的前置要求，在私募投资基金管理人、基金销售机构、基金托管机构等基金相关当事方不存在违法或违约情形时，投资人的损失只有在基金清算完成之后才能确定。但存在卖方机构违反适当性义务、基金资产已被诈骗或挪用、基金管理人未按约定管理和运用基金财产、基金已无可供清算财产、基金管理人已失联或因其未尽勤勉义务而导致基金遭受无法挽回的损失等特殊情形时，人民法院往往就"卖方机构是否依法履行适当性义务""私募投资基金管理人、基金托管人等基金当事方是否按约适当履行其自身义务""私募投资基金管理人、基金托管人等基金当事方的行为与投资人损失是否存在因果关系"等进行实质审查和认定,而不是仅以"基金尚未清算,投资人损失尚无法确定"为由,直接驳回投资人的相关请求。

(四) 代位权诉讼救济

涉案基金产品已经到期,但债务人(私募投资基金管理人)未依约向投资人支付投资本金及利息收益,同时债务人(私募投资基金管理人)对次债务人(底层投资交易相对方)存在合法有效的到期债权,且怠于行使债权的,投资人有权提起代位权诉讼。

在司法实践中,份额持有人若拟通过代位权方式维权,可争取通过以下方式获取证据,以期符合上述两个条件:

(1) 在基金产品到期的情况下,积极敦促私募投资基金管理人对产品进行清算,出具清算报告,固定私募投资基金管理人对份额持有人的应付款项及具体付款期限。

(2) 在基金成立后,及时要求私募投资基金管理人披露并提供对外投资的基础交易文件副本,掌握产品对外投资情况,通常能够掌握私募基金对外投资的交易文件以及基金托管账户的支付明细;份额持有人可以根据《私募投资基金信息披露管理办法》等相关法律法规的规定及基金合同的约定,要求作为信息披露义务人的基金托管人向其提供对外投资的交易文件和基金托管账户的支付明细。对于契约型私募基金,份额持有人代位权维权往往是因为私募投资基金管理人拒绝履职,拒绝配合清算,甚至失联,对此还可尝试通过以下路径处理:①基金份额持有人可以根据基金合同的约定召开份额持有人大会,更换私募投资基金管理人,积极行使权利;②通过信托原理,主张基金公司仅为通道,并进一步主张穿透基金合同,直接起诉实际用资人;③参照公司型、合伙型私募基金中的派生诉讼制度,如基金是单一份额持有人的,则由其直接起诉;如有多名份额持有人的,则可以考虑通过份额持有人大会推选代表,进而由该代表提起诉讼等。

四、税收处理

私募股权基金的收入来源主要有两种:一种是因持有被投企业股权获得的股息、红利收入;另一种是转让持有被投企业的股权获得的收入。股权转让的具体方式包括一级市场的股权转让、二级市场减持上市企业股票、并购和被投企业团队回购等方式。在实务中,股息、红利收入一般相对较少,而股权转让收入才是私募股权基金的主要收入。

合伙型私募股权基金为私募股权基金最常见的形式之一。合伙企业本身没有纳税义务,但是需要在合伙型私募股权基金层面核算合伙企业的生产、经营所得,然后根据"先分后税"的原则,分配到合伙人层面缴纳所得税。针对合伙型私募股权基金取得的不同收入，不同类型合伙人的税务处理是不同的。

（一）股息、红利收入

对于法人机构合伙人，合伙型私募股权基金取得的股息、红利应按照"先分后税"原则扣除合伙企业发生的成本、费用及损失等可扣除项目后，计算归属于法人机构合伙人的所得，分配至法人机构合伙人，由其自行缴纳企业所得税，税率一般为25%。

对于个人合伙人，合伙型私募股权基金取得的股息、红利作为个人合伙人取得的股息、红利，按照"利息、股息、红利"应税项目计算个人所得税，税率为20%，并由合伙型私募股权基金代扣代缴个人合伙人的个人所得税。

（二）股权转让收入

对于法人机构合伙人，合伙型私募股权基金取得的股权转让收入纳入合伙企业的生产经营所得，并按照"先分后税"原则，扣除合伙企业发生的成本、费用及损失等可扣除项目后，计算归属于法人机构合伙人的所得，由法人机构合伙人自行缴纳企业所得税，税率一般为25%。

对于个人合伙人，合伙型私募股权基金取得的股权转让收入纳入合伙企业的生产经营所得，并按照"先分后税"原则扣除合伙企业发生的成本、费用及损失等可扣除项目后，计算归属于个人合伙人的所得，按照"经营所得"来缴税，税率为5%~35%的超额累进税率。

此外，根据合伙企业税收法规，在合伙型私募股权基金已取得收益但未实际向合伙人分配时，合伙人的纳税义务已经产生。

（三）创投基金

如果合伙型私募股权基金在设立时符合创投基金的条件，备案成创投基金，那么个人合伙人可以在"单一核算"和"整体核算"两种纳税方式中任选一种来缴纳个人所得税，一经选定，3年内不得更改。

五、建议措施

通过前述整理，私募基金退出既有主动退出也有被动退出。为完成私募基金退出的最终目标且实现利益最大化，那么私募投资基金管理人应当提高自身的规范管理水平和能力。私募投资基金管理人可从以下几个方面予以提高。

（一）防止列入异常行为

（1）私募投资基金管理人日常要持续加强经营管理、内控管理、展业管理，防止被列入《关于加强经营异常机构自律管理相关事项的通知》的异常情形，防止被中国证券投资基金业协会注销，防止在管基金清退造成被动局面；私募投资基金管理人应当安排专人负责综合系统、信息披露系统、人员管理系统的维护与更新，防止出现异常情形，引起潜在风险。

（2）私募投资基金管理人发生法定代表人、控股股东、实际控制人变更，及时聘请律师出具法律意见书，并及时向在管投资人发送重大事项变更报告，同时在信息披露系统内完成重大事项变更披露工作。

（3）私募投资基金管理人如无存量基金产品，12个月内发行备案新基金产品，防止列入异常情形。

（4）私募投资基金管理人在产品募集环节投资人、投资款审核方面应注意以下事项：严格审查基金投资人的条件和资质、不得向非合格投资者募集资金；单个基金产品投资人不得超过法定人数上限；严格审查投资款的性质，禁止拼凑、借贷、集资形成投资款，建议签约专业第三方信息技术公司，并执行好"双录"制度。

（5）私募投资基金管理人在产品募集推介方面应注意以下事项：严禁公开宣称推介，严禁以微信、短信等即时通信工具宣传基金产品；严禁私下签订抽屉协议、担保协议、股权质押协议、产品抵押协议；严禁直接或间接承诺最低收益、保本保收益、预期收益率、目标收益率、基准收益率等。

（6）私募投资基金管理人要严格按照募集流程进行操作。

（7）私募投资基金管理人与投资人签署法律文书方面应当防止缺少必要文件、缺少必要环节、顺位颠倒、缺少签字盖章等。

（8）私募投资基金管理人财产与基金财产禁止存在混同、侵占、挪用等违法违规情形。

（9）私募投资基金管理人应当按规定进行基金产品备案。

（二）私募投资基金管理人、基金销售机构适当性义务的规范

（1）提高对投资者风险承受能力测评的精确性。

（2）增强投资者与基金产品之间的适配性。

（3）加强对基金产品特质的说明和风险揭示。基金销售机构应当按照"穿透"原则全面了解待销售的私募基金产品。

（4）加强对基金销售机构适当性义务的审查。

（5）履约过程中的书面留痕制度。

（三）完善私募基金合同条款

（1）明确私募基金的法律关系性质。

（2）提示构成刚兑的情形与法律后果。明确私募投资基金管理人、基金销售机构、投资顾问不得向投资者提供本金收益承诺，并以显著方式提醒投资者注意，上述主体提供的本金收益承诺将构成刚兑而无效。

（3）披露是否提供其他增信措施及具体方式。基金合同应当以显著方式载明本私募基金是否提供本金收益承诺。

（4）明确私募投资基金管理人义务的性质与内容。详细罗列"募投管退"各环节

私募投资基金管理人负有的职责，明确私募投资基金管理人将其义务委托第三方处理时，应当对第三方处理有关基金事务的行为承担责任。

（5）明确基金托管人的法律地位与义务。详细罗列受托人义务的内容，包括指令审查义务、对私募投资基金管理人投资的监督义务、对私募投资基金管理人越权交易的监督义务、在清算环节对私募基金财产的保管义务、在私募投资基金管理人不能履行职责的情况下对私募基金财产的保管义务等。

（6）明确基金合同变更、解除与终止的情形及其法律后果。

（7）明确投资者退出的条件、具体方式和程序。

第二节　私募基金清算

本节的主要内容包括基金清算的基本含义、基金清算的原因、基金清算的流程、申报材料、强制清算、清算延期、其他实操要点、典型案例。

本节参考的法律法规等规范性文件主要包括《中华人民共和国公司法》《中华人民共和国合伙企业法》《公司法司法解释（二）》《关于审理公司强制清算案件工作座谈会纪要》《私募投资基金登记备案办法》《私募投资基金备案指引第 1 号——私募证券投资基金》《私募投资基金备案指引第 2 号——私募股权、创业投资基金》《登记备案事项服务指南——私募投资基金清算业务办理》《私募投资基金备案材料清单（证券类）（2023 年修订）》《私募投资基金备案材料清单（非证券类）（2023 年修订）》。

一、基金清算的基本含义

基金清算是指基金对外投资项目的退出、回收资金归集和分配等过程。对于私募基金而言，完成清算流程即意味着私募基金作为中国证券投资基金业协会监管备案的产品不复存在。私募基金的清算不同于其登记载体的灭失，基金清算仅是市场登记载体人格灭失的步骤之一，其需要经过完整的解散、清算与注销之后方才实现市场登记载体主体灭失。

私募基金合同终止的，私募投资基金管理人应当按照基金合同约定，及时对私募基金进行清算，自私募基金清算完成之日起 10 个工作日内向中国证券投资基金业协会报送清算报告等信息。私募股权基金开始清算但预计 3 个月内无法完成清算的，还应当自清算开始之日起 10 个工作日内向中国证券投资基金业协会报送清算承诺函、清算公告等信息。私募基金在开始清算后不得再进行募集，不得再以基金的名义和方式进行投资。

二、基金清算的原因

（一）基金管理人的原因

私募投资基金管理人因失联、注销私募投资基金管理人登记或者出现重大风险等情形无法履行或者怠于履行职责导致私募基金无法正常退出的，私募投资基金管理人、基金托管人、基金份额持有人大会或者持有一定份额比例以上的投资者，可以按照基金合同约定成立专项机构或者委托会计师事务所、律师事务所等中介服务机构，妥善处置基金财产，保护投资者合法权益，并行使下列职权：①清理核查私募基金资产情况；②制定、执行清算退出方案；③管理、处置、分配基金财产；④依法履行解散、清算、破产等法定程序；⑤代表私募基金解决纠纷；⑥中国证监会、中国证券投资基金业协会规定或者基金合同约定的其他职权。

私募基金通过前款规定的方式退出的，应当及时向中国证券投资基金业协会报送专项机构组成情况、相关会议决议、财产处置方案、基金清算报告和相关诉讼仲裁情况等。

（二）基金应当清算的法定情形

私募基金存在下列情形之一的，应当进行清算：①存续期届满且不展期的；②发生基金合同约定应当终止的情形的；③经投资者、私募投资基金管理人、基金托管人协商一致决定终止基金合同的；④法律、行政法规、中国证监会和中国证券投资基金业协会规定的其他情形。

私募基金完成清算，剩余基金财产可以以货币资金方式分配给投资者，或者经投资者同意，以实物资产方式分配给投资者。

（三）AMBERS 系统中载明的"基金清算原因"

根据中国证券投资基金业协会 AMBERS 系统中载明的"基金清算原因"，基金清算事由主要包括以下情形：①本基金存续期满且不展期；②本基金展期协议期满，结束运作；③本基金存续期间，所有投资者全部赎回；④本基金触发合同约定清算条件（包括止损机制等），导致本基金提前终止；⑤依基金合同约定，基金合同当事人协商一致决定终止；⑥份额持有人大会/股东大会/合伙会议通过，决定终止；⑦私募投资基金管理人依法解散、被依法撤销或被依法宣告破产；⑧私募投资基金管理人被依法取消私募投资基金管理人相关资质；⑨基金托管人依法解散、被依法撤销或被依法宣告破产的；⑩基金托管人被依法取消基金托管资格；⑪其他。

三、基金清算的流程

（一）清算流程

1. 清算前确定清算理由

在发生法定的或约定的基金终止事由时，清算人（通常为私募投资基金管理人）/清算组应依法对基金启动清算程序。

2. 向中国证券投资基金业协会报告

（1）基金发生清盘或清算等重大事项的，私募投资基金管理人应当在 5 个工作日内向中国证券投资基金业协会报告。

（2）基金发生清盘或清算等重大事项的，应当作为"重大事项临时报告"，通过私募基金信息披露备份系统向中国证券投资基金业协会报告。

3. 发起基金到期清算通知

由私募投资基金管理人按照基金合同的规定，向基金份额持有人发送到期清算通知。

4. AMBERS 系统"清算开始"操作

（1）基金出现终止事由时，私募投资基金管理人应当在 AMBERS 系统进行"清算开始操作"，上传基金清算承诺函和基金清算公告。

（2）在基金发生"存续期限届满"之情形时，私募投资基金管理人应当在基金到期日起的 3 个月内通过 AMBERS 系统完成基金的展期变更或提交基金清算申请；否则，在完成基金展期变更或提交清算申请之前，中国证券投资基金业协会将暂停办理该私募投资基金管理人新的基金备案申请。

5. 确定清算人/清算组

对于契约型基金而言，由私募投资基金管理人和托管人共同作为基金清算小组成员；对于合伙型基金而言，应当在基金终止事由出现之日起 15 日内确定清算人，清算人由全体合伙人担任，或经全体合伙人过半数同意指定一个或数个合伙人或委托第三人担任清算人；对于公司型基金而言，应当根据《中华人民共和国公司法》的有关规定确定，即应当在基金终止事由出现之日起 15 日内成立清算组。其中，有限责任公司的清算组由股东组成；股份有限公司的清算组由董事会或者股东大会确定的人员组成。

私募基金财产清算小组成员由私募投资基金管理人和基金托管人组成，清算小组可以聘请必要的工作人员。

6. 清算组备案/信息公示

就合伙型基金和公司型基金而言，其在确定清算人或成立清算组后，应当在确定清算人或自清算组成立之日起 10 日内，将清算人/清算组成员、清算组负责人名单向企业/公司登记机关备案。

7. 债权申报与登记

就合伙型基金和公司型基金而言，其在确定清算人或成立清算组后，应当在确定清算人或自清算组成立之日起 10 日内通知债权人，并于 60 日内在报纸上公告。债权人应当自接到通知书之日起 30 日内，未接到通知书的自公告之日起 45 日内，向清算人或清算组申报债权。

8. 制定清算方案、清理基金财产、开展清算审计

（1）清算人在清理企业财产，编制资产负债表和财产清单后，应当制定清算方案，

并进行清算审计，由会计师事务所出具清算审计报告。

（2）基金清算方案通常包括以下主要内容：基金清算事由；清算人或清算组的组成；清算人或清算组的职权；清算人或清算组会议的召开及议事机制；基金财产及其处置原则与安排；基金清算费用及支付安排；基金债务（如有）及其清偿安排；基金剩余财产的分配原则。

（3）清算期间，基金不得开展与清算无关的经营活动；基金财产在未支付完毕清算费用、职工的工资、社会保险费用和法定补偿金、缴纳所欠税款以及清偿完毕基金债务（如有）之前，不得分配给投资者。

9. 编制基金清算报告

基金清算结束后，基金清算人/清算组应当编制基金清算报告。其中，基金清算报告通常包括以下主要内容：清算报告编制说明、基金基本概况、基金财产处置变现情况、清算费用支付及基金债务清偿情况、基金剩余财产分配情况。

10. 完成中国证券投资基金业基金清算备案

出具清算报告后，清算人需要在 AMBERS 系统中完成私募基金产品的清算备案，包括由管理人盖章并上传清算报告，按照 AMBERS 系统的模版更新投资者信息并填写基金清算情况表，填写系统中的其他清算信息。

11. 关闭基金账户

应当根据《募集账户监督协议》和《托管协议》的约定就基金募集监督账户、托管账户至各开户银行办理银行账户注销手续。

12. 办理中国证券投资基金业协会基金备案注销手续

（1）根据 AMBERS 系统的要求，基金清算完成后，私募投资基金管理人需要进行"清算完成"操作，即再次单击"基金清算"按钮，补充提交基金其他清算信息。其中，"清算完成"操作需要上传或填报以下内容：基金清算报告、投资者信息更新、私募基金清算情况表。

（2）私募投资基金管理人向中国证券投资基金业协会上传的基金清算报告应当有私募投资基金管理人、基金托管人或投资者签章。在基金清算实务中，清算报告除需要经投资人同意并签署（具体以基金合同的约定要求为准）外，私募投资基金管理人提交给中国证券投资基金业协会的基金清算报告通常还需要由私募投资基金管理人和托管人（适用于存在托管的基金）共同签章。

13. 保存基金清算材料

私募投资基金管理人在基金完成清算后，应当妥善保存以下基金资料，且保存期限自基金清算终止之日起不少于10年：

（1）基金投资决策、交易和投资者适当性管理等方面的记录及其他相关资料，包括基金投资决策文件、基金投资业务活动的全部会计资料、有关合同、交易记录及其他相关资料。

(2) 基金信息披露的相关文件、基金财产清算账册、基金清算报告等清算文件。

(二) 办理手续

办理手续主要包括以下方面：

(1) 清算开始程序是指私募投资基金管理人申请清算开始，系统在校验后自动通过。

(2) 清算完成程序包括申请、核查、退回补正、办结、结果公示等。

申请是指私募投资基金管理人通过资产管理业务综合报送平台官方网站（https://ambers.amac.org.cn）填报私募投资基金清算相关信息、上传清算材料并提交。

核查是指清算材料齐备性核查和形式合规性核查。其中，清算材料齐备性核查是指中国证券投资基金业协会按照《私募投资基金清算申请材料清单》对私募投资基金清算材料的齐备性进行反馈；形式合规性核查是指在清算材料齐备的基础上核查私募投资基金清算是否符合相关法律法规和自律规则要求。

中国证券投资基金业协会应当在私募基金备案材料齐备后的20个工作日内，通过官方网站公告私募基金名单及其基本情况的方式，为私募基金办结备案手续。

退回补正是指经核查后，中国证券投资基金业协会就相关问题反馈补正意见，并将申请退回给私募投资基金管理人。私募投资基金管理人应当按照补正意见修正相关信息、补充相关材料并再次提交。

办结是指中国证券投资基金业协会对私募投资基金的清算完成申请作出办理通过的意见。

结果公示是指在中国证券投资基金业协会官方网站（https://gs.amac.org.cn）将私募投资基金公示信息中的运作状态更新为已清算。

(三) 办理流程图

私募基金清算办理流程如图12-3所示。

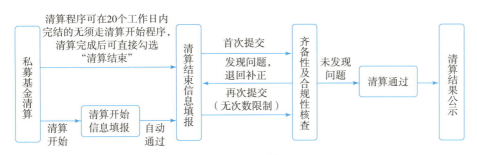

图12-3 私募基金清算办理流程

四、申请材料

（一）私募投资基金清算申请材料清单（证券类）

私募投资基金清算申请材料清单（证券类）如表12-1所示。

表12-1　私募投资基金清算申请材料清单（证券类）

序号	附件名称/适用情形	内容要求	签章要求
1	清算开始	清算开始应当符合《私募投资基金登记备案办法》第五十七条、《私募投资基金备案指引第1号》第二十三条和第二十四条规定，上传基金清算承诺函和基金清算公告或者第一次清算报告	1. 基金清算承诺函应加盖管理人公章。 2. 清算报告应有私募投资基金管理人、基金托管人或投资者签章
2	清算完成	清算完成应当符合《私募投资基金登记备案办法》第五十七条和《私募投资基金备案指引第1号》第二十三条规定，上传基金清算承诺函和历次基金清算报告，清算报告应当包含基金财产分配情况	

（二）私募投资基金清算申请材料清单（非证券类）

私募投资基金清算申请材料清单（非证券类）如表12-2所示。

表12-2　私募投资基金清算申请材料清单（非证券类）

序号	附件名称/适用情形	内容要求	特殊适用情形说明	签章要求
1	清算开始	清算开始应当符合《私募投资基金登记备案办法》第五十七条、《私募投资基金备案指引第2号》第二十八条和第二十九条规定，上传基金清算承诺函和基金清算公告或者第一次清算报告		1. 基金清算承诺函应当加盖管理人公章。 2. 清算报告应当有私募投资基金管理人、基金托管人或者投资者签章
2	清算完成	清算完成应当符合《私募投资基金登记备案办法》第五十七条和《私募投资基金备案指引第2号》第二十八条规定，上传基金清算承诺函和历次基金清算报告，清算报告应当包含基金财产分配情况	公司型或者合伙型基金	
3	基金注销	公司型或者合伙型基金注销应当符合《私募投资基金备案指引第2号》第三十条规定，及时变更名称和经营范围，不得保留"基金"或者其他误导性字样，上传变更后的市场主体营业执照或者国家企业信用信息公示系统公示信息截图等证明材料		

五、强制清算

(一) 强制清算的基本含义

基金清算方式分为自行清算和强制清算。强制清算是指在自行清算无法进行的情况下由人民法院进行清算,基金合同或章程如有约定或规定的参照执行,进行自行清算。例如,对于合伙型基金而言,市场监督管理部门一般要求全体合伙人一致签署解散清算的决议文件,才能办理合伙企业的解散、清算、注销等事宜。如果解散及/或清算决议未能获得全体合伙人签字同意,则只能尝试申请法院强制清算基金。

(二) 基金强制清算的具体事由

基金强制清算的具体事由主要包括以下情形:①公司/合伙企业解散逾期不成立清算组进行清算的;②公司/合伙企业虽然成立清算组但故意拖延清算的;③违法清算可能严重损害债权人或股东/合伙人利益的;④清算方案、清算报告等事项无法获得股东会、合伙人大会通过,出现"自行清算僵局"。

(三) 基金强制清算的法律主体

1. 申请人

基金强制清算的申请人限于以下情形:①公司型基金的股东;②合伙型基金的合伙人;③基金的债权人。

2. 被申请人

基金强制清算的被申请人即为公司型/合伙型基金本身。

3. 其他参与方

在基金强制清算案件中,除申请人和被申请人外,基金的其他利害关系人(包括其他股东/合伙人、实际控制人、法定代表人、财务人员及员工代表、债权人、自主清算组成员等)一般可在基金强制清算的听证程序中主动申请或由管辖法院通知参与到基金的强制清算程序中;申请人在对基金提起强制清算申请时,通常不需要将基金的(其他)股东或合伙人列为基金强制清算的当事人。

(四) 强制清算前置程序

(1) 为证明基金强制清算的事由已经成就,申请人可能需要先获得确认解散事由已经成就的生效法律文书。最高人民法院《强制清算纪要》中规定,基金股东、合伙人应当向人民法院提交基金已经发生解散事由的证据;如果对基金是否发生解散事由出现争议的,则法院将不予受理或驳回强制清算申请,应当先就该争议获得生效法律义书确认后,再向法院提起强制清算申请。

(2) 对基金到期(即公司营业期限或合伙期限届满)的情况,在司法实践中有的法院认可此情形下无须就此提起前置诉讼程序予以确认解散事由成就。

（3）如果公司/合伙企业对申请人对其是否享有债权或股权/合伙份额以及其自身是否发生解散事由提出异议的，则在提起强制清算之诉前，需先行提起诉讼请求确认公司/合伙企业解散，但有明确、充分证据证明公司/合伙企业已发生解散事由的除外。例外情形主要包括以下情形：①公司/合伙企业营业期限届满；②有明确证据证明公司/合伙企业的目的已无法实现；③有明确证据证明股东协议/合伙协议已解除；④公司/合伙企业被吊销营业执照、责令关闭、撤销。

（五）申请人在提起基金强制清算申请时需要提供的证据资料（以公司型基金为例）

申请人申请对公司进行强制清算时，需要提交相关证据证明以下事实：

（1）公司已经发生解散事由。其中，自行解散的，提交公司章程或决定解散公司的股东会/股东大会决议；被依法强制解散的，提交公司登记主管机关吊销公司营业执照、责令关闭、撤销公司的文件；被法院判决解散的，提交相应的法律文书。申请人对公司享有债权或者股权。

（2）如以公司故意拖延清算，或存在其他违法清算可能严重损害债权人或者股东利益，或公司自行清算出现僵局为由，申请强制清算的，则还需要提交相关证据证明公司存在前述相应情形。

（六）强制清算的管辖法院

公司强制清算案件由公司住所地人民法院管辖，基层人民法院管辖县、县级市或区的公司登记机关核准登记公司的公司清算案件，中级人民法院管辖地区、地级市以上的公司登记机关核准登记公司的公司清算案件。

六、清算延期

（一）基本含义

基金延长期主要是指基金退出期结束后，基金尚未进入清算时，私募投资基金管理人遵守一定程序进行基金产品运作期限延长的期间。同时，基金延长期限通常会由各方先行在基金合同中明确约定，是基金运作期限的组成部分。基金延长期设置的目的主要是避免基金从项目退出期间不足或存在不确定性，包括但不限于存在非现金分配、基金自身存在争议尚未解决等。因此，基金限期的延长其实是基金退出期的延长，在基金延长期内私募投资基金管理人和投资人的权利义务关系基本没有变化。基金期限延长后，基金清算也相应被延后。

在实践中，通常基金合同会约定基金延长期限最长不超过2年或次数不超过2次，而且基金合同通常会赋予私募投资基金管理人1~2次单方延长期限的权利。如果私募投资基金管理人单次延长期限权利使用后需再次延长期限的，往往需提交相应决策机构（如合伙人大会等），由决策机构进行审议决定。如果基金到期无法通过基金合同约定的决议程序，基金则直接进入清算流程。

（二）基金期限延长时的基金管理方

通常而言，基金合同除对管理费可能有调整之外，其他的一般不作修改，故在基金延长期内，继续由私募投资基金管理人延续对基金的管理；在基金清算时，基金的管理方变更为基金清算人。

（三）基金期限延长时的管理职责

基金延长期内的管理工作仍由私募投资基金管理人继续执行，但自基金退出期起，基金通常不再投资新项目或者对原有项目追加投资。因此，在基金延长期内，私募投资基金管理人的主要工作是协助或管理投资项目的退出，当然也需要根据基金合同的约定履行其他相应的管理职责，包括基金的分配、向基金投资人履行信息披露义务、完成基金的财务审计及召开投资人会议等。如果退出涉及投决会决定的事由则继续由投决会决议，私募投资基金管理人负责执行。

基金清算人主要法定职责：清理基金财产；编制资产负债表和财产清单；处理与清算有关的合伙企业未了结事务；清缴所欠税款；清理债权、债务；处理基金清偿债务后的剩余财产；代表基金参加诉讼或者仲裁活动等。在私募投资基金管理人与基金清算人不完全合一甚至相分离的情形下，私募投资基金管理人需要与基金清算人就某些管理工作相互配合，继续完成中国证券投资基金业协会在基金清算期内对私募投资基金管理人的系统填报职责，直至基金完成清算备案。

（四）基金期限延长时的管理报酬

在实践中，不少基金合同约定私募投资基金管理人在自主延长期内降低收取管理费的比例，在决策机构审议延长的期限内不再收取管理费。在基金清算期内，如果基金清算人由私募投资基金管理人担任，通常私募投资基金管理人也不再收取费用。

七、其他实操要点

（一）基金清算人在平台上完成基金产品的清算备案

在出具清算报告之后，基金清算人需在中国证券投资基金业协会的"资产管理业务综合报送平台"（以下简称"平台"）完成基金产品的清算备案，具体工作如下：①上传清算报告；②按照平台中的模板更新投资者信息；③按照平台中的模板填写基金清算情况表，内容包括基金资产清算及分配情况、向投资者分配的现金类资产与非现金类资产具体情况、最后运作日基金的负债情况、基金的费用情况、基金的账户情况、截至清算结束日基金所投资的所有项目的情况等；④按照平台模板盖章并上传清算承诺函；⑤填写平台中的其他清算信息，包括基金基本情况、清算原因、清算的开始日和截止日以及清算次数、清算组的构成等。

（二）私募基金清算义务人的确定

基金合同应当明确约定基金合同终止、解除及基金清算的安排。对中国证券投资基金业协会不予备案的私募投资基金，私募投资基金管理人应当告知投资者，及时解除或终止基金合同，并对私募投资基金财产进行清算，保护投资者的合法权益。私募投资基金管理人在私募投资基金到期日起的 3 个月内仍未通过 AMBERS 系统完成私募投资基金的展期变更或提交清算申请的，在完成变更或提交清算申请之前，协会将暂停办理该私募投资基金管理人新的私募投资基金备案申请。对中国证券投资基金业协会不予备案的私募基金产品以及已经在中国证券投资基金业协会备案且即将到期的私募基金产品，其私募投资基金管理人负有及时清算义务。

清算义务人为私募投资基金管理人，但清算组的组成成员与清算义务人并不是同一概念，具体情形如下：①私募基金财产清算小组组成，说明私募基金财产清算小组成员由私募投资基金管理人和基金托管人组成。清算小组可以聘用必要的工作人员。②有限责任公司的清算组由股东组成。③合伙企业解散，应当由基金清算人进行清算。基金清算人由全体合伙人担任；经全体合伙人过半数同意，可以自合伙企业解散事由出现后 15 日内指定一个或者数个合伙人，或者委托第三人，担任基金清算人。

（三）清算期能否收取管理费

是否需要收取管理费还要看基金合同的约定，如果基金合同中约定最后一期管理费收取的终止日为合伙企业或公司的终止日，那么私募投资基金管理人就有权在清算期收取管理费。

（四）基金可进行多次清算

基金清算次数可以不止一次。通常来讲，清算开始日一般是清算决议作出之日，清算完成日是清算财产支付给投资人的日期。私募投资基金管理人应对基金财产进行清算并先行分配已变现部分。

对基金财产无法及时变现的，私募投资基金管理人可以选择待上述资产可以变现时再继续完成剩余基金资产的变现操作。在此种情形下，私募投资基金管理人可以进行二次清算，二次清算流程与一次清算相同，但如果二次清算且有按照单笔计算业绩报酬，业绩报酬在最后一次清算时计提。

（五）清算期是否需要进行信息披露

基金进入清算期后，私募投资基金管理人需要在出具清算公告后在中国证券投资基金业协会的 AMBERS 系统中单击"清算开始"按钮（私募投资基金管理人预计清算程序可以在 20 个工作日内完成并出具清算报告的情形除外），并在系统中填写清算原因、时间、基金清算组（人）构成等信息，并提交基金清算承诺函。在出具清算报告并完成对投资者的基金财产分配之后，私募投资基金管理人需要在 AMBERS 系统中单击"清算结束"按钮完成基金的清算备案，并提交基金清算报告、私募基金清算情况表等文件。在基金完成基金清算备案之前，即私募投资基金管理人单击"清算结束"按钮前，该产品在 AMBERS 系统中仍是一只正常运作的基金，私募投资基金管理人需要按照中国证券投资基金业协会的要求履行季度更新与定期报告的义务，私募投资基金管理人不按期披露可能会导致被纳入异常名单的后果。

（六）私募投资基金管理人的注销与基金的注销

私募投资基金管理人有明确的注销机制。私募投资基金管理人可以选择主动注销，或因列入异常机构等原因被中国证券投资基金业协会注销，但该等注销登记仅是取消了私募投资基金管理人从事私募基金管理的资质，并不影响私募投资基金管理人的市场登记载体继续存续。

对于私募基金而言，并没有类似的注销机制，仅可进行清算，但该等清算是否意味着市场登记载体的清算，我国私募基金监管规则并未作出明确规定。根据中国证券投资基金业协会官方网站回复意见，"公司型或者合伙型基金是否需要注销市场主体载体后再提交清算申请，目前协会暂不做要求。需要明确的是，基金清算后不得以本基金名义进行基金投资活动。"此外，中国证券投资基金业协会要求的清算资料清单及操作流程并未要求提供市场主体的解散清算决议文件或相关证明文件。

八、典型案例

参考案例

基金的有限合伙人甲以从未获得过案涉基金的分红，无法知晓案涉基金的财务和经营状况，且案涉基金拒绝召开合伙人大会等为由，认为案涉基金已无法实现设立目的，向法院申请基金强制清算。法院经审查认为，申请人提出的"案涉基金已无法实现设立目的"的理由（"不分红、不开会、不给查账"）并非强制解散事由，而且案涉基金并不认可其已发生解散事由，故在解散事由尚未确定的情况下，申请人申请对案涉基金强制清算缺乏依据，不予受理。法院同时指出，强制清算主要是一种程序制度，不具有解决实体民事权利义务纠纷的功能，双方对于是否发生解散事由的争议，应另案解决。

案例简析：强制清算的前提是公司或合伙企业无法获得其他救济方式后的最后救济，意味着公司或合伙企业不可逆的走向注销终止。强制清算的第一种情形"公司解散逾期不成立清算组进行清算"的核心在于对"公司解散"的认定，即是否出现了《中华人民共和国公司法》规定或公司章程/合伙协议约定的解散事由。如果法院认定并未出现法定或约定的解散事由，那就不适用了，即申请人无法以案涉基金解散后逾期不成立清算组进行清算为由申请强制清算。因此，建议尽可能在拟投基金的基金合同/章程/合伙协议等文件中，具体约定基金解散的事由，以便在一定程度上掌握退出基金的主动权。受限于各种原因，法院指定的基金清算组/清算人对基金财产的处理结果并不一定符合投资人的最大利益。

有限责任公司股东申请公司强制清算，其目的是通过解散公司收回其股东投资以及收益从而退出公司。如果公司通过自力救济的方式（如公司其他股东收购申请强制清算股东的股权）可以打破公司僵局，也并非要采取强制清算。

第三节 创业投资基金退出的特别注意事项

本节的主要内容包括创业投资基金从 A 股上市公司退出时享有锁定期及减持方面的优惠政策。

本节参考的法律法规等规范性文件主要包括《上市公司创业投资基金股东减持股份的特别规定（2020 年修订）》《发行监管问答——关于首发企业中创业投资基金股东的锁定期安排》《私募基金监管问答——关于首发企业中创业投资基金股东的认定标准》《〈上市公司创业投资基金股东减持股份的特别规定（2020 年修订）〉系统操作指南》。

一、锁定期优惠

（一）优惠政策

创业投资基金所持有的股份有限公司公开发行股份前已发行的股份，适用下述锁定期安排：

（1）如果发行人有实际控制人，且创业投资基金非实际控制人，则创业投资基金仍然适用锁定期一般原则，即自发行人股票上市之日起 12 个月内不得转让的锁定期政策。

（2）如果发行人没有或难以认定实际控制人，且创业投资基金非发行人第一大股东，则对于位列合计持股 51% 以上股东范围且符合下述特定条件的创业投资基金，可适用创业投资基金的特殊安排（即自发行人股票上市之日起 12 个月内不得转让），从而不再受限于前述 36 个月锁定期的一般性原则。

（二）适用优惠政策的前提条件

关于首发企业中创业投资基金所持股份锁定期的政策是对专注于早期投资、长期投资和价值投资的创业投资基金给予的特别安排。发行监管问答提到的"符合一定条件的创业投资基金"是指符合下列全部条件的创业投资基金：

（1）创业投资基金首次投资该首发企业时，该首发企业成立不满 60 个月。

（2）创业投资基金首次投资该首发企业时，该首发企业同时符合以下条件：①经企业所在地县级以上劳动和社会保障部门或社会保险基金管理单位核定，职工人数不超过 500 人；②根据会计师事务所审计的年度合并会计报表，年销售额不超过 2 亿元、资产总额不超过 2 亿元。

（3）截至首发企业发行申请材料接收日，创业投资基金投资该企业已满 36 个月。

（4）按照《私募投资基金监督管理暂行办法》，已在中国证券投资基金业协会备案为"创业投资基金"。

（5）该创业投资基金的基金管理人已在中国证券投资基金业协会登记，规范运作并成为中国证券投资基金业协会会员。

投资时点以创业投资基金投资后，被投企业取得市场主体登记部门核发的营业执照或市场主体核准变更登记通知书为准。相关指标按投资时点之上一年年末的数据进行认定。投资时点以第一次投资为准，后续对同一标的企业的投资均按初始时点确认。

创业投资基金管理人在确认创业投资基金符合上述条件后，可以向保荐机构提出书面申请，经保荐机构和发行人律师核查后认为符合上述标准的，由保荐机构向中国证监会发行审核部门提出书面申请。

特别提示：创业投资基金需直接持有发行人股份。如果创业投资基金通过SPV或其他未备案为创业投资基金的投资载体间接持有发行人的股份，则无法享受创业投资基金锁定期优惠政策。

二、减持优惠

（一）优惠政策

在中国证券投资基金业协会备案的创业投资基金，其所投资符合条件的企业上市后，通过证券交易所集中竞价交易减持其持有的发行人首次公开发行前发行的股份，适用下列比例限制：

（1）截至发行人首次公开发行上市日，投资期限不满36个月的，在3个月内减持股份的总数不得超过公司股份总数的1%。

（2）截至发行人首次公开发行上市日，投资期限在36个月以上但不满48个月的，在2个月内减持股份的总数不得超过公司股份总数的1%。

（3）截至发行人首次公开发行上市日，投资期限在48个月以上但不满60个月的，在1个月内减持股份的总数不得超过公司股份总数的1%。

（4）截至发行人首次公开发行上市日，投资期限在60个月以上的，减持股份总数不再受比例限制。

投资期限自创业投资基金投资该首次公开发行企业金额累计达到300万元之日或者投资金额累计达到投资该首次公开发行企业总投资额50%之日开始计算。

（二）适用优惠政策的前提条件

创业投资基金所投资符合条件的企业是指满足下列情形之一的企业：①首次接受投资时，企业成立不满60个月；②首次接受投资时，企业职工人数不超过500人，根据会计师事务所审计的年度合并会计报表，年销售额不超过2亿元、资产总额不超过2

亿元；③截至发行申请材料受理日，企业依据《高新技术企业认定管理办法》已取得高新技术企业证书。

(三) 提前申请

创业投资基金在适用减持优惠政策前，该创业投资基金管理人需要在中国证券投资基金业协会 AMBERS 系统的"政策申请 - 上市公司创业投资基金股东减持股份的特别规定（2020 年修订）"模块提前申请。

第十三章 专项基金

为了更好地理解私募投资基金，本章整理了目前市场上常见的几种专项基金，包括创业投资基金、合格境外有限合伙人（QFLP）境内投资基金、国有私募股权基金、上市公司并购基金、不动产基金、合格境内有限合伙人（QDLP）境外投资基金。

第一节 创业投资基金

本节的主要内容包括监管机构及职责、基本含义、经营范围、税收优惠、A 股上市公司减持限售、国家发展和改革委员会备案。

本节参考的法律法规等规范性文件主要包括《私募投资基金登记备案办法》《创业投资企业管理暂行办法》《私募投资基金监督管理条例》《上市公司创业投资基金股东减持股份的特别规定》《私募基金监管问答——关于首发企业中创业投资基金股东的认定标准》《发行监管问答——关于首发企业中创业投资基金股东的锁定期安排》及《私募基金监管问答——关于享受税收政策的创业投资基金标准及申请流程》。

一、监管机构及职责

创业投资基金监管机构及职责如表 13－1 所示。

表 13－1 创业投资基金监管机构及职责

监管机构名称	监管职责
国家发展和改革委员会（以下简称"国家发改委"）及地方发改部门	负责制定促进创业投资行业发展的政策及创投企业的认定标准与规范
中国证监会及其派出机构	负责认定创业投资基金的主体资格及其退出上市公司相关优惠条件
中国证券投资基金业协会	负责创业投资基金的日常监督及行业自律管理
国家税务总局、财政部	负责出台创业投资基金适用的税收优惠及财政扶持政策
中国银行保险监督管理委员会	负责对接受保险资金投资的创业投资基金的监管

二、基本含义

创业投资基金是指主要投资于未上市创业企业普通股或者依法可转换为普通股的

优先股、可转换债券等权益的股权投资基金。鼓励和引导创业投资基金投资创业早期的小微企业。享受国家财政税收扶持政策的创业投资基金，其投资范围应当符合国家相关规定。

中国证券投资基金业协会在私募投资基金管理人登记、基金备案、投资情况报告要求和会员管理等环节，对创业投资基金采取区别于其他私募基金的差异化行业自律，并提供差异化会员服务。

中国证监会及其派出机构对创业投资基金在投资方向检查等环节，采取区别于其他私募基金的差异化监督管理；在账户开立、发行交易和投资退出等方面，为创业投资基金提供便利服务。

中国证券投资基金业协会对创业投资基金在基金备案、投资运作、上市公司股票减持等方面提供差异化自律管理服务。创业投资基金是指符合下列条件的私募基金：①投资范围限于未上市企业，但所投资企业上市后基金所持股份的未转让部分及其配售部分除外；②基金合同体现创业投资策略；③不使用杠杆融资，但国家另有规定的除外；④基金最低存续期限符合国家有关规定；⑤法律、行政法规、中国证监会和中国证券投资基金业协会规定的其他条件。

创业投资基金名称应当包含"创业投资基金"，或者在公司、合伙企业经营范围中包含"从事创业投资活动"相关字样。

三、经营范围

（一）经营范围

（1）创业投资基金主要为向处于创业各阶段的未上市成长性企业进行股权投资的私募基金（新三板挂牌企业视为未上市企业）。

（2）创业投资类FoF基金主要为投向创业投资类私募基金、信托计划、券商资管、基金专户等资产管理计划的私募基金。

在中国证券投资基金业协会备案的"创业投资基金"及"创业投资类FoF基金"不能通过非公开发行、协议转让、大宗交易等方式，购买已上市公司股票，参与上市公司并购重组。

（二）典型案例

某创业投资基金在变更备案时，中国证券投资基金业协会反馈关注：①拟备案基金申请备案为创业投资基金，请核实产品名称或者经营范围是否符合《私募投资基金登记备案办法》第四十五条第三款之规定，即名称中是否含有"创业投资基金"相关字样或经营范围中是否含有"创业投资"等相关字样；若不符，请进行相应调整并上传市场主体变更受理通知文件。②投资协议约定基金可通过向特定对象发行、大宗交易、协议转让或战略配售和港股基石投资等方式投资上市公司股票，但根据《私募投资基金监督管理暂行办法》第三十四条规定,"本办法所称创业投资基金,是指主要投资于未上市创业企业普通股或者依法可转换为普通股的优先股、可转换债券等权益的股权投资基金"。请私募投资基金管理人核实是否涉及以上投资。若是,请去备案股权类;若否,请修改投资协议中相关约定。

案例简析:

(1) 上述反馈意见第①条中指出,创业投资基金名称中应含有"创业投资基金"相关字样或经营范围中应含有"创业投资"等相关字样。这个要求不仅是针对新备案的基金,而且存续基金产品进行重大事项变更时偶尔也会触发这个要求,上述第①条反馈意见来自一只早期备案的创业投资基金变更私募投资基金管理人时的反馈,要求基金名称、经营范围符合新规要求,需要进行对应的市场主体变更才能提交私募投资基金管理人变更。

(2) 第②条反馈意见是关于创业投资基金的投资范围。《私募投资基金监督管理条例》中规定,创业投资基金的投资范围限于未上市企业,但所投资企业上市后基金所持股份的未转让部分及其配售部分除外。创业投资基金不能直接或间接投资(包括通过投资私募股权投资基金的方式进行投资等)基础设施、房地产、首发企业股票、上市公司股票(所投资的企业上市后参股企业所持股份的未转让部分及其配售部分除外)、上市公司可转债、上市公司可交债。

四、税收优惠

创业投资企业(以下简称"创投企业")从事国家需要重点扶持和鼓励的创业投资,可以按投资额的一定比例抵扣应纳税所得额。所称抵扣应纳税所得额,是指创投企业采取股权投资方式投资于未上市的中小高新技术企业2年以上的,可以按照其投资额的70%在股权持有满2年的当年抵扣该创投企业的应纳税所得额;当年不足抵扣的,可以在以后纳税年度结转抵扣。该等抵扣适用于法人创投企业、有限合伙制创投企业的法人合伙人、有限合伙制创投企业中的个人合伙人。允许创投企业在单一投资基金核算或按创投企业年度所得整体核算两种方式中选择一种,就其个人合伙人来源于创投企业的所得计算个人所得税应纳税额。

创投企业依然有两种方式进行税收核算,即按单一投资基金核算或按创投企业年度所得整体核算:①按单一投资基金核算的,其个人合伙人从该基金应分得的股权转让所得和股息红利所得,按照20%税率计算缴纳个人所得税。其中,股权转让所得中仍可享受前述70%的转让项目对应投资额抵扣。②创投企业选择按年度所得整体核算的,其个人合伙人应从创投企业取得的所得,按照"经营所得"项目、5%~35%的超额累进税率计算缴纳个人所得税。

五、A 股上市公司减持限售

(一) 通过证券交易所集中竞价交易减持的限制性规定

参见第十二章第三节"二、减持优惠"。

(二) 创业投资基金所投资符合条件的企业

参见第十二章第三节"二、减持优惠"。

六、国家发展和改革委员会备案

在中国证券投资基金业协会及地方发改部门均完成备案("双备案")的创业投资基金将同时接受国家发改委/地方发改部门、中国证监会及中国证券投资基金业协会的管理，且在申请财税政策扶持时，还应当符合财政部、税务总局的相关要求。

(一) 在国家发改委备案的必要性

（1）对创投企业实施备案管理制度，创投企业完成市场主体设立登记后，需在国家发改委或经同级人民政府确定且经国务院管理部门备案的省级（含副省级城市，下同）管理部门办理备案。如果创投企业未按照规定完成备案程序，该等企业不受创投企业管理部门的监管，不得享受创投企业有关政策扶持；支持国家与地方政府设立创业投资引导基金，通过参股和提供融资担保等方式扶持创投企业的设立与发展；运用税收优惠政策扶持创投企业发展并引导其增加对中小企业特别是中小高新技术企业的投资。

（2）如果基金想要享受单一核算模式，那就必须在中国证券投资基金业协会备案为创业投资基金产品或者在国家发改委进行创业投资企业的备案，并保证在备案后规范运作。同时，基金应当在备案完成后 30 日内向主管税务机关申请适用单一投资基金核算模式，超过该时限则需要在 3 年内适用年度整体核算模式，从而适用 5%～35% 超额累进税率。

（3）会有部分在中国证券投资基金业协会已备案的股权投资基金选择再次到国家发改委备案，主要是从享受优惠税收政策以及适用监管规定的角度考虑。虽然这两类备案均属于事后备案管理，但就备案条件上存在差异化要求。相比而言，在证监会监管体系下，创投企业或创业投资基金的备案条件更为严格。同时，就未完成的备案所承担的后果也存在明显不同，发改委监管体系下对未完成备案的创投企业，不受创投企业监管部门的监管且不享受优惠政策，而证监会监管体系下，备案为全口径要求，未完成备案的创业投资基金不得开展投资活动（不含临时投资）。

(二) 备案要求的比较

在证监会监管体系下与发改委监管体系下创投企业或创业投资基金备案要求的比较如表 13-2 所示。

表 13-2　备案要求的比较

项目	证监会体系下的备案要求	发改委监管体系下的备案要求
备案部门	中国证券投资基金业协会	国家发改会
资本要求	私募基金初始实缴募集资金规模私募股权基金不低于1 000万元，其中创业投资基金备案时首期实缴资金不低于500万元，但应当在基金合同中约定备案后6个月内完成符合前述初始募集规模最低要求的实缴出资；投向单一标的的私募基金不低于2 000万元。	实收资本不低于3 000万元，或者首期实收资本不低于1 000万元且全体投资者承诺在注册后的5年内补足不低于3 000万元实收资本
投资门槛	单个投资者的投资不得低于100万元	单个投资者对创业投资企业的投资不得低于100万元
合格投资者	（1）自然人：金融资产不低于300万元，或者最近3年个人年均收入不低于50万元。 （2）法人机构：净资产不低于1 000万元	无明确规定
备案前的投资	私募投资基金完成备案前，可以以现金管理为目的，投资银行活期存款、国债、中央银行票据、货币市场基金等中国证监会认可的现金管理工具	无明确限制
投资限制	以下投资行为不属于私募基金备案范围： （1）变相从事金融机构信（存）贷业务的，或直接投向金融机构信贷资产。 （2）从事经常性、经营性民间借贷活动，包括但不限于通过委托贷款、信托贷款等方式从事上述活动。 （3）私募投资基金通过设置无条件刚性回购安排变相从事借（存）贷活动，基金收益不与投资标的的经营业绩或收益挂钩。 （4）投向保理资产、融资租赁资产、典当资产等《私募基金登记备案相关问题解答（七）》所提及的与私募投资基金相冲突业务的资产、股权或其收（受）益权。 （5）通过投资合伙企业、公司、资产管理产品（含私募投资基金，下同）等方式间接或变相从事上述活动	不得从事担保业务和房地产业务，但是购买自用房地产除外；单个企业的投资不得超过创业投资企业总资产的20%
投资期限	存续期不得少于5年，鼓励私募投资基金管理人设立存续期在7年及以上	可以事先确定有限的存续期限，但是最短不得短于7年
封闭运作	备案完成后不得开放认/申购（认缴）和赎回（退出），基金封闭运作期间的分红、退出投资项目减资、对违约投资者除名或替换以及基金份额转让不在此列	无
扩募条件	若同时满足以下条件，可以新增投资者或增加既存投资者的认缴出资，但增加的认缴出资额不得超过备案时认缴出资额的3倍： （1）基金的组织形式为公司型或合伙型。 （2）基金由依法设立并取得基金托管资格的基金托管人托管。	无明确限制

续表

项目	证监会体系下的备案要求	发改委监管体系下的备案要求
扩募条件	（3）基金处在合同约定的投资期内。 （4）基金进行组合投资，投资于单一标的的资金不超过基金最终认缴出资总额的50%。 （5）经全体投资者一致同意或经全体投资者认可的决策机制决策通过	
经营范围	创业投资基金名称应当包含"创业投资基金"，或者在公司、合伙企业经营范围中包含"从事创业投资活动"相关字样	创业投资业务；代理其他创业投资企业等机构或个人的创业投资业务；创业投资咨询业务；为创业企业提供创业管理服务业务；参与设立创业投资企业与创业投资管理顾问机构
名称要求	名称中可以使用"创业投资"或者其他体现具体投资领域特点的相关字样。如未体现具体投资领域特点，则应当使用"股权投资"相关字样	无明确规定

（三）实操要点

（1）根据国家政策，创业投资基金备案采用自愿原则。如果创报机构需要享受国家对创投企业相关优惠政策，则须按要求提前进行备案管理。

目前，创投企业享受20%个人所得税可以通过两个方式申请：一通过中国证券投资基金业协会申请备案为创业投资基金；二是通过国家发改委申请备案为创投企业。备案成功以后，都可以向所在地税局申请20%单一核算。

（2）中国证券投资基金业协会备案与国家发改委备案两者并不冲突，且互相独立。既可以在中国证券投资基金业协会备案，也可以在国家发改委备案，还可以同时在这两个部门备案。

但是，在中国证券投资基金业协会备案为创业投资基金时，需要由私募投资基金管理人来申请，备案在私募投资基金管理人名下，基金产品没有办法单独备案。在国家发改委备案时，创投企业可以单独进行备案，不用备案在私募投资基金管理人名下，但需要满足《创业投资企业管理暂行办法》中关于高级管理人员的要求，即至少3名具备2年以上创业投资或相关业务经验的高级管理人员承担投资管理责任。

（3）中国证券投资基金业协会与国家发改委备案并不冲突。在中国证券投资基金业协会已经备案为私募股权投资基金，也可以在国家发改委进行创投企业备案。在实践中，存在投资中晚期项目的股权投资基金在投资期届满或存续期即将届满时，变更名称及经营范围为"创业投资"并在国家发改委办理创投企业备案。

第二节　合格境外有限合伙人（QFLP）境内投资基金

本节的主要内容包括 QFLP 的基本含义，QFLP 监管体系，基金管理人、基金的资质要求进一步放宽，QFLP 组织形式，双落地问题，投资范围，申请程序，外汇管理，资金汇兑管理，信息披露，税收。

本节参考的法律法规等规范性文件主要包括《中华人民共和国合伙企业法》《中华人民共和国企业所得税法实施条例》《国家税务总局〈关于税收协定执行若干问题的公告〉》《关于本市开展外商投资股权投资企业试点工作的暂行办法》《广州市促进外商投资股权投资类企业集聚发展工作指引》《中国（广东）自由贸易试验区广州南沙新区片区开展跨境贸易投资高水平开放外汇管理改革试点实施细则》《广州南沙新区片区合格境外有限合伙人（QFLP）境内投资试点管理暂行办法》。

一、QFLP 的基本含义

（一）基本含义

合格境外有限合伙人（qualified foreign limited partner，QFLP）制度，是境外投资者将境外资金结汇为人民币资金投资于境内私募股权市场的重要渠道，是指通过资格审批和外汇资金的监管，将境外资本兑换为人民币资金，投资于境内股权投资企业的境外投资者。QFLP 试点企业主要包括外商投资股权投资企业与外商投资股权投资管理企业。前者是指由 QFLP 参与投资设立、以非公开方式向投资者募集资金并投资于非公开交易的企业股权的企业；后者是指由外国的自然人、企业或者其他组织参与投资设立的，以发起设立或受托管理外商投资股权投资企业为主要经营业务的企业。

从上海率先推出 QFLP 政策，历经 10 余年的调整和完善，各试点地区积极对接国家最新政策，接轨行业监管要求，先后搭建了更开放、更便利、更市场化的 QFLP 监管政策体系。该等变化主要体现在资质要求和备案要求进一步放宽、投资范围进一步放开、外汇结汇进一步便利等方面。

（二）基金管理模式

2017 年 9 月，深圳在《关于本市开展外商投资股权投资企业试点工作的暂行办法》（深府金发〔2012〕12 号）的基础上，修订形成并发布《深圳市外商投资股权投资企业试点办法》（深金规〔2017〕1 号），成为全国 QFLP 试点进一步探索升级的标志性事件。最重要的变化是，深圳在 QFLP 试点政策层面，率先将 QFLP 基金单一的外资管外资模式，扩展为外资管外资、外资管内资、内资管外资 3 种模式。

1. 外资管外资

该等模式是指外商投资股权投资管理企业作为私募投资基金管理人，设立仅有境外投资者的 QFLP 基金，具体如图 13-1 所示。

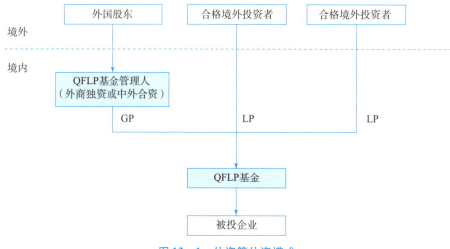

图 13-1　外资管外资模式

2. 外资管内资

该等模式是指外商投资股权投资管理企业作为私募投资基金管理人，设立包含境内外投资者的 QFLP 基金，具体如图 13-2 所示。

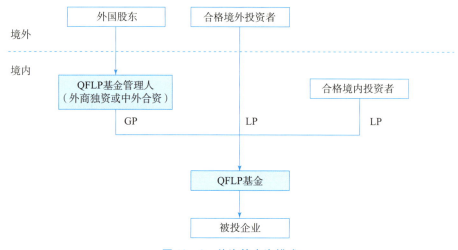

图 13-2　外资管内资模式

外资管内资模式主要受中国证券投资基金业协会的监管。该等模式下的 QFLP 基金管理人需要在中国证券投资基金业协会登记为私募投资基金管理人，一般并不需要经过 QFLP 试点地区金融办的审批。

3. 内资管外资

该等模式是指纯内资的股权投资管理企业作为私募投资基金管理人，设立包含境内外投资者的 QFLP 基金，具体如图 13 –3 所示。

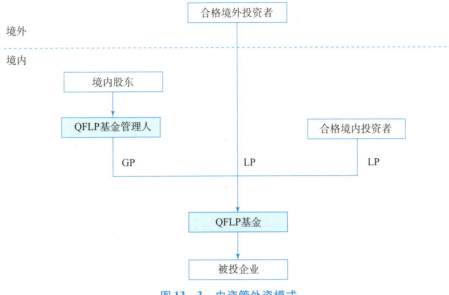

图 13 –3　内资管外资模式

内资管外资模式是深圳 QFLP 试点的首创。该等模式允许境内股东在 QFLP 试点地区设立 QFLP 基金管理人面向合格境外投资者设立 QFLP 基金。该等模式给予内资 QFLP 基金管理人募集境外资金并得以便利结汇的渠道。允许内资管外资模式的 QFLP 试点地区一般会对境内股东在净资产、管理资产规模等方面设置申请条件。

各地 QFLP 的规定不尽相同，为便于理解，下面以试点地区为中国（广东）自由贸易试验区广州南沙新区片区（简称"广州南沙"）的 QFLP 的相关政策规定为例予以梳理。

2019 年 4 月 17 日，广州市地方金融监督管理局（以下简称"广州市金融局"）发布了《广州市促进外商投资股权投资类企业集聚发展工作指引》（以下简称"《广州 QFLP 工作指引》"），明确了广州市 QFLP 试点工作的总体原则、试点要求及诸多税收优惠和扶持政策。

2022 年 1 月 24 日，国家外汇管理局广东省分局印发了《中国（广东）自由贸易试验区广州南沙新区片区开展跨境贸易投资高水平开放外汇管理改革试点实施细则》（以下简称"《广州南沙试点细则》"），明确在广州南沙开展跨境贸易投资高水平开放试点的具体措施。作为试点的一项重要举措，《广州南沙试点细则》明确了将在广州南沙开展 QFLP 试点，简化外汇登记，允许 QFLP 以股权、债权等形式，在境内开展外商投资准入特别管理措施（负面清单）以外的各类投资活动（投资房地产企业和地方政府融资平台除外）。

2022 年 5 月 12 日，广州市金融局、国家外汇管理局广东省分局、中国证券监督管理委员会广东监管局、广州南沙经济技术开发区管理委员会联合印发《广州南沙新区片区合格境外有限合伙人（QFLP）境内投资试点管理暂行办法》（以下简称"《广州南沙QFLP暂行办法》"），正式拉开广州南沙新一阶段QFLP试点工作的序幕。

二、QFLP监管体系

根据各地出台的QFLP试点政策，QFLP基金管理人及QFLP基金受到各试点地区工作领导小组的监管，QFLP试点工作领导小组由各地商务部门、市场监管部门、外管部门、银行联合组成，办公室大都设在各地区金融办。此外，QFLP基金管理人在外资管内资模式下也受到中国证监会（在地方体现为设在各地的证监局）以及中国证券投资基金业协会的监管。对于QFLP，一般包括证监会监管体系和QFLP试点地区监管体系，其简图如图13-4所示。

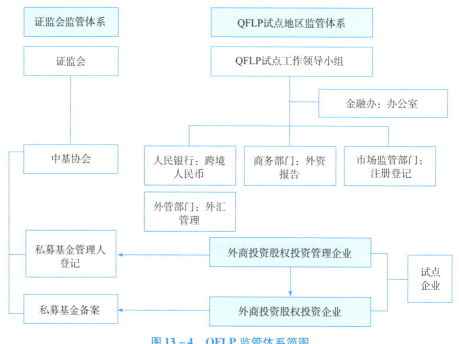

图13-4　QFLP监管体系简图

中国（广东）自由贸易试验区广州南沙新区片区QFLP境内投资试点工作由广州市金融局、国家外汇管理局广东省分局、中国证监会广东监管局、广州南沙经济技术开发区管理委员会建立联合工作机制（以下简称"联合工作机制"），各有关单位按照国家相关规定，统筹推进中国（广东）自由贸易试验区广州南沙新区片区QFLP境内投资试点工作，负责认定企业试点资格及募集境外资金规模（以下简称"QFLP规模"）。中国（广东）自由贸易试验区广州南沙新区片区QFLP境内投资试点工作窗口部门（以下简称"试点工作窗口部门"）设在广州南沙经济技术开发区管理委员会，具体工作由广州南沙经济技术开发区金融工作局（以下简称"南沙金融工作局"）负责。

三、基金管理人、基金的资质要求进一步放宽

部分试点地区对内资管外资管理模式下的境内私募投资基金管理人提出了特殊要求，同于对 QFLP 基金的境外合格投资者也提出了明确的特殊要求。因此，应该关注各地 QFLP 政策的不同规定。

广州南沙试点基金管理企业是指经广州市金融局认定，按照规定发起设立试点基金并受托管理试点基金投资业务的企业。

广州南沙试点基金是指由试点基金管理企业在广州南沙依法发起，由境外合伙人参与投资设立、以非公开方式向投资者募集资金并进行投资的私募投资基金。

1. 广州南沙取消基金管理人的相关资质要求

广州南沙未对广州南沙试点基金管理企业股东相关资质或资金规模设置特殊要求，也未对基金管理人的高级管理人员提出明确要求，逐渐呈现出内外资一致的趋势。

2. 广州南沙取消基金本身的相关资质要求

广州南沙未设置对 QFLP 基金的出资规模、出资限制及投资者资质的特殊要求；境外投资者满足中国证券投资基金业协会一般合格投资者的要求即可。试点基金的境内外投资者，应当符合《私募投资基金监督管理暂行办法》以及中国人民银行、中国银行保险监督管理委员会、中国证监会、国家外汇管理局《关于规范金融机构资产管理业务的指导意见》等规定的合格投资者要求。

广州南沙并没有对广州南沙试点基金的基金募集规模、投资者最低认缴出资等提出额外的要求，一定程度减少了广州南沙试点基金管理企业的募资压力，有利于广州南沙试点基金管理企业较快募集设立广州南沙试点基金。

特别提示，私募基金主要指在中国境内以非公开方式募集资金设立投资基金，其实质规范的是境内募集资金并设立投资基金的行为；在实务中，根据电话咨询中国证券投资基金业协会的反馈，存在有纯境外募集资金的基金在中国证券投资基金业提交协会备案时被反馈不能备案的情况，同时目前中国证券投资基金业协会未对此进行过明确的文件或通知说明。鉴于此，建议在引入合格投资者时，也要尽量包括境内合格投资者。

四、QFLP 组织形式

广州南沙试点基金管理企业可以采用公司制、合伙制等组织形式。试点基金可以采用公司型、合伙型或契约型等组织形式。试点基金管理企业和试点基金应当符合中国证券投资基金业协会关于私募投资基金登记备案的有关要求。

特别提示，契约型 QFLP 试点基金的投资标的将如何认定外资属性、该等投资标的对应的外资属性在市场监管部门和商务部门的登记备案是否可以顺利衔接问题，还有

待进一步的政策指引和实践观察。

五、双落地问题

在目前施行 QFLP 试点的城市中，一般要求满足 QFLP 基金管理人、QFLP 基金同时注册在当地的双落地要求。例如上海，有的地区将 QFLP 基金管理人及 QFLP 基金的注册地限制在特殊园区。广州南沙对基金管理人采取了相对灵活的安排。申请试点的基金管理企业原则上应注册在广州市。对符合相关要求且同时具备以下条件的其他城市基金管理企业，可酌情支持：①支持粤港澳大湾区产业发展，发起试点基金中境外募集资金规模不少于 50% 投向粤港澳大湾区实体产业的基金管理企业。②近 3 年曾入选晨星评级、标准普尔、汤森路透亚太区调查等全球知名资产管理榜单的投资机构；或近 3 年曾入选清科、投中、融中、风投等知名榜单前 50 名的投资机构；或由银行、证券、保险、信托、金融租赁、公募基金管理公司等经国家金融监管部门批准的持牌金融机构直接或穿透作为控股股东的子公司；或由中央企业、省级人民政府（或国资委）直接或间接作为控股股东的子公司。

六、投资范围

在 QFLP 政策的变更中，各地均积极拓宽 QFLP 基金的投资范围，从最开始的投资于非上市企业的股权逐步扩展到参与定增交易、大宗交易、协议转让交易、可转债及母基金（FoF）投资等以往限制的投资领域，部分地区还将 QFLP 基金的投资范围拓展至夹层投资、私募债、不良资产等特殊机会投资领域，为 QFLP 基金参与不良资产的投资留下了政策空间。

试点基金管理企业发起成立的试点基金，其募集的境外资金可在境内用于以下支出：①非上市公司股权。②上市公司非公开发行和交易的普通股（含大宗交易、协议转让等），可转换为普通股的优先股和可转债等，可作为上市公司原股东参与配股。如果构成对境内上市公司战略投资的，则应当符合《外国投资者对上市公司战略投资管理办法》有关规定。③法律法规允许的其他业务。如果中国证监会、中国证券投资基金业协会等相关部门对投资范围另有限制性规定的，应从其规定。

但此处应注意的是，由于涉及境外投资，因此应符合有关外商投资的相关规定。广州南沙试点基金管理企业和试点基金应当遵守国家有关外商投资的法律法规等相关规定。自由贸易试验区外商投资准入负面清单规定禁止投资的领域，不得进行投资；自由贸易试验区外商投资准入负面清单规定限制投资的领域，应当符合负面清单规定的条件；自由贸易试验区外商投资准入负面清单以外的领域，按照内外资一致的原则实施管理。试点基金不得直接或间接向房地产和地方政府融资平台投融资。

特别提示，部分试点地区结汇资金不得直接或间接用于经营范围外支出、购买非保本理财、向非关联企业发放贷款（经营范围明确许可的情形除外）以及建设、购买非自用房地产（房地产企业除外）等。部分地区的 QFLP 政策虽然放开了 QFLP 基金投资不良资产，但在实操中经电话咨询中国证券投资基金业协会的反馈，尽管政策层面对该等投资已经放开，但在实践操作层面依然受限于中国证券投资基金业协会政策层面的理解把控。

七、申请程序

申请设立广州南沙试点基金，应当注意以下方面：

（1）应当通过其试点基金管理企业于工作日向试点工作窗口部门申请，由试点工作窗口部门收取材料。

（2）试点工作窗口部门应在收到企业提交材料之日起 10 个工作日内反馈材料受理情况，并及时报广州市金融局认定。

在实操中，根据与广州市金融局电话沟通，具体的审批步骤和所需时间如图 13-5 所示。

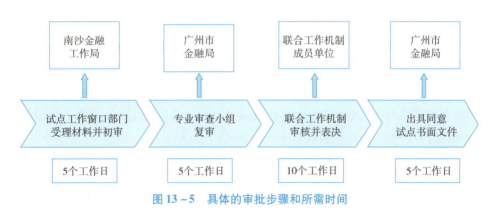

图 13-5 具体的审批步骤和所需时间

（3）申请材料。

《广州南沙 QFLP 暂行办法》仅列举了办理 QFLP 规模外汇登记以及购付汇及资金汇出手续所需的材料，但并未列明申请 QFLP 试点资质相关的材料清单。申请机构可以与南沙金融工作局沟通申请事宜，并根据沟通和反馈情况来准备正式、完整的申请材料。

八、外汇管理

（一）外汇登记提交材料

广州南沙试点基金管理企业在取得试点资格及 QFLP 规模后，应到注册地外汇管理局申请办理 QFLP 规模外汇登记手续。试点基金管理企业办理 QFLP 规模外汇登记应提交以下材料：①书面申请，主要内容包括但不限于试点基金管理企业基本情况、拟发起成立试点基金基本情况、基金募集及投资计划、拟聘请托管人情况等；②广州市金融局出具的关于试点资格及 QFLP 规模的相关文件；③按照现行规定应当到中国证券投资基金业协会办理登记备案的，需要提供试点基金管理企业登记情况、试点基金备案情况（可事后补充提供）等。

特别提示，广州南沙试点 QFLP 基金可以在登记后补充提供试点基金的备案资料。

（二）余额制管理

广州南沙 QFLP 规模实行余额管理。试点基金管理企业发起成立的所有试点基金境外合伙人资金净汇入（不含股息、红利、利润、税费等经常项目收支）之和不得超过该试点基金管理企业获得的 QFLP 规模（因汇率变动等合理原因导致差异除外）。

试点基金管理企业应在取得 QFLP 规模后发起成立一只或多只试点基金。除另有规定外，试点基金管理企业可在各试点基金之间灵活调剂单只基金募集境外资金规模（即单只基金 QFLP 规模），各单只基金 QFLP 规模之和不得超过经联合工作机制获得的该试点基金管理企业 QFLP 规模。

在实操中，广州南沙试点基金境外合伙人资金净汇入之和须维持在申请的 QFLP 规模内。如果涉及境外投资者的份额增减或转让，只要不超过总规模，出入自由，无须办理增减资手续。

这意味着试点基金管理企业无须就每一只 QFLP 试点基金单独申请境外资金募集额度，同时在申请的 QFLP 规模内也无须就单只 QFLP 试点基金的境外资金募集额度的变动另行获得地方金融监管部门或联合工作机制的同意。

（三）规模外汇变更登记及规模注销登记

经联合工作机制获得的试点基金管理企业 QFLP 规模发生变化的，试点基金管理企业应到注册地外汇管理局申请办理 QFLP 规模外汇变更登记。

试点基金管理企业退出 QFLP 试点业务后，试点基金管理企业应到注册地外汇管理局申请办理 QFLP 规模注销登记。

九、资金汇兑管理

（一）资金托管

广州南沙试点基金管理企业应对试点基金履行托管义务，对托管机构资质和义务的基本要求如表 13-3 所示。

表 13-3　对托管机构资质和义务的基本要求

项目	基本要求
托管机构资质	试点基金管理企业应委托境内具有基金托管资质的金融机构作为试点基金的托管人

续表

项目	基本要求
托管机构义务	（1）监控资金。作为独立第三方实时监控资金使用情况。 （2）信息报送。试点基金托管人应于每季度结束后 10 个工作日内，以报表形式向国家外汇管理局广东省分局及所在地外汇管理局、广州市地方金融局、试点工作窗口部门报告试点基金资金汇出、汇入和结售汇等相关数据。 （3）持续监管。试点基金托管人应当按照法律法规的规定以及基金合同和基金托管协议的约定，对试点业务进行尽职审查和事后监督。 （4）及时报告。基金托管人应当及时向所在试点工作窗口部门报告试点基金资产托管相关的重大事项和试点基金管理企业经营合规事项

对基金托管人的注册地，相关规范性文件并没有提出额外的要求，注册在广州南沙之外的商业银行也可担任 QFLP 试点基金的基金托管人，并为其开立 QFLP 专用账户，用于存放境外投资者从境外汇入或境内划入的出资。

（二）QFLP 专用账户

广州南沙试点管理企业完成外汇登记义务后，试点基金可以在银行开立 QFLP 专用账户。开立 QFLP 专用账户提交材料、账户用途和收支范围如表 13－4 所示。

表 13－4　开立 QFLP 专用账户提交材料、账户用途和收支范围

项目	内容
提交材料	所属试点基金管理企业 QFLP 规模外汇登记业务凭证
账户用途	一户两用。 （1）资本金账户，账户代码为 2102。 （2）QFLP 专用账户可作为托管资金专用账户，用于存放境外合伙人从境外汇入或境内划入的出资。资金汇出、汇入均须通过托管资金专用账户完成
收支范围	（1）QFLP 专用账户收入范围：境外合伙人从境外汇入或境内划入的投资资金；从募集账户划入资金；经外汇管理局核准的其他收入。 （2）QFLP 专用账户支出范围：对外支付投资收益、与基金赎回有关的投资本金以及其他业务相关的经常项目支出（如税费）；结汇或直接划入募集账户；经外汇管理局核准的其他支出

（三）汇出便利

在过往其他地区 QFLP 政策执行事务过程中，QFLP 基金拟向境外分配投资本金前，均需要进行相应减资，同时 QFLP 基金拟向境外分配任何收益（包括资本金、股息、红利等），均需要事先向银行出具对应的完税证明。在实践中，该等要求对 QFLP 基金（特别是盲池基金）的部分退出及清算前的收益分配造成了不小的挑战及障碍，因而导致许多投资机构对 QFLP 业务望而止步。在实操中，外汇便利主要体现在以下几个方面：

（1）在无须提供完税证明材料的情况下，银行可凭广州南沙试点基金管理企业出具的有关资金来源和用途的说明及税务承诺函，为试点基金直接办理清盘前跨境收支。

（2）在如实申报资金用途的前提下，试点基金可直接在银行办理外汇资金结汇。

（3）因撤销、破产、被吸收合并等导致试点基金清盘，试点基金可在清盘时一次性地凭材料（完税证明材料、有关基金清盘和清算资金汇出的交易真实性证明材料）直接在银行办理相关购付汇及资金汇出手续。

广州南沙试点QFLP基金账户设置及资金流转如图13-6所示。

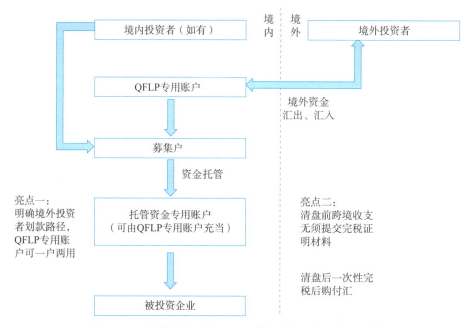

图13-6 广州南沙试点QFLP基金账户设置及资金流转

十、信息披露

联合工作机制成员单位根据各自职责负责试点基金管理企业和试点基金的监督管理。广州南沙试点基金等主体应当按照有关规定，履行国际收支申报义务，试点基金管理企业和试点基金在获得联合工作机制认定后应及时使用QFLP规模。此外，重大事项复更及持续信息还需要履行向国家外汇管理局广东省分局及所在地外汇管理局、广州市金融局、试点工作窗口部门报备，如表13-5所示。

表13-5 重大事项变更报备及持续信息报备

项目	内容
重大事项变更报备	增加或者减少注册资本；公司合并、分立或者变更公司形式；修改合同、章程或合伙协议等重要文件；高级管理人员、主要投资管理人员的变更；解散或清算

续表

项目	内容
持续信息报备	提供季度报表、年度报表及报告。 季度报表（每季度结束后 10 个工作日内报送）包括但不限于认缴及实缴规模、投资者情况（境外募集资金来源情况）、投资品种、资金投向、退出情况、基金净值以及资金汇出入、购结汇、账户资金变动情况等。 年度报表及报告（每个自然年结束后的 20 个工作日内报送）包括但不限于上年度试点基金的运营管理、资金汇出入、结售汇情况、境内投资情况报告、重大事项变更、审计报告等情况

十一、税收

（一）广州市对于 QFLP 的税收政策及扶持政策

QFLP 的税收优惠政策和各地的招商政策密切相关，广州市也对 QFLP 落地有明文的扶持政策，类似招商引资的优惠政策。目前，广州市 QFLP 的税收优惠政策主要分为 QFLP 基金的税收政策和 QFLP 试点企业的扶持政策。根据《广州市促进外商投资股权投资类企业集聚发展工作指引》，广州市对外商投资股权投资类企业实行国家统一规定的税收政策，同时对符合《广州市人民政府办公厅关于印发广州市风险投资市场规模发展管理办法的通知》（穗府办规〔2017〕17 号）相关规定的外商投资股权（创业）投资管理企业，给予最高 1 500 万元的管理能力奖励。对投资广州科技中小企业的外商投资股权（创业）投资类企业，按照《广州市人民政府办公厅关于印发广州市鼓励创业投资促进创新创业发展若干政策规定的通知》（穗府办规〔2018〕18 号）相关规定，按实际投资额给予奖励等。

（二）外国企业合伙人的税收

如果外国企业合伙人在中国境内没有常设机构，但从中国取得股息、利息、特许权使用费和资本利得等消极所得，按照毛收入纳税，且适用10%的预提税税率。根据中国与其他国家/地区签订的税收协定，前述预提税税率将进一步降低，甚至免税。由于股权投资类收益通常可扣除的成本费用较少，认定为消极所得通常能够适用较低的预提税税率，进而使非居民企业合伙人在中国境内的整体税负较低。但是，如果被认定为经营所得，那么将适用25%的企业所得税税率。

（三）个人合伙人的税收

合伙企业的生产经营所得和其他所得，按照国家有关税收规定，由合伙人分别缴纳所得税。在我国所得税体系下，境内合伙企业按照"先分后税"的原则以其合伙人为纳税义务人，分别对其法人合伙人和个人合伙人征收企业所得税和个人所得税。其中，对于个人合伙人，我国采取所得类型准穿透模式，即合伙企业对外投资分回的利息或者股息、红利由个人合伙人按"利息、股息、红利所得"适用20%的税率，而个人合伙人通过合伙企业取得的其他所得原则上按"经营所得"适用5%～35%的累进税率。

(四) 允许穿透至非居民合伙人层面享受税收协定待遇

在中国境内成立的合伙企业,其合伙人为税收协定缔约对方居民的,该合伙人在中国负有纳税义务的所得被缔约对方视为其居民的所得的部分,可以在中国享受税收协定待遇。

基于国际税收的基本原理,如果缔约对方居民国和我国均对合伙企业采用同样的税收透明体征税原则,则在合伙企业取得所得时,该非居民合伙人会同时产生中国境内和其所在居民国的纳税义务,在此情况下必然需要对所得性质进行判定并适用相关税收协定进行处理。

QFLP的非居民合伙人应当注意到,争取税收协定待遇具备法律上的依据(如香港居民企业作为大陆境内合伙企业的合伙人,通过合伙企业取得股息所得可争取适用5%的协定税率)。

第三节 国有私募股权基金

本节的主要内容包括国有私募基金的基本含义、国有私募基金章程、国有私募基金的"募投管退"、产业基金、央企私募基金在程序上的特别要求、引导基金的基金协议要点、实操要点。

本节参考的法律法规等规范性文件主要包括《中华人民共和国公司法》《中华人民共和国合伙企业法》《中华人民共和国企业国有资产法》《中华人民共和国证券投资基金法》《中华人民共和国企业国有资产法》《中华人民共和国证券法》《企业国有产权转让管理暂行条例》《中央企业基金业务管理暂行办法》《企业国有资产交易监督管理办法》《国有资产评估管理办法》《上市公司国有股权监督管理办法》《政府投资基金暂行管理办法》《政府出资产业投资基金管理暂行办法》《私募投资基金监督管理暂行办法》《国有企业公司章程制定管理办法》《金融企业国有资产转让管理办法》《关于规范金融机构资产管理业务的指导意见》《关于进一步明确规范金融机构资产管理产品投资创业基金和政府出资产业投资基金有关事项的通知》《关于规范国有金融机构资产转让有关事项的通知》。

一、国有私募基金的基本含义

(一) 国有私募基金的意义

国家不断加大股权投资的关注度,制定和颁布相关利好政策,鼓励股权投资发展,鼓励国有企业通过私募股权投资基金方式筹集股权资金,盘活国有资产存量,提升私募股权投资基金运营与管理水平。随着国有资产监管从"管资产"到"管资本"的转变,国有资产的保值增值越来越受到重视。私募股权投资基金被认为是国有企业投融资创新的全新方向。

(二)国有企业的基本含义

有关国有企业的规定较多,但目前较为权威且适用最广的依据为《企业国有资产交易监督管理办法》(简称32号令)第四条的规定。根据32号令,国有及国有控股企业、国有实际控制企业适用范围相同。

国有及国有控股企业、国有实际控制企业包括以下企业:①政府部门、机构、事业单位出资设立的国有独资企业(公司),以及上述单位、企业直接或间接合计持股为100%的国有全资企业;②第①款所列单位、企业单独或共同出资,合计拥有产(股)权比例超过50%,且其中之一为最大股东的企业;③第①、第②款所列企业对外出资,拥有股权比例超过50%的各级子企业;④政府部门、机构、事业单位、单一国有及国有控股企业直接或间接持股比例未超过50%,但为第一大股东,并且通过股东协议、公司章程、董事会决议或者其他协议安排能够对其实际支配的企业。

(三)国有企业的适用形式

1. 国有企业不适用契约型基金模式

契约型私募基金是投资者、私募投资基金管理人和基金托管人三个主体之间缔结的一种基金契约,不存在"企业"形式的实体载体,因此国有企业不适于契约型基金模式。

2. 32号令不适用合伙企业

2018年12月,国务院国有资产监督管理委员会在官方网站上给出一个窗口指导意见,明确32号令针对的是公司制企业,不包括合伙企业;2019年5月27日,国务院国有资产监督管理委员会在官方网站上再一次明确回复,直接提到了国有企业转让有限合伙企业份额的情况不适用32号令的相关规定。国有出资的有限合伙企业不作国有股东认定,其所持上市公司股份的监督管理另行规定。

3. 国有企业采用公司型私募基金模式

国有企业采用公司型私募基金模式较为常见。

(四)国有私募股权基金的监管体系

国有私募基金会受到多种法律法规的监管,主要涉及以下内容:

(1)两套体系,即国资监管体系和私募基金监管体系。原则上,国有私募基金应当同时符合两套体系的监管要求。

(2)4类监管主体及4个监管平台,即政府出资基金监管部门、国资监管部门、证监/协会、市场监督管理部门以及以下4个监管平台:①来源于预算资金的又称政府出资基金,监管部门包括财政部门(拟定《政府投资基金暂行管理办法》)和发改部门

（拟定《政府出资产业投资基金管理暂行办法》），在"全国政府出资产业投资基金信用信息登记系统"登记；②国有企业自有资金对外投资的，依据《中华人民共和国企业国有资产法》等相关法律法规，受国资监管部门（作为出资人代表的各级财政部门、各级国有资产监督管理委员会）监管；③私募投资基金管理人、私募基金产品依据《中华人民共和国证券投资基金法》《私募投资基金监督管理暂行办法》等法律法规，由中国证监会授权中国证券投资基金业协会以行业自律方式监管；④公司型、合伙型基金同时在市场监管部门备案，作为市场主体在国家企业信用信息公示系统登记。

（五）国有控股私募基金的分类

国有资本作为私募股权投资基金出资人一般可以分为以下几类：

（1）政府投资基金，即由财政部门通过一般公共预算、政府性基金预算、国有资本经营预算等安排的资金。

（2）地方政府通过政府融资平台筹集资金，主要用作设立政府投资母基金、引导基金等。

（3）国有企业直接作为私募股权投资基金出资人。

尽管上述资金都强调与社会资本结合，但第（1）类受制于政府预算要求和投资方向限制，主要受《政府投资基金暂行管理办法》《政府出资产业投资基金管理暂行办法》约束，归国家发改委管理，相对独立；第（2）类和第（3）类较少受预算内约束，资金灵活，市场化程度更高，主要受私募基金相关法律规范约束。

（六）国有企业作为 GP 的适用

1. 国有独资公司、国有企业不得担任合伙企业的普通合伙人（GP）

国有独资公司、国有企业不得成为普通合伙人。有限合伙企业由普通合伙人和有限合伙人组成，普通合伙人对合伙企业债务承担无限连带责任，有限合伙人以其认缴的出资额为限对合伙企业债务承担责任。如果国有企业担任有限合伙企业的 GP，那么将以其全部财产对合伙企业债务承担无限连带责任，这显然不利于保护国有资产。

国有独资公司是指国家单独出资、由国务院或者地方人民政府授权本级人民政府国有资产监督管理机构履行出资人职责的有限责任公司。国有独资公司不得担任 GP 毋庸置疑，国有独资公司只能以有限合伙人（LP）的身份参与合伙型基金，不得担任 GP。但是，国有企业的概念一直以来都是比较模糊的，目前通用的 32 号令的国有企业的适用范围与《中华人民共和国合伙企业法》有关 GP 的限制性规定中所涉的国有企业是否为同一概念目前还存在争议。

2. 实操中的变通做法

在实操中，国有企业通过一些变通的做法参与合伙型基金的私募投资基金管理人中的案例比较常见，举例如下：

（1）通过在国有企业下设有限责任公司作为控股子公司，再由该控股子公司担任合伙型基金 GP 的方式，可以达到最终不使该国有企业承担无限连带责任的效果。因为即使该控股子公司对合伙企业的债务承担无限连带责任，但该国有企业又以出资额为限承担有限责任。

（2）国有企业作为有限合伙人设立一家合伙企业，该合伙企业再作为合伙型基金的私募投资基金管理人。

（七）国有私募基金 LP 份额的处置

对国有私募基金 LP 进行份额转让，处置原则如下：

（1）如果国有私募基金 LP 资金来源于政府出资且国有私募基金符合回购约定的情形，那么国有私募基金 LP 可以通过管理团队协议回购退出私募基金，无须履行评估、审批和挂牌流程。

（2）如果国有私募基金 LP 进行份额转让不符合管理团队回购条件的，虽然国家层面并无明确规定此类转让应当进行公开挂牌；国有资产转让的，原则上应当进场完成交易，进场交易行为属于公开行为，为此国有私募基金 LP 需要履行评估、审批、公开挂牌等一系列国资交易流程。对于采取合伙模式的国有私募基金中合伙人持有的国有基金份额转让，原则上进场交易。如果拟转让的基金份额已全部实缴进场交易，则并无问题；如果拟转让基金份额未全部实缴，转让标的还包括未出资份额的，则基金募集行为并未结束，此时进场交易，则涉嫌违反"私募基金不得公开募集"的禁止性规定。

（3）在极少数国有私募基金 LP 间的重组整合情形下，国有私募基金 LP 在经国资监管机构或国家出资企业审批、评估或审计后也可以实现与所持私募基金份额的非公开协议转让。

（4）国有私募基金 LP 是一类特殊的有限合伙人，其转让合伙企业的财产份额应根据 32 号令的规定履行相应的审批、评估、进场程序。在此之前需要根据 32 号令就其国有 LP 的身份予以确定。国有私募基金 LP 财产份额转让除了履行合伙协议约定的转让方式及程序，还需基于 32 号令履行审批、评估、进场程序。与此同时，有以下两种特殊情形需要关注：一是政府出资从投资基金退出时，应当按照章程约定的条件退出；章程中没有约定的，应聘请具备资质的资产评估机构对出资权益进行评估，作为确定投资基金退出价格的依据。政府出资从投资基金退出不一定要进场交易。二是国有 LP 所投资的合伙型基金为被投项目含上市公司。国有出资的有限合伙企业不作为国有股东认定，其所持上市公司股份的监督管理另行规定。该种情况下合伙型基金本身不作为国有股东认定，但是对于合伙型基金中的国有 LP 的转让财产份额没有规定，在监管部门没有规定或细则出台之前，仍应适用 32 号令所规定的审批、评估和进场程序。

二、国有私募基金章程

2021 年 2 月 26 日，国务院国有资产监督管理委员会与财政部联合印发《国有企业公司章程制定管理办法》（以下简称《国企章程办法》）。《国企章程办法》共6章40条，包括总则、国有独资公司章程的制定程序、国有全资、控股公司章程的制定程序、责任与监督、附则等。

（一）章程必备条款

《国企章程办法》出台后有以下主要的必备条款：

《国企章程办法》对应当载入国有企业公司章程的以下主要内容进行了明确界定：①总则；②经营宗旨、范围和期限；③出资人机构或股东、股东会（包括股东大会，下同）；④公司党组织；⑤董事会；⑥经理层；⑦监事会（监事）；⑧职工民主管理与劳动人事制度；⑨财务、会计、审计与法律顾问制度；⑩合并、分立、解散和清算；⑪附则。

其中，与《中华人民共和国公司法》对公司章程的要求相比，《国企章程办法》特别规定国有企业公司章程中应加入公司党组织、职工民主管理与劳动人事制度及法律顾问制度。

（二）完善公司章程

私募投资基金管理人由依法设立的公司或者合伙企业担任。对公司型的私募投资基金管理人，国资可以以全资、控股或参股3种方式投资或设立私募投资基金管理人。《国企章程办法》出台后，国资私募投资基金管理人有必要结合公司实际情况，进一步修订、完善公司章程，举例如下：

（1）在总则中增加按照《中国共产党章程》规定设立党组织，开展党的工作，提供基础保障。

（2）在章程中新增公司党组织。具体条款包括以下内容：党组织机构设置；党委成员；党委的组成；党委的职权；党委会运行机制。

（3）在董事会职权中新增确定对公司重大决策进行合法合规性审查，对董事会决议跟踪落实以及后评估，对违规经营投资责任追究制度。同时，明确党组织研究讨论是董事会决策重大问题的前置程序。

（4）在董事的产生方式中新增出资人机构或相关股东推荐派出的外部董事人数应当超过公司董事会全体成员的半数。

（5）在章程中补充法律顾问制度，并对相关内容进行规定。

（三）国资私募投资基金管理人应建立总法律顾问制度，发挥总法律顾问的岗位职责

国有企业公司应当建立总法律顾问制度。总法律顾问的定位是国有企业公司的高级管理人员。国有独资公司章程草案或修正案报批，应当提交由公司总法律顾问签署的《法律意见书》。未设立总法律顾问的，由律师事务所出具《法律意见书》或由公司法务部出具《审查意见书》。

三、国有私募基金的"募投管退"

(一)基金募集

1. 基本原则

国有企业投资私募基金需履行特殊审批、备案及相关决策程序,应当加强对国有及国有控股企业的管理,重大投资项目需要经过本级国有资产监督管理委员会的审批或备案。对于重要的国有独资企业、国有独资公司、国有资本控股公司的重大投资事项,甚至需要依法律法规和本级人民政府规定报请本级人民政府批准。在国有企业对外投资私募基金或出资于私募投资基金管理人时,通常需要履行投资的内部决策程序,部分须按国有资产监督管理的要求报本级国有资产监督管理委员会或者所属国家出资企业批准或备案。

2. 国有资产保值增值的设计

国有资本作为私募股权投资基金的有限合伙人,为保证国有资产安全通常需要作出以下特殊安排:

(1)优先劣后的结构化设计。通常会采取"优先+劣后"或者"优先+基石+劣后"的结构化设计,国有资本通常作为优先级出资,享有本金安全和门槛收益,但在结构化设计中,优先级与劣后级的比例不得超过1:1的标准,基金实际募集规模将受到劣后级资金规模的限制。

(2)股+债形式及隐性回购需求。国有出资机构往往要求"股+债"模式,约定部分或全部国有资本为债务性出资,要求社会资本,或者社会资本代表的基金发起人/管理人的大股东/实际控制人作出回购担保或者差额补足承诺;或者明面约定为股权出资,但要求固定年度收益回报。从法律角度来看,该类规定明显违背相关规定项下不得承诺收益的规定,也违背了股权投资基金"利益共享、风险共担"的原则,故该类约定常常通过补充协议或者抽屉协议的形式出现。

3. 有限合伙企业的份额担保

为进一步保证国有资产安全,通常会在合作协议层面作出禁止私募投资基金管理人将合伙企业用作份额担保的限制。

4. 出资先后及出资比例

母基金对单只子基金或者子基金对单个项目的投资不超过基金规模的20%~25%,在这种情况下,国有出资在基金中的比例相对较低,对基金投资决策、投资管理及退出不能形成良好的约束,因此会在投决会上要求一票否决权等特殊安排,对基金稳定运营带来影响。地方政府母基金或引导基金出资过程中,由于年度预算安排,往往要求社会资本先行完成资金实缴,在合伙协议拟定中可以约定同期实缴出资的大原则,而在出资违约及违约后出资等情形下设定合理的宽限期，而对出资违约形成的延期利息（如执行）通常作为合伙企业的收入，通过约定的收益分配原则进行处理。

5. 私募基金开展通道业务

金融机构不得为其他金融机构的资产管理产品提供规避投资范围、杠杆约束等监管要求的通道服务。资产管理产品可以再投资一层资产管理产品，但所投资的资产管理产品不得再投资公募证券投资基金以外的资产管理产品，即通常所说的资产管理产品不得进行两层以上的嵌套。在私募基金纳入资管产品管辖范围后，通过私募基金开展通道业务进行表外投资的模式将受到监管制约。金融机构资产管理产品投资创业基金和政府出资产业投资基金接受资产管理产品及其他私募投资基金投资时，该两类基金不视为一层资产管理产品。

契约型基金、资产管理计划、信托计划（"三类股东"）通过合法备案，即可认为是一个专业投资者，免于再次穿透；"三类股东"的问题主要在于项目退出的特别程序。"三类股东"上市中的限制已经逐步放开，从必须提前清理到作出限期清理承诺，甚至开通部分绿色通道，但依然面临较多的监管审核，国有资金，特别是国有非银机构在选择以"三类股东"的形式进行出资时，除受到通道限制外，还应慎重考虑退出问题。

（二）基金投资

1. 基本要求

基金投资环节，无论是否涉及国资成分，其风险控制基本类似，在尽职调查的充分性、财务估值的审慎性、投资协议条款拟定的完备性上都需要严格把控。

2. 税务架构设计

合理的税务架构设计能够起到降低交易成本的目的。在具体的项目投资中，真正能够实现节税的不是单纯的增加交易层级，而是利用特殊主体或特殊业务中的免税政策搭建交易结构，所有的税务架构设计都应在税法框架下进行，否则存在偷税漏税风险。

（三）基金管理

1. 管理形式与基金管理人

国资背景私募基金，特别是各类政府投资基金、引导基金受限于国有机构身份或者专业性要求，无法直接由国资机构担任私募投资基金管理人，很多时候需要委托外部管理机构进行基金管理。在委托管理模式下，引导基金往往通过社会公开选聘投资机构，引导基金管理机构本身不参与私募投资基金管理人的日常管理事务，而是通过监督管理方式监督基金投资行为，在部分重大事项上保留决策权。

对更为市场化的国资背景基金，选择双GP模式能够一定程度实现国资机构实质上参与基金管理，形式上满足中国证券投资基金业协会备案要求，但需要在架构设计和合伙协议条款拟定上注意合规问题。

2. 受托管理人

政府引导基金通常从社会选聘私募投资基金管理人，受托基金管理人与引导基金管理机构（公司）之间构成委托关系，双方关系的维持多数通过委托管理协议。通常，受托基金管理人取得固定比例的管理费收入，并根据管理绩效获得一定比例的绩效奖励，其最终收入与管理绩效挂钩。

3. 投资决策机构权限

在国资 LP 有限参与基金管理事务的情况下，投决会决策机制的制定和席位分配成为出资人博弈的重点。

（四）基金退出

1. 退出环节合规性

1）基于控制权的程序性要求。

符合企业国有资产限定范围的资产交易必须履行资产评估、产权交易所公开转让等特别程序。公司型私募基金在国有属性认定问题上，与普通公司不存在本质区别，可以直接适用 32 号令的标准进行判断。对于国有资本参与设立有限合伙基金是否适用 32 号令存在一定难度。根据国务院国有资产监督管理委员会的反馈意见，应以合伙协议约定为准。在实践中，部分地方国资监管机构及部分含有国有权益的有限合伙企业参与投资的企业也倾向于认为，在法律法规没有明确规定的情况下，合伙企业不论是在国有性质的认定还是在合伙份额及对外投资形成的产权交易上，均不适用 32 号令的监管要求。

公司型、合伙型基金的区别在于治理层面和税收筹划，不应该涉及基金投资形成的国有资产交易程序，仅要求国有公司型基金投资获得的财产权交易进场交易，而合伙型基金可例外。

针对不含国有企业资本的政府出资基金，因财政资金可以按照约定从基金层面以协议方式直接退出，政府出资基金投资形成的产权也可以按照约定从投资项目中以协议方式实现退出。

针对含有国有企业资本的政府出资基金，在认定该基金是否应为 32 号令认定的国有企业进而判定是否需要"进场交易"时，仅需要考虑除财政资金之外的国有资本对基金的影响力及控制力，进而确定产权交易方式，并可以通过事先的投资方案对过程监管、退出机制、退出利益等进行明确约定。

对于国有企业基金投资形成的产权，不能免去进场交易的程序，除非相关的退出安排已经包括在经过审批的投资方案中并配套了完善的保障措施。

2）评估及交易所场内交易。

从确保国有资产安全，保证份额转让程序公平公正，以及保护交易双方来考虑，选择资产评估和产权交易所公开转让更符合交易习惯。此外，在实践中存在按照协议约定方式进行转让的情形，涉及转让方式的提前约定，甚或转让定价的提前约定。一般认为，合法合理的转让方式和转让定价不违背定价公允、损害其他投资人利益的原则，但从具体执行角度来看，在涉及国资审批等环节，由于地方管理的不同存在不同的交易障碍。

2. 退出程序

（1）评估。转让方应当对拟转让的标的企业或资产进行评估，转让应当以经核准或备案的资产评估结果为基础确定。

（2）批准。评估之后，如果涉及部分项目退出导致国家对该企业不再具有控股地位，国有资产的转让应当经过人民政府或其他国有资产监督管理机构批准，这种情况不是很常见。

（3）进场。国有资产交易应当在依法设立的产权交易机构中公开进行。

3. 管理团队回购

（1）管理团队回购，是指国资 LP 与基金及其管理团队所约定条件被触发（如存续期未满但达到预期目标等情形）时，管理团队等特定回购主体向国资 LP 回购所持私募基金份额。

（2）在实践中，部分地区存在通过地方性文件将管理团队回购应用至国有创业投资企业的情形。例如，北京、上海、深圳、江苏等多地区相关政府基金均未将公开挂牌纳入当地规定作为必经程序。若当地规定或基金协议条款中回购条件、主体、价格等确定且符合协议转让实质的，不进行公开挂牌并不违背《政府投资基金暂行管理办法》按约定条件退出的原则。

（3）政府投资基金的运作原则为政府引导、市场运作，政府及其所属部门不参与基金日常管理事务；审批流程也非资金来源为政府出资的国资 LP 实现管理团队回购的必要流程。例如，在上海，国资 LP 在签订基金协议之日起一定期限内将事前约定条款即回购条款逐级上报至国家出资企业备案，并将已备案的回购条款在上海联合产权交易所进行登记。待回购条件触发，国资 LP 经内部决策后可在上海联合产权交易所依据回购条款进行协议转让，不必须经过评估、审批等流程。按备案内容执行的此类管理团队回购国有私募基金份额交易视为已经预先授权审批的协议转让。

4. 退伙/减资

（1）基本含义。退伙/减资是指私募基金按照国资 LP 要求，依据《中华人民共和国合伙企业法》或《中华人民共和国公司法》并结合基金的合伙协议/章程的约定，在履行相应程序后将国资 LP 所持的基金份额比例予以减少。

（2）无须进场。就国资 LP 通过减资退出私募基金，由于不涉及国有资产转让或增资的情形，国资相关法律和规范性文件并无此类流程须通过交易场所进行的要求。

（3）需要评估。由于退伙或减资将会导致国资 LP 在基金中的持有份额非同比例下降，非上市公司国有股东股权比例变动的，应当进行评估和评估备案。

（4）一般流程。国资 LP 减资的主要流程依据《中华人民共和国合伙企业法》或《中华人民共和国公司法》并结合基金的合伙协议或章程执行即可。对于常见的合伙制基金而言，具体流程如下：国资 LP 取得关于其退伙的有效合伙人会议决议；完成对基金份额的评估及评估备案；签署退伙协议、修改合伙协议；完成市场主体变更和有限合伙企业国有权益变动（注销）。需要提示的是国资 LP 以退伙方式退出合伙型基金，无须执行公司型基金减资所强制要求的向债权人通知和公告程序。

（5）协议转让。国资企业间协议转让，是指由国资监管机构批准或由国家出资企业因实施内部重组整合审议决策，或因政府或国资监管机构主导的结构调整、专业重组等重人事项而进行的协议转让。国资企业间协议转让属于非公开协议转让情形，因此不必通过交易场所进行。国资交易的审计、评估及评估核准/备案流程仍为必经流程，在转让方、受让方同属国有全资时评估和评估核准/备案可以豁免。

四、产业基金

（一）基本含义

政府出资产业投资基金，是指由政府出资，主要投资于非公开交易企业股权的股权投资基金和创业投资基金。政府出资资金来源包括财政预算内投资、中央和地方各类专项建设基金及其他财政性资金。政府出资产业投资基金可以采用公司制、合伙制、契约制等组织形式。

引导基金出资与社会资本遵循"利益共享，风险共担"的原则。其出资形成的股权或合伙人出资份额一般情况下与社会资本同股同权，收益分配一般按照"先回本后分利、先有限合伙人后普通合伙人"的原则进行，投资亏损由各出资方共同承担。引导基金仅以出资额为限承担有限责任，但引导基金往往选择固定收益投资模式，会约定优先分配权以尽可能确保出资安全。在投资模式上，政府投资引导基金一般采用母基金的结构，投资方向大致分为两块：一是各类符合要求的引导基金子基金；二是母基金直接项目跟投。由于子基金通常按照私募股权投资基金管理，因此其退出路径与 PE/VC 基金并无显著差别，对应在母基金层面为基金份额转让、清算、终止等；如果是母基金直接项目跟投，那么其作为被投项目的直接股东，退出路径包含在股权转让和清算退出范畴，具体包含 IPO、并购、股权回购、企业清算等常规路径，以及近些年兴起的私募基金二级市场份额转让，即通常所说的 S 基金。

创业投资基金及引导基金在接受资管产品和其他私募股权基金投资时，豁免认定为一层资管产品，但过渡期后涉及资管产品向两类基金出资的，仍应遵守法律法规等规范性文件的要求，引导基金子基金更多选择平层结构，结构化设计中母基金出资的杠杆比例降低。在地方隐债治理中，明确要求地方政府不得以借贷资金出资设立各类投资基金，严禁地方政府利用各类投资基金违法违规变相举债。

（二）运作原则及方式与监管

政府出资产业投资基金由私募投资基金管理人管理基金资产，由基金托管人托管基金资产。

政府出资产业投资基金应坚持市场化运作、专业化管理原则，政府出资人不得参与基金日常管理事务。

政府出资产业投资基金可以综合运用参股基金、联合投资、融资担保、政府出资适当让利等多种方式，充分发挥基金在贯彻产业政策、引导民间投资、稳定经济增长等方面的作用。

国家发改委会同地方发展改革部门对政府出资产业投资基金业务活动实施事中事后管理，负责推动政府出资产业投资基金行业信用体系建设，定期发布行业发展报告，维护有利于行业持续健康发展的良好市场秩序。

（三）备案、登记与审查

1. 备案

政府出资产业基金作为私募投资基金类型之一，在私募基金募集完毕后，私募投资基金管理人应当根据中国证券投资基金业协会的规定，办理基金备案手续。

2. 登记

作为政府出资的产业基金，向主管的发展改革部门进行登记。国家发改委建立全国政府出资产业投资基金信用信息登记系统，并指导地方发展改革部门建立本区域政府出资产业投资基金信用信息登记子系统。目前，国家发改委已经授权并指导中央国债登记结算有限责任公司开发、运行登记系统，负责对基金信用信息进行登记确认、数据保管和统计分析等。

政府出资设立的产业投资基金募集完毕后20个工作日内，应当向全国政府出资产业投资基金信用信息登记系统进行登记。发展改革部门应于报送材料齐备后5个工作日内予以登记。

政府出资产业投资基金在信用信息登记系统登记后，由发展改革部门根据登记信息在30个工作日内对基金投向进行产业政策符合性审查，并在信用信息登记系统予以公开。对未通过产业政策符合性审查的政府出资产业投资基金，各级发展改革部门应及时出具整改建议书，并抄送相关政府或部门。

3. 审查

国家发改委负责中央各部门及其直属机构政府出资设立的产业投资基金材料完备性和产业政策符合性审查。地方各级发展改革部门负责本级政府或所属部门、直属机构政府出资设立的产业投资基金材料完备性和产业政策符合性审查。以下情况除外：

（1）各级地方政府或所属部门、直属机构出资额50亿元（或等值外币）及以上的，由国家发改委负责材料完备性和产业政策符合性审查；

（2）50亿元（或等值外币）以下超过一定规模的县、市地方政府或所属部门、直属机构出资，由省级发展改革部门负责材料完备性和产业政策符合性审查，具体规模由各省（自治区、直辖市）发展改革部门确定。

（四）投资运作

1. 投资方向

政府出资产业投资基金的投资方向偏向政策导向，要求符合区域规划、区域政策、产业政策、投资政策及其他国家宏观管理政策，能够充分发挥政府资金在特定领域的引导作用和放大效应，有效提高政府资金使用效率，以达到产业基金的引导作用。

2. 投资领域

政府出资产业投资基金应主要投资于以下7个领域：①非基本公共服务领域；②基础设施领域；③住房保障领域；④生态环境领域；⑤区域发展领域；⑥战略性新兴产业和先进制造业领域；⑦创业创新领域。

同时，国家发改委将根据区域规划、区域政策、产业政策、投资政策及其他国家宏观管理政策适时调整并不定期发布基金投资领域指导意见。私募投资投资基金管理人需要根据更新的指导意见按照约定方式适时调整产业基金的具体投资领域。

3. 投资方式

政府出资产业投资基金应当以以下方式进行投资：①未上市企业股权，包括以法人形式设立的基础设施项目、重大工程项目等未上市企业的股权；②参与上市公司定向增发、并购重组和私有化等股权交易形成的股份；③经基金章程、合伙协议或基金协议明确或约定的符合国家产业政策的其他投资形式。特别说明的是，产业基金可通过定向增发、并购重组和私有化等股权交易方式，投资持有上市公司的股票。

基金的闲置资金只能投资银行存款、国债、地方政府债、政策性金融债和政府支持债券等安全性和流动性较好的固定收益类资产，闲置资金投资范围具体明确。

4. 投资限制与投资禁止

产业基金投资基金章程、合伙协议或基金协议中约定产业领域的比例不得低于基金募集规模或承诺出资额的60%。同时，政府出资产业投资基金对单个企业的投资额不得超过基金资产总值的20%。产业投资比例按照"基金募集规模或承诺出资额"为基数计算，比较容易计算。但是单个企业投资比例是按照"基金资产总值"为基数计算，资产总值是指基金的总资产还是净资产并不明确。此外，资产总值的认定时点是作出投资决策的时点还是签署正式投资协议的时点，可能在实操中也会存在一定的差异。

除投资限制外，以下范围是产业基金禁止投资的业务范围：①名股实债等变相增加政府债务的行为；②公开交易类股票投资，但以并购重组为目的的除外；③直接或间接从事期货等衍生品交易；④为企业提供担保，但为被投企业提供担保的除外；⑤承担无限责任的投资。

五、央企私募基金在程序上的特别要求

（一）央企私募机构的条件

央企实际控制的国有私募机构应当同时符合以下条件：①央企是私募投资基金管理人第一大股东且集团合计持股比例原则上不低于40%；②在董事会拥有与股权比例相应席位并委派董事长，在董事会、投委决策委员会等决策机构中拥有否决权。

（二）"三重一大"决策流程

"三重一大"最早源于1996年第十四届中央纪委第六次全会公报，具体要求如下：认真贯彻民主集中制原则，凡属重大决策、重要干部任免、重要项目安排和大额度资金的使用，必须经集体讨论作出决定。

基金业务的集团分管负责人和归口管理部门，建立相互衔接、相互制衡、相互监督的跨部门基金业务管理工作机制，更能够体现这个管理原则，应当履行"三重一大"事项的集体决策流程。

六、引导基金的基金协议要点

在起草、设计引导基金的基金协议时，以下要点需要予以关注。

（一）投资比例限制

以引导基金出资规模作为参照。

（二）行业限制

引导基金一般不得从事以下业务：①融资担保以外的担保、抵押、委托贷款等业务；②投资二级市场股票、期货、房地产、证券投资基金、评级AAA以下的企业债、信托产品、非保本型理财产品、保险计划及其他金融衍生品；③向任何第三方提供赞助、捐赠；④吸收或变相吸收存款，或向第三方提供贷款和资金拆借；⑤进行承担无限连带责任的对外投资；⑥发行信托或集合理财产品募集资金；⑦其他国家法律法规禁止从事的业务。

（三）责任承担

一般情形，引导基金以出资额为限对母基金承担有限责任。母基金清算出现亏损时，首先由母基金管理人、普通合伙人以其对母基金的出资承担亏损，不足部分按照协议约定分担。因此，协议可约定：若基金出现亏损，则首先由私募投资基金管理人、

普通合伙人以其认缴出资额对该亏损承担责任；若仍不足以弥补亏损的，本基金有限合伙人以其认缴出资额为限继续承担亏损；若亏损超出有限合伙人总认缴出资额的，由私募投资基金管理人、普通合伙人承担。

（四）管理费

产业基金管理公司可以从引导基金中提取管理费，管理费标准及计提办法由基金管委会审定。

（五）关键人士条款

产业基金管理公司经营管理团队可以从合法合规的方式入股（入伙）母基金或其管理机构。产业基金管理公司及其经营管理团队在母基金管理机构中所占股份或出资份额比例最高应当不超过引导基金在母基金中的出资占比（产业基金管理公司受托管理或共同管理母基金的除外），具体出资方案由产业基金管理公司董事会决定。

（六）治理结构

产业基金管理公司可以入股（入伙）母基金管理机构，具体股份占比由产业基金管理公司与有关利益相关人协商确定，也可以根据主要出资人意愿直接受托管理或共同参与母基金的管理。产业基金管理公司应当派出代表以适当方式参与母基金投资决策。

（七）最低投资比例

母基金、子基金应当在协议（章程）中约定投资型、投资领域和投资最低比例，同时在主协议里也应当明确约定。

（八）基金的存续期

引导基金应当明确存续期。如果存续期满，需要延长存续期应当由基金管委会报政府批准后，按合伙协议约定的程序办理。母基金、子基金存续期一般不超过引导基金存续期。协议参考约定："根据本基金的经营需要，经普通合伙人提议并由私募投资基金管理人和顾问委员会批准，投资期可延长1年；若需要延长管理及退出期，需经本基金全体合伙人以合伙人会议决议的方式一致同意。投资期、管理及退出期延长的，本基金存续期限相应延长。"

（九）私募投资基金管理人限制

例如，约定在母基金完成某个比例的投资之前，其管理机构不得再申请利用引导基金发起同类型基金。参考表述："除本协议另有约定，投资期届满之前，普通合伙人不得在中国境内发起设立与本基金有相同投资策略的人民币投资载体，除非本基金的认缴出资总额已被使用70%（包括为支付至存续期限届满所需的基金费用以及开展存续性活动等所做的合理预留）。""私募投资基金管理人承诺在投资期内每年使用不少于全体合伙人实缴出资总额的50%用于项目投资；如果在任一年度未能实现该要求，则该产业基金有权拒绝按照合伙协议的约定继续履行实缴出资义务。"

（十）退伙机制

政府希望当母基金或子基金出现违法或违反协议等情况时，产业基金管理公司应及时向基金管委会办公室报告，并要求相应私募投资基金管理人整改。如果私募投资基金管理人不按要求整改，则应终止基金运营，且引导基金出资无须其他出资人同意即可选择退出。私募投资基金管理人建议约定："全体有限合伙人兹此确认，在本基金解散之前，不得退伙或提出提前收回实缴资本的要求，除非经普通合伙人及私募投资基金管理人书面同意，且按照本协议的约定将其全部合伙权益转让给替任有限合伙人。当出现基金的投资获得违反法律规定和合伙协议的约定，且私募投资基金管理人未按要求予以规范的，则有限合伙人有权无须经其他出资人同意选择退出本基金。"

七、实操要点

（一）提前退出

政府产业投资基金或引导基金作为出资人时，通常会约定提前退出的情形，与之相匹配的，引导基金通常给予私募投资基金管理人或其他出资人较大幅度的出资让利，通常表现为以下形式：①在满足引导基金本金及门槛收益的前提下，原归属于引导基金的超额收益部分让与私募投资基金管理人和其他出资人；②允许其他出资人或私募投资基金管理人促成对引导基金所持股份的提前购回，期限越近，越接近投资成本。

私募基金一般采用封闭式运作，出现投资人提前退出的情况时，通常面临当期基金价值评估和市场主体变更登记问题，以及是否直接减资以缩减基金规模或是引入新的投资人的策略选择，需要根据不同退出阶段的审批程序、税负分担等事项选择适合方案。无论何种方案都会在一定程度上增大私募投资基金管理人的管理难度，显著增加短期流动性风险。

（二）豁免评估及进场交易等程序

政府出资产业投资基金规范性文件比较多，中央和各地方都有很多这种类型的规定，如《政府投资基金暂行管理办法》《财政部〈关于财政注资政府投资基金支持产业发展的指导意见〉》《上海产业转型升级投资基金管理办法》等。在这些规范性文件中，对国资程序的适用在一定程度上有一些放开，对政府投资基金做了更加灵活的管理。在特定情况下，尤其是有回购或者章程约定的情况下，其实可以免除评估和进场等程序，但是基于各地区、各部门对国资监管的规定还存在较大的差异，因此为了谨慎起见，建议在退出之前和投资之前，要和相关的主管部门提前沟通。

（三）部分国家国资委官方网站窗口问答意见

以下问答摘自国家国资委官方网站窗口指导意见，以供参考。

1. 国有全资公司转让私募基金份额的，是否必须进场交易

《企业国有资产交易监督管理办法》（国资委 财政部令第 32 号，以下简称 32 号令）规范的对象是公司制企业的情形。国有企业处置其持有的有限合伙企业中的份额，不在 32 号令规范范围，建议按照企业内部管理制度履行决策批准和资产评估及备案等工作程序。

2. 公司型私募投资基金投资未上市企业股权是否需要评估

按照《企业国有资产评估管理暂行办法》（国资委令第 12 号）相关规定，该事项应当履行审计、资产评估工作程序。

3. 转让国有控股企业产权是否必须遵守 32 号令第九条

其他股东不放弃优先购买权并不会对项目挂牌构成障碍，转让方可在拟受让方和交易价格确定后，书面请其他股东发表意见，必要时委托律师出具律师函。

（四）国有基金交易场所的变化

中国证监会先后于 2020 年 12 月、2021 年 11 月批准在北京股权交易中心、上海股权托管交易中心（以下简称"试点平台"）开展股权投资和创业投资份额转让试点，指向解决股权投资和创业投资份额转让问题。相较传统国有产权交易机构，试点平台结合私募基金信息披露义务人披露基金信息时不得存在公开披露行为和投资人应当满足合格投资者条件等特殊监管要求，采取了双层披露模式，即仅将基金的简要信息披露给合格投资者，针对已有明确受让意向的合格投资者再进一步定向披露包括基金协议、审计、评估/估值数据等基金的详细信息，兼顾了国资交易和私募基金的披露要求。

目前，北京通过市国资、财政等监管机构联发的《关于推进股权投资和创业投资份额转让试点工作的指导意见》，鼓励所属国有企业的私募基金份额在北京的试点平台交易；上海通过市国资委发布的《上海市国有私募股权和创业投资基金份额转让监督管理办法（试行）》，要求所属国资基金份额转让应当通过上海的试点平台公开进行，此类交易不需要再通过传统国有产权交易机构。对央企和其他地区的国有私募基金份额转让，在实务中建议国资 LP 与所属国资监管机构或国资集团就是否要求公开挂牌以及交易场所的选择等做好事前沟通。

（五）国有金融机构转让私募基金份额

除国家另有规定外，涉及底层资产全部是股权类资产且享有浮动收益的信托计划、资管产品、基金份额等金融资产转让，应当比照股权类资产转让规定执行。私募基金份额转让不得公开进行，因此国有金融机构转让私募基金份额应当属于"除国家另有规定外"的范畴，在中国证监会批准设立的私募股权投资和创业投资基金份额转让试点进行。

非上市企业国有产权的转让应当在依法设立的省级以上（含省级，下同）产权交易机构公开进行，不受地区、行业、出资或者隶属关系的限制。转让方在确定进场交易的产权交易机构后，应当委托该产权交易机构在省级以上公开发行的经济或者金融类报刊和产权交易机构的官方网站上刊登产权转让公告，公开披露有关非上市企业产权转让信息，征集意向受让方。

有下列情况之一，经国务院批准或者财政部门批准，转让方可以采取直接协议转让方式转让非上市企业国有产权和上市公司国有股份：①国家有关规定对受让方有特殊要求；②控股（集团）公司进行内部资产重组；③其他特殊原因。拟采取直接协议转让方式对控股（集团）公司内部进行资产重组的，中央管理的金融企业一级子公司的产权转让工作由财政部负责；一级以下子公司的产权转让由控股（集团）公司负责，其中拟直接协议转让控股上市公司股份的，应当将转让方案报财政部审批。

目前，私募基金份额转让已具有合规的交易场所，即经国务院常务会议决定、中国证监会批复设立的私募股权投资和创业投资份额转让试点，通过中国证监会监管下的信息披露体系、竞价体系，在私募基金份额转让不公开进行的基础上，实现价格发现，保障国资监管要求。因此，国有金融机构转让私募基金份额，具备"除国家另有规定外"的法律和实践条件，应在私募股权投资和创业投资份额转让试点进行。

第四节　上市公司并购基金

本节的主要内容包括上市公司并购基金的基本含义、上市公司设立私募投资基金管理人、上市公司设立产业基金的基本模式、合伙型并购基金控制权的认定、典型架构及注意事项、上市公司并购基金的经营决策、上市公司并购基金的退出、信息披露、其他实操要点。

本节参考的法律法规等规范性文件主要包括《中华人民共和国合伙企业法》《私募投资基金登记备案办法》《私募投资基金监督管理暂行办法》《上海证券交易所股票上市规则》《上市公司独立董事规则》《私募投资基金管理人登记指引第2号——股东、合伙人、实际控制人》《企业会计准则第33号——合并财务报表》《上海证券交易所上市公司自律监管指引第5号——交易与关联交易（2023年1月修订）》《深圳证券交易所上市公司自律监管指引第7号——交易与关联交易（2023年修订）》《第27号　科创板上市公司与私募基金合作投资公告》《交易类第11号　上市公司与专业投资机构共同投资及合作公告格式》。

一、上市公司并购基金的基本含义

上市公司并购基金，通常是指上市公司或大股东及关联方设立或参与设立的产业并购基金，主要投资于价值被低估的企业，通过对被投企业进行重整后获利退出，即通过大比例参股或直接控股收购目标企业股权，而获得目标企业经营管理权，甚至是最终控制权，后续在对目标企业进行培育后，再通过将优质资产注入上市公司、出售股权或基金份额等方式完成投资退出，实现投资目标的一种股权投资基金。

上市公司通常拥有较多优质资源，参与的产业并购基金往往也更容易吸引不同背景的投资方共同参与，因此各类型出资方协同合作有助于并购基金发挥集约效果，但同时也因不同类型出资方的诉求和目标存在差异，增加了基金设立和运作的复杂性。目前，市场上较为常见的参与上市公司产业并购基金的出资方包括政府产业基金、产业上下游企业、财务性投资人（如民营企业、保险公司）等。

上市公司并购基金除采取公司型外，还可以采取契约型及合伙型。

1. 契约型上市私募基金

该类基金的优点是退出机制灵活；缺点是不利于股东结构稳定，投资于 Pre – IPO 项目穿透核查后股东持股不符合规定的往往较多。上市公司参与契约型基金通常扮演"劣后"的角色，契约型基金的组织形式为基金合同，投资人通过签署由私募投资基金管理人拟定的基金合同来设立基金，投资基金是合同形成的集合自益信托法律关系的代称，不具备独立的法律主体资格，因此无须向市场主体登记机关申请设立额外的法律实体。其分级架构通常的布局情况如下：优先级出资人通常为银行、证券公司、保险、信托公司等；夹层及私募投资基金管理人为 PE 机构；劣后级出资人为上市公司。

2. 合伙型上市私募基金

上市公司作为有限合伙人参与设立并购基金、围绕上市公司业务进行战略并购是一种常见方式。有限合伙企业的治理结构及机制、表决权的行使、普通合伙人及有限合伙人的权利义务等有其特殊性，使有限合伙企业控制权的界定相对更为复杂，需要具体问题具体分析。

二、上市公司设立私募投资基金管理人

（一）上市公司设立私募投资基金管理人的模式

上市公司在设立私募投资基金管理人时通常会有 3 种模式，即全资、控股型和参股型。

1. 上市公司全资设立私募投资基金管理人

上市公司直接或间接 100% 持有私募投资基金管理人的股权。

2. 上市公司与第三方合作设立控股型私募投资基金管理人

上市公司也可能选择与其他方进行合作，共同设立私募投资基金管理人，而上市公司仍然控股。

3. 上市公司与第三方合作设立参股型私募投资基金管理人

在上市公司参股模式下，私募投资基金管理人的实际控制人由其他方担任。

近期，监管部门对上市公司参与私募基金行业的监管趋严，尤其是上市公司实控的私募投资基金管理人；上市公司是否可以在满足主营业务之外另行配套类金融的业务，未来将面临更多监管方面的挑战。

(二) 上市公司设立私募投资基金管理人的流程

1. 内部审议

若上交所上市公司发生的交易，如果交易涉及的资产总额、交易成交金额、交易产生的利润、交易标的营业收入、交易标的的利润，任一指标占上市公司相应标准的50%以上，且有一定绝对金额要求（通常不少于5 000万元），则除了及时披露，还需要提交股东大会审议；上述约定的交易往往涉及上市公司非常重大交易，对于不足上述50%标准的交易，各家上市公司通常会在公司章程中约定超过上述10%标准且有一定金额要求，需要经董事会审议通过。

2. 关联交易的审议程序

上市公司合作设立私募投资基金管理人可能会涉及关联交易。上市公司的关联交易，是指上市公司、控股子公司及控制的其他主体与上市公司关联人之间发生的转移资源或者义务的事项，其中包括"与关联人共同投资"，上市公司的关联人包括关联法人（或者其他组织）和关联自然人。如果上市公司与自己的创始人、董事、高级管理人员等共同投资设立私募投资基金管理人的，就构成了上市公司的关联交易。涉及重大关联交易的，还需要获得独立董事的事前认可。

(三) 信息披露

上市公司设立私募投资基金管理人的投资行为，除要严格经过内部审议外，还需要按照规定进行信息披露。

（1）上市公司进行对外投资等交易涉及的资产总额、交易的成交金额、交易产生的利润、交易标的的营业收入、交易标的的利润，任一指标占上市公司相应标准的10%以上，且有一定绝对金额要求，应当及时披露。因此，上市公司设立私募投资基金管理人时，应当按照相应股票上市规则的规定来判断是否需要对外披露。当投资未达标准时，上市公司也可以根据重要程度自愿进行披露。

（2）与专业投资机构合作的审议程序与信息披露。针对上市公司与专业投资机构合作的事项，上交所和深交所均有专门的规定。专业投资机构包括私募基金、私募基金管理人、基金管理公司、证券公司、期货公司、资产管理公司及证券投资咨询机构等专业从事投资业务活动的机构。上市公司与专业投资机构进行合作或共同投资时，需要按规定进行信息披露，具体包括共同设立并购基金或者产业基金等投资基金、认购私募投资基金管理人发起设立的投资基金份额、与上述投资基金进行后续资产交易，以及上市公司与私募投资基金管理人签订战略合作、市值管理、财务顾问、业务咨询等合作协议。

（四）中国证券投资基金业协会的关注要点

1. 实际控制人的要求及社会责任

私募投资基金管理人的控股股东、实际控制人为上市公司或者上市公司实际控制人的，中国证券投资基金业协会提出了 3 项特殊要求：①该上市公司应当具有良好的财务状况；②该上市公司应当按照规定履行内部决策和信息披露程序；③该上市公司应当建立业务隔离制度，防范利益冲突。

2. 冲突业务

监管部门对冲突业务的重视是诸多上市公司无法成功获准私募投资基金管理人的主要原因。此处的冲突业务是指民间借贷、民间融资、小额理财、小额借贷、担保、保理、典当、融资租赁、网络借贷信息中介、众筹、场外配资、房地产开发、交易平台等与私募基金管理相冲突的业务，中国证监会、中国证券投资基金业协会另有规定的除外。申请私募投资基金管理人登记时，申请机构的控股股东、实际控制人、普通合伙人、主要出资人最近 5 年不得从事过冲突业务。主要出资人是指持有私募投资基金管理人 25% 以上股权或者财产份额的股东、合伙人。根据中国证券投资基金业协会的窗口指导意见，主要出资人出资比例需要穿透计算。

3. 员工兼职问题

上市公司在设立控股型私募投资基金管理人时，可能仅仅将该管理人当作集团内部的一个部门，其中的员工可能存在兼职的情况。私募投资基金管理人的专职员工总人数不少于 5 人；私募投资基金管理人的法定代表人、高级管理人员、执行事务合伙人或其委派代表不得在非关联私募投资基金管理人兼职，兼职应当保证有足够的时间和精力履行职责，具有合理性。由于上市公司控股的私募投资基金管理人兼职情况比较普遍，因此需要特别注意上述要求是一项持续性要求，兼职人员不包括在 5 名全职人员中。全职员工应当办理劳动关系的转移手续，重新签署劳动合同并缴纳社保。如果长时间不满足全职人数要求的，存在被中国证券投资基金业协会列入经营异常机构的风险。

4. 上市公司高级管理人员参与

私募投资基金管理人的控股股东、实际控制人、普通合伙人和法定代表人、高级管理人员、执行事务合伙人或其委派代表担任上市公司高级管理人员的，应当出具该上市公司知悉相关情况的说明材料。上市公司高级管理人员参与私募投资基金管理人设立与运营的，应得到上市公司的书面许可。

5. 私募投资基金管理人设立后的体系建设

私募投资基金管理人本身的相关体系建设。私募投资基金管理人内幕交易、利益冲突防范体系的建设主要在于制度建设和人员隔离方面。要求私募投资基金管理人建立业务隔离制度，防范内幕交易、利益冲突，其目的是有效隔离自有业务与私募基金业务。

为达到有效隔离上市公司自有业务与私募基金业务，可以采取经营场所、人员、财务、业务等方面的隔离手段。其中，人员隔离是隔离制度的重要内容，最主要的仍是强调人员的独立性。私募投资基金管理人的员工，特别是相关投资类高级管理人员、投资人应当尽可能做到与上市公司的物理隔离，实现独立的经营场所和办公设备。同时，私募投资基金管理人也要实现管理人与上市公司之间的信息隔离，严格遵守保密义务，防止私募投资基金管理人投研人员打探上市公司内幕消息，也防止上市公司有关人员探取私募投资基金管理人处的内幕消息，同时禁止传播虚假、不实、误导性信息，禁止从事或者参与内幕交易、操纵证券市场活动。

三、上市公司设立产业基金的基本模式

上市公司设立产业基金主要包括结构化基金和非结构化基金/平层基金的基金结构。

（一）结构化基金

（1）基金结构。上市公司出资作为基金的劣后级，投资机构出资作为夹层（或中间级），并由投资机构负责募集优先级资金。

（2）上市公司通过以下几种方式实质性参与或主导基金投资决策：①设立控股子公司作为GP；②由控股子公司与投资机构双GP运作或双方合资成立投资公司作为GP；③投资机构作为GP，但上市公司有一票否决权。

（3）收益分配的一般顺序：①优先级资金本金及收益；②夹层本金；③劣后本金；④私募投资基金管理人本金；⑤剩余投资收益按一定比例由劣后级、夹层及私募投资基金管理人分配。

（4）增信措施：①上市公司或其大股东为优先级资金提供保本及保收益承诺；②上市公司承诺收购所投资项目；③以投资项目的收益权质押。

（5）存续期一般为2~10年，主流为5~6年。

（6）退出方式为IPO、并购、管理层回购、上市公司收购重组等。一般会约定上市公司有优先收购权。所投资项目以资产注入的方式进入上市公司体系内，基金实现退出，退出方式可以是现金，或现金+股票，或股票。

（7）管理费。市场主流的管理费为2%。

（8）出资形式主要有以下两种：①分期出资，在一定期限内缴纳相应比例的出资；②承诺出资，按基金投资进度以项目出资。

（9）投资领域。为上市公司"量身定制"，一般为上市公司产业链上下游或上市公司意欲进入的新兴战略业务。

（10）投资决策。一般由上市公司占据主导地位。

（二）非结构化基金/平层基金

（1）基本结构。由上市公司联合其他机构共同出资，不存在优先劣后之差别。一般基金会有开放期，视基金发展情况及潜在项目的投资进展由 GP 对外募集投资或者由上市公司或机构进行增资。

（2）收益分配的一般顺序如下：①按出资比例返还合伙人的累计实缴出资，直至各合伙人均收回其全部实缴出资；②支付合伙人出资优先回报，通常会设立一个门槛收益率，在达到门槛收益率之前，GP 将基金全部收益按合伙人出资比例分配至各合伙人账户；③支付普通合伙人的管理报酬。合伙人累计实缴出资的内部收益率超过门槛收益率后，则基金全部收益的 20% 分配给普通合伙人，剩余部分按实际出资比例分配给各合伙人。

（3）存续期一般为 2～10 年，主流为 5～6 年。

（4）退出方式为 IPO、并购、管理层回购、上市公司收购重组等。一般会约定上市公司有优先收购权。所投资项目以资产注入的方式进入上市公司体系内，基金实现退出，退出方式可以是现金，或现金＋股票，或股票。

（5）管理费。市场主流的管理费为 2%。

（6）出资形式的主流操作方式有以下两种：①分期出资，在一定期限内缴纳相应比例的出资；②承诺出资，按基金投资进度以项目出资。

（7）投资领域。为上市公司"量身定制"，一般为上市公司产业链上下游或上市公司意欲进入的新兴战略业务。

（8）投资决策。一般由上市公司占据主导地位。

（三）上市公司与产业并购基金之间的资本运作通道

产业基金负责搜寻、筛选、投资或并购符合上市公司产业发展战略的项目，投资后由产业基金协同上市公司进行业务整合和管理，并在合适时机通过资产注入方式纳入上市公司体系内。一般而言，上市公司有优先收购权利，且被上市公司收购是主要的退出方式。退出时，由上市公司支付现金，或现金＋股票，或股票，借此产业基金实现一级市场投资收益，上市公司获得优质资产注入，提升公司价值。

（四）取得商业银行并购贷款

在境外发达资本市场上，商业银行并购贷款作为并购交易中的重要融资工具之一，被私募股权投资基金（"PE 基金"）所广泛采用。与境外资本市场相比，境内的并购贷款存在发放条件严格、贷款利率偏高、杠杆比率受限等问题，PE 基金获取境内并购贷款的情形比较少见。

四、合伙型并购基金控制权的认定

（一）控制权的认定

控制权一般是指能够实际支配主体行为的权力。

(二) 有限合伙模式并购基金控制权界定的影响因素

鉴于有限合伙企业的人合性更强，合伙人可根据《中华人民共和国合伙企业法》较为自主、灵活地通过合伙协议对各方权利义务、合伙企业事务的执行、表决方式、利润分配比例等事项进行约定，该等模式不同于公司制模式。有限合伙型基金的控制权确定主要由合伙协议约定，即要根据合伙协议等法律文件的约定判断有限合伙的出资人是否能实际支配该有限合伙企业。认定有限合伙型并购基金是否具有控制权，需要结合并购基金中各合伙人性质、治理结构、风险收益等进行综合判断。

1. 合伙人性质

有限合伙企业合伙人分为普通合伙人（GP）和有限合伙人（LP）。其中，GP 执行合伙事务，并对合伙企业债务承担无限连带责任，LP 不执行合伙事务，不得对外代表有限合伙企业，以其出资额为限对合伙企业债务承担有限责任。

通常认为，如果合伙协议没有特殊约定，GP 控制有限合伙企业。但是针对上市公司投资并购基金的特殊背景，不能简单认定 GP 拥有并购基金控制权。上市公司作为该模式下的一类特殊 LP，与 GP 共享投资、管理和决策的权利，在实践中对控制权的认定应遵循实质重于形式的原则，综合考虑各种相关因素。

2. 有限合伙企业的内部决策

并购基金的实际控制人应当能控制并购基金的运营，界定依据需要综合考虑投资关系、对合伙企业的内部决策及合伙事务执行的实质影响、对重要人员的提名及任免所起的作用等因素。

有限合伙企业由 GP 执行合伙事务，LP 不执行合伙事务，不得对外代表有限合伙企业，但有权监督执行事务合伙人执行合伙事务的情况。通常情况下，GP 出资较少甚至不实缴出资，但其负责企业的运营，享有一定的控制权。因此，对有限合伙企业控制权的界定突破了公司项下以出资比例来评估控制权的方式。

有限合伙具有较大的自治权，合伙人可以通过合伙协议自行约定对合伙企业有关事项的表决办法，并以此确定有限合伙的控制关系。并购基金内部决策的控制权要依据合伙协议约定的合伙人会议决策机制、执行事务合伙人的权限、投委会决策机制等综合判断。

3. 并购基金的收益分配等其他影响因素

根据《企业会计准则第 33 号——合并财务报表》对控制的定义，通过参与被投资方的相关活动而享有可变回报是认定投资方是否具有控制权的要素之一。投资方自被投资方承担可变回报的风险或享有可变回报的收益远超过其持有的表决权时，会影响投资方对被投资方的权利大小。就有限合伙型并购基金而言，超额收益的分配会在实质上影响回报的可变性，享有最大可变回报的一方，界定为并购基金控制人的可能性最大。上市公司持有 GP 股权或控制 GP，也并不一定能控制基金。

4. 上市公司不得成为普通合伙人

认定控制的主要因素为上市公司能否控制有限合伙企业的决策，该种控制受合伙协议的约定影响，并不与所持有的投资份额比例完全匹配。

（三）上市公司作为 LP 且在投资决策委员会有席位的并购基金

不能简单认定 GP 拥有并购基金控制权，实践中对控制权的认定应遵循实质重于形式原则，存在以下例外情况。

1. GP 仅为代理人

在部分并购基金中，因某位拥有较高合伙份额 LP 通过合伙协议的约定，可自主罢免 GP 或决定合伙企业重要事项，该 GP 名义上负责基金的管理，实际为代该 LP 行使决策权，该 GP 对该基金并不构成控制。

2. 存在劣后级 LP

在实操中，部分并购基金通过结构化设计，对 LP 进行优先、劣后的分类，合伙协议中的约定可能导致劣后级 LP 享有可变回报。如果 GP 一方不能完全决定合伙事务，那么劣后级 LP 有可能被认定为控制人，GP 与 LP 身份不是确定控制权的决定性要素。从通常情况来看，上市公司在设计并购基金结构时，如不计划控制、并表该基金，建议减少或不在 GP 中持股。

在实操中，上市公司是否控制并购基金通常取决于并购基金投资的项目情况。如果并购基金收购的标的公司的业绩、规范性等暂时达不到上市公司的要求，或对上市公司的资产负债率、净资产收益率以及利润等财务指标有不利影响，则并购基金不适合由上市公司合并财务报表、不适宜由上市公司控制。

五、典型架构及注意事项

（一）上市公司（或其子公司）仅作为 LP

（1）部分上市公司选择仅作为 LP，通过与专业投资机构合作的形式参与设立并购基金，并购基金可能是母基金（投资于子基金或被投企业），也可能是直投基金（直接投资于被投企业），其架构如图 13-7 所示。

（2）在常规的私募股权基金治理结构下，LP 一般仅参与出资，不执行合伙事务，不参与基金的具体管理，而将投资和经营决策全权委托给专业投资机构执行。但是由于上市公司设立产业并购基金的主要目的之一为实现上市公司对相关产业并购及产业上下游进行整合，实践中上市公司为保证并购基金目的的有效实现、增加对并购基金的把控力，通常需要重视自身对基金治理的参与权，尤其是项目投资和退出决策的参与或监督权利。在实操中，上市公司可以采取以下相关安排：①上市公司向投资决策委员会委派委员，参与投委会决策；②上市公司有权对拟投资项目是否符合产业并购

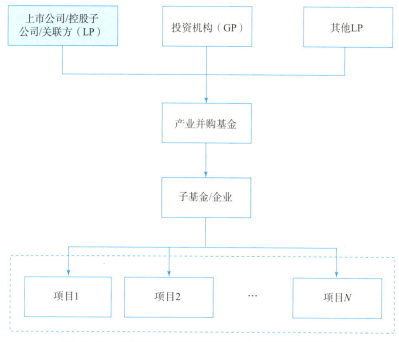

图 13-7　上市公司（或其子公司）仅作为 LP 的架构

基金设定的投资方向等进行审查，并享有一票否决权；③上市公司向基金委派观察员，观察员的权限安排则可以根据具体情况和需求进行设计。例如，观察员仅对特定事项拥有否决权（如对约定的目标行业之外的投资项目拥有一票否决权）；或特定范围的项目在决策前应事先征询观察员的认可，否则不得提交投委会决策；或观察员无投票权，但有权查看报送投资委员会的材料并列席投委会；等等。

（3）上市公司（或其控股子公司/关联方）作为有限合伙人，需要承担应向私募投资基金管理人支付的管理费。上市公司通常需要关注管理费计算和支付安排的合理性、如何设置管理费机制实现对私募投资基金管理人激励和约束最大化平衡效果等。目前市场上的管理费通常区分投资期及退出期，按半年度或年度收取。在投资期内，管理费费率一般为 LP 实缴出资额的 1%～2%；在退出期内，管理费费率一般为尚未退出的项目的投资成本之和的 1%～2%，且往往退出期费率会低于投资期费率。在计费模式方面，除按照固定费率支付管理费外，也可以考虑对管理费设置"固定＋浮动"的计提模式，使管理费在一定程度上与私募投资基金管理人的业绩表现挂钩。此外，管理费总额也会对 LP 最终收益产生影响，部分基金还会对管理费设置总额限制，如基金存续期间管理费累计提取不超过实缴金额 10%。

（4）上市公司作为 LP，也需要重点关注基金收益分配安排，包括"可分配收入"所包含的项目、收益在合伙人间的分配顺序、超额收益的归属安排、变更收益分配机制的决策机制等，确保自身经济利益的实现。近期上市公司产业并购基金实务中较常见的收益分配机制如下：向全体合伙人分配投资本金→向全体合伙人分配门槛收益（近期多按年化8%）→分配超额收益（较多采用超额收益在GP和LP之间按照2∶8分配机制）。此外，基金在分配投资本金及门槛收益时，约定LP的各项分配顺序优先于GP的安排也相对较为常见。

（二）上市公司或其子公司担任LP的同时，上市公司子公司（或关联方）担任GP

由于我国法律规定上市公司不能担任普通合伙人，因此通常由上市公司的子公司或其控股股东等关联方（以下简称"上市公司方"）担任GP角色来实现，该等架构可分为单GP与双GP结构两种类型。

1. 单GP结构

上市公司控股子公司作为GP发起设立产业并购基金，GP和私募投资基金管理人为同一主体。在实务中，也存在上市公司方指定的GP主体不具备私募投资基金管理人资格的，该等情形下需要委托具备资格的第三方机构作为私募投资基金管理人，从而导致GP和私募投资基金管理人"分离"的情况。按照目前私募基金备案审核实务，该等情况下，私募投资基金管理人与普通合伙人需要提供资料证明存在强关联关系。

2. 双GP结构

并购基金有两个GP，其中之一由上市公司控股子公司或关联方（通常不具有私募投资基金管理人资格）担任，另一方由专业投资机构（通常具有私募投资基金管理人资格）担任，选择该等架构的通常原因为上市公司方仅寻求作为GP更多地参与和影响决策，而核心投资管理职能仍希望交由更为专业的投资机构实施，或者上市公司方的GP或关联方中没有具备私募投资基金管理人资质的主体从而只能与专业机构合作。

在此架构下，上市公司方基于GP甚至私募投资基金管理人身份，通常可以更多地影响乃至主导基金的决策。因此，参与设立采用该架构的基金时，上市公司方则通常侧重关注投资决策委员会的具体决策机制、LP权益保护与GP/私募投资基金管理人自主权和效率的平衡等方面，寻求担任更为积极的角色。此外，就此类基金而言，在进行治理和决策结构设计时，通常还需要更多地考虑上市公司对并购基金并表或出表的需求等问题，兼顾商业、财务、合规等多方面因素。

上市公司方作为并购基金GP的，一般可以参与并购基金超额收益中归属于GP部分的分配，双GP结构下通常由两GP对相互间的分配比例进行具体协商。上市公司方同时担任私募投资基金管理人的，可以向并购基金收取管理费。

上市公司方担任GP但与私募投资基金管理人"分离"的注意事项：

（1）GP与私募投资基金管理人的职权划分。私募基金管理人的法定职责包括以下内容：管理、运用私募基金财产，对监管机构和投资人定期进行信息披露，负责基金销售和适当性管理，完成基金备案，内部控制，资料保管等。普通合伙人（执行事务合伙人）的法定职责包括以下内容：对外代表合伙企业和执行合伙事务、向LP的报告义务。在实操中，私募基金投资管理的相关职责仅可以由依法登记的私募投资基金管理人行使，在私募投资基金管理人和GP分离的情形下，中国证券投资基金业协会关注私募投资基金管理人是否将受托管理职责转委托。故在该类基金合同中，应注意不得约定私募投资基金管理人的相关职责由非私募投资基金管理人GP行使。

（2）非私募投资基金管理人GP可否向基金收取"管理费"。在实操中，对于基金产品备案，中国证券投资基金业协会关注未担任私募投资基金管理人的普通合伙人、特殊有限合伙人、投资者是否在基金合同中约定收取或通过其他方式变相收取管理费。管理费科目只能由私募投资基金管理人收取，不允许非私募投资基金管理人GP、投资人等其他角色收取管理费；但目前允许非私募投资基金管理人GP收取一定的"业绩报酬"；上市公司方担任并购基金GP过程中为基金提供寻找项目资源或提供专业领域咨询顾问服务的，也可由基金支取"财务顾问费用"。

六、上市公司并购基金的经营决策

（一）投资项目决策

并购基金通常会设置投资决策委员会（以下简称"投委会"），负责并购基金的投资项目决策，就投委会的设置，会影响到并购基金控制权认定的条款包括以下内容：

（1）投委会组成，即投委会的席位总数及各投资方的席位数量。

（2）表决规则，常见的为2/3以上同意和全体同意。在实操中，一方完全控制投委会的情况较少，需要结合上市公司持有的表决权相对于其他投资方表决权的大小以及上市公司表决权的集中程度和其他投资方表决权的分散程度进行判断。

（3）特殊权利，如LP的一票否决权等。目前，关于一票否决权属于保护性权利还是实质性权利尚存在争议。值得注意的是，如果基金设立时投资项目和收购价格等核心条款就已经确定，投委会的作用被削弱，那么投委会的表决权安排对控制权判断的影响力也相应减小。

（二）其他合伙事务决策

如果GP负责合伙事务的执行，对外代表企业，并对包括合伙企业的增资及增资方案、引入新的合伙人或协议退伙、合伙企业的续期及解散以及合伙企业重要决策机构成员（投委会委员）的任免等事项具有唯一的决定权，并因此能对投委会的决策产生重大决定性影响，则最终认定为GP控制该基金。

七、上市公司并购基金的退出

上市公司参与产业并购基金的退出方式主要包括以下方面。

（一）优质标的股权注入上市公司

不少上市公司参与设立并购基金的目的是寻找产业相关领域内的国内外优质标的，

通过并购基金发现、培育优质标的，为自身在目标行业的扩张或发展进行资产储备。待标的公司培育达到一定条件后，上市公司可通过向并购基金购买标的公司股权的方式，将优质资产注入上市公司体内。

（二）标的企业 IPO 退出

资本市场的资本溢价功能会给投资带来优厚的回报。如果标的企业质量优异可以独立上市，则可考虑此种退出方式。但是较长的上市报告期以及相应的锁定期也是并购基金需要面临的时间及资金成本问题。

（三）第三方并购退出

该退出方式与上市公司并购均属于并购退出，但实现的目的和效益不同。相较于上市公司并购主要目的是实现产业规模化等效果，而标的企业被第三方并购情形下，对上市公司的效益往往更多地体现在投资收益方面。

（四）上市公司通过转让并购基金份额、基金清算退出

除通过并购基金退出所投资项目并获得后续分配外，上市公司还可以通过向第三方转让并购基金份额，或根据基金合同的约定清算解散并购基金以实现退出。因为基金清算流程耗时较长，所以在实操中营业执照及税务注销程序耗时也比较长。根据以往项目经验，在可行情况下，上市公司也可以采取先退伙或要求 GP 承接其基金份额的方式退出基金，之后基金再进行解散清算。

八、信息披露

（一）共同投资应及时披露

（1）共同投资的形式包括以下内容：①上市公司与专业投资机构共同设立并购基金或者产业基金等投资基金；②上市公司认购专业投资机构发起设立的投资基金份额；③上市公司与其参与设立的投资基金进行后续资产交易；④上市公司与专业投资机构签订战略合作、市值管理、财务顾问、业务咨询等合作协议等；⑤上市公司控股股东、实际控制人、持股5%以上的股东、董事、监事、高级管理人员与专业投资机构进行合作，涉及向上市公司购买或者转让资产等相关安排的。

（2）上市公司与专业投资机构共同投资，无论参与金额大小均应当及时披露，并以其承担的最大损失金额，参照上市公司对外投资相关规定履行相应的审议程序，构成关联交易的还应当履行关联交易审议程序。

（二）信息披露的类型与内容

上市公司投资私募股权基金的，包括首次披露、持续披露、年度披露。如果后续上市公司从私募股权基金收购投资标的的信息披露，还需要履行特别披露的义务。

1. 首次披露

上市公司拟认购私募投资基金管理人发起设立的私募投资基金份额的，应当及时

披露相关公告，公告内容应包括以下事项：①专业投资机构基本情况；②关联关系或其他利益关系说明；③投资基金的具体情况、管理模式、投资模式和利益分配方式；④投资协议主要条款，并说明对上市公司的影响和存在的风险，是否能导致同业竞争或关联交易等；⑤涉及上市公司控股股东、实际控制人、持股5%以上的股东、董事、监事、高级管理人员参与投资基金份额认购、在有关专业投资机构或者投资基金中任职的，应当说明具体情况。

按照交易所信息披露的要求，首次披露应当包括拟投基金管理模式、是否可能导致同业竞争或关联交易等内容。考虑到基金设立时，对此类核心利益安排可能通过签署合作协议另行约定，意味着上市公司在首次披露时需要同时披露合作协议的核心内容。

2. 持续披露

上交所要求科创板上市公司以临时公告形式及时披露投资基金的进展情况或投资基金发生的重大负面事项，在定期报告中汇总披露该投资基金对上市公司具有重要影响的投资进展、投资收益及重大变更事项；深交所则要求上市公司在首次披露后，应当及时按照该所规定披露相关进展情况。

3. 年度披露

上市公司投资私募股权基金的，还应当在年度报告披露投资基金的投资进展、投资收益及重大变更情况。

4. 上市公司收购私募基金投资标的的信息披露

上市公司投资私募股权基金后，又从私募股权基金处收购投资标的的交易，因存在关联交易并可能存在利益输送的风险，一直受到监管机构的特别关注。对于此类交易，上市公司除要求按照法律法规、交易所自律规则规定对收购事项、关联交易等进行信息披露外，还应当特别披露私募投资基金管理人及其控制的其他主体、管理的全部私募基金在交易标的中持有的股份或者投资份额情况，最近6个月内买卖上市公司股票情况，与上市公司及交易标的存在的关联关系及其他利益关系。

对于私募投资基金管理人而言，如果募资时上市公司要求未来对投资标的有优先购买权，除要关注交易所层面对该等收购的特别披露要求外，还应当注意以下事项：①交易的时点与价格。私募投资基金管理人负责私募基金的投资管理，退出时机、退出价格应当由私募投资基金管理人建议并经私募基金投委会决议，如果投委会有外部委员，尤其是外部委员有一票否决权时，私募投资基金管理人应当考虑上市公司的收购行为能否获得投委会的同意；②上市公司收购私募基金的投资标的属于关联交易，需要经过私募基金的关联交易决策程序，且关联交易的定价应当公允，不得通过关联交易进行利益输送损害投资人的利益，私募投资基金管理人需要考虑届时上市公司的收购行为能否经过并获得私募基金的关联交易决策机构的同意。

九、其他实操要点

(一) 上市公司投资并购基金需关注的合规要点

1. 对上市公司自身监管要求的遵守和衔接

(1) 上市公司持续信息披露要求。根据相关上市监管规则，上市公司参与并购基金应符合信息披露要求。

(2) 遵守上市公司关联交易、同业竞争、内幕信息管理等方面的监管要求。上市公司在投资设立并购基金、基金运作与并购基金交易等环节，均需要注意遵守自身适用的监管要求，包括但不限于以下内容：①并购基金的其他投资人中若存在上市公司关联方，需要注意设立并购基金构成上市公司"与关联方共同投资"，需要按要求履行所需的决策和披露程序。②并购基金的 GP 若与上市公司存在关联关系，则并购基金通常也会构成上市公司关联方，上市公司后续与并购基金交易等环节中，需要注意遵守关联交易监管要求；若 GP 由上市公司实际控制人控制的其他企业担任，还需要充分论证、确保并购基金投资领域不违反上市公司同业竞争相关限制。③设立并购基金以及基金运作过程中的重要事项，往往会构成上市公司股价敏感信息，上市公司需要关注内幕信息管理方面的合规性要求。

2. 关注投资并购基金被界定为财务性投资的可能性及影响

上市公司投资并购基金，如果被界定为财务性投资，则可能会对上市公司一定时期内进行再融资构成限制。上市公司申请再融资时，除金融类企业外，原则上最近一期不得存在持有金额较大、期限较长的交易性金融资产和可供出售的金融资产、借予他人款项、委托理财等财务性投资的情形。其中，财务性投资包括但不限于设立或投资产业基金、并购基金等在内，但发行人以战略整合或收购为目的，设立或投资与主业相关的产业基金、并购基金不属于财务性投资。因此，上市公司在设立或投资产业并购基金时，还需要结合未来一定期限内再融资的计划或需求，对设立基金的目的、行业等进行相应规划。

上市公司参与设立产业并购基金，有利于提高上市公司的影响力及促进战略发展，实现上市公司产业链上下游协同整合、业务转型、结构升级等目标，同时可以增强资本的流动性，为中小型企业提供更多被并购的机会。也正因此，上市公司参与的产业并购基金相较于一般的私募股权基金，也在架构、决策、退出等目标和诉求方面呈现出其特殊性。并购基金设立及运作过程涉及法律、合规、商业、财务等诸多领域的复杂问题，需要上市公司和合作方共同妥善处理及解决，从而实现互惠互利、相得益彰。

(二) 上市私募基金收购过程中的关注要点

(1) 业绩承诺。被收购公司需要至少对未来 3 年业绩作出相应承诺。

(2) 交易付款方式采取分期付款形式。在标的公司作出业绩承诺基础上，上市公司根据业绩达成实际情况，以及应收账款收回情况，分期付款，缓解收购资金压力。

（3）针对业绩完成情况的估值调整。

第五节 不动产基金

本节的主要内容包括投资范围、投资方式、对基金管理人的要求、对投资者的特殊要求。

本节参考的法律法规等规范性文件主要为《不动产私募投资基金试点备案指引（试行）》。

2023年2月20日，为落实中国证监会开展不动产私募投资基金试点要求，规范私募投资基金从事不动产投资业务，中国证券投资基金业协会公示了《不动产私募投资基金试点备案指引（试行）》，并于2023年3月1日施行。该文件从投资范围和投资方式等方面放宽了对私募基金投资不动产的要求，提高了不动产私募投资基金的灵活度，有助于其通过Pre–REITs方式，参照公募REITs的项目标准提前锁定优质资产，提高退出效率，进而提高各类主体的投资意愿，助力公募REITs市场长远发展。

中国证券投资基金业协会在私募股权投资基金类型项下增设"不动产私募投资基金"产品类型。按照前述指引设立从事不动产投资业务的私募基金，应当将产品类型选择为"不动产私募投资基金"。

一、投资范围

不动产私募投资基金的投资范围包括特定居住用房（包括存量商品住宅、保障性住房、市场化租赁住房）、商业经营用房、基础设施项目等。

（1）存量商品住宅是指已取得国有土地使用证、建设用地规划许可证、建设工程规划许可证、建筑工程施工许可证、预售许可证，已经实现销售或者主体建设工程已开工的存量商品住宅项目，包括普通住宅、公寓等。

（2）保障性住房是指已取得国有土地使用证，为解决住房困难问题而搭建的限定标准、限定价格或租金的政策性住房，包括公租房、保障性租赁住房、共有产权住房等。

（3）市场化租赁住房是指已取得国有土地使用证、建设用地规划许可证，不以分拆产权销售为目的、长期对外进行市场化租赁运营，但未纳入保障性租赁住房体系的租赁住房。

（4）商业经营用房是指开发建设或者运营目的供商业活动使用的不动产项目，包括写字楼、商场、酒店等。

（5）基础设施项目是指开发建设或者运营目的供市政工程、公共生活服务、商业运营使用的不动产项目，包括高速铁路、公路、机场、港口、仓储物流工程、城市轨道交通、市政道路、水电气热市政设施、产业园区等传统基础设施，5G 基站、工业互联网、数据中心、新能源风电光伏设施等新型基础设施。

由此可见，允许投向普通住宅项目，但有较高要求，要求五证齐全，并且已经实现销售或者主体建设工程已开工，意味着不动产基金不能用于拿地或者置换土地款，基本也不能用于前期开发建设资金，与以往的房地产基金有较大区别；对于保障性住房和市场化租赁住房而言，仅要求国有土地使用证和建设用地规划许可证，不动产基金可以用于置换上述项目的土地款和项目建设，但对于此类项目要么限定标准、限定价格或租金，要么不以分拆产权销售为目的，项目后续现金流和收益受限，是否可以匹配不动产基金的高成本融资存在疑问，除非不动产基金采取 Pre-REITs 策略，将来通过转让给公募 REITs 退出；对于商业经营用房、基础设施项目，对持有证照情况和开发建设进度均无要求，即便不备案为"不动产私募投资基金"，也可以在原制度框架下开展此类项目投资，只是"不动产私募投资基金"的投资方式更为灵活。

二、投资方式

该等基金投资更加灵活，主要体现为放松了不动产基金为被投企业提供借款及担保的限制及扩募的限制。

（一）在符合一定条件下放松提供贷款及担保的限制

不动产私募投资基金为被投企业提供借款或者担保的，应当符合下列条件：①基金合同有明确约定，并履行基金合同约定的决策程序；②借款或者担保到期日不得晚于基金清算完成日；③有自然人投资者的，不动产私募投资基金应当持有被投企业75% 以上股权；④全部为机构投资者的，不动产私募投资基金应当持有被投企业75%以上股权，或者持有被投企业51% 以上股权且被投企业提供担保，可实现资产控制。

不动产私募投资基金向被投企业的股权出资金额，属于前款第③项的，不得低于对该被投企业总出资金额的1/3；属于前款第④项的，可由基金合同约定。

根据基金合同约定或者履行基金合同约定的决策程序后，不动产私募投资基金可以基于商业合理性，将基金财产对外提供抵质押，通过申请经营性物业贷款、并购贷款等方式，扩充投资资金来源。

（二）放松扩募限制

不动产私募投资基金在备案完成后开放认购、申购（认缴）的，应当符合下列要求：①不动产私募投资基金处在基金合同约定的投资期内；②开放认购、申购（认缴）经全体投资人一致同意或者经合同约定的决策机制通过；③投资人符合规定要求；④中国证监会、中国证券投资基金业协会规定的其他要求。

三、对基金管理人的要求

按照试点先行、稳妥推进的原则，基金管理人符合下列情形的，可以设立不动产私募投资基金：①在中国证券投资基金业协会依法登记为私募股权投资基金管理人；②出资结构稳定，主要出资人及实际控制人最近2年未发生变更；③主要出资人及实际控制人不得为房地产开发企业及其关联方，因私募基金投资需要向房地产开发项目企业派驻管理人员的情形除外；④具有完善的治理结构、管理制度、决策流程和内控机制；⑤实缴资本不低于2 000万元；⑥具有不动产投资管理经验，在管不动产投资本金不低于50亿元，或自基金管理人登记以来累计管理不动产投资本金不低于100亿元；⑦具有3个以上的不动产私募投资项目成功退出经验；⑧具有不动产投资经验的专业人员，投资部门拥有不少于8名具有3年以上不动产投资经验的专业人员，其中具有5年以上经验的不少于3名；⑨最近3年未发生重大违法违规行为；⑩中国证监会、中国证券投资基金业协会要求的其他情形。

试点不动产私募投资基金投资人均为机构投资者的，前款第四项要求可为在管不动产投资本金不低于30亿元，或自基金管理人登记以来累计管理不动产投资本金不低于60亿元。

四、对投资人的特殊要求

由于不动产项目资金需求量大、风险高，新规在合格投资人门槛上加大了风险防范的力度。

（1）不动产私募投资基金投资人应当为首轮实缴出资不低于1 000万元的投资人。其中，有自然人投资人的不动产私募投资基金，自然人投资人合计出资金额不得超过基金实缴金额的20%。

（2）以合伙企业、契约等非法人形式，通过汇集多数投资人的资金直接或者间接投资于不动产私募投资基金的，应当穿透核查，但基本养老金、社会保障基金、年金基金等养老基金，慈善基金等社会公益基金，保险资金，金融机构发行的资产管理产品，在境内设立的面向境外投资者募资的QFLP试点私募基金除外。

基金管理人及其从业人员投资于所管理的不动产私募投资基金的，不受第（1）款规定限制。

第六节 合格境内有限合伙人（QDLP）境外投资基金

本节的主要内容包括基本含义、QDLP的发展历程及监管规定、交易架构及风险提示、其他注意事项。

本节参考的法律法规等规范性文件主要包括《中华人民共和国民法典》《关于规范金融机构资产管理业务的指导意见》《上海市金融服务办公室、上海市商务委员会、上海市工商行政管理局〈关于本市开展合格境内有限合伙人试点工作的实施办法〉》《海南省开展合格境内有限合伙人（QDLP）境外投资试点工作暂行办法》。

一、基本含义

QDLP 即合格境内有限合伙人(qualified domestic limited partner,QDLP),是指通过资格审批并获取外汇额度后的试点基金管理企业,可以向境内合格投资人募集资金,设立基金投资于海外一级、二级市场。

二、QDLP 的发展历程及监管规定

我国的 QDLP 试点始于上海。2012 年 4 月,上海市金融办下发了《关于本市开展合格境内有限合伙人试点工作的实施办法》(沪金融办〔2012〕101 号),允许获得试点资格的海外投资基金管理企业,在中国境内面向合格投资人募集资金,设立有限合伙企业进行境外资本市场投资。之后,其他多个地区陆续开始 QDLP 试点,包括但不限于天津、青岛、广东和江苏等地。

2020 年,上海、北京、深圳三地扩大了 QDLP 试点规模,获批额度在首期 50 亿美元基础上扩大到了 100 亿美元。海南自由贸易港和重庆市等地也在努力推动 QDLP/QDIE 业务的发展,QDLP 作为中国境内投资人投资海外市场的创新路径,正逐渐被全国各地采纳。

2020 年 12 月,国家外汇局批复同意在海南自由贸易港开展 QDLP 对外投资试点,并给予 50 亿美元试点投资额度。2021 年 4 月 18 日,海南省金融监管局会同国家外汇局海南省分局、海南省市场监管局、海南证监局印发了《海南省开展合格境内有限合伙人(QDLP)境外投资试点工作暂行办法》。

除适用前述各地的 QDLP 试点规定外,由于 QDLP 目前仅适用于私募基金,所以 QDLP 管理人同时需要适用私募基金相关法规以及《关于规范金融机构资产管理业务的指导意见》等相关规范性文件。

三、交易架构及风险提示

QDLP 一般不直接用 QDLP 管理人主体去海外投资,而是在海外另设母基金管理人。基金产品完成募集后,将投到离岸母基金中,再由母基金投资到各类底层资产。在岸的 QDLP 管理人应如实披露交易架构,并按照实际投向揭示风险。

四、其他注意事项

(一)加强对基金销售机构的特别关注

在实务中,私募投资基金管理人和基金销售机构之间构成代理与被代理的关系。被代理人知道或应当知道代理人行为违法而未做反对的,与代理人承担连带责任。一旦发生基金销售机构未尽适当性义务,则被代理人(私募投资基金管理人)应当承担连带赔偿责任,而私募投资基金管理人和基金销售机构之间,则按照过错程度划分赔

偿责任。

为避免或降低前述风险,应当加强对基金销售机构的特别关注,采取的措施包括但不限于对基金销售机构进行尽职调查,这可以在一定程度上规避这一合规风险。在发生诉讼后,可以降低自己的赔偿责任,或者可以在赔偿投资人后向基金销售机构追偿。

(二)加强对海外市场的风险披露

由于QDLP的投资标的涉及海外一级、二级市场的股票及衍生品等,风险较高,因此应加强相关事项的风险披露。

致　　谢

"越是艰难处,越是修心时。"本书撰写之际,正值中国私募基金行业从"野蛮生长"向"精耕细作"转型升级的关键时刻,私募基金行业的"出清"和"分化"明显加速,能不能够胜任新的监管要求和适应越来残酷的"淘汰赛"是摆在每一个私募投资基金管理人面前不容回避的紧迫挑战。

张琦在《认知破局》一书中写道:"用过去的眼光看现在是不可思议的,用现在的眼光看现在是困难重重的,用未来的眼光看现在是一切皆有可能。"在本书两年多的写作过程中,有一个话题始终萦绕在我们的脑海中:"中国私募基金行业的发展逻辑是什么?"我们在写作和研究过程中,在每一次线上或线下的腾讯会议中,在与全国各地的行业同仁交流中,最后总会回到这个话题上。在本书写作和修改过程中,有许多同仁陆续离开了私募基金行业,毫无疑问我国的私募基金行业正在面临"关键时刻"。对于选择主动或被动留下来的人来说,关于我国私募基金行业发展逻辑的问题是回避不了的。

如果要"清醒地活着",就必须弄清楚我国私募基金行业的发展逻辑,只有这样才能避免我们"不识庐山真面目,只缘身在此山中"。在两年多的写作过程中我们查阅了大量国内外相关研究资料,在此要感谢那些在研究和写作过程中帮助我们逐渐认清我国私募基金行业发展逻辑的各位专家和学者,正是一篇篇学术论文、一本本研究专著、一次次电话或微信上的交流,一封封答疑解惑的邮件,才使我们跨越了写作过程中困难重重的"卡夫丁峡谷"。

当前我国正处于经济增长中枢下行、产业转型、结构性去杠杆以及新冠疫情后续影响等多重因素叠加时期,各种言论和观点层出不穷,有些言论和观点甚至截然相反,可谓"百家争鸣"。因此,如何以专业的认知和准确的文字来表达出我们的所思所感,成为我们写作过程中始终追求的目标。

本书由北京民安卓越投资管理有限公司总经理陈卓与北京德恒律师事务所合伙人王贺共同执笔撰写,这也是我们合作撰写的第二本书。这本书从酝酿到完成用了两年多的时间,也是我们在工作间隙完成的,写作和修改过程非常艰辛,以至于中间"停笔"了两次,写作过程中又值新的私募投资基金行业监管政策发生重大调整,因此最终定稿的版本与我们的初稿已经有了很大不同,准确地说应该是我们写作修改后的第三稿。

历时两年多的写作和修改过程都是重新学习的过程,有时候为了一个观点或者一个准确的表述，我们不得不重新翻阅多篇论文和参考书籍。在此过程中中国爆破器材行业协会理事长肖春泉、中国安全产业协会理事长金鑫、汽轮股份有限公司董事长赵亚红，顾地科技股份有限公司董事会秘书张东锋、农银金融资产投资有限公司的张卫洪、魏小丽和于洪菲，中国运载火箭技术研究院法律事务部的金婷一直给予我们鼓励和支持；北京民安卓越投资管理有限公司风控部的杨书皓、王艺丽和蔺艳红，研究部的许宽达、陈旦妮和辛宇，以及深圳办公室的高楼和刘晓东等同志为本书的写作提出了宝贵建议，也感谢北京城市学院 2021 级的孙韶涵同学对本书封面设计的建议。

我们也要感谢长期合作的伙伴们，正是在与他们一起合作的日子里，我们才逐渐加深了对我国私募基金行业发展逻辑的理解。从他们身上我们不仅学到了知识和观点，还收获了思想和感悟：他们是中国证券投资基金业协会、北京基金小镇、中国爆破器材行业协会、中国安全产业协会、中国安全产业协会低空经济投资分会、中国安全产业协会科普教育分会；北方特种能源集团有限公司、河南省前进化工科技集团股份有限公司、辽宁华丰民用化工发展有限公司、平安创赢资本管理有限公司、陕西金融控股集团有限公司、河南投资集团有限公司、中兵投资管理有限责任公司、平安银行股份有限公司北京分行、中信银行股份有限公司西安分行、中信证券股份有限公司北京分公司、北京德恒律师事务所、北京宝茂律师事务所等。由于篇幅所限，在此不能逐一感谢所有长期合作单位，但他们在过往合作期间给予我们的指点和帮助，我们会一直铭记于心。

这本书也是我们与北京理工大学出版社时隔六年的再次合作。北京理工大学出版社学术出版中心编辑老师的深厚专业素养和严谨认真态度给我们留下了深刻印象，再次感谢北京理工大学出版社副社长李炳泉对本书出版的的鼓励和督促。最后，还要感谢家人们对我们出差和下班后长期伏案写作的宽容和支持。

诺贝尔文学奖得主加夫列尔·加西亚·马尔克斯（Gabriel García Márquez）说过："生活不是我们活过的日子，而是我们记住的日子，是我们为了讲述而在记忆中重现的日子。"唯愿这本书能为我国私募基金行业未来发展贡献一份光和热。

2023 年 10 月完成初稿
2024 年 3 月第一次修改